钱荣贵 丁涛 主编

南通大学张謇研究院 编

张謇与清末两江总督

张謇研究系列丛书

凤凰出版社

图书在版编目（ＣＩＰ）数据

张謇与清末两江总督 / 钱荣贵，丁涛主编. -- 南京：
凤凰出版社，2023.10
（张謇研究系列丛书 / 钱荣贵主编）
ISBN 978-7-5506-3875-4

Ⅰ．①张… Ⅱ．①钱… ②丁… Ⅲ．①张謇（1853-
1926）－人物研究②张之洞（1837-1909）－人物研究
Ⅳ．①K825.38②K827=52

中国版本图书馆CIP数据核字(2022)第253717号

书　　　　名	张謇与清末两江总督
主　　　　编	钱荣贵　丁　涛
责 任 编 辑	郭馨馨
特 约 编 辑	莫　培
装 帧 设 计	陈贵子
责 任 监 制	程明娇
出 版 发 行	凤凰出版社(原江苏古籍出版社)
	发行部电话025-83223462
出版社地址	江苏省南京市中央路165号，邮编:210009
照　　　　排	南京新洲印刷有限公司
印　　　　刷	江苏扬中印刷有限公司
	江苏省扬中市大全路6号，邮编:212212
开　　　　本	880毫米×1230毫米　1/32
印　　　　张	11.125
字　　　　数	310千字
版　　　　次	2023年10月第1版
印　　　　次	2023年10月第1次印刷
标 准 书 号	ISBN 978-7-5506-3875-4
定　　　　价	88.00元
	(本书凡印装错误可向承印厂调换,电话:0511-88420818)

"张謇研究系列丛书"
编纂委员会

总　序

　　张謇(1853—1926)，字季直，号啬庵，清末状元，著名实业家、教育家和社会活动家，中国现代化的先驱者之一。2020 年 7 月 21日，习近平总书记在企业家座谈会上指出：“从清末民初的张謇，到抗战时期的卢作孚、陈嘉庚，再到新中国成立后的荣毅仁、王光英，等等，都是爱国企业家的典范。”同年 11 月 12 日，习近平总书记在江苏考察调研，专程前往南通博物苑，参观张謇生平展陈，了解张謇“实业救国”、发展教育和社会公益事业的事迹，称赞张謇是“民营企业家的先贤和楷模”。早在 1950 年，毛泽东同志也说过：“没有张謇，中国纺织工业发展不会这样快。”2003 年，在纪念张謇诞辰 150 周年之际，江泽民同志欣然为《张謇》画册题词：“发扬爱国主义精神，建设社会主义祖国。”张謇作为清末民初状元实业家，先后受到中华人民共和国三位党和国家最高领导人称赞，足见其非凡成就和深远影响。张謇的家国情怀、社会责任、世界眼光、创新意识、诚信品格、产业链意识等，在新时代需要大力传承与弘扬。

　　张謇是一位“百科全书式”的人物，张謇研究是一个取之不竭的“富矿”，也注定是一场筚路蓝缕的“旅行”。张謇的一生在中国近代动荡不安中度过，历经科举风波、云游入幕、朝鲜壬午兵变、甲午战争、戊戌变法、东南互保、预备立宪、辛亥革命、五四运动等重大时变，涉猎政治、经济、教育、文化、艺术、社会治理、城市规划、水利建设、渔权海权等诸多领域。他在短短的 30 年间，在家乡南通及周边地区创办了 34 家企业、370 多所学校、16 家慈善机构、78 处文化设施，创造了近 20 项“中国第一”，使得南通从一个封建州城一跃成为全国争相观摩的“模范城市”。张謇一生勤勉，在躬行实业、教育、慈善的同时，留下了 600 多万字的著述文字，且有日记并自订年谱。这些都为张謇研究提供了丰富资源和巨大空间。但张謇研究的艰巨性、复杂性也是显而易见的。张謇国学根柢深厚，阅历极丰，涉猎甚广，张謇研究要取得突破性进展委实不易。令人欣慰的是，百年来经过学人的不懈努力，张謇研究取得了丰硕成果。国内成功举办了六届张謇国际研讨会、四届"张謇精神的时代意义"年度论坛和一届张謇研究全国青年学术研讨会，成立了（南通）张謇研究中心、南京大学张謇研究中心、南通大学张謇研究院、海门张謇研究会、张謇纪念馆等一批研习机构。习近平总书记两次高度评价张謇后，全国更是掀起了张謇研究、宣传、教育的热潮，相继成立了张謇企业家学院、扬州大学张謇研究院、江苏省张謇研究会等研学机构，南通博物苑成为中央社会主义学院教学基地，并与张謇纪念馆一起入选全国爱国主义教育基地。（启东）通海垦牧公司正在恢复重建，即将对外开放。这些论坛、机构的成立与运行有力推动了张謇研究的深入和张謇精神的传扬。据不完全统计，百年来张謇研究专题文章已逾 6000 篇，著作逾 500 部。

本系列丛书旨在全面梳理和集中展现百年来张謇研究的丰硕成果，依"张謇与名人""张謇与事业""张謇与名物"三个维度，从已发表的论文中精选代表性研究成果。每本汇编又依论文主题分为若干专题，萃取和聚合相关文章。成果选编难免有遗珠之憾，有鉴于此，书后附有"专题研究综述"和"既往研究目录索引"，有些还根据需要附有人物年谱、相关考证等，以便读者掌握该领域研究全貌。

需要说明的是，本系列丛书的选编绝大多数征得了原作者的书面授权，但尚有少数作者由于各种原因未能取得联系，诚请这些作者见到此书后主动与南通大学张謇研究院联系，以便寄奉样书和薄酬。此外，本丛书编纂按现行出版规范对原文体例进行了调整，补充并重新核实了部分引文，如有不妥之处，敬请批评指正。

钱荣贵

2022 年 7 月 23 日

目　录

序 ··· 001

政治篇

张謇总办通海团练参与甲午战争 ···················· 徐乃为 007

张謇："东南互保"中的"官民之邮" ······· 王敦琴　羌　建 019

张謇庚子年间东南意识略议 ························ 刘学照 033

张之洞与《江楚会奏变法三折》 ···················· 李细珠 047

对《江楚会奏变法三折》的再认识 ········· 陆芹英　吴春梅 066

晚清"江淮省"立废始末 ·························· 谢世诚 072

张謇与清末"江北分省"探析 ······················ 李巨澜 089

1904 年张謇推动清廷立宪的努力 ···················· 彭　剑 101

也谈张之洞对立宪的态度 ························· 彭　剑 118

张謇与端方关系考

　　——以清末立宪运动为中心 ········· 张海林　梁玉泉 128

张謇与江苏咨议局 ····························· 耿云志 139

张人骏与江苏咨议局 ··························· 李细珠 157

实业篇

从张之洞所购"瑞记纱机"到张謇创办大生纱厂 ········ 易惠莉 183

张之洞是张謇投身实业的驱动者 ···················· 高广丰 232

论刘坤一与大生纱厂的创立 ·························· 崔运武 243

比较篇

张之洞与张謇 ······························ 冯祖贻 257

张謇心目中的张之洞 ······················· 高广丰 270

张謇与张之洞实业道路比较论 ················· 何剑明 279

张謇与张之洞城市化实践之比较 ··············· 凌振荣 290

张之洞与张謇企业战略管理思想比较 ··········· 李福英 305

张謇与张之洞教育思想之比较 ················· 张廷栖 316

附　录

张謇"南不拜张，北不投李"考证 ·············· 丁　涛 329

张謇与近代淮南盐业改革研究 ················· 丁　涛 332

序

两江总督是清朝最高级的封疆大臣之一，总管江苏（含今上海市）、安徽和江西三省的军民政务①。清初全国赋税仰仗于两江地区，故朝廷多派重臣出任该职。晚清以来，两江总督的权力进一步扩大，自道光十一年(1831)后兼管两淮盐政，自同治五年(1866)后兼任南洋通商大臣，监管五口通商事务。由于位高权重，晚清历任两江总督往往充当全国督抚领袖，不仅主导东南一隅的发展，而且影响全国局势的走向。

张謇在清末的经济、政治领域皆有重要影响。他于1894年状元及第，随后创办大生纱厂等一系列实业，成为近代杰出的实业家。他还参与清末新政改革，撰写《变法平议》（"江楚三折"草案），并在新政后期扮演全国立宪运动领袖的角色，可谓举足轻重。张謇长期生活在江苏，其生平大部分事业也是在江苏发展的，他取得的诸多成就，离不开地方官员，尤其是该地区的最高行政长官——两江总督的配合与支持。譬如，他创办大生纱厂等各项实业，得益于两江总督的庇护；他参与各项政治活动，往往是通过对两江总督施加影响而作用于全国。因此，考察张謇与两江总督的关系具有重要学术意义，不仅有

---

① 两江总督在清初管辖江南省、江西省，因二省皆有"江"字，故称两江总督。顺治十八年(1661)，清政府将江南省拆分为"江南右"与"江南左"，即后来的江苏省、安徽省。虽然如此，但"江南"作为省名或承宣布政使司名，部分情况下一直被沿用至清末，"两江总督"官职也一直沿用至清末。张謇于1894年状元及第，授职翰林院修撰，此后才与两江总督有了较为密切的接触。自1894年以来，张之洞、刘坤一、魏光焘、周馥、端方、张人骏等人出任或署理两江总督职务。

助于加强对张謇、张之洞、刘坤一、端方等近代重要人物个案的研究，而且有利于加深对东南互保、清末新政、清末立宪运动等清末重大事件的认识。

张謇与清末两江总督的研究议题，历来受学术界的重视，已经产生了较为丰硕的成果。本书编者对相关研究成果作了系统梳理，从中选取二十余篇文章结集成册，涉及张謇总办通海团练、创办大生纱厂、促成东南互保协议、参与撰写《江楚会奏变法三折》、参与江北分省、领导清末立宪运动等议题，也包括张謇与两江总督之间的比较。下文对本书内容作简要介绍：

甲午战争爆发后，署理两江总督张之洞为防日军南下侵略长江口，委托张謇总办通海团练，协同江海之防。徐乃为《张謇总办通海团练参与甲午战争》一文，对张謇总办通海团练始末作了系统研究，可补白这一历史事件，并以此进一步深入认识张謇、张之洞等人在甲午战争中的主张。

在酝酿、商议及实施"东南互保"的过程中，张謇发挥了重要作用。王敦琴、羌建《张謇："东南互保"中的"官民之邮"》对张謇促使刘坤一义无反顾于"东南互保"的过程以及张謇热心于"东南互保"的原因作了考察。刘学照《张謇庚子年间东南意识略议》则在张謇向东南督抚的陈言献策中，探讨了其以上海、东南和南方视角立论的东南意识。

《江楚会奏变法三折》是清末新政的施政纲领，由两江总督刘坤一与湖广总督张之洞联衔会奏。张謇撰写的《变法平议》实则是"江楚三折"的稿本。李细珠《张之洞与〈江楚会奏变法三折〉》以张之洞为视角对"江楚三折"作了考察，同时也涉及对张謇参与拟稿过程的研究。陆芹英、吴春梅在《对〈江楚会奏变法三折〉的再认识》一文中探讨了张之洞、刘坤一、张謇的改革思路。

清代江苏省地方行政原本特殊，设有苏州、江宁两布政使，分辖江南与江北民政。江南、江北各自为政，至清末遂发生南北分离倾向。1905年的江淮省设立和辛亥革命后的"江北独立"都是清末江苏发生的重大历史事件，张謇作为江苏士绅领袖，与此二事均有密切关联。谢世诚《晚清"江淮省"立废始末》、李巨澜《张謇与清末"江北分省"探析》二文对此作了深入探讨。

仿行立宪是清末新政后期的重要内容，张謇、张之洞、魏光焘、端方等人皆是立宪运动的重要参与者。张謇于1904年为张之洞、魏光焘起草立宪奏折，并对端方等人进行游说，促成朝廷宣布"仿行立宪"。彭剑《1904年张謇推动清廷立宪的努力》《也谈张之洞对立宪的态度》以及张海林、梁玉泉《张謇与端方关系考——以清末立宪运动为中心》对该事件作了深入研究。

咨议局是立宪派的参政议政机构，张謇积极参与江苏咨议局的筹备工作，并担任江苏咨议局议长。张謇领导江苏咨议局为建设立宪政治的地方基础做了许多工作，并与时任两江总督张人骏进行了有理有节的斗争，在全国产生一定的影响。耿云志《张謇与江苏咨议局》、李细珠《张人骏与江苏咨议局》二文探讨了张謇与张人骏之间关于江苏咨议局的纷争。

张謇所创办的大生纱厂是近代民族工业的杰出代表。不过，大生纱厂自筹建到正式开车纺纱历经挫折。在此过程中，张之洞、刘坤一为张謇提供了资金、设备等方面的诸多帮助。易惠莉《从张之洞所购"瑞记纱机"到张謇创办大生纱厂》、高广丰《张之洞是张謇投身实业的驱动者》、崔运武《论刘坤一与大生纱厂的创立》对张、刘二督参与创办大生纱厂的过程做了较为充分的研究。

毛主席曾说过："讲到重工业不能忘记张之洞，讲到轻工业不能忘记张謇。"张之洞与张謇同为中国兴办近代企业的先驱，而且各自促进了所在城市的近代化进程，故学术界常将"二张"相提并论，并作比较研究。冯祖贻《张之洞与张謇》、高广丰《张謇心目中的张之洞》、何剑明《张謇与张之洞实业道路比较论》、李福英《张之洞与张謇企业战略管理思想比较》、凌振荣《张謇与张之洞城市化实践之比较》以及张廷栖《张謇与张之洞教育思想之比较》等文章对"二张"作了较为系统的比较，可供学术界参考。

以上文章皆是前人已经发表过的，但散布于浩如烟海的文献资料中而未经甄选与整次。本书编辑组所做的工作可谓"拾珠成串"，先对分散于各处的一粒粒珍珠进行甄选，再将它们串在一起，使之成为一个整体，以飨读者。最后，对每一位"珍珠生产者"表示感谢！

丁涛

2022 年 7 月 23 日

政治篇

张謇总办通海团练参与甲午战争

徐乃为

一、张謇在甲午年

张謇五次礼部会试的最后一次是慈禧太后六十寿辰的恩科会试，这年的农历干支纪年正是让人们刻骨铭心的年份——甲午年（1894）。这年 5 月 16 日（阳历，以下同），张謇听录中第六十名贡士；5 月 28 日殿试一甲一名，次日授翰林院修撰；5 月 30 日礼部宴请新科进士，即俗所谓"琼林宴"；6 月 4 日，张謇领衔新科进士往孔庙行释褐礼；6 月 24 日率众进士"公请房师"①。至此，这场人生最重要的大魁天下考试中的所有礼仪才告结束。一周后的 7 月 1 日，他才以全新身份——翰林院修撰的名义去"吏部与翰林院听宣"，张謇应当仍沉浸在新科状元的欣喜与兴奋之中。然而，仅在第二天——7 月 2 日《日记》中赫然有如许文字："闻朝鲜事大棘。"——中日甲午战争正引发之中。7 月 6 日《日记》："闻朝鲜事，言人人殊。上常熟书。"② 表明他对这场战争的初步看法，亦即"正式参加"甲午战争——当然是以新进朝官的身份参加当前国家大事的讨论、争辩。而此时，离那场科考结束的礼仪还不到两个星期。

在朝廷主战、主和两派的争斗中，张謇站在主战的帝党领袖翁同龢一边，并通过翁同龢发声，提出许多主战的主张与计划。这一时期，张謇仅上书翁同龢的信件有整整二十件，日记中还记述多次晤

① 李明勋、尤世玮主编《张謇全集》8，上海辞书出版社，2012 年，页 378—380。
② 李明勋、尤世玮主编《张謇全集》8，页 380。

谈，继续申述他的战事主张，这二十件信件都具体申述他对甲午战争的形势的分析、甲午战争走向的判断以及具体军事指挥的主张，等等。按之于理，师生同在京城，朝夕相遇，张謇偏偏以信件为形式呈送于翁同龢，正是表明其留下这些意见观点，"立此存照"，时时供主战的翁同龢帝党参考择用。而尤以 10 月 2 日，独自以《呈翰林院掌院代奏劾大学士李鸿章疏》，弹劾李鸿章之"战不备、败和局"以惊动朝野。① 这一切，我们可看作新科状元参与甲午战争的"特殊方式"——是"智谋参与"，是"舆论参与"；此或许是"赴机敏决、运筹帷幄、折冲尊俎，其功在野战攻城之上"的一种特殊参与。② 张謇之以此等方式参加甲午战争，已多为近代史专家所广为知晓。

两周以后，10 月 15 日《日记》犹记载，夜访沈曾植、黄绍箕、丁立钧，力主"请分道进兵朝鲜"③——这就是他一贯主战的主张。

而实际上，10 月之后，日军已经由朝鲜侵入东北，在辽东、辽南攻陷许多城池，清廷为挽救危局，28 日谕两江总督刘坤一为钦差大臣，节制全国军队，出关迎拒日军。这一决定，或者与张謇极力主张而翁同龢运作有关。

10 月 16 日，得家中急电，父亲张彭年病逝，张謇只得奔丧回家。此时甲午战事方酣，张謇竟然是以这样的缘由与方式，"结束"了他在甲午那一年的"甲午战争"！

请注意，张謇参与甲午战争的特殊实践并未结束，其后，他又以新的方式参加了！

本文所要研究的，就是他的那段不为人们重视的短暂却完全独立的军事生涯，即曾总办通海团练的生涯。那是针对甲午战争的，是他参与甲午战争的继续。特别是清廷上层的一些重要成员，在面对咄咄逼人的日本的侵略时，曾经有过一种持久抵抗的思路与实践，是弥足

①　李明勋、尤世玮主编《张謇全集》1，页 12。

②　李明勋、尤世玮主编《张謇全集》2，页 9 之附录。

③　李明勋、尤世玮主编《张謇全集》8，页 385。

珍贵的。而此事竟然几乎无人论及，实在是遗憾之至。

二、张謇总办通海团练始末

张謇总办通海团练时间不长，所留相关文字亦不多。张謇总办通海团练的时间起讫在其日记（以下所记日记均化作阳历）中有明确的记载：甲午年次年，即光绪二十一年（1895）2 月 24 日《日记》："得汪州牧函牍，南皮奏派总办通海团练。"① 同年 7 月 6 日《日记》："亥正，接南皮撤防公牍。"7 月 8 日《日记》："叔兄料理团防报销。"7 月 21 日《日记》："团练至此而毕。"② 此事正式结束。

这里有两个重要信息：一，此"总办通海团练"是当时署理两江总督的张之洞委托他办的；二，此事前后经历五个月。

张謇总办通海团练虽仅五个月，但他却是认认真真、雷厉风行地做了这件事的。

其一，他制定规制——《海门团防营制》，拟"立正、副、中三营，每一营五队，每队五伍，每伍十人，统以一伍长；每队五十人，统以一队长。凡练丁二百五十人，伍长二十五人，队长五人，共二百八十八人"③。三营则在一千人左右。还具体制定了"选规""营规""训规""练规"等具体选拔、训练的要求事项。

其二，张謇撰写《通海劝防歌》，作为《海门团防营制》的附录，用以劝募团丁的宣传、启迪团丁的觉悟、认清团练的性质、增强团丁的战力、凝聚团丁的人心，可视为简易培训教材。

据其 5 月 11 日《上黄体芳书》中叙述，"因改为幕，部以兵法，竭蹶两月，才得五百人，是五百人者，加以淘汰训练，意若逾夏，三百人可用"④。这是实实在在说明张謇是启动了这件事，并且已成相当

---

① 李明勋、尤世玮主编《张謇全集》8，页 387。
② 李明勋、尤世玮主编《张謇全集》8，页 390—391。
③ 李明勋、尤世玮主编《张謇全集》4，页 8。
④ 李明勋、尤世玮主编《张謇全集》2，页 70。

规模。此 5 月 11 日以后当有增幕，至于是否达到预订三营一千人的计划，目前无从知晓。

而在 7 月 6 日接到张之洞"撤防公牍"以后的《日记》中多处提到结束撤防事宜，如"留三四十人""留四十余人""催理团练报销"。这也说明是做了此事的。

张之洞是湖广总督兼署理两江总督，是晚清最有声望的封疆大吏之一。张謇在一介秀才时即已名闻天下，如今又是新科状元，本在朝廷意气风发，因丁父忧在家。两人都以干练著称，做事极为踏实。张謇之"总办通海团练"，可谓精心策划而后切实运作。然而，何以如此重要的一件事，竟然匆匆上马，又匆匆下马，极为蹊跷，值得探究其中原委。

说到这里，先将"团练"这一中国特色的民间武装作一介绍。

团练，是中国古代地方民兵制度，是在乡间的民兵，亦称"乡兵"。大抵功用是外御侵扰，内保安宁。这制度早在先秦即有，绵延已有两千余年。

清后期的团练起源于十九世纪初嘉庆时期，是应对分布各地暴动的白莲教起义的。当时八旗兵、绿营兵已严重腐化，扰民有余，治安不足，不足以"平叛"和维护治安。合州知州龚景瀚上《坚壁清野并招抚议》，建议设置团练乡勇，令地方绅士训练乡勇，清查保甲，坚壁清野，地方自保。办团经费均来自民间，且由团练总长掌握。

此后爆发震动大半个中国的太平天国运动。最后战胜太平天国的，不是清朝的国家军队八旗军与绿营军，而是曾国藩当初经营的团练出身的湘军。

张謇年轻时入军幕达十年之久的淮军吴长庆军，吴父吴廷香，优贡生出身，亦以创办团练起家以对抗太平军的。

无论是合州知州龚景瀚为对付白莲教而设置的团练，还是曾国藩、吴廷香为对付太平天国运动而建立的团练，其功用都是对付底层流民滋扰地方治安而做的地方自保措施。

三、筹办通海团练的目的

张謇的著作中，多处说到他的家乡通州海门是民风纯朴、社会安宁的地方，深以未受"发逆"滋扰且广泛接纳太平天国过火地区的难民为骄傲。既然如此，又何须在家乡海门组织经营旨在治安乡邦的团练呢？

我们无法找到张之洞下发给当时通州知州汪氏的公牍，因此很难直接知悉张之洞委托张謇总办通海团练的目的。

张謇在该年 3 月 14 日有《致张之洞函》，承应"总办通海团练"，其函长达一千二百字，有相关两张办团练的有关宗旨者，今移录于下：

> 自顾居忧，蜷伏海上。闻公移督，重为民幸，度公宏规远略，将有造于吾民也。本月初一日，得汪州牧文，辱公以团防见属。顷钱道来通，复承照会，责謇以桑梓敬恭之义，谕謇以金革无避之文，俾练民团以助军势。……
>
> 每一闻海上风鹤之惊，北方挫衄之频，良友愤时叹嗟之书，深宫痛苦罪己之诏，当食辄辍，中夜忽起，麇（糜）心碎胆，不知所云。
>
> 今明公觥觥以义见督，謇不肖，不敢以礼自处。墨衰（治丧守孝）从利，君子恶其失心；寇在门庭，古人乃有变礼。公于江海防守……所期以团练者，用其各为身家之念，以佐防军声势之资；用其平日相信之人，以坚同仇敌忾之气耳！……匹夫有不可夺之忱，明公亦不容有加人非礼之礼之事；且损实鹜名，公亦安用之？①

由此信可知，这一计划是来自署理两江总督张之洞"宏规远略"

---

①　李明勋、尤世玮主编《张謇全集》2，页 68。

的一部分。此信说到自己，则国家有难，匹夫有责；虽在"居忧"守制，亦当以"金革无避"与"寇在门庭，古人乃有变礼"而义不容辞。具体的功用则只谓"公于江海防守……所期以团练者，用其各为身家之念，以佐防军声势之资"。至于具体何指，似仍语焉不详。

　　所幸，在张謇留下的不多的关于总办团练的文字中，还是能窥伺两张当初决定办团练的原因的。

　　张謇在筹办团练而制定《海门团防营制》的同时，还撰写有《通海劝防歌》，作为宣传招募与训练团丁的辅助教材，透露了张謇办团练的原委，今全录以下：

　　　　我乡义勇好男儿，各来听说中日事。不听人人都睡着，听来个个应发指。本朝藩属有朝鲜，三百年来是固然。日在海中国千里，藐小三岛而已矣。自从吞得琉球国，渐将中国看不起。去年朝鲜有乱党，本朝出兵为扫荡。日人背约开兵端，攻我劣将占平壤。平壤以后扰奉天，岫岩盖平各州县。又夺旅顺及山东，荣城宁海劫杀空。杀我男女十几万，淫虏抢烧事事惨。从来人生乱离世，富贵贫贱同一死。白死还作无用鬼，不如生做有用士。有人怕死降了日，面涂黑油发剪矬。被日逼去挡头阵，进前退后都送命。复有缩手不敢当，被捆多人穿一枪。枪珠珍贵人命贱，不费药弹尸相望。呜呼！本朝一民不白死，日寇若来命都已。本朝一物不妄取，日寇若来家尽毁。方今受害在北洋，北洋害过迁南洋。南洋江北一隅地，南靠崇明作屏蔽。崇明吃紧通海慌，须识唇亡寒到齿。通海挨户算人丁，计数百万尚有零。若是百分抽二分，也有二万精壮人。日人上海有模样，不是天神与天将。只是胆大吓胆小，我人自将志气倒。日就来个二三千，十人拼一无不了。莫谓通海苦地方，莫谓常住无事乡。自古有备乃无患，团防事事要习惯。富者出钱贫出力，大家齐心事已毕。不要练丁调远方，只要就地善伏藏。不要冲锋毒打仗，只要截杀便有赏。第一是要膂力好，第二不要弄乖巧。百人合力敌千人，一人偷乖十人恼。沿江沿海有沙滩，滩多洪曲碍轮船。日便分兵犯我境，大炮

小船不能运。若论内地尽是沟，天然地营不要谋。撤桥断坝设阱
陷，各就各圩容易办。道路原是本地熟，层层深入他不敢。前人
有言定不差：恶龙难斗地头蛇。人人想透胆便壮，切勿惊疑听
谣谎。①

由此可知，两张之决定在通海地区办团练，是对付日本侵略的！
切实地说，是对付甲午战争中的日本侵略的，因此可说是张謇的甲午
战争的另一种参与。

张之洞的这个动议，是甲午年次年，正处在甲午战争的后期。甲
午战争一役中的日寇进犯山东半岛一战的经过是，1895 年 1 月 20 日
进犯荣城，2 月 1 日攻下刘公岛，2 月 17 日占领威海卫。故诗中所写
"又夺旅顺及山东，荣城宁海劫杀空"，即是眼前发生之事。

这样，我们可以窥知张之洞的"宏规远略"了。原来山东巡抚李
秉衡在日军进犯山东的过程中，攻守无备，进止失据，致使荣城之陷
与刘公岛、威海卫之失，李秉衡请旨将自己"交部严加议处"，电奏
中称：威海已失，登州、烟台必为日军所争，"秉衡即死守烟台，于
大局毫无补救，获罪滋大。目前统筹全局，似应移扼莱州（今掖县）一
带，催集援兵，自西而东，节节进规，以固省城门户，以顾南北大
局"②。

显然，在这样的情势之下，作为署理两江总督的张之洞当然有守
土之责，万不能落个李秉衡第二！在此，我们有必要知晓张之洞在甲
午战争中的思想与行动。

当年甲午中日战争既起，张之洞曾奏请派马队"驰赴天津，听候
调遣"③，并想以"外洋为助"。他鉴于"倭势日强，必将深入"，建

---

① 李明勋、尤世玮主编《张謇全集》7，页 95—97。

② 王彦威、王亮编《清季外交史料》5，国家图书馆出版社，2015 年，页 2079—
2080。

③ 苑书义、孙华峰、李秉新主编《张之洞全集》，河北人民出版社，1998 年，页
5787。

议"慎固津沽及盛京"。10月26日致电李鸿章，提出"购兵船、借洋款、结强援"① 三项主张。10月底，日本军队强渡鸭绿江后，辽沈危急，张之洞再提出"购快船、购军火、借洋款、结强援、明赏罚"② 五事。11月2日，调署两江总督，仿德国营制，在江宁（今江苏南京）筹练江南自强军，未雨绸缪。

1895年初，日军进犯山东半岛，张之洞给山东巡抚李秉衡发急电，建议李"责成地方官多募民夫，迅速星夜多开壕堑，于要路多埋火药，作地雷"③，以阻止日军进犯。并表示拟拨枪支弹药支援山东守军。在丁汝昌自杀殉国后，他曾建议将驻扎台湾的刘永福调来山东抗日，保卫烟台。当张之洞得悉清廷有割台湾于日之说，于2月28日致电朝廷，历陈利害，极力反对割台。所引"多募民夫、多开壕堑、多埋火药、多作地雷"，正是团练之责。同时，鉴于"海警日甚"，张之洞派下"仲字"六营军队到江北黄海一线，充实沿江沿海的防务，正是让这些军队与丁忧在家的张謇接洽的。

总之，张之洞是一个坚持抵御日本侵略的有主张有实际行动的封疆大吏。我们可以揣测，他已经强烈地意识到，日本侵占山东以后的下一个目标即是富庶的江苏；甚或估测日军效法第一次鸦片战争中英军从广东沿东海北上进入长江口攻下吴淞口、打下镇江、直抵南京下关的故事而沿黄海南下，进入长江，第二次直抵南京！作为两江总督的署理者，他守土有责。因此，他除了动用国家军队加强战备，还想用团练在长江口滋扰以拖住日军。这就是张之洞让张謇总办通海团练的原始用意。——我们揣测的张之洞的用意，在张謇的《通海劝防歌》中得到印证："方今受害在北洋，北洋害过迁南洋。南洋江北一隅地，南靠崇明作屏蔽。"张謇招募歌谣显然是对当时战局的一种估计。

由此可知，张之洞之委托张謇总办通海团练，是"所期以团练

---

① 苑书义、孙华峰、李秉新主编《张之洞全集》，页5822。
② 苑书义、孙华峰、李秉新主编《张之洞全集》，页5824。
③ 苑书义、孙华峰、李秉新主编《张之洞全集》，页5987。

者，用其各为身家之念，以佐防军声势之资"，是作为国家军队（包括其江南自强军）的呼应支助，用以牵制日军的。

至于张之洞所以看上张謇总办通海团练，这容易理解。因为，张謇有军事生涯的背景，是最熟悉日本的大臣之一，张謇是主战派。甲午年8月15日，张謇致翁同龢函中表明其是有江防意识的，并且非常熟悉江防。今引以下：

> 就江轮线路论江防扼要，吴淞第一，宝山、崇明第二，白茆第三，通州芦泾港第四，如皋周圩港第五，泰兴天兴港第六。若乡团防御得宜，亦足以守。但各处皆须有兵以部勒之（多则五百少则三百）；有枪炮以实之（无洋枪则以土抬枪最好，无大炮则以中小劈山炮最好。吴淞、宝山本有营，崇明、通州本有兵而少，白茆、如皋、泰兴则无）。①

这固然是张謇给翁氏之函，作为同是主战派的张之洞，通过种种渠道——或翁氏书信，或张謇书信，或朝中友人转述，知悉张謇的这一切，显然是有可能的。因此，张之洞想到在长江口总办通海团练以牵制日军，第一想到的就应当是生长在东临黄海、南靠长江的张謇。

四、停办通海团练的原因

为何如此重大之事，且已启动运作了的事，却只五个月又偃旗息鼓呢？既然两张是用以应对甲午战争的，自然还得从甲午战争的走向去找原因。

其一，甲午战争终止，两国开始和谈了，这是最重要的背景原因。

日本虽然在战场上连战连捷，但毕竟国力有限，战争带来的巨大消耗进一步加重了日本的负担，自1894年底以来，日本不少地方都

---

①　李明勋、尤世玮主编《张謇全集》2，页66。

爆发了农民暴动，社会动荡不安。所以日本首相伊藤博文于 2 月 2 日
向清政府提出了和谈的要求。于是 1895 年 3 月，清政府委派李鸿章
为头等全权大臣，带着美国前任国务卿科士达为顾问，前往日本马关
与日本首相伊藤博文、外务大臣陆奥宗光进行谈判。3 月 20 日双方
正式开启了和谈。3 月 24 日会议后，李鸿章回使馆途中突然被日本
浪人刺伤。日本担心造成第三国干涉的借口，自动宣布承诺休战，30
日双方签订休战条约，休战期二十一天，休战范围限于奉天、直隶、
山东各地。此时日军已袭占澎湖，造成威胁台湾之势，停战协议把这
个地区除外，保持了日本在这里的军事压力。4 月 1 日，日方提出十
分苛刻的议和条款，李鸿章请求降低条件。4 月 10 日，伊藤博文提
出日方的最后修正案，其条件非常苛刻，并对李鸿章说："中堂见我
此次节略，但有允、不允两句话而已。"李鸿章问："难道不准分辩？"
伊藤博文回答："只管辩论，但不能减少。"① 李鸿章苦苦哀求减轻勒
索，但均遭拒绝。4 月 14 日，清政府电令李鸿章遵旨定约。4 月 17
日，李鸿章代表清政府与日本签订丧权辱国的《马关条约》。

张謇 4 月 30 日《日记》记录获知《马关条约》条款，甲午战争结束。
因此，作为应对日军之进犯长江江苏境内而启动的"总办通海团练"，
似已无实际需要；7 月 6 日，张謇《日记》谓接张之洞《撤防公牍》。可
见，此战的局势与所做的决定完全榫接。

其二，其中此外原因，亦当稍说。张之洞原任湖广总督，两江总
督是刘坤一，时刘坤一被召钦差，节制全国军队，拟出关与日军决
战，因此其对两江总督是署理的关系。即原任离开，一时无人到任，
暂为代理。而李鸿章去日本订和约，刘坤一的钦差节制责任亦就结
束，势必要回任两江，实际上也正是如此。而张之洞之委托张謇之
"总办通海团练"的事情将要落到刘坤一任上，正不知刘氏意下如何，
因此，乘此"通海团练"尚在肇始之时，未至尾大不掉，毋宁撤防了
结。这当是张之洞的深幽心曲。刘坤一确实在次年便回任两江总督。

① 转引自王芸生《六十年来中国与日本》第二卷，三联书店，1980 年，页 278。

五、总办通海团练对张謇的认知意义

张謇总办通海团练一事，对张謇一生的影响、对中国的影响、对通海地方的影响几乎可以忽略不计，但对于对张之洞的认知有一定的帮助，上文已有叙述，这里不赘。然而此事对深入、全面、立体地认识张謇，却是极为必要的。

一、深刻反映出张謇儒家积极层面的家国情怀与使命感。这件事是肇始事，是陌生事，是麻烦事，甚至是危险之事，是与自己的私利几乎无涉之事。然而，此是国家大事，有关家国存亡、民族存亡。因此，先说"謇不肖，不敢以礼自处"，是说不能以丁忧守制而推脱；继说"匹夫有不可夺之忧"①，义不容辞，慨然允应。启动资金无从措手，是"以书二十四椟付典肆，抵质银千元，分助通海团练，为乡人倡"（《自订年谱·清光绪二十一年》）。这也与其在两派论争中主战的主张相吻合。

二、张謇做事的认真、细致，做必做好，做必做实，给我们留下深刻的印象。在汪牧给他看张之洞让他"总办通海团练"的函牍的当天日记，有这样一段话："团练之不易措手也，筹之审矣。言者动以湘乡（曾国藩）见责，不知寇非粤逆（太平军），时非咸丰，地非长沙，人非曾侯，共事非塔、罗、杨、彭，谬相假借，不知其自偵（颠）也。"② 他深知此事之难。当时交通不便，通信阻滞，只能通过函牍交流，张謇竟然将此事做得如此周密、细致，而且有成效，令人感慨而钦佩。张謇凡事亲力亲为，"营制""营规"，甚至是宣传幕丁的小册子都是他亲自撰写，而且是用歌谣俚语写成，遑论其他！

三、凡事总将可利用因素发挥到极致。在遣散所募团丁的过程中，他不是一味遣散了之。在裁撤团练的一段时间的日记里，分别有

---

① 李明勋、尤世玮主编《张謇全集》2，页69。
② 李明勋、尤世玮主编《张謇全集》8，页387。

在各营中"留三四十人""留四十余人""留八人"。足见张謇用心之细，留以后用。这些人后来成为张謇实业中的"厂警""公司警察"等地方治安组织的雏形。

四、张謇之应承此事的内蕴之秘，亦应当揭示，这表明他有以曾国藩为榜样，成就一番大事业的想法。张謇的日记，张謇的诗词，从中都可以看出他对曾国藩是推崇备至。自然，吴廷香、吴长庆父子的团练成功亦必然给予其重大影响。他应当存有曾国藩起于团练而成就大事的念头，并且正由于此，才有如此毅力、如此劲头、如此内动力。

五、张謇的军事思想是一个专门论域，应当研究他一生的军事生涯、重大的军事实践、全部的军事著作方能作出大致科学的判断。这里只就事论事，说几点。

《海门团防营制》中的"训规"，最能体现他训练一支出色的军队的治军思想。训练目标定得很高，有六个训练目标——"一曰不怕死；二曰不忘危；三曰不爱力；四曰不异心；五曰不惑谣言；六曰不违军令"。这在旧式军队中，应该是考虑的全面深刻的、抓住要害的、高人一筹的。管理军队很严，有十七款之多，涉及出入、训练、器物、宿营、请假等等，不许赌钱酗酒，滋事扰民，要求诚实不欺，团结协作，负责守时，有各种赏罚措施。在《通海劝防歌》中，我们还能看出作者的朴素的人民战争的思想。

（原刊于《历史教学问题》2015 年第 3 期）

作者单位：南通大学文学院

张謇：“东南互保”中的“官民之邮”

王敦琴 羌 建

最终在上海议成的“东南互保”是中国近代史上的特殊事件，是地方官绅共同策划的抗旨行为，其策划背景、实施过程及善后处理都超出常规。“东南互保”的始作俑者到底是谁？见仁见智。然“东南互保”最终得以实现实是多方合力之结果。一般认为，刘坤一及李鸿章、张之洞为决策者，“拳匪乱起，坤一偕李鸿章、张之洞创议，会东南疆吏与各国领事订约，互为保护”①。这些功臣的背后其实活跃着一群东南士绅，他们是“东南互保”的幕后英雄和真正推手。作为主要功臣之一的刘坤一身后，就存在一个强大的智囊团，张謇是其核心成员之一。

一、频繁联络朋僚密议策划游说

当义和团兴起、清政府派兵镇压之时，张謇于 1899 年致函汪康年、梁启超，感叹：“官民之情不通，天下事无可为者。”② 于是，张謇自扮“官民之邮”角色。

（一）关注时局联络朋僚

《柳西草堂日记》《啬翁自订年谱》显示，在“东南互保”动议及其实现过程中，张謇特别忙碌。他或是忙于写信致电，或是穿梭于上

---

① 赵尔巽《清史稿》，卷四百十三《列传》二百《刘坤一》，中华书局，1977 年，页 12050。

② 李明勋、尤世玮主编《张謇全集》2，上海辞书出版社，2012 年，页 103。

海、南京、通州之间，频繁与地方督抚、东南士绅、文化报人等交往、密议、策划。联络之人主要是刘坤一及其相关者，包括何嗣焜、沈瑜庆、汤寿潜、陈三立、施炳燮、赵凤昌等。他们或是刘坤一亲信、幕僚，或是与刘持相同政见者。在保卫东南问题上，张謇与他们志同道合。

自光绪二十六年(1900)五月至十二月，时局及"东南自保"成为张謇日记的主要内容，包括围绕"东南自保"的各种信息、信函、会见、交谈、商讨及主张等。同年 5—8 月①的张謇日记几乎天天是时局及其相关活动，体现了如下特点：一是几乎都围绕时局变化及"保卫东南"而进行；二是基本能看出义和团、八国联军、清政府的动态；三是大体可了解"东南互保"酝酿前后的相关情况；四是可以对张謇每天所思、所见、所说、所到有一个基本了解，张謇的观点、主张也一目了然；五是记载极为简单，内容亦多不明说。

从所见资料看，在慈禧太后以光绪皇帝名义发布宣战上谕时，"东南互保"酝酿其实已经开始。在各国公使准备武力镇压义和团、向北京调兵遣将、出兵保卫天津租界，尤其是英国等军队在东南蠢蠢欲动之时，东南绅商们就在秘密策划如何避免北方战乱而实现自保之事了。由此可见，提议、策划"东南互保"的初衷并非与朝廷对立。同时，朝廷在发布宣战上谕一周后态度已悄然变化，对列强变战为和，对义和团变抚为剿。如果东南官、绅及时获此信息，他们策划"东南互保"底气会更足。"东南互保"可谓"表现于若即若离，而终止于不离不弃"②。

张謇除关注时局、多方联络外亦在家乡采取各种措施应对日益紧张的形势。一是通知大生纱厂助手沈敬夫审时度势，"相北方匪警缓急为操纵"③；二是与海门王同知"议陈团丁"④，以保地方平安；三

---

① 李明勋、尤世玮主编《张謇全集》8，页 481—489。
② 戴海斌《试析 1900 年"东南互保"中的几个问题》，《历史档案》2014 年第 1 期。
③ 李明勋、尤世玮主编《张謇全集》8，页 481。
④ 李明勋、尤世玮主编《张謇全集》8，页 483。

是要求南通各典当行"不可止当"①，以免引起人心恐慌。

（二）密议游说刘坤一

张謇对刘坤一施加影响主要通过三种方法：一是直接与刘晤面陈说，或是致函呈文；二是与刘坤一亲信幕僚频繁接触，电函不断，互通情况，商议对策；三是与其他相关之人交往联系，互通信息和主张。

1900 年 5—6 月间，张謇在上海逗留近一月，晤见多人，其中一位重要人物是沈曾植。张謇日记记载，四月十三（5 月 11 日）"子培至沪"②。子培即沈曾植字，他在北方动荡之时携家眷到上海。当时，义和团在京津迅速发展，朝廷以载漪为首者排外势头正旺，而各国公使一面照会清政府要求"剿除义和团"，一面将舰队聚集大沽口进行威胁并酝酿出兵镇压。5 月 11 日沈曾植到上海后，张謇与之"晤谈"③。5 月 15 日晚，张謇"至虹口晤仲弢。晚与子培同车，送登'大通'"④。这说明当日张謇与沈曾植、黄绍箕亦进行过晤谈。关于会谈内容，张謇虽没明说，但可以肯定与东南互保有关。其后，沈便奔走于南京、武汉、上海之间，游说于两江总督刘坤一、湖广总督张之洞、总办商约大臣盛宣怀，联络联合自保之事。

进入 6 月后，北方情形越来越复杂，这使得张謇将更多的精力投入到东南自保之中。当张謇得知刘、张对义和团的明确态度后便在日记及年谱中称"团匪"："闻张、刘合电请剿团匪。匪大恣肆，黄巾、白波再见矣"⑤。此前，张謇穿梭于上海、南京、南通之间，会晤刘坤一、何嗣焜、沈曾植、黄绍箕、恽祖祁等，会谈内容日记未明说，

① 李明勋、尤世玮主编《张謇全集》8，页 483。
② 李明勋、尤世玮主编《张謇全集》8，页 480。
③ 庄安正《张謇先生年谱》（晚清篇），吉林人民出版社，2002 年，页 174。
④ 李明勋、尤世玮主编《张謇全集》8，页 481。
⑤ 李明勋、尤世玮主编《张謇全集》8，页 482。

此后，张謇才在日记、年谱中明确提"保卫东南"①。张謇 6 月 25 日
日记写道"蔼苍来，议保卫东南事。属理卿致此意"②。蔼苍即沈瑜
庆，代表刘坤一在上海参与策划"东南互保"；理卿即施炳燮，为刘
坤一的亲信幕僚。其后的一个多月，张謇日记几乎天天围绕东南互保
记述。"与伯严议易西而南事。江以杜云秋（俞）为营务处，鄂以郑苏
龛为营务处，北上。"③伯严即陈三立，杜云秋即杜俞，郑苏龛即郑孝
胥。张謇此时与陈三立商讨将光绪皇帝等从西安迎到南京，并拟由杜
俞为江苏营务处，由郑孝胥为湖北营务处，分别负责迎銮的相关
事宜。

《啬翁自订年谱》将五月商讨的要点作了简要罗列："五月，北京
拳匪事起，其势炽于黄巾、白波。二十二日，闻匪据大沽口，江南震
扰，江苏巡抚李秉衡北上。言于新宁招抚徐怀礼，免碍东南全局。爰
苍至宁，与议保卫东南。陈伯严（三立）与议迎銮南下。蛰先至宁，议
追说李秉衡以安危大计，勿为刚、赵所误，不及。至沪与眉孙、爰苍
议，由江、鄂公推李相统兵入卫。与眉孙、爰苍、蛰先、伯严、施理
卿（炳燮）议合刘、张二督保卫东南。"④ 这段记载文字虽简但信息量
大：一是义和团到了北京，其发展势头很是迅猛；二是天津大沽口失
陷，东南既震惊也受到影响，积极主战的李秉衡北上；三是张謇因担
心徐宝山会对东南大局的稳定造成影响，便给刘坤一献招抚徐宝山之
策；四是与沈瑜庆在南京商量保卫东南之事；五是与陈三立议商迎接
光绪皇帝及皇室到南京之事；六是汤寿潜到南京，张謇与之深谈，商
讨如何劝解说服李秉衡以国家安危大计为重，不要被刚毅（军机大臣
兼吏部尚书）、赵舒翘（军机大臣兼刑部尚书）所误；七是张謇至上海
与何嗣焜、沈瑜庆商议由两江及湖广公推李鸿章率兵北上勤王；八是
与何嗣焜、沈瑜庆、汤寿潜、陈三立、施炳燮商议请两江总督刘坤
一、湖广总督张之洞联合保卫东南。

①②③　李明勋、尤世玮主编《张謇全集》8，页 483。
④　李明勋、尤世玮主编《张謇全集》8，页 1016。

　　招抚徐宝山、迎銮南下、劝说李秉衡、公推李鸿章北上勤王、游说刘坤一和张之洞保卫东南等等一系列事件的落脚点其实是保卫东南、迎銮南下。而这一系列活动看似无绪，实则有章，张謇从中起到了枢纽作用。

二、策划游说献招之效果

　　当慈禧太后宣战上谕通电各省之时，南方各省纷纷观望。上海各租界戒备森严，外国军舰驶入吴淞，陆军登陆布防，大有一触即发之势。上海作为中国第一大通商口岸，情势紧急。据刘厚生著作，李鸿章老部下盛宣怀与其幕僚何嗣焜商量对策，何认为，事关重大非盛权力能达，唯将两广总督李鸿章、两江总督刘坤一、湖广总督张之洞三人拉一处才有效，但此三个人很难拢一块，"可请张謇说服刘坤一，赵凤昌说服张之洞"①。刘厚生关于盛、何动议虽可进一步考证，但张謇、赵凤昌对刘坤一、张之洞确实下了工夫。

　　关于张謇策划游说刘坤一到底效果如何，见仁见智。有学者认为"张謇对刘坤一颇有影响"②，亦有学者认为"至今仍难精确定论"③。张謇在"东南互保"中的角色和影响可从以下几方面来分析。

（一）成功招抚徐宝山

　　义和团运动发生后，各列强乘机入侵之时，张謇思考着如何安定东南地方势力。因为北方局势十分危急，如果战火烧到南方，或者南方地方势力乘机起事，再引起外国势力干预，那么中国必遭瓜分，"南中闻警，伏莽腾谣，揭竿之徒，在所可虑"④。对于南方，张謇认

　　①　刘厚生《张謇传记》，龙门联合书局，1958年，页92—93。
　　②　卫春回《张謇评传》，南京大学出版社，2001年，页71。
　　③　戴海斌《上海中外官绅与东南互保——〈庚子拳祸东南互保之纪实〉笺释及"互保"、"迎銮"之辨》，《中华文史论丛》2013年第2期，页52。
　　④　李明勋、尤世玮主编《张謇全集》8，页487。

为可两步走，第一步安"内"，第二步攘"外"。

当时，长江中下游一大势力、"盐枭"头目、帮会首领、拥私人武装的徐宝山就是一大隐患。当张謇明晰张之洞、刘坤一对义和团态度后，便在日记中表明自己的态度。其后一天，张謇便见刘坤一，"知大沽口失，陈招抚徐老虎策"[1]。正如章开沅先生所论："张謇把招抚徐宝山看作是与帝国主义达与'互保'协议的前提。"[2] 张謇当面献计刘坤一招抚以"免碍东南全局"。第二天，刘坤一便着手"招抚"事宜。张謇再以"上新宁书"打一针强心剂，强调抚徐后"内患苟弭，可专意外应矣"，同时就"招抚"的具体办法、度的把握及其善后事宜再次献招，"此辈如乱柴，徐则约柴之绳也。引绳太紧，绳将不堪，太松且枝梧，宜得有大度而小心之统将处之，俾不猜而生嫌，不轻而生玩。若予编伍，饷额宜檄统将发原封令徐自给，但给衔不可逾守备以上，不可便单扎。且令一善言语、有计略之道员前往宣示诚信，以开谕之，令专镇缉沿江诸匪。若请来谒，宜即听许，不请勿遽强。此人闻颇以胆决重于其党，控驭得宜，安知不有异日之效？"[3]抚徐的确不失为一着好棋，后来的情况正如张謇所愿，徐的确未给"东南互保"大局形成障碍。

（二）促刘坤一义无反顾

在自订年谱中，张謇记述道："与眉孙、爱苍、蛰先、伯严、施理卿（炳燮）议合刘、张二督保卫东南。余诣刘陈说后，其幕客有沮者，刘犹豫，复引余问：'两宫将幸西北，西北与东南孰重？'余曰：'无西北不足以存东南，为其名不足以存也；无东南不足以存西北，为其实不足以存也。'刘蹴然曰：'吾决矣。'告某客曰：'头是姓刘物。'即定议电鄂约张，张应。"[4] 张謇将东南与西北的关系表达得辨

---

①③　李明勋、尤世玮主编《张謇全集》8，页482。

②　章开沅《开拓者的足迹——张謇传稿》，中华书局，1986年，页117。

④　李明勋、尤世玮主编《张謇全集》8，页1016。

证透彻，“名”与“实”之说促使刘下定决心。尽管刘深知“保守东南，实顾全局，一涉孟浪，祸在眉睫”①，但仍义无反顾。

日记也好，自订年谱也好，张謇的记述颇简。简可以理解，因为太忙，事务太多，他没有时间来从容记述，自己看懂就行。但令人费解的是，大事要事敏感事缘何一笔带过或者隐晦甚至“留白”？其实，这恰恰是张謇性格所致，做事稳重，为人低调，不事张扬，不图虚名，不贪天功。他或是预见或是准备有朝一日会公之于众，对于很多事情他不想说得太明白，或者不想让别人太明白。当然，细细揣摩，抑或与当时处境有关，事件尚未过去，他或许不想牵涉其中。五月二十七（6 月 23 日）盛宣怀、何嗣焜、赵凤昌、张謇、汤寿潜、蔡钧、沈曾植、陈三立、沈瑜庆等会商，最终共同认定通过中外“订约互保”的形式，从国际法上来约束外国列强。② 如此要事，张謇当天日记为空白。张謇是务实派，他不想说的或不能说的，在日记、年谱中就一笔带过甚至只字不提，这其实更增强了张謇日记的可信度。

“东南互保”虽然订约，但仍有大量善后事宜。张謇致函刘坤一表示深深的忧虑，“謇蜷伏海澨，北望觚棱，忧来如焚，鬓毛渐白，不能旦夕府庭申窾窾之愚”，同时详细分析不利时局及可能出现的情形，吁请刘坤一出面协调，“公忠勋著于王室，信义孚于列强”，“东南为朝廷他日兴复之资，诚不可不为之早计也”，唯有“坚明约束，以固东南之疆寓”，张謇言辞恳切，力图打消刘坤一之疑虑，“盖申朝命以系人心，保疆土而尽臣节，非独反经合道之权宜，实亦扶危定倾之至计也”。信函中，张謇还具体献计献策如何将保护订约之本末说与朝野。

张孝若于 1930 年 9 月上海中华书局订正初版《南通张季直先生传记》中记载：“光绪二十四年以后，我父回到南通，决心开辟他的新

① 中国科学院历史研究所第三所主编《刘坤一遗集》，中华书局，1959 年，页 2566。

② 彭淑庆、孟英莲《再论庚子“东南互保”的首倡问题》，《东岳论丛》2011 年第 11 期，页 73。

路，又碰到两江总督刘公坤一。刘公当时也是一朝重望，齿德俱尊，好像中流的砥柱，对于我父，又是一样以国士相待，言听计从。"① 可见刘坤一对张謇的倚重和信赖之程度。

纵观"东南互保"动议及实施过程，可以看到大凡有相关大事要事，刘坤一便召张謇赴宁。有时刘的亲信、幕僚约谈张謇，有时张謇约谈他们。张謇为南北之事，上串下联，既充当刘坤一谋士，又起到"官民之邮"作用。

（三）弹劾端、刚目的达到

张謇参与东南互保"大致分为三个步骤：第一步是筹划招抚徐宝山为首的大股盐枭；第二步是推动刘坤一等订立《东南保护约款》；第三步是谋求'退敌迎銮'并让光绪当政"②。张謇心中还有一个目的就是弹劾端（端郡王载漪）、刚（军机大臣兼吏部尚书刚毅），以绝后患。如果说，张謇将招抚徐宝山作为"东南互保"的前奏，那么他将弹劾端、刚作为"东南互保"的善后。从张謇日记及年谱可见，弹劾端、刚一直是张謇朋僚圈的重要议题。他先是劝紧跟端、刚之人，"勿为刚、赵所误"。在应刘坤一之请晤面时了解到李鸿章也"引各国语直讦端、刚，请上定主裁"，不过，此次见面因有第三者在场，刘未肯多谈。张謇便"再谒新宁，请奏请罢斥端、刚，以谢天下"。其后，刘坤一便"以请罢端、刚，电商合肥、南皮联衔"。可是，当李鸿章北上后怀揣上疏却未呈上，表示要见机行事，这使张謇很着急并深感遗憾，火烧眉睫之事，李可谓"揖让救焚"。张謇并不气馁，继续给刘坤一去函，采取汤寿潜的说法，"请令端、刚自求罢斥"，与此同时，张謇自行给端、刚去电，奉劝其"自屈，以全大计"。十天后，终于得到一个重要消息：李鸿章、刘坤一、张之洞、袁世凯"四衔劾端、刚误国，请予罢斥"，弹劾有效，"得旨解端差使，刚、赵交部议

---

① 张孝若《南通张季直先生传记》，中华书局，1930 年，页 84。
② 章开沅《开拓者的足迹——张謇传稿》，页 116。

处"。至此，弹劾端、刚之事终于有了一个令人满意的结果。

三、热衷"东南互保"之缘由

张謇对政治并非热衷，更多时候是若即若离。然而，在"东南互保"策划及实施过程中却表现出异常的政治热情，且付出巨大努力，这是有原因的。

（一）稳定东南的责任意识

在促刘领衔"东南互保"时，张謇将东南与西北的互存关系表达得淋漓尽致，就当时情况而言，东南能否免受战乱，的确关系到国家的生死存亡。

对于东南于全国之地位，张謇早有认识。1879 年科考策问中就曾述道："其始军饷所出，大半取之东南"①，"自唐安史之乱，中原沦丧，挈东南以供西北，江介一隅之地，始为国家财赋中心"②。1900 年 7 月 29 日，当"东南互保"议商紧锣密鼓之时，张謇借《憎乌》诗表达自己对东南与西北关系的理解："昔汝来巢以为祥，东南西北巢相望。"③ 其后，他在《变法平议》中论及改革漕运时说："京师仰漕于东南。运输之法，河不如海，民船不如轮船，而本色又不如折色。"④ 后来，他在《耕织图跋》中写道："东南赋税之供甲天下。"⑤ 在《建立共和政体之理由书》中亦说："中国近二十年来，一切进化之动机，皆发起于东南，而赞成于西北。"⑥ 张謇后半生之所以醉心于水利事业，对导淮更是情有独钟，正是基于他对导淮的理解："关东南

①　李明勋、尤世玮主编《张謇全集》6，页 14。
②　李明勋、尤世玮主编《张謇全集》1，页 586。
③　李明勋、尤世玮主编《张謇全集》7，页 118。
④　李明勋、尤世玮主编《张謇全集》4，页 45。
⑤　李明勋、尤世玮主编《张謇全集》6，页 315。
⑥　李明勋、尤世玮主编《张謇全集》4，页 201。

大局。"① 在东南，"江苏为东南财赋之区"②。早在 1879 年三院会试
策问中，张謇谈江苏水利时述道："兴利莫大于治水，治水莫亟于江
苏。江苏者，天下重赋之所在，而东南众水之所会也。赋所在而不开
其源，军国失仓庾之富。"③ 在《招待日本实业团颂词》中写道："江苏
一省，在敝国为东南要地，居民耳濡目染，颇知趋重实业"④，"苏系
东南七省安危"⑤。晚年给友人信中回顾："苏浙自甲午以来，凡有事
变，均能联合东南七省或五省共资维助，民今称之。"⑥ 由此可见，
张謇对东南在全国地位、江苏在东南地位认识之清醒。

正是基于这些认识，作为东南士绅的张謇自觉有份责任和义务，
不仅在"东南互保"之事体现出来，其后仍以东南稳定、发展为己
任。"东南憔悴中原竭，愿净欃枪汴济涯。"⑦ 因此，"子培约为东南
士民上政府行新政书"⑧，他欣然应和。1905 年，日俄战争爆发，张
謇深为忧虑："日俄事了，来日大难，东南之人，日夜焦苦以图之，
未知有济豪芒与否？"⑨ 他在致周馥函中表示："外患日逼，民智未
开，实业气尚稚薄，谋力均单，设有蹉跌，不止一人之名誉，故多方
求助，以冀所营一一成立稍完，为东南实业前马之义务。"⑩ 对民生
关怀使得晚年的张謇仍时时关注时局及东南。他于 1924 年写《苦旱》
诗："北方河正决，东南兵未偃。何人闵农艰？天意漠然远。"⑪ 这表
达了他对天灾人祸的感叹，对民生的关切。

---

① 李明勋、尤世玮主编《张謇全集》2，页 214。
② 李明勋、尤世玮主编《张謇全集》4，页 106。
③ 李明勋、尤世玮主编《张謇全集》6，页 23。
④ 李明勋、尤世玮主编《张謇全集》4，页 165。
⑤ 李明勋、尤世玮主编《张謇全集》3，页 775。
⑥ 李明勋、尤世玮主编《张謇全集》2，页 778。
⑦ 李明勋、尤世玮主编《张謇全集》7，页 399。
⑧ 李明勋、尤世玮主编《张謇全集》8，页 1017。
⑨ 李明勋、尤世玮主编《张謇全集》2，页 157。
⑩ 李明勋、尤世玮主编《张謇全集》2，页 160。
⑪ 李明勋、尤世玮主编《张謇全集》7，页 752。

张謇的努力和付出赢得时人的普遍认同。施滋培《启东设治汇牍》称"公砥柱东南，一言九鼎"①。曾任中华民国代总统的冯国璋给张謇回电称其"为民请命，语重心长"，"执事东南泰斗"②。可见，时人高度肯定张謇在东南的地位，也可谓是他努力实现东南理想而得到的认可。

（二）寻求实业发展的基本环境

义和团运动兴起之时，张謇并未给予特别的关注，至少未在日记中反映。个中原因是：一方面，义和团开始时主要是在北方，对张謇事业发祥地长江中下游地区影响似小，张謇此时更关注的是慈禧太后欲行废立之事："闻今上有立端王子溥儁（宣宗元孙、惇邸之孙）为子，承穆庙后嗣统之诏。岁晏运穷，大祸将至，天人之际，可畏也哉！"并且，在第二天张謇对此事查看报纸以确认："见《申报》《新闻报》《中外日报》，昨说果确，并有明正元旦内禅，改元'普庆'之说，亦有'保庆'之说。海内人心益惶惶已。"③另一方面，张謇的大生纱厂在历经艰难险阻后，1899年4月又遭遇资金周转的极大困难。在最困难时期过去后，"厂纱日佳，价亦日长"④，"当沪上各厂积纱如山之时，而通厂之销独旺"⑤，张謇拜见刘坤一，"相见大欢，拱手称谢"。大生纱厂的困境及好转亦使张謇无暇顾及其他。此外，当时执掌的江宁文正书院亦耗费他不少精力。

当八国联军步步为营时，"东南互保"的酝酿策划也紧锣密鼓，此时张謇的大生纱厂产销两旺。这使他更为担心动乱会波及东南，波及他千辛万苦创办的大生纱厂，从而打破纱厂发展的好势头。他极为盼望有一个稳定的实业发展环境。

---

①　李明勋、尤世玮主编《张謇全集》2，页618。
②　李明勋、尤世玮主编《张謇全集》2，页665。
③　李明勋、尤世玮主编《张謇全集》8，页474。
④　李明勋、尤世玮主编《张謇全集》8，页465。
⑤　李明勋、尤世玮主编《张謇全集》2，页102。

商贾们最担心的就是发生战乱，使其工商业遭受炮火摧残。"自咸丰、同治以来，东南商富最著称"①，"上海本商贾荟萃之区，凡商人皆具身家，无不爱和平者"②。渴求稳定的环境是商人们的共同愿望。

东南半壁江山的稳定成为张謇持之以恒的追求。直到晚年，在军阀混战之时，张謇仍在为追求良好的实业发展环境而呼吁，他曾给中央政府及江浙当道致电："据上海、南京、杭州总商会通告略云：'上海为江浙两省要冲，全国商务中心。华洋辐辏，百货云集。江浙两省之安危，上海一隅实为门户，尤大局治安、全国商业盛衰之关键也。'……民本安，曷为而使之危？民求治，曷为而迫于乱？"呼吁政府"保境安民"③。晚年，张謇在诗作《我马楼饮客作重阳》中仍表示："踟蹰困东南，迂阔何西北。一醉无远谋，且晚望兵息。"④ 渴求稳定的环境，让实业得到充分发展，这成为张謇的毕生追求。

（三）易都东南惩凶绝患

"东南互保"从酝酿到议约再到施行的过程中，张謇的思想亦随之变化。

张謇起初思考如何在北方纷乱情形下不使东南受影响以保一方平安，提出"东南自保"概念。为使东南自保，首要的是遏制地方势力，不让其与义和团遥相呼应，于是献策招抚徐宝山。招徐之策被刘坤一采纳并顺利实施。招徐后，张謇开始在日记中明确记载与朋僚所议"保卫东南"之事，继而思考"易西而南"、迎銮南下等。然而，定都东南绝非易事，当此设想难以实现时，张謇便提出迎銮回宫。不过，在此问题上，张謇的认识又有变化。7 月 28 日，张謇上书刘坤一"请参政府速平乱匪，为退敌迎銮计"。此时，张謇认为先"平乱

---

① 李明勋、尤世玮主编《张謇全集》6，页 289。
② 李明勋、尤世玮主编《张謇全集》2，页 294。
③ 李明勋、尤世玮主编《张謇全集》3，页 1215。
④ 李明勋、尤世玮主编《张謇全集》7，页 756。

匪”，再“退敌迎銮”。而到了 8 月，张謇的想法发生变化，认为还是"宜先退在京之寇，迎还两宫，徐议除匪定约事"。这里其实牵涉到先对外还是先对内的问题。当张謇的朋僚们还停留在其原有思想时，张謇的思想又有新转变。当张謇认为宜"退寇—迎銮—除匪"时，周家禄等还坚持"退敌—剿匪—迎銮"。张謇为何会有这样的变化？其主要原因是担心"久则变生"，"皇帝""太后"久西，京城恐生变节，如此国家则会大乱。张謇如此热心策划"易西而南"的真实意图其实是想让光绪皇帝当个名副其实的皇帝，通过易都东南，让慈禧太后真正还政于光绪。

与易都东南相联系的是，张謇希望乘机削弱慈禧太后的力量，为光绪皇帝掌握实权扫除障碍，同时，也为"东南互保"处理好善后，不使其有翻案的机会。为此，需要直接打击的对象就是端、刚之流。在对待义和团运动及列强的问题上，端、刚所持观点和态度直接左右了以慈禧为首的主战派，也给朝廷带来被动，给中国带来被瓜分的危险。张謇及其朋僚正是抓住这些，力图通过刘坤一上书来弹劾端、刚。经过持之以恒的努力，李鸿章、刘坤一、张之洞、袁世凯联合弹劾获得预想效果，使得端、刚被解职并"交部议处"，最终得以严惩。

张謇认为，惩凶是稳定局势的有力步骤，但回銮更是稳定局势的关键，"知朝廷已严治祸首之罪，而无回銮之期，和无日也"[1]。对两宫回銮，张謇极为关注并十分担忧，当他"闻西人有再不回銮，当立明裔之电"[2] 时，还是在日记中欣喜地记上了一笔，后来，在自订年谱中也郑重记下"十月，外交使团坚促回銮"[3]。张謇认为，如果两宫继续西狩，就会夜长梦多，甚至会出现内乱。

在"东南互保"酝酿、商讨及付诸实施过程中，张謇自任"官民之邮"，是保住东南事实上的功臣。但张謇甚为内敛，无意居功。刘

---

① 李明勋、尤世玮主编《张謇全集》8，页 492。
② 李明勋、尤世玮主编《张謇全集》8，页 493。
③ 李明勋、尤世玮主编《张謇全集》8，页 1017。

坤一去世后，张謇的挽联是："吕端大事不糊涂，东南半壁，五年之间，太保幸在；诸葛一生惟谨慎，咸同两朝，众贤而后，新宁有光。"① 给予刘坤一一生特别是"东南互保"的功绩以礼赞。对朋僚，张謇同样给予极高的评价。张謇曾与熊希龄一起致函汤寿潜"民国告成，我公保障东南，功在天下"②。汤去世后，张謇作挽词五首，其中两句为"不交何上下，所系在东南"③。张謇给汤寿潜拟写家传，更是将劝说之功记在汤的头上："及庚子拳乱，召八国之师，国之不亡者，仅君往说两江总督刘坤一、两湖总督张之洞，定东南互保之约，所全者甚大，其谋实发于君。"④ 张謇在挽施理卿词前小序中说："光绪庚子拳匪之乱，东南互保议倡于江南，两湖应焉。欧人称刘总督临大事有断，如铁塔然，虽不可登眺，而巍巍屹立，不容亵视，亦人物也。施君佐刘幕久，是役助余为刘决策，尤有功，亦为两湖总督张公所重。"⑤ 这里，张謇一方面高度评价了施，同时，也道出了"助余为刘决策"之实情。

（原刊于《南通大学学报·社会科学版》2018 年第 2 期）

作者单位：南通大学文学院

---

①　李明勋、尤世玮主编《张謇全集》7，页 503。
②　李明勋、尤世玮主编《张謇全集》2，页 442。
③　李明勋、尤世玮主编《张謇全集》7，页 200。
④　李明勋、尤世玮主编《张謇全集》6，页 606。
⑤　李明勋、尤世玮主编《张謇全集》7，页 208。

张謇庚子年间东南意识略议

刘学照

在义和团运动和八国联军战争期间，张謇忧心国事，一再陈言献策，推助东南互保，力倡因势变法，显露出一种与上海庚子报刊时论类同的"东南意识"①。本文谨对张謇庚子年间东南意识作简要议析，以期窥视他的"名""实"互存论的时局观，从而加深对他的政治思想的认识。

一、"东南意识"：庚子陈言的政治语境

张謇是庚子年间自称"与康、梁是群非党"②的一位隶属帝党、赞同维新的人士。他甲午年(1894)中恩科状元，入翰林院四个月，因丁忧回籍守制。旋奉署两江总督张之洞奏派，总办通海团练。甲午战争后，团防事务结束。张之洞选派他和陆润庠在通州和苏州设商务局，开办纱厂。接着，张又聘他主持江宁文正书院。1896年，刘坤一返任两江、张之洞回任湖广后，张謇为开办"纱厂事"与刘、张以及盛宣怀等续多接触。1898年5月，张謇至京师向翰林院销假。不久，"百日维新"开始，他见翁同龢被"开缺回籍之旨"，又见"补授一品及满汉侍郎，均具折谢皇太后之旨"，"忧心""朝局自是将大

---

① "东南意识"是笔者在向"义和团运动100周年国际学术讨论会"提交的论文中所提出的历史命题和历史话语。这是在搜集和解读上海图书馆馆藏庚子年间上海报刊资料基础上所得。参见拙文《上海庚子时论中的东南意识述论》，《史林》2001年第2期；《香港中国近代史学报》2003年第1期。

② 张謇研究中心、南通市图书馆编《张謇全集》第六卷，江苏古籍出版社，1994年，页861。

变"。他劝翁同龢"速行"。翁离京仅半个月，张謇也以"通州纱厂系
奏办经手未完"为由，在吏部宣旨任他新职的第二天便辞谢再度南
归。① 遂专力于开办大生纱厂（1899 年开工）以及执掌文正书院等实
业、教育事务，奔忙于家乡南通与上海、江宁间。仍注目京师，关心
国事，憧憬改革。为厂务、学务以及政治事务，与何嗣焜、汤寿潜、
沈曾植、郑孝胥、赵凤昌、陈三立等上海和东南士人相交游，并与
刘、张等东南督抚保持较密切联系。再之，他与上海报刊的一些报人
也有交往。《中外日报》为汪康年主办，他弟弟汪诒年任主笔。张与汪
氏兄弟均友善，他与汪康年同是上海强学会的参加者，汪比他早两年
中进士，他在通信中以"同年弟"自称，并能无所顾忌地议论朝政和
"君权""民权"等问题。而且，他与《新闻报》业主、美国教士福开森
在 1896 年就相识，庚子年前曾数度晤面②。迨义和团运动和八国联
军事件发生，张謇为挽救时局，一再与知友们谋划，向刘坤一等东南
督抚陈言对策，其政治话语类同于上海报刊时论。

　　上海是近代中国最大的口岸城市和经济中心，是许多变革潮流的
重要策源地。戊戌维新运动中，上海《时务报》一时成为维新派的主要
舆论阵地。直至清末，上海始终是国内报刊舆论传播中心。据《辛亥
革命时期期刊介绍》所列，武昌起义前海内所出刊物 103 种，上海 65
种，外地 38 种，当时全国有六成多的报刊在上海发行。③ 历史表明，
戊戌政变以后清朝统治内部矛盾加深，迨到 1900 年"己亥建储"事
件、特别是义和团运动发生后，其统治发生严重危机。所谓"由新
旧""满汉""生南北之意见"。④ 1900 年，上海报刊舆论有两个中
心，一是年初对"己亥建储"上谕发布的震惊和愤懑；一是从初夏以
后，对义和团运动发生及其所引起的时局变化的强烈的关注。这两次

---

① 张謇研究中心、南通市图书馆编《张謇全集》第六卷，页 410—412。

② 张謇研究中心、南通市图书馆编《张謇全集》第六卷，页 642—645、386、
415—418。

③ 丁守和《辛亥革命时期期刊介绍》第一至第五集，人民出版社，1982—1987 年。

④ 社说《论南人北人意见》，《新闻报》1901 年 1 月 5 日。

舆论潮的连结和深化，推助了带有上海、东南和南方特征的"东南意识"的显现。

1900 年 1 月 24 日（己亥年十二月二十四日），清廷发布立溥儁为大阿哥的上谕，隐含废立之意。25 日，电讯传到上海，"沪上人心鼎沸"，发生了经元善暨寓沪绅商 1231 人联名抗疏的事件。27 日，《苏报》发表这份电文，并加按语说，本埠接奉电谕后，"绅商士庶纷然哄动。皆谓，名为立嗣，实则废立"，"皆有奋不顾身与君存亡之志"①。《新闻报》社说责问："不废之废，何以告海内？"②《中外日报》电讯指称，此诏为"上迫于母后，下挟于权奸"所下，"太后此举"是"日暮途穷，不为久常之计"的表现。③ 该报还征引"西人"的话，称"经某""忠勇"，"虽已避匿，但已为皇上办一件大事"，并警告，若逼皇上退位，"恐南省难免大乱"④。借用"西人"之口表达了"南北之见"或谓"东南意识"。

清政府所在的京师被称为"首善"之地，而中国的"被现代化"却首先发生在上海以及东南地区。甲午战争以来、特别是庚子年起，上海及东南一带新兴绅商阶层社会主体思想和参与意识迅速增强，上海庚子时论中的东南意识的凸显，正是反映了上海和东南绅商阶层从自己的处境和感受出发，对时局发展和国家命运的一种强烈关心。张謇是江苏名士，是状元出身的实业家和教育家，是东南绅商的上层人士。"建储"事件发生后，他感到震惊和忧虑，他关心上海报纸，并和上海报论产生了某种共鸣。他在 1900 年 1 月 26 日日记中这样写道："闻今上有立宣宗元孙惇邸之孙端王子溥儁为子，承穆庙后嗣统之诏，岁晏运穷，大祸将至，天人之际可畏也哉！"27 日日记又写道："见《申报》《新闻报》《中外日报》，昨说果确，并有明正元旦内禅，

---

① 虞和平编《经元善集》，华中师范大学出版社，1988 年，页 309。
② 社说《嗣统疎言》，《新闻报》1900 年 1 月 26 日。
③ 《电讯》，《中外日报》1900 年 1 月 26 日。
④ 社说《北京西人论中国近事》，《中外日报》1900 年 2 月 25 日。

改元'普庆'之说，亦有'保庆'之说，海内人心益惶惶已"①。事实上，张謇作为一位出身于翁同龢系的士人，他自戊戌政变以来一直关心光绪帝的政治命运和人身安全。政变发生不久，他因见两江总督刘坤一对荣禄等人的废立阴谋能"持正论"，曾借助汪笃甫、王寿芸的引介，恳请刘坤一"上太后训政保护圣躬疏"②；刘在张謇代拟的疏稿上又自加"伏愿皇太后皇上慈孝相孚，以慰天下臣民尊亲共戴之忱"二语③。"己亥建储"发生后，刘坤一在奏国事迄退疏中又有"以君臣之礼来，以进退之义止"这样的鲠直之语。张謇于1900年3月13日(二月十三日)作《奉送新宁督部入朝》诗，对刘坤一的这两份维护光绪帝的奏稿作"戊己堂堂两奏传，勋名况自中兴年"的称颂④。可以说，经元善的联名"抗疏"，张謇的劝刘"护"帝，都代表了东南绅商反对后党废立阴谋的不同斗争方式，而上海报刊对"己亥建储"的报道和评论正是表达了他们的共同心声，这也是洋溢于上海庚子时论中的东南意识的前奏。

　　1900年上海报刊时论中的东南意识，更集中地显现在关于义和团事件的舆论中。先是6月上旬，各报怒责"上谕"祖团，说："沪上商人为之震动"。6月中下旬以后，抨击"权奸"的"矫旨""乱命"，宣传东南"互保"思想，申言只有"保南"才能"存国"。及至北京陷落、清廷"西迁"，进而分析"中国以顽固守旧酿大祸"的"事变""原由"，提出"惩祸首""请回銮""请亲政""行新政"等"善后"办法。在整个过程中，各报还发表不少这类社说：《论南人忧虑北事》《平北乱以定南方》《论南北主见已分途》《南方不宜受北方指授》《东南变局忧言》《保卫南方商务》《使南方平安中国幸存》《论东南人心》《论西幸长安之非计》《论宜迁都江宁》等。⑤ 显然，这种具有浓郁

---

①　张謇研究中心、南通市图书馆编《张謇全集》第六卷，页429。

②　张謇研究中心、南通市图书馆编《张謇全集》第六卷，页414。

③　张謇研究中心、南通市图书馆编《张謇全集》第六卷，页858。

④　张謇研究中心、南通市图书馆编《张謇全集》第六卷，页113—114。

⑤　刘学照《上海庚子时论中的东南意识述论》，《史林》2001年第2期。

的东南意识的庚子时论，为张謇等东南绅商士人应对时局、陈言献策提供了有利的政治语境。

二、"名""实"互存：一种温和的"东南意识"

1900 年义和团运动期间，张謇对时局的发展和变化异常关注。五六月间，冀中义和团开始大批进入京、津地区，英、俄等八国策动武装干涉，形势紧张。张謇于 6 月 4 日至大生纱厂，告诫自己的副手、纱厂进出货董沈燮钧（敬夫）"相北方匪警缓急为操纵"①。安排好厂务后，于 6 月 16 日抵江宁。恰逢刘坤一、张之洞于昨天电请总署代奏："拟恳明降谕旨，定计主剿。"② 张謇 6 月 17 日日记写道："闻张刘合电，请剿团匪。匪大恣肆，黄巾白波再见矣。"他把义和团运动比喻为东汉末年黄巾、五代时白甲军、北宋初年王小波等农民起义。其主剿态度与刘、张相同。6 月 18 日，他见刘坤一，"知大沽口失，陈招抚徐老虎策"。徐老虎，名怀礼，字宝山，江苏丹徒人，是活动于长江下游的很有势力的盐枭。③ 刘坤一遂于第二天招抚徐。张又进而上书刘，申言招抚宜"宣示诚信"，"控驭得宜，安知不有异日之效"，并对"京师日内虑已有变"不胜担忧。他认定招抚徐是为了"免碍东南全局"。④

在庚子事变中，张謇为应对时局积极参与了"东南互保"活动。"东南互保"章程签订有一个酝酿过程。先是，6 月 14 日，英国驻沪代理总领事华仑向英国外交大臣请示，拟"与湖广及两江总督取得谅解"，在"扬子江流域内""维持和平"。16 日，复电同意。⑤ 于是，英驻汉口领事向张之洞提出"欲派水师入长江，帮助弹压土匪"。张

---

① 张謇研究中心、南通市图书馆编《张謇全集》第六卷，页 436。
② 中国史学会主编《义和团（三）》，上海人民出版社，1957 年，页 437。
③ 中国史学会主编《义和团（三）》，页 327。
④ 张謇研究中心、南通市图书馆编《张謇全集》第六卷，页 436—437、861。
⑤ 中国史学会主编《义和团（三）》，页 517—518。

"力阻之"，遂电告刘坤一说，"英水师欲据长江，若我不任保护，东南大局去矣"，请刘告"上海英总领事，力任保护洋商教士之责"。① 而上海租界方面，也由南洋公学外文教习福开森面见盛宣怀，表达英允"保护"吴淞之意。盛电告刘坤一，请刘申明"自任保护"之意。刘复电同意，说"目前惟有稳住各国，方可保护长江"，已"电沪道，将力任保护意告各领"。② 事情很快由督抚表示的"自保"向中外"互保"局面发展。其时，福开森做业主的《新闻报》带动上海各报作"南方平安，中国幸存"的鼓吹，为"东南互保"制造舆论；③ 同时，与刘坤一、张之洞政治关系密切的东南绅士也纷纷陈言献策，力挺"互保"。显然，在 6 月 21 日清廷发布宣战和招抚上谕的情势下，地方督抚订立中外"互保"会有"抗旨"之嫌。盛宣怀从"保东南，挽全局"的考虑出发，于 6 月 24 日致电李鸿章、刘坤一、张之洞，请由刘、张"会同电饬地方官上海道与各领事订约，上海租界准各国保护，长江内地均归督抚保护"，强调"北事不久必坏，留东南三大帅以救社稷苍生，似非从权不可，若一拘泥，不仅东南同毁，挽回全局亦难"。④ 同时，他又请沈渝庆（蔼苍）赶到江宁，商请张謇向刘坤一当面陈说。在这个关键时刻张謇发挥了独特的作用。张謇 6 月 25 日日记写道："蔼苍来，议保卫东南事，属理卿致此意。"理卿，即施炳燮。张后来追述："施君佐刘幕久，是役助余为刘决策，尤有功。"但事情也颇费周章，张有追忆："余诣刘陈说后，其幕客有沮者。刘犹豫，复引余问：'两宫将幸西北，西北与东南孰重？'余曰：'虽西北不足以存东南，为其名不足以存也；虽东南不足以存西北，为其实不足以存也。'刘蹶然曰：'吾决矣。'告某客曰：'头是姓刘物。'即定议电鄂约张，张应。"⑤《东南保护约款》遂得于 6 月 26

---

① 中国史学会主编《义和团(三)》，页 327。
② 中国史学会主编《义和团(三)》，页 329。
③ 社说《图存中国说》，《新闻报》1990 年 6 月 16 日。
④ 中国史学会主编《义和团(三)》，上海人民出版社，1957 年。
⑤ 张謇研究中心、南通市图书馆编《张謇全集》第六卷，页 437、861。

日下午在上海签订。

　　张謇参与"东南互保"活动，并用"清廷"与"东南"是一种"名""实"互存关系的立论打动了刘。其后，坊间流传的《庚子时事杂咏》中有一首《东南立约》诗，诗曰：

> 北海鲸鲵跋怒潮，奔腾杀气直冲霄。
> 联盟岂第全商务，抗命方能保圣朝。
> 半壁河山资保障，满天风雨几漂摇。
> 尽教协力支残局，鸡犬无惊静斗刁。①

尽管这首诗是无名氏所作，但他认为只有用一种冒"抗命"之嫌的办法才能保障"半壁河山"从而保存清廷统治，却表达了张謇等东南绅商人士对时局的看法。这也与盛宣怀所说的东南督抚要"保东南、挽全局"非"从权"不是一个意思。可以说，这些思想反映了东南督抚和绅商的共同心声。应该认为，庚子事变中的"东南互保"，除开上海、汉口的租界方面，它实是由盛宣怀、刘张等东南督抚以及上海地方官员、上海和东南绅商以及上海报刊舆论等几方面的合力所造成。而张謇对刘坤一吐露的所谓"西北""东南"的"名、实"互存论是一种深含政治哲理的时局观，它是一种持论温和的东南意识，其对时局的估析可谓是入木三分。张謇不仅用以助刘决策，而且也据以进一步应对时局，"议保东南"。

　　《东南互保》立约后，张謇在江宁和上海先后与陈三立（伯严）、汤寿潜（蛰先）、何嗣焜（梅生）、沈渝庆、沈曾植（子培）、郑孝胥（苏堪）等人进一步谋划；又曾与"由津避地赴沪"的严复会晤。② 他在应对刘坤一"西北与东南孰重"时，已估计到清廷将要迁往西北。他接着的一项谋划就是欲使清廷南迁。他在 6 月 27 日，与陈三立"议易西而南事"。③ 历史表明，慈禧挟携光绪帝于 8 月 14 日逃出北京，9 月

①　陆保璿《满清稗史》，上海新中国图书局，1913 年，第 17 册。
②　张謇研究中心、南通市图书馆编《张謇全集》第六卷，页 440。
③　张謇研究中心、南通市图书馆编《张謇全集》第六卷，页 437。

10 日到太原，10 月 26 日抵达西安。由此，引发了朝野关于"西狩""迁都"以及"回銮"的议论和争论。随"狩"的一些保守大臣曾有"乘此乘舆西行即可于秦中重建新都"的设想。而上海报刊舆论则强烈反对"都陕之举"①，而主张"迁都江宁"，认为"人材""物产""南优于北"，加之"转运既便"，"财赋仰给东南"，南方又"颇有方兴未艾之象"，"设使迁都江宁"，"实行维新之策，必可鼓舞振新，日起有功"。② 这明显地代表了拥护帝党、主张维新的东南绅商的意见。张謇这条日记虽简略，其欲将"西狩"改为"南狩"，亦当是出于同样的考虑。所不同的是，上海报刊的"迁都江宁"论发之于慈禧逃抵西安前后，而张、陈的筹议是在 6 月 26 日《东南互保》立约的当天，早于上海报论三四个月。再之，当张謇于 8 月 21 日在家乡听到"西狩"的消息后，又于次日向刘坤一陈"退敌迎銮计"。10 月 3 日，他又在日记中批评"西迁之计"是"不识敌情"，并对"琐琐群小，且以长安为小朝廷，可以偏安，保其前局"，深感"可哀"。③ 虽然，张謇欲将清廷"南迁"之议不果行，但这是张謇对"名""实"互存论的一次实际运用，也是他与上海报论反对"都陕"、主张"南迁"呼声的一种政治共鸣。

张謇应对庚子时局第二项重要谋划是提议推举李鸿章统兵北上和罢斥"端、刚"。张謇在甲午战争中是帝党主战派，与一味主和的李鸿章有政见分歧。张謇甲午年九月一日（9 月 29 日）日记有这样的记述："芸谷入见，上甚忧劳，且谕北洋有心误事。北洋之肉，其不足食也。"④ 对李十分愤恨。九月四日（10 月 2 日），张謇又单衔呈翰林院代奏，弹劾李鸿章"主和误国"，力言"北洋大臣，实非天下唾骂之李鸿章所能胜任"，乞"另简重臣"，而"专任李鸿章直隶总督"，

① 《报纪定议回銮喜而书此》，《申报》1900 年 12 月 8 日。
② 《论迁都江宁》，《中外日报》1900 年 9 月 29 日。
③ 张謇研究中心、南通市图书馆编《张謇全集》第六卷，页 440—443。
④ 张謇研究中心、南通市图书馆编《张謇全集》第六卷，页 367。

"以终其身"。① 庚子事变发生，张謇眼见"洋兵剽悍，行薄都城"，"南中闻警，伏莽腾谣"，遂从"保东南，挽全局"的大局出发，捐弃前见，以"勘定"之功"望之合肥"，认定"非公推此老入卫两宫，殆无可下手"，② 于六月八日（7月4日）与刘坤一"说帖"，请刘"与南中疆帅，公推合肥统各路勤王之师，入卫两宫"。③ 当然，此前首议重用李的是盛宣怀。盛于五月十六日（6月12日）致电刘坤一、张之洞，请他们电奏"调傅相回北"，以弭"内乱外衅"。④ 盛此议虽早，但是要刘、张出面"奏请"；而张謇陈言的办法却是"公推"，他更着眼于要李、刘、张等"南中疆帅"发挥主动作用。在所谓"入卫"问题上，上海各报意见不一。《新闻报》发表社说"东南不可分兵"，而《申报》主张"各省疆臣宜督兵入京"；《中外日报》则提出"东南七省疆臣合力用兵"。⑤ 张謇这个"公推"的意见与"东南合力用兵"的主张相近。8月16日，张謇在家乡尚不知北京已于昨日陷落，但深感京师危急，又一次上书刘坤一。其时，李鸿章已先后被任命为直隶总督和议和全权大臣，迟迟于7月21日抵沪后停留不前。张謇在上刘坤一书中对"合肥""徘徊沪上"感到焦急和不满。他估计"西狩"在即，再次向刘强调"东南为朝廷他日兴复之资"，仍当取"权宜"之道，"坚持初计，慨然自任"，"以固东南之疆寓"；又提出，"合肥倘旦夕北上"，宜"专差一道员随行"，"见都人士陈说保护订约之本末"。⑥ 这里，除对李鸿章仍有所希望外，再次让"固东南"以"为朝廷他日兴复之资"的"东南意识"溢于言表，这是他的"名""实"互存论的又一次实际展现。

惩"端、刚"等"肇事诸臣"的议论首先见之于6月中旬的上海

① 张謇研究中心、南通市图书馆编《张謇全集》第一卷，页25—29。
② 张謇研究中心、南通市图书馆编《张謇全集》第六卷，页438。
③ 张謇研究中心、南通市图书馆编《张謇全集》第一卷，页44。
④ 中国史学会主编《义和团（三）》，页326。
⑤ 刘学照《上海庚子时论中的东南意识述论》，《史林》2001年第2期。
⑥ 张謇研究中心、南通市图书馆编《张謇全集》第一卷，页45。

报端。至 7 月中旬，上海报论中甚至出现"内讨国贼""扫除权奸"的号召。① 据《张謇日记》可知，庚子年八月十一日（9 月 4 日），张謇应电约会见刘坤一，知"合肥奏加荣、庆、刘、张为全权，又引各国语，直讦端、刚"。他乃于 9 月 8 日，再见刘坤一，"请奏请罢斥端、刚以谢天下"。次日刘与李鸿章、张之洞电商后"联衔""请罢端、刚"。但直至李鸿章于 9 月 14 日离沪北上时此疏仍"具而未发"，听说是"须至京相机电上"，张謇讥此为"揖让救焚"。在此情况下，他又采用汤寿潜意见，请刘坤一"电劝端、刚自屈"，"自求罢斥"。后来，他获知"李、刘、张、袁四衔劾端、刚误国，请予罢斥。得旨解端差使，刚、赵交部议处"，觉得朝政"似有转机"，但次日又听闻顽固派鹿传霖"亦入军机"，他发出"又是一刚也，可危"的感叹。② 并在致汪康年函中提醒老友："祸乱未艾，一奸去，一奸代，锋渐南下，诸君慎之。"③ 对权"奸"仍把持朝政表示担忧。事实表明，1900 年八九月间，上海各报屡有"清君侧"和"皇上亲政"的呼声。张謇在政治上、尤其是涉及宫廷政争上一向平和持重，他在庚子事变中始终把改变顽固派把持朝政的局面列为重要对策，其持论虽不像上海报论这样显露，但其一再作"请罢端、刚"的陈言，亦实寓有"清君侧"的深意。至于要"皇上亲政"的呼吁，正是表达帝党人士和维新派的意见。张謇一再"与议迎銮南下"，陈"退敌迎銮计"，虽未实现，但就其初衷，不能不说也寓有憧憬"亲政"的微意。

　　张謇应对庚子时局的第三项谋划是与东南士绅沈曾植、何嗣焜等人商议提出"变法"条陈。庚子事变发生后，上海报刊力言"中国以顽固守旧酿大祸，召外衅，几亡国"，而"善后"之法，在于"亲政"和"变法"。先后发表鼓吹"求变法""复帝权""行新政"的社说。④ 这征兆着被戊戌政变压下去的维新变法思潮在趁势再起。庚子

①④　刘学照《上海庚子时论中的东南意识述论》，《史林》2001 年第 2 期。

②　张謇研究中心、南通市图书馆编《张謇全集》第六卷，页 442。

③　张謇研究中心、南通市图书馆编《张謇全集》第一卷，页 644。

年十一月初二日（12月23日），张謇收到沈曾植（子培）的来信，"约为东南士民上政府行新政书"。他遂从江宁去上海，会晤何嗣焜、汤寿潜，又诣盛宣怀，进行酝酿。庚子年十二月十日（1901年1月29日），清廷在西安发布"变法上谕"，宣称"维新"。不久，刘坤一来电，"约明正偕梅生往商要政"。① 何嗣焜（梅生）是盛宣怀的同乡和幕僚，曾帮助盛创办南洋公学，与张謇有二十多年深交。何嗣焜与盛宣怀商议后草拟与刘坤一议商纲目，待张謇、沈曾植和汤寿潜前来"斟酌损益"，不料因脑"卒中""不治"。最后，张謇参照何所遗《乡校丛议例》，申其意"，作成《变法平议》。② 《变法平议》以吏、户、礼、兵、刑、工六部为次，历陈"变法"主张四十二条，其中"置议政院""停捐纳""改外部""设府县议会""行金镑改钱法""立银行用钞票""行预计""行印税而裁厘金""集公司而兴农业""普兴学校""酌变科举""清监狱""劝集矿、路公司"等项尤具特色。《变法平议》力言欧美、日本等国，"其变法皆出于创巨痛深"，"中国沿元明制度"，"浸淫渐渍六百余年"，"戊戌、庚子，变乱迭兴；新党旧党之争，衍为南北。支离变幻，不可穷诘"。他强调，"私意"尤望将"上破满汉之界，下释新旧之争"作为"变法之命脉"。③ 这表明张謇对当时新旧党争、南北之见、满汉之界的严重性有清醒认识并敢于正视。返观庚子年间上海各报追论事变"原由"时，《新闻报》曾指出，"中国之有党类数年来"，"由新旧之意见而生满汉之意见，又由满汉之意见而生南北之意见"。又归结说，"南北之见其嫌隙盖积之戊戌政变，而成之今岁"的义和团之役。④ 《中外日报》则进一步指出"太后守旧"，并在论述"南北界限"时每每与论析"帝后界限"相关联，较自觉地把自己的持论置于"帝"的一边⑤。而张謇视"破满汉之

---

① 张謇研究中心、南通市图书馆编《张謇全集》第六卷，页445—447。
② 张謇研究中心、南通市图书馆编《张謇全集》第六卷，页448—450。
③ 张謇研究中心、南通市图书馆编《张謇全集》第一卷，页48—77。
④ 《论南人北人意见》，《新闻报》1901年1月5日。
⑤ 刘学照《上海庚子时论中的东南意识述论》，《史林》2001年第2期。

界""释新旧之争"为"变法""命脉",与上述报论相近,但只是持论温和,绝不涉及"帝后界限"而已。

张謇《变法平议》递呈于刘坤一后,刘只与他论及"州、县以下官改职及学堂,理财则赞改盐法",余皆不论。这种避重就轻的敷衍态度使张謇"意绪为之顿索"①。几天后他路过上海,给办报的汪康年"留函",提醒老友:"一切议论,千万检点。新宁忧思之心,今犹懔懔,瞻顾西方。"你当知《诗经》中"我东曰归,我心西悲"的所咏了。② 张謇对刘坤一只顾望"西"感到失望,而对张之洞更留有其人在戊戌政潮中"骑墙"③ 的印象。其在庚子夏捕杀唐才常后又留有"杀士"的骂名。张謇曾"属鄂友"劝张效法"光武、魏武军中焚书"④ 以网开一面。当时汪康年主办的《中外日报》曾为唐才常等人鸣不平,抨击"东南督抚徒恃成约,不欲身靖北难",并说对自立军的捕杀与株连"不足以为诸公之上功"⑤。再之,张之洞在晚清大吏中有好"讲学问"的名声,而在这名声的背后却是更注重对舆论的控制。庚子年初,上海盛传《申报》"主笔得鄂客某君洋三百元,以某君一家之私言公天下,混淆黑白",遭到上海各报一阵群攻⑥。连宋恕从上海写出的家书中也说:"两湖去秋后已禁阅[上海]各报甚严,惟受贿之《申报》许阅。"⑦ 而所传行贿之"鄂客某君",即指张之洞的心腹幕僚梁鼎芬(节庵)。张謇在辛丑年(1901)六月十二日(7月27日)致汪康年信中写道:"叔韫旋沪,必已晤谈。节庵于兄动膝及往来之人,知之甚悉,言之颇详。何故?""西政务处识昏语乱,而意侈大,亦有所闻耶?"张謇对梁鼎芬密切关注上海《中外日报》报馆动态颇生

---

① 张謇研究中心、南通市图书馆编《张謇全集》第六卷,页450。
② 张謇研究中心、南通市图书馆编《张謇全集》第一卷,页644。
③ 张謇研究中心、南通市图书馆编《张謇全集》第六卷,页433。
④ 张謇研究中心、南通市图书馆编《张謇全集》第六卷,页441。
⑤ 《平北难即以弭南祸论》,《中外日报》1900年9月4日。
⑥ 刘学照《上海庚子时论中的东南意识述论》,《史林》2001年第2期。
⑦ 胡珠生编《宋恕集》下册,中华书局,1993年,页701。

怀疑，对"督办"新政的"政务处"亦感失望。在另一封给汪康年的信中更慨言："新政殆无大指望。欲合三数同志，从草堂入手，以海滨为基。我侪所能为者止于如此。"[1] 他既感"新政无大指望"，而刘、张又不可期，就只能退归"草堂"了。这年十一月十三日（12 月 23 日）即清廷将回迁北京前夕，张謇在《东堤》诗中吟咏道：

> 西北天都旷，东南地更悠。
> 明年年五十，晚矣事农谋。[2]

他一改一年多前对刘坤一所说的"名""实"互存的政治视角，用一种"归去来兮"的田园诗人的情怀重新解读"西北"与"东南"的关系。已不见前昔"议保卫东南事""议易西而南事"以及"约为东南士民上政府行新政书"的那般政治热情。而自感明年将五十初度，该退身专事于"通海垦牧"的"农谋"了。这样，张謇在庚子事变中跑完一个"保东南，挽全局"的政治圆圈后，再回上专力于实业、教育以及兴农的救国道路。

三、尾论：一次倚"南"望"北"的政治实验

综上所述，1900 年从"己亥建储"事件起、特别是义和团运动发生后，上海报刊时论凸显出一种从上海、东南和南方的视角立论的东南意识，表现出上海和东南绅商关心时局发展和国家命运的社会主体思想。这种洋溢着浓郁的东南意识的上海报刊时论，为张謇等东南绅商士人应对时局、陈言献策提供了有利的政治语境。张謇作为江苏和东南地区的上层绅商人士，他在庚子年向刘坤一、张之洞等东南督抚的陈言献策中，也显露出与上海庚子报刊时论类同的东南意识。特别是他的"西北"与"东南"的"名""实"互存的时局观，含有深

---

① 张謇研究中心、南通市图书馆编《张謇全集》第一卷，页 644、643。
② 张謇研究中心、南通市图书馆编《张謇全集》第五卷下，页 123。

湛的政治哲理，不仅为当时东南官、绅合力进行"东南互保"活动奠立了思想基础，也是了解庚子年间、以至整个清末十年间张謇政治思想的一把钥匙。

张謇是江苏和东南地区上层绅商士人的代表，他从甲午年后走的是一条立足南通、背倚东南、关注全国的救国道路。他思想风格求实、平和，政治历程有进、有退。政治上"退"时，背倚东南，建设南通，不忘全国；政治上"进"时，背倚东南，关注全国，不忘南通。议析他庚子年间的"东南意识"，有助于我们加深对他的政治思想和救国道路的认识。庚子年间，他为"救时"，奔忙于南通、江宁和上海间，他在不忘南通的同时，借助东南舆论和东南督抚，"保东南，挽全局"。庚子后，他"退守"一时，专力于南通建设，但仍背倚东南，关心全国。不久，"立宪"声起。这时，东南绅商的社会主体思想和参与意识进一步增强。张謇又"进"了。他在不忘南通的同时，仍背倚东南，关心全国。不过，不再是庚子年间的倚重东南督抚，而是充分借重东南的绅商、民心和舆论，推动全国立宪运动和全国局势的发展。就此而言，张謇庚子年间"议保东南"的活动是他清末"倚南""望北"领导立宪运动的一次实验。

（原刊于《华东师范大学学报》2007 年第 2 期）

作者单位：华东师范大学历史系

张之洞与《江楚会奏变法三折》

李细珠

作为清末新政的重要文献，张之洞与刘坤一的《江楚会奏变法三折》(以下简称《三折》)一直受到研究者的重视；但是，以往的研究(无论是有关清末新政的专题研究还是张之洞的传记)大都只注重对文本内容的阐述①，对文本产生的背景与经过及其思想来源与影响明显关注不够。本文拟着重对后者做进一步的考察。

一、窥测内意和会商各省督抚联衔

光绪二十六年十二月初十日(1901年1月29日)，流亡西安的慈禧太后以光绪皇帝的名义发布了一道改革上谕，命军机大臣、大学士、六部九卿、出使各国大臣及各省督抚，"各就现在情形，参酌中西政要，举凡朝章国故、吏治民生、学校科举、军政财政，当因当革，当省当并，或取诸人，或求诸己，如何而国势始兴？如何而人才始出？如何而度支始裕？如何而武备始修？各举所知，各抒所见，通限两个月，详悉条议以闻"，然后再"斟酌尽善，切实施行"②。这道

---

① 参阅赵秉忠《〈江楚会奏〉试析》(载《历史教学》1989年第3期)；张连起《清末新政史》(黑龙江人民出版社，1994年)；吴春梅《一次失控的近代化改革——关于清末新政的理性思考》(安徽大学出版社，1998年)；马东玉《张之洞大传》(辽宁人民出版社，1989年)；冯天瑜、何晓明《张之洞评传》(南京大学出版社，1991年)；谢放《中体西用之梦——张之洞传》(四川人民出版社，1995年)；黎仁凯、钟康模《张之洞与近代中国》(河北大学出版社，1999年)等。

② 中国第一历史档案馆编《光绪宣统两朝上谕档》第26册，广西师范大学出版社，1996年，页460—462。

上谕的发布，标志着清末新政的开始。

　　对于清廷的新政变法，湖广总督张之洞的反应非常积极。事实上，他始终在密切关注着整个政局的变化，尤其是朝中的政治动向。在接到新政上谕之前，张之洞已从端方和袁世凯的来电得知，"不日将有上谕，举行新政"①。由于对这道上谕的颁布早有心理准备，这使他能够很快地做出积极回应。接到上谕之后，他的第一反应就是希望弄清其来路："何人陈请？何人赞成？"随即他从多种渠道获悉此谕出自"圣意"，由军机大臣荣禄和户部尚书鹿传霖"赞成"，甚至还了解到是由荣禄的幕僚也即他自己的门生樊增祥起草②。本来，这些信息已足以使他确认朝廷这次是真的要变法了，但是，安徽巡抚王之春的来电又使他心中产生了疑虑。王电说："顷行在军机章京密报'……奏复变法，毋偏重西'云，想见两宫宗旨，奈何？然就复我古法立论，或不干怒。""变法不重西，所变何事？"③ 张之洞对王氏传来的信息颇感疑惑不解。

　　朝廷既已宣布变法，而又有"毋偏重西"的传闻，这使变法一开始就蒙上神秘的面纱。为了探明朝廷变法的真实意图，解开心中的谜团，张之洞特地致电鹿传霖：

　　　　闻有小枢致他省督抚电云："初十谕旨，令条议变法整顿一件，切嘱各省复奏万勿多言西法"云云，殊堪骇异。窃思采用西法，见诸上谕明文。鄙意此后一线生机，或思自强，或图相安，非多改旧章、多仿西法不可。若不言西法，仍是旧日整顿故套空文，有何益处？不惟贫弱，各国看我中国，乃别是一种顽固自大之人，将不以平等与国待我，日日受制受辱，不成为国矣。究竟

────────────

　　①　劳祖德整理《郑孝胥日记》第 2 册，中华书局，1993 年，页 782。

　　②　张之洞《致西安易道台顺鼎》《易道来电》，苑书义等主编《张之洞全集》第 10 册，河北人民出版社，1998 年，页 8497；"庚子十二月十七日西安谭道来电"，张之洞电稿，中国社会科学院近代史研究所图书馆藏（以下简称"所藏档"）甲 182—209。

　　③　张之洞《王抚台来电》《致安庆王抚台》，《张之洞全集》第 10 册，页 8497—8498。

此事慈意若何？略园（荣禄——引者注）能透澈否？各省能否切实复奏？哪几种事可望更张？鄙意第一条欲力扫六部吏例痼习痼弊，枢廷诸公肯否？①

鹿传霖回电如下：

> 小枢何人？妄骋臆谈。变法一诏，菘（鹿传霖——引者注）与略（荣禄——引者注）建议，上亦谓然。至应如何变通，总期实事求是，决无成见。来教谓第一力扫六部吏例，深合鄙衷。及今曹署焚荡之余，尤为机可乘而制易改。然腐儒固执，宵小不利，阻挠必多。将来想有助略相极力主持，惟当切实行之，逐渐变之，总期除弊兴利，似不必拘定西学名目，授人攻击之柄。此大举动大转关，尤要一篇大文字，方能开锢蔽而利施行，非公孰能为之？极盼尽言。②

鹿传霖的回电虽然否定了来自"小枢"的有关传闻，认为朝廷的变法是"决无成见"；但同时又对张之洞"多仿西法"的主张委婉提出了忠告："不必拘定西学名目，授人攻击之柄。"这与张之洞的"变法"理念颇有差距，他复电鹿传霖说："嗣闻人言，内意不愿多言西法，尊电亦言'勿袭西法皮毛，免贻口实'等语。不觉废然长叹：若果如此，'变法'二字尚未对题，仍是无用，中国终归澌灭矣！盖'变法'二字，为环球各国所愿助、天下志士所愿闻者，皆指变中国旧法从西法也，非泛泛改章整顿之谓也。"他主张"大变西法"，认为"欲救中国残局，惟有变西法一策。精华谈何容易，正当先从皮毛学起，一切迂谈陈话全行扫除"。③

也许是鹿传霖的忠告提醒了张之洞，此后，虽然他在思想上始终主张多变西法，但在行动上则一直保持较为谨慎的态度。事实上，在

---

① 张之洞《致西安鹿尚书》，《张之洞全集》第 10 册，页 8506—8507。
② "辛丑正月初十日鹿尚书来电"，张之洞电稿，所藏档甲 182—209。
③ 张之洞《致西安鹿尚书》，《张之洞全集》第 10 册，页 8526—8527。

得到王之春的通报时他已产生警觉，在回电中叮嘱王之春说："复奏万不可急，东南数大省必须大致商妥。"① 一方面，不急于复奏，是想进一步观察事态的变化；另一方面，东南各省互通声气，则希望有更多的人来一起承担责任。于是便有了各省督抚联衔上奏的动议。

联衔会奏也是各省督抚的意愿。早在变法上谕颁布不久，山东巡抚袁世凯和两江总督刘坤一就接连致电张之洞，希望他"先拟大纲"，以便各省参照，他们的意思是各省督抚复奏时尽量意见统一，"建议相同，庶易采择"②。后来，刘坤一首先正式提出联衔会奏的主张，他致电张之洞、袁世凯说："定议后可否会合东南各帅联衔入告？此等文字，正不嫌同。"③ 袁世凯亦致电张、刘认为"此文以同为贵，可见公论"。但袁同时提出了联衔与旨意不相符合的疑问："原旨有各举所知、各抒所见等语，未知宜联奏否？"④ 张之洞回电刘坤一（后又转致东南、西南各省督抚大臣），坚决主张联衔："变法复奏，必宜督抚联衔，方可有益，人多尤善。请公主稿，鄙人当附名。"在此电中，张之洞提出了自以为"稍觉骇俗"的"以仿西法为主"的变革主张：

> 惟鄙意以仿西法为主，抱定旨中"采西法补中法""浑化中西之见"二语作主意。大抵各国谓中国人懒滑无用而又顽固自大，其无用可欺，其自大尤可恶，于是视中国为一种讨人嫌之异物，不以同类相待，必欲蹂践之，制缚之，使不能自立而后已。此时非变西法，不能化中国仇视各国之见；非变西法，不能化各国仇视中国之见；非变西法，不能化各国仇视朝廷之见。必变西法，人才乃能出，武备乃能修，教案乃能止息，商约乃能公平，矿务乃能开辟，内地洋人乃不横行，乱党乃能消散，圣教乃能久

---

① 张之洞《致安庆王抚台》，《张之洞全集》第 10 册，页 8497。

② "庚子十二月二十日济南袁抚台来电""庚子十二月二十一日江宁刘制台来电"，张之洞存各处来电第 43 函，所藏档甲 182—145。

③④ "辛丑正月二十九日江宁刘制台来电"，张之洞存各处来电第 44 函，所藏档甲 182—146。

存。应变者多，宜有次第。管见宜先办者有九事：一、亲贵游历；二、游学各国；三、科举改章；四、多设学校；五、西法练兵；六、专官久任；七、仿设巡捕；八、推广邮政；九、专用银元。此九条最要而不甚难，已足令天下人精神为之一振，陋习一变，各国稍加青眼。其余若多设行都、设矿务总公司、行印花税、酌改律例、设课农专官、各省推广制造局、鼓励工匠各条，相机量力，从容举办。其专论整顿中法者，如另制官禄、尽革部吏、更定选法、停止题本、伤减浮文、扫除漕弊等事，须另拟数条，另为一折。若西法折不能允，则希冀旧法之稍加变通耳。窃谓当此危如累卵之国势、千载一时之事机，似宜先以第一义陈之上前。如不采纳，再及第二义，聊尽臣子之心而已。总之，今日国土日蹙，国权日夺，群强日逼，同则存，孤则亡，决定不移，更无他说。若仅整顿中法，以屡败之国威，积弱之人才，岂能除二千余年养成之积弊？以此而望自强久存，必无之事也。①

此电发出之后，各省督抚纷纷回电，表示愿意响应联衔会奏的行动。两江总督刘坤一对张之洞的变法主张极力赞成："尊拟各条，极为精当，曷胜钦佩。第一义果能内外同心，结实做去，尚可办到。多联数省，较易动听。"他建议张之洞"主稿挈奏"，称张"经济文章一时无两"，希望"幸勿多让"。② 其他各省督抚如两广总督陶模、广东巡抚德寿、安徽巡抚王之春、山东巡抚袁世凯、四川总督奎俊、闽浙总督许应骙、江西巡抚李兴锐、贵州巡抚邓华熙、浙江巡抚余联沅、湖南巡抚俞廉三、署理云贵总督丁振铎、江苏巡抚聂缉规、漕运总督张人骏等，也都随声附和，希望张之洞与刘坤一主稿并领衔，各省督

---

① 张之洞《致江宁刘制台发后转成都奎制台、广州陶制台、福州许制台、云南丁署制台、济南袁抚台、安庆王抚台、南昌李抚台、苏州聂抚台、杭州余抚台、长沙俞抚台、贵阳邓抚台、清江张漕台、上海盛大臣》，《张之洞全集》第10册，页8533—8534。按：原编者将南昌误作武昌，今改正。

② 张之洞《刘制台来电》，《张之洞全集》第10册，页8535。

抚联衔会奏①。

不仅东南、西南各省督抚大臣同意联衔会奏，张之洞与刘坤一还联络山西巡抚岑春煊及陕西巡抚端方等人，也得到他们的赞同。岑春煊曾致电张之洞说："变法折，岘帅电云推公主稿，此事为中兴关键，煊亦以非公莫属，乞挈贱衔。"②

联衔会奏得到各省督抚大臣原则上的同意，但究竟由谁主稿则一时尚难确定。从各省督抚回电可知，一般都希望张之洞与刘坤一主稿，两人确是众望所归；但他们却互相推让。张之洞一再表示："此奏鄂断不敢主稿。鄙人主意多鲁莽，思虑多疏漏，文笔亦艰涩，仍请岘帅主持。"③ 刘坤一则极力推举张之洞："香帅博通今古，惯澈始终，经济文章海内推为巨擘，非由香帅主稿，断难折衷至当，万望勿再客气，主持办理。"④

就在张、刘两人互相推让、联衔会奏的主稿尚未确定之时，情况又有了新的变化。光绪二十七年三月初三日（1901年4月21日），朝廷谕令设立督办政务处，作为办理新政的"统汇之区"，派庆亲王奕劻、大学士李鸿章、昆冈、荣禄、王文韶、户部尚书鹿传霖为督办政务大臣，刘坤一、张之洞"遥为参预"。同时，由于上年十二月初十日的变法上谕所限定的两个月内复奏的期限已过，而各省督抚大臣尚未上奏，故此谕特意催促"迅速条议具奏，勿再延逾观望"⑤。这时，袁世凯致电张之洞和刘坤一主张单衔上奏，理由有二：一是从陕西

① 参阅辛丑二月十四日至十八日两广总督陶模、广东巡抚德寿、安徽巡抚王之春、山东巡抚袁世凯、四川总督奎俊、闽浙总督许应骙、江西巡抚李兴锐、贵州巡抚邓华熙、浙江巡抚余联沅、湖南巡抚俞廉三、署理云贵总督丁振铎、江苏巡抚聂缉规、漕运总督张人骏等人来电，见张之洞存各处来电第45函，所藏档甲182—147。
② "辛丑二月二十四日赵城岑抚台来电"，张之洞存各处来电第46函，所藏档甲182—148。
③ 张之洞《致江宁刘制台、广州陶制台德抚台、济南袁抚台、安庆王抚台、苏州聂抚台、杭州余抚台、上海盛大臣》，《张之洞全集》第10册，页8540。
④ 张之洞《刘制台来电并致袁抚台等》，《张之洞全集》第10册，页8541。
⑤ 中国第一历史档案馆编《光绪宣统两朝上谕档》第27册，页49—50。

"行在"友人来电得知，上面的意思不愿意各省督抚联衔会奏，"请仍各举所知，勿联衔上"；二是因为张、刘"两帅现列参政，又与他省分际不同"，似不便联衔。张之洞回电袁世凯赞同其单衔上奏，称"陕电以各抒所见为然，各省自不便联衔，尊处请即单衔具奏"；另一方面他主张江、鄂、济三处应保持大致相同的意见，认为"他处可听其参差歧异，惟江、鄂、济三处要紧数条，似须大致相同，方能有益"①。刘坤一接到袁世凯来电后即致电张之洞表示，他省可以单奏，但希望江、鄂两处联衔，"谕旨外省仅派两人，自未便再联各省。袁拟单奏，亦可。然江、鄂必须联衔"。张之洞复电赞同此议。②

与此同时，张之洞又一一致电原来联络过的各省督抚，说明各省不便联衔，希望各处单衔具奏③，各省督抚联衔会奏的计划随之流产。此后，张之洞便与刘坤一函电往来，开始具体商议对后来历史曾产生了深远影响的江、鄂(楚)会奏事宜。

二、江楚商议起草与上奏

在各省督抚商议联衔会奏时，因张、刘两人在主稿问题上互相推让，致使长期没有结果。鉴于此，在确定江楚会奏的方针后，张之洞建议二人各自先拟一稿，再互相参照商议，"如所见有异同，无妨更改，总期切实有益"④。达成一致意见后，张、刘都开始组织幕僚起草文稿。

在新政上谕颁布不久，刘坤一就拟邀请张謇(季直)、何梅生、汤

---

① 张之洞《袁抚台来电并致刘制台》《致济南袁抚台》，《张之洞全集》第 10 册，页 8553。

② 张之洞《刘制台来电》《致江宁刘制台》，《张之洞全集》第 10 册，页 8554。

③ "辛丑三月初七日至十三日致福州许制台、苏州聂制台、杭州余抚台、南昌李抚台、成都奎制台、广州陶制台、安庆王抚台、太原岑抚台、清江张漕台、云南丁制台、贵阳邓抚台、长沙俞抚台各电。"张之洞电稿乙编第 14 函，所藏档甲 182—75。

④ 张之洞《致江宁刘制台》，《张之洞全集》第 10 册，页 8554。

寿潜（蛰先）、沈曾植（子培）到南京"代拟条陈"①。后因何氏突然去世②，刘坤一电告张之洞只邀张、沈、汤来宁"共相商酌"③。张之洞也通告对方自己这边将有郑孝胥（苏龛）、劳乃宣（玉初）、梁鼎芬（节庵）、黄绍箕（仲弢）四人协助起草④。当时郑、梁、黄三人为张的幕僚，均在武昌，劳乃宣则远在浙江，张之洞虽一再电召，后因故终未成行⑤。所以，为张拟稿的实际上主要是郑、梁、黄三人。另外，张还广泛征求了治下司、道两级属吏的意见，并把有关变法的两道上谕都通知了他们，希望能"按照上次谕旨内指饬事宜，各抒所见，条议具复，以凭汇核酌采"；同时告知，"现在急待复奏，务须于电到五日内开具条陈，由五百里排递来省，一面将所议纲领先行电复"。⑥ 据张之洞的幕僚陈衍称，江楚会奏还曾采择了他的《变法权议》⑦。可见，

---

① 刘坤一《复盛杏荪》，中国科学院历史研究所第三所主编《刘坤一遗集》第5册，中华书局，1959年，页2281。

② 张謇《日记》，张謇研究中心、南通市图书馆编《张謇全集》第六卷，江苏古籍出版社，1994年，页448。

③ "辛丑正月二十九日江宁刘制台来电"，张之洞存各处来电第44函，所藏档甲182—146。

④ 张之洞《致江宁刘制台等》，《张之洞全集》第10册，页8534。

⑤ 本来，劳乃宣得张之洞电约后，已允应约；但与此同时，山西巡抚岑春煊奏调劳氏赴晋并得到谕旨的批准，使他左右为难，"鄂约在先，而晋奉朝旨，事处两难，徘徊不决，连夕不寐，心疾复发，因辞之"（劳乃宣《韧庵老人自订年谱》，沈云龙主编《近代中国史料丛刊》第7辑〔65〕，第16页）。张之洞致电劳乃宣，对他"因辞晋调，并辍楚游"表示非常遗憾，仍希望他来鄂"兼旬暂驻"。劳乃宣复电称"宣实病，非托词"，一时难行，"请勿待"。张之洞又致电劳乃宣，既然不能来，希望他将有关变法的高见"详切电示"（"辛丑三月十三日致苏州八旗会馆张黄楼""辛丑三月十八日嘉兴劳主事来电""辛丑三月十九日致嘉兴西门内劳玉初吏部"，张之洞电稿，所藏档甲182—465）。劳乃宣回电"仍请勿待"（"杭州劳主事来电"，张之洞存各处来电第47函，所藏档甲182—149）。劳乃宣实际上并没有到武汉参与拟稿，也没有提供什么参考建议。

⑥ "辛丑三月初十日致荆州陈道台、襄阳朱道台"，张之洞电稿乙编第14函，所藏档甲182—75。

⑦ 陈衍编辑《石遗室师友诗录》卷二，集成图书公司印本，出版时间不详，页1。

张之洞为复奏事征集了多方面的意见。

关于各自起草的情况，由于缺乏足够的资料，我们难得其详。大概的情形是，刘坤一那边由张謇、沈曾植、汤寿潜各拟一稿，然后寄给张之洞，由张之洞结合自己这边郑孝胥、梁鼎芬、黄绍箕等人的意见拟出初稿，再互相商议定稿。从这个过程来看，张之洞虽然一再声称不愿主稿，但事实上他做了主稿的工作。就刘坤一与张之洞的个人情况而言，除了资望较老以外，无论学识素养还是思想水平，行伍出身的刘坤一都实在无法与张之洞相比。对此，刘坤一还是有自知之明的。他在致王之春的电报中称："兄年衰多病，近益委顿不堪，一切因应事宜，多系香帅主政。"① 因此，江楚会奏变法之事由张之洞主稿也就很自然了。

在起草折稿的过程中，尽管朝廷再次谕旨催促速奏，但张之洞仍然谨慎有加，并不急于下笔。他努力观察各处的动静，并试图把握上面的意图，以便做出恰当的抉择。在与各省督抚约定各自单衔上奏后，张之洞主张："分奏而大意相同，方见公论。"② 他仍然希望各处互通声气，保持大体一致的论调。比如，他曾致电湖南巡抚俞廉三，商请他将复奏变法稿"六百里飞寄一阅"，在读完俞稿之后，他提出了自己的修改意见供俞参考③。除了直接与各省督抚联系外，张之洞还通过耳目从西安"行在"探听消息。他致电易顺鼎问："各省变法奏到者几省？京官奏者几人？望将最警动重大者示知。内意许可者何事？孙宝琦识见议论何如？云门（樊增祥——引者注）于此事有何定见？此外有何要闻？均速详示。"④ 易回电告知："闽、浙、粤、滇、

---

① 刘坤一《复王爵棠》，《刘坤一遗集》第 5 册，页 2283。

② 张之洞《致上海盛大臣、江宁刘制台、天津袁制台》，《张之洞全集》第 10 册，页 8561。

③ "辛丑三月二十七日、四月十一日致长沙俞抚台"，张之洞电稿乙编第 14 函，所藏档甲 182—75。

④ "辛丑四月十六日致西安易实甫观察"，张之洞电稿乙编第 14 函，所藏档甲 182—75。

齐、豫奏到，浙主丁捐印税，豫主抬枪八股，齐有慎出令，粤有裁内监一条，粤独未交下。京官孙、薛、张、贻、陆、葛皆上，瞿请逐渐变通"。① 这些信息对张之洞无疑有着重要的参考意义。

张之洞虽然是主稿者，但他在起草过程中随时与刘坤一商量。如关于科举变法事，张之洞主张"仿戊戌年敝处所奏已奉旨允准办法"，将陶模和袁世凯"两奏大意酌采叙入，以见科举旧法必应变通"②。刘回电说："科举改章，戊戌年尊处所奏办法，甚裨实学，最为扼要，现在奏请改章，应以前奏为主……引证陶、袁两奏，以见科举改章，具有同心，尤易动听。"③ 张之洞还邀请为刘坤一拟稿的张謇和沈曾植到武昌面谈，"商复新政谕旨，并筹兴学事"④。关于此次会谈，当事人沈曾植说，张之洞"谈兴甚浓"⑤。张謇记载他们与张之洞从上午 8 点一直谈到下午 5 点，"所谈甚多，惟小学校必可立"⑥。可见，他们所谈已不仅仅是折稿的起草，甚至已涉及新政的开展等问题。

正是在吸取多方面的意见并与刘坤一不断商议的基础上，光绪二十七年（1901）五月初，在张之洞主持下完成了江楚复奏变法初稿的起草工作。有记载说："（张）公荟萃众说，断以己意，日撰一条，月余始就。"⑦ 五月中旬，张之洞将折稿由"专弁乘轮"寄呈刘坤一，希望刘"详酌改定"⑧。随后张之洞又送去一份清稿，"以备咨政务处之

① "辛丑四月二十日西安易实甫来电"，张之洞存各处来电第 48 函，所藏档甲182—150。

② 张之洞《致江宁刘制台》，《张之洞全集》第 10 册，页 8586—8587。

③ "辛丑四月十四日江宁刘制台来电"，张之洞存各处来电第 47 函，所藏档甲182—149。

④ 张謇《啬翁自订年谱》，《张謇全集》第六卷，页 863。按：张謇在自订年谱中将此事记在光绪二十七年七月，有误。据其《日记》，张与沈此次武汉之行时在五月二十七日至六月初三日（《张謇全集》第六卷，页 454—455）。

⑤ 沈曾植《致盛宣怀》，王尔敏、陈善伟编《近代名人手札真迹——盛宣怀珍藏书牍初编》第 6 册，香港中文大学出版社，1987 年，页 2582。

⑥ 张謇《日记》，《张謇全集》第六卷，页 455。

⑦ 许同莘《张文襄公年谱》卷七，上海商务印书馆，1947 年，页 147。

⑧ 张之洞《致江宁刘制台》，《张之洞全集》第 10 册，页 8603。

用"，并提出原稿的几处文字修改①。刘坤一接到折稿后，只提出了一些细节性的修改意见，如认为洋药加价三成过高，张之洞同意改为加价二成②。同时，刘坤一致电张之洞大加赞许："明公文章经济，广大精微，凡古今之得失，与中外之异同，互证参稽，折衷至当。竭两月之力，成此一代典章，崇论宏议之中，犹复字斟句酌，贤劳独任，感佩难名！夫变法莫重于学校，科第一折所陈，人人知为先务。第二折整顿中法十二条……及第三折采用西法十一条，莫不中时弊而切时宜。"③

关于折稿的具体内容，此不赘述。不过，这个时期的张之洞思想较为激进，他不仅主张"大变西法"，甚至还提出了"仿行"西方议院和"公举"各级官员的思想，有人称这是他的"中国官僚系统民主化构思"④。但作为主稿者，他并没有把这些思想都写进江楚会奏折。对此，可以从两个方面来分析：一方面，张之洞对朝廷变法的动机与决心尚心存疑虑。如前所述，在新政上谕颁布之后，即有内意"勿多言西法"的传闻，张之洞虽然从鹿传霖处得到朝廷"决无成见"的说法，但鹿传霖一句"不必拘定西学名目，授人攻击之柄"的忠告，又使张之洞莫名其妙。此后，虽然他在思想上仍然表现激进，但在行动上又不得不持谨慎态度。在与各省督抚会商联衔和与刘坤一商议江楚会奏的过程中，他一再推脱担任主稿，即是例证。事实上，虽然朝廷宣布变法，但两年前戊戌政变的阴影仍然笼罩在人们心中，这使人们不得不费心揣摩朝廷的意旨，以至于在规定的两个月期限内竟然没有一个督抚大臣复奏。向来善于知权达变的张之洞自然难以超脱这个基本的历史情境。与此同时，张之洞还不时收到怀疑朝廷变法真意的信

---

① 张之洞《致江宁刘制台》，《张之洞全集》第 10 册，页 8605；"辛丑五月二十二日致江宁刘制台"，张之洞电稿乙编第 14 函，所藏档甲 182—75。

② 张之洞《刘制台来电》《致江宁刘制台》，《张之洞全集》第 10 册，页 8609。

③ 刘坤一《复张香涛》，《刘坤一遗集》第 5 册，页 2289—2290。

④ 苏云峰《张之洞的中国官僚系统民主化构思——对张之洞的再认识》，《近代中国史研究通讯》第 8 期，台北，1989 年 9 月。

息，如山西巡抚岑春煊电告说："煊意时局尚未定，此时不能议兴革，奏入亦置之。"① 两广总督陶模也称："观政府意，未必真欲变革"。② 而陶模关于议院主张的复奏上达后被留中"独未交下"③ 的事实，更强化了张之洞的疑虑心态。因此，在对朝廷的变法真意难以确切把握时，张之洞做此谨慎之态是完全可以理解的。正如时人的批评："南皮变法折，均从极小支节上着笔，可谓善于逢迎矣。"④ 这正是张之洞久历宦海的老到之处。

另一方面，也许是更重要的，在某种意义上可以说是刘坤一定了江楚会奏的基调。在与各省督抚商议联衔会奏的过程中，当张之洞向刘坤一、袁世凯等 8 位督抚大臣提出"仿行"西方议院主张时，刘坤一公开表示反对意见，他说："议院意美法良，但恐事多阻格，未能照行。"⑤ 后来江楚会奏时，刘坤一在将张謇、沈曾植、汤寿潜所拟的变法稿件寄给张之洞时曾致电说："鄙见张、汤稿宏深博大，意在一劳永逸。惟积习太深，一时恐难办到。沈稿斟酌损益，补偏救弊，较为切要，其中只科举学堂分途考试、不废八股尚须酌改耳。似可用沈稿为底本，再得我公斧政润色，必卓然可观。公前拟九条，皆救时良策，有沈稿所未及者，仍拟添入。江、鄂联衔入奏，最为得体。"⑥ 刘坤一主张以稳健的沈稿为底稿，表明他给江楚会奏定的基

---

① "辛丑二月十八日侯马岑抚台来电"，张之洞存各处来电第 45 函，所藏档甲 182—147。

② "辛丑三月十二日广东陶制台来电"，张之洞存各处来电第 46 函，所藏档甲 182—148。

③ 陶模《变通政治宜务本原折》，《陶勤肃公奏议遗稿》卷十一，1924 年刊本，页 28；"辛丑四月二十日西安易实甫来电"，张之洞存各处来电第 48 函，所藏档甲 182—150。

④ 李希圣书札（一），上海图书馆《汪康年师友书札》第 1 册，上海古籍出版社，1986 年，页 552。

⑤ 张之洞《致江宁刘制台、广州陶制台德抚台、济南袁抚台、安庆王抚台、苏州聂抚台、杭州余抚台、上海盛大臣》《刘制台来电并致袁抚台等》，《张之洞全集》第 10 册，页 8540—8541。

⑥ 张之洞《刘制台来电》，《张之洞全集》第 10 册，页 8562。

调就是不宜过激。限于条件，笔者没有见到汤寿潜的拟稿，无法评论。而与汤稿同样遭到刘坤一否决的张謇拟稿即《变法平议》①，分 6 部 42 篇，是一个较为全面系统的变革方案，其中第一条就是"置议政院"，还有一条是"设府县议会"，这颇像张之洞所说的议院。难怪刘坤一见到《变法平议》之后反应很冷淡，使张謇非常失望，"意绪为之顿索"②。沈曾植的拟稿今也未见，但从他当时给张之洞的两封信中可以看出其变法主张较为稳妥，比如他在第一封信中大谈"保君权""存国教"；在第二封信中认为："以礼义诚恪之心行新政，新政仁政也。以愤时嫉俗之心行新政，新政虐政而已矣。"③ 刘坤一是江楚会奏的领衔，他向张之洞特别推荐的又是沈稿，这就决定了张之洞在江楚会奏中只能表述稳健的变法思想。正如在折稿完成之后，张之洞致函鹿传霖所说："弟识短才疏，岂知大计？昨会岘帅复奏变法三折一片，大率皆书生文章，俗吏经济，作按部就班之事，期铢积寸累之功，了无惊人之谈，亦无难行之事。自知撮壤消流，未必有裨山海。"④ 既是谦辞，也有几分实话。有趣的是，张之洞原先极力主张以变西法为第一义，"如不采纳，再及第二义（即整顿中法）"，但在江楚会奏的变法三折中，次序恰好颠倒过来，整顿中法为第二折，采用西法为第三折，且后者晚奏一天。

折稿修改定稿之时，离朝廷催促迅速上奏的谕旨发布又过去了近三个月之久，复奏之事已刻不容缓。早在四月中旬，袁世凯即致电刘、张，希望他们迅速复奏，使朝廷能在回銮之前举行新政，以免各国"要挟"。他说："回銮以前，如不先行新政，有大可虑者二：各国

① 张謇研究中心、南通市图书馆编《张謇全集》第一卷，页 48—77。

② 张謇《日记》，《张謇全集》第六卷，页 450。

③ 沈曾植《扬州与南皮制军书》《与南皮制军书》，钱仲联辑注《沈曾植未刊文稿》，载王元化主编《学术集林》卷三，上海远东出版社，1995 年，页 106—111；两信节录亦见王蘧常编著《沈寐叟年谱》，《民国丛书》第 3 编（76），上海书店，1991 年，页 41—46。

④ "辛丑七月初七日致军机大臣户部大堂鹿"，张之洞函稿·京信稿，所藏档甲182—215。

以现之政府守旧顽固，倘回銮后，各国要挟以更换执政，拒之不足，国体安在？可虑一。各国皆盼我变法，倘回銮后各国缕列多款，要挟照行，执政不敌，允则干预，可虑二……拟请两帅或联名电枢，或会衔电奏，如能将兴学堂、改科举等事，先行数件，则各国耳目一新，保全甚多，其弛张横议之流，亦可稍敛。"① 五月底，江、鄂会奏折稿修改就绪，张之洞就发折的方式与时间致电刘坤一说："第一折由驿六百里。第二、第三折双差赍递，均请酌办。能于初一二日拜发尤佳。"② 随即，江楚会奏三折由刘坤一领衔于五月二十七日、六月初四、五日由南京发出。

　　奏折发出之后，张之洞又开始了解各处的反应，尤其希望得到政府的采纳。他致电樊增祥说："江、鄂折二十日内外可到，如蒙政府采择，有决计愿办之事，宜在西安早为举行，不必待回京后，庶早慰海内、海外望治之忧，且免到京后事多掣肘。"③ 同时致电鹿传霖说："新政若有急须举办之事，务望稍候，江鄂奏到，俯赐采择。"④ 这时，梁鼎芬也到了西安，他不仅在慈禧太后召见时为张之洞美言邀功，而且密切关注朝廷内外对江、鄂会奏的态度，随时为张之洞传递信息。他从鹿传霖处得知懿旨有"整顿新政，照江鄂折，饬各省切实奉行"的意向后，就在第一时间里向张之洞报喜，称"此真吉祥盛事"⑤。果然，当天（八月二十日），慈禧太后发布懿旨："刘坤一、张之洞会奏整顿中法、仿行西法各条，事多可行；即当按照所陈，随时设法择要举办。各省疆吏，亦应一律通筹，切实举行。"⑥ 江楚会奏不仅得到朝廷谕旨的批准，而且还得到西方列强的认可，如来自上海的消息

① "辛丑四月十一日济南袁来电"，张之洞存各处来电第47函，所藏档甲182—149。
② 张之洞《致江宁刘制台》，《张之洞全集》第10册，页8611—8612。
③ 张之洞《致西安樊云门》，《张之洞全集》第10册，页8613。
④ "辛丑六月初七日致西安鹿尚书"，张之洞电稿乙编第14函，所藏档甲182—75。
⑤ "辛丑八月二十日西安梁守来电"，张之洞存各处来电稿，所藏档甲182—435。
⑥ 中国第一历史档案馆编《光绪宣统两朝上谕档》第27册，页188。

说，德国总领事"极佩服，欲译德文"①。可见，江楚会奏的批准，表明两宫"回銮"之前在西方列强面前塑造一个维新政府形象的目的已初步达到。从此，清末新政正式开始进入具体实施阶段。正如时人所说："惟是中朝宗旨，实以江鄂为南针。江鄂之言不必尽行，而江鄂奏入之后，大局未必不从兹而定。"②《江楚会奏变法三折》对历时8个多月的关于如何变法的问题做了一个总结，使讨论终于有了实质性的结局。

三、《三折》的思想渊源

尽管张之洞在起草《江楚会奏变法三折》时征求和参考了多方面的意见，但他毕竟是奏折的主稿者，《三折》主要体现了张之洞的思想，这一点是毋庸置疑的。如前所述，这个时期张之洞一度表现出较为激进的变革思想，但是，由于对朝廷的变法态度难以把握，以及刘坤一求稳心态的制约，使张之洞未能在奏折中完全表述这种激进的变革思想。实际上，《三折》与张之洞以前的稳健变革思想尤其是《劝学篇》的思想若相符合。下面拟对此略加分析。

张之洞的变法思想产生于甲午战争前后，而其较为系统的表述则是戊戌时期著名的《劝学篇》。另外，在《江楚会奏变法三折》之前还有两折两电4个文献，也是张之洞变法思想的集中阐释。（一）光绪二十一年闰五月二十七日（1895年7月19日）张之洞在《马关条约》签订后所上的《吁请修备储才折》，提出9条建议③。（二）同年十一月初九日（1895年12月24日）张之洞上《遵旨议复各臣工条陈时务事宜折》，

---

① "辛丑九月初二日上海来电"，张之洞存各处来电稿，所藏档甲182—435。

② 沈曾植《扬州与南皮制军书》，钱仲联辑注《沈曾植未刊文稿》，载王元化主编《学术集林》卷三，页106。

③ 苑书义等主编《张之洞全集》第2册，页989—1001。按：此折由张謇代拟，参见《代鄂督条陈立国自强疏》（张謇研究中心、南通市图书馆编《张謇全集》第一卷，页29—41）。

又提出 13 条建议①。(三)光绪二十六年八月十九日(1900 年 9 月 12 日)张之洞致东京钱念劬的电报中就日本人关于"和后如何立国"的问题提出了 17 点想法②。(四)光绪二十七年二月十二日(1901 年 3 月 31 日)张之洞在与各省督抚大臣会商联衔复奏的致江宁刘制台发后转成都奎制台等的电报中提出变法主张(见前文)。下面拟将《劝学篇》和这两折两电 4 个文献所表现的张之洞变法思想主张与《江楚会奏变法三折》的内容列表对照(如下)。

《江楚会奏变法三折》与《劝学篇》等文献内容对照表

《江楚会奏变法三折》	《劝学篇》及《吁请修备储才折》等
A1. 设文武学堂	Q. 设学、学制；X. 广开学堂；Z. 立学堂；ZJ. 多设学校
A2. 酌改文科 A3. 停罢武科	Q. 变科举；ZD. 取士改章；ZJ. 科举改章
A4. 奖劝游学	Q. 游学；ZJ. 游学各国
B1. 崇节俭	
B2. 破常格	
B3. 停捐纳	
B4. 课官重禄	ZJ. 另置官禄
B5. 去胥吏 B6. 去差役	Z. 裁汰冗员；ZJ. 尽革部吏
B7. 恤刑狱	
B8. 改选法	ZJ. 更定选法
B9. 筹八旗生计	
B10. 裁屯卫	Z. 折南漕；ZJ. 扫除漕弊
B11. 裁绿营	Z. 裁额兵
B12. 简文法	ZD. 省文法；ZJ. 停止题本、省减浮文
C1. 广派游历	X. 多派游历人员；ZD. 派王大臣及大员子弟及京外官武官游历；ZJ. 亲贵游历

---

① 张之洞紧要折稿第 9 函，所藏档甲 182—11。
② 苑书义等主编《张之洞全集》第 10 册，页 8283—8284。

续表

《江楚会奏变法三折》	《劝学篇》及《吁请修备储才折》等
C2. 练外国操	Q. 兵学；X. 练陆军、治海军；Z. 练陆军、练水师；ZD. 练兵；ZJ. 西法练兵
C3. 广军实	X. 分设枪炮厂；ZD. 设枪炮厂
C4. 修农政	Q. 农工商学；ZD. 农工设专官；ZJ. 设课农专官
C5. 劝工艺	Q. 农工商学；X. 讲求工政；Z. 造机器；ZD. 农工设专官；ZJ. 各省推广制造局、鼓励工匠
C6. 定矿律、路律、商律、交涉刑律	Q. 矿学、铁路、农工商学；X. 造铁路、速讲商务；Z. 修铁路、开矿产；ZD. 修铁路；ZJ. 设矿务总公司、酌改律例
C7. 用银元	Z. 制钞币银币；ZD. 用银元；ZJ. 专用银元
C8. 行印花税	ZD. 行印花税筹饷；ZJ. 行印花税
C9. 推行邮政	Z. 创邮政；ZD. 各省遍行邮政；ZJ. 推广邮政
C10. 官收洋药	
C11. 多译东西各国书	Q. 广译

说明：上表中 A、B、C 分别代表《江楚会奏变法三折》的第一、二、三折；Q 为《劝学篇》，X 为《吁请修备储才折》，Z 为《遵旨议复各臣工条陈时务事宜折》，ZD 为《致东京钱念劬》，ZJ 为《致江宁刘制台发后转成都奎制台等》。

从列表可见，《江楚会奏变法三折》27 条变法措施中，有 21 条可以从张之洞的《劝学篇》和其他关于变法的两折两电中找到相同或相近的表述，而且大都不止出现一次。据此我们认为，《江楚会奏变法三折》是张之洞长期变法思想主张的一个总结，应该是没有问题的。

还应进一步说明的是，《三折》与《劝学篇》等文献中反映的张之洞变法思想主张之间，不仅仅是条文的类似，更重要的是其基本精神的相通。我们知道，《劝学篇》是张之洞变法思想的代表作，分内、外两篇，"内篇务本，以正人心；外篇务通，以开风气"。有趣的是，《三折》的核心内容也分为"整顿中法"和"采用西法"两折，这种安排应出自张之洞，因为在上引光绪二十七年二月十二日的致刘坤一等人的电报中，张之洞就已明确地提出了中法与西法分折上奏的建议。如果说这还只是形式上的相仿，那么我们再看其精神上的相通之处。这主要表现在三个方面：其一，"中体西用"的变革宗旨。《劝学篇》的核心思想是"中体西用"的文化观，在中西文化关系问题上，主张中学为主西学为辅，取西学之长补中学之短，在向西方学习的同时，坚持中国的伦常名教。《三折》在处理中西文化关系的问题上也贯彻了"中体西用"的精神，其第一折就开宗明义地宣称："修中华之内政，采列国之专长，圣道执中，洵为至当。"同时，《三折》在主张采用西法和改革内政时也承认："中华所以立教，我朝所以立国者，不过二帝、三王之心法，周公、孔子之学术。"在主张科举改章和设立新式学堂时，坚持"以讲求有用之学、永远不废经书为宗旨"①。其二，取法日本的变革模式。日本是学习西方的成功典范，《劝学篇》主张中国可以通过学习日本来达到向西方学习的目的，中国学习日本有许多有利的条件，"我取径东洋，力省效速"②。《三折》同样强调了学习日本便捷有利，"日本诸事虽仿西法，然多有参酌本国情形，斟酌改易者，亦有熟察近日利病删减变通者，与中国采用尤为相宜"③。因此，在采用西法的许多措施上都主张直接仿效日本。其三，稳健的变革道路。《劝学篇》之作，如张之洞所自称"大抵会通中西，权衡新旧"④，主张有限度的变革，是要在激进派的趋新和顽固派的守旧之间寻求一条稳健的变法道路。本来，张之洞在起草《三折》时也曾有过诸如设议院之类的"骇俗"之论，但都没有写入奏折。事实上，《三折》所举各条皆平实，"布告天下则不至于骇俗"⑤。这些都符合《劝学篇》的基本精神。可见，《江楚会奏变法三折》的主要思想来源应是甲午以后张之洞以《劝学篇》为中心的变法思想主张。

---

① 张之洞《变通政治人才为先遵旨筹议折》，《张之洞全集》第 2 册，页 1393、1401、1402。

② 张之洞《广译第五》，《劝学篇》外篇，页 14，两湖书院光绪二十四年三月刊本。

③ 张之洞《遵旨筹议变法拟采用西法十一条折》，《张之洞全集》第 2 册，页 1431。

④ 张之洞《抱冰堂弟子记》，《张之洞全集》第 12 册，页 10621。

⑤ 张之洞《遵旨筹议变法拟采用西法十一条折》，《张之洞全集》第 2 册，页 1450。

关于《江楚会奏变法三折》的评价问题，过去有的学者因对清末新政持否定态度，认为新政只不过是洋务运动的翻版，并无新意，因而认为《三折》也没有什么新东西。对于这种观点，只要稍加推敲，就能发现它的破绽。其实，《三折》中如科举改章与近代新学制的建立、用人行政政策、司法制度的改革和经济法规的制定等措施，已经鲜明地指向体制本身的变革，这与洋务运动是不可同日而语的。

近年来，随着对清末新政的日趋肯定，研究者大多认为《三折》是新政的总纲领或总方案。笔者认为，这个说法既有一定道理，但又不甚恰切。如果以1905年为界把清末新政分为两个阶段，那么，第一阶段的各项新政改革确实大都是以《江楚会奏变法三折》为纲领而展开的；但是，第二阶段的预备立宪则远远超出了《三折》的内容。事实上，新政从第一阶段向第二阶段发展，既是时势所迫，也是改革自身的内在需要，但对于清廷来说则多少有点无奈的意味，因为其最初的打算里并没有立宪这个项目。其实，在驻日公使李盛铎光绪二十七年(1901)五月关于复奏变法的奏折中已经明确提出了立宪主张，但"当时廷议尚无敢以宪法为言，独李能探本源"①，李的探源之论在当时并没有反响，也没有得到清廷的赞同。可见，清廷对于新政一开始并没有一定的主见，使改革的进程显现出极大的盲目性，以至于立宪迟迟不能切实施行，终于难逃失败的命运。

尽管如此，《三折》对于清末新政的意义仍不可否认。在朝廷想要变法但又不知从何下手的时候，《三折》提出了一套较为系统的变革方案，得到批准实行，使清末新政进入具体的实施阶段。可以说，《三折》推动了清末新政的开展。就此而言，这对确立主稿人张之洞在新政中的角色与地位也有着重要的意义。

（原刊于《历史研究》2002年第2期）

作者单位：中国社会科学院近代史研究所

---

① 《追录李木斋星使条陈变法折》，《时报》光绪三十一年十一月初二日。

对《江楚会奏变法三折》的再认识

陆芹英　　吴春梅

　　《江楚会奏变法三折》(以下简称《三折》)是近代中国社会提出的第一个比较完备的近代化方案,它规划了清末改革的思路与框架,对清末新政的启动和实施起了重要的促进作用。长期以来,由于研究者大多倾向于将清末新政作为辛亥革命的背景加以分析,从而也就在有意无意间忽略了代表当时最高认识水平的《三折》的价值。本文试图对这个问题进行初步的探讨。

一、《三折》出台的时代背景

　　在近代中国社会对历史发展水平的认识上,世纪之交是一个转折点。庚子之役的惨败使人们开始认识到,必须向西方学习,进行适应世界潮流的近代化改革。张謇通过对东西方各国发展经验的总结,指出"与世界竞争文明,不进即退,更无中立"[①]。岑春煊认为,不思进取、因循守旧是导致中国近代化步履维艰的根本原因。张之洞鉴于鸦片战争后中国的一败再败,尤其是庚子之役后"残局"的出现指出,朝廷必须"下诏罪己,引咎不讳,痛哭流涕,布告万方"。

　　对此,清廷亦进行了反思,指出"近二十年来,每有一次衅端,必申一番诰诫,卧薪尝胆,徒托空言;理财自强,几成习套。事过之后,徇情面如故,用私人如故,敷衍公事如故,欺饰朝廷如故。无事且难支持,今又构此奇变,益贫益弱不待智者而知。"[②] 此后,清廷

---

① 张孝若《南通张季直先生传记》,文海出版社,1981 年,页 107。
② 沈桐生辑《光绪政要》卷二十六,文海出版社,1969 年,页 33。

再次指出："近数十年积习相仍，因循粉饰，以成此大衅，现今议和，一切政事尤须切实整顿，以期渐臻富强。"①

从绅商、督抚和清廷的反应看，如果说在庚子之役前，中国社会仍然对近代文明的优越性持怀疑态度，那么庚子之役的惨败使中国社会的思想观念发生了根本的转变。在世纪之交的惨重代价付出之后，代之而起的是改革共识的形成。1901 年 1 月 29 日全面变法谕旨的颁布实际上就是这种认识和要求的反映："世有万古不易之常经，无一成不变之治法，穷变通久见于《大易》，损益可知著于《论语》。盖不易者三纲五常，而可变者令甲令乙。伊古以来，代有兴革。……今者恭承慈命，一意振兴。严禁新旧之名，浑融中外之迹……至近之人学西法者，语言文学、制造器械而已，此西艺之皮毛，而非西政之本原也。……中国不此之务，徒学其一言一行、一技一能而佐以瞻徇情面，自私身家之积习，舍其本原而不学，学其皮毛而又不精，天下安能富强？"② 这篇谕旨的意义就在于：它不仅提出了变革的主张，而且认为在此存亡之秋、兴衰之际，必须以创新的思维、务实的态度进行根本性的改革，亦即以近代文明为参照系，进行全面变革，实现中国的近代化。不论慈禧太后动机如何，在改革已成为社会风气主流的情况下，她已不能再违逆舆情，而且善于玩弄权术的慈禧太后以支持改革表示自己的开明，这本身就反映了庚子之役后改革思想的深入人心。在这种认识驱使下，以张之洞、刘坤一和张謇为代表的督抚和绅商就改革问题进行了广泛的探讨。《三折》的出台就是这种探讨和选择下的产物。

二、张之洞、刘坤一、张謇的改革思路

清末，张之洞、刘坤一、张謇等人对改革问题的探讨较为深刻。他们认为：一、议院制度的建立是改革的最终目的和归宿；二、科举制的

---

① 沈桐生辑《光绪政要》卷二十七，页 10。
② 沈桐生辑《光绪政要》卷二十七，页 10—11。

废除和人才的培养关系到改革的成败，必须以其作为中心任务；三、目前的时机尚不成熟，只能先从"皮毛"学起，再进行"精华"的改革。也就是，以近代化作为目标，以循序渐进作为达到这个目标的有效手段。

全面变法谕旨颁布前，1901 年 1 月 13 日在给刘坤一、袁世凯和盛宣怀的电稿中，张之洞即指出，只有化除新旧之见，才能从根本上消除中国的积弊。变法谕旨颁布后，针对清廷内部反对全面变革的迹象，张之洞在给户部尚书鹿传霖的电稿中指出："去腊变法谕旨，海内欢欣鼓舞，咸谓中国从此有不亡之望。""所以鼓舞者，以谕旨中有采西法补中法及浑化中外之见二语也，并非因整顿除弊、居上宽临下简、必信必果等语也。嗣闻人言内意不愿多言西法，尊电亦言勿袭西法皮毛，免贻口实等语，不觉废然长叹。若果如此，变法二字尚未对题，仍是无用，中国终归澌灭矣。盖变法二字为环球各国所愿助，天下志士所愿闻者，皆指变中国旧法从西法也，非泛泛改革整顿之谓也。若仅整顿常谈，安望数年即有成效，安能即望自强。"①

张之洞的这种态度反应出，他已将全面变革作为实现中国富强独立的前提条件。但是，这并不表明张之洞认为当时即具备大刀阔斧改革的能力。相反，他认为，要达到全面变革的目标，必须从容易处下手。他说："精华谈何容易，正当先从皮毛学起，一切迂谈陈话，全行扫除。"② 刘坤一对此表示赞同，他说："中国积习太深，欲求变通，必须从容易处下手，循序渐进，坚定不摇，乃有实济，不至中辍。"③ 在给荣禄、王文韶的电稿中，刘坤一强调指出："变法事体重大，不妨审慎迟回，但求能说能行，不在章成急就。"④ 基于这种认

① 张之洞《致西安鹿尚书》，《张文襄公全集》电牍 50，中国书店，1990 年，卷一七一，页 22—23。

② 张之洞《致江宁刘制台济南袁抚台上海盛大臣》，《张文襄公全集》电牍 49，卷一七〇，页 27。

③ 张之洞《刘制台来电》，《张文襄公全集》电牍 50，卷一七一，页 31。

④ 刘坤一《复荣中堂王中堂》，欧阳辅主编《刘忠诚公（坤一）遗集》书牍，文海出版社，1968 年，卷十三，页 52。

识，张之洞、刘坤一虽然认为科举制阻碍了社会的发展和进步，但鉴于骤变阻力太大，容易造成社会震荡，张之洞主张采用缓变的方式，逐年减少科举取士名额，以使社会有心理承受能力。刘坤一在回电中对此也深表赞同。同样，张之洞虽然认为议院制度的建立是历史发展的趋势和要求，但他也强调："姑妄言之，请诸公略本此意而悬一可行之法，则幸者！"① 表明他并不认为当时即有建立议院制度的条件，并主张从体制内入手，以"去书吏、简文法为除弊求治之源"②，要求根据现有条件，进行切实可行的改革。

张之洞认为，近代中国的改革是在被强行卷入到世界一体化进程之中发生的，它必须与世界潮流相一致，以社会转型作为追求的基本目标，同时也必须与中国的现有状况相吻合，量力而行，通过渐进的方式，逐渐使中国由弱变强，由贫变富。由于张之洞有在两湖推行新政的经验，他的这种看法基本反映了中国的实际情况。

绅商作为 20 世纪初崭露头角的一个政治派别，历史传统和社会现状不仅决定了其地位的独特性，也决定了其对现实问题的深切关注。由于与地方统治集团的传统关系，在探讨改革问题同时，绅商与督抚保持了密切的联系与广泛的沟通。张謇是其中的代表人物，他对改革的意见集中体现在《变法平议》中。从《变法平议》看，张謇的看法有二：一、必须变法，二、必须缓变。他指出，任何改革都是在一定的社会环境下进行的，如果"取一切之法更张之"，不仅达不到既定的目的，反会造成政治上的紊乱。要取得改革的成功，必须考虑到"今日弊政之标本，与夫人民之风俗，士大夫之性情"，否则，"日行百里阻于五十，何如日行二三十里者之不至于阻犹可达也"。他提出的置议政院、设课吏馆、停捐纳、改革科举、普兴学校以及发展农工商业等主张都与督抚极为相似。

---

① 张之洞《致江宁刘制台广州陶制台德抚台济南袁抚台安庆王抚台苏州聂抚台杭州余抚台上海盛大臣》，《张文襄公全集》电牍 50，卷一七一，页 27。

② 张之洞《致西安鹿尚书》，《张文襄公全集》电牍 52，卷一七四，页 11。

由于双方思路基本接近，张謇、汤寿潜、沈增植、梁鼎芬、黄绍箕、郑孝胥、劳乃宣等绅商中的重要人物都参与了奏折的起草和润色工作。实际上，这期间张、汤、沈与刘坤一来往密切，梁、黄、郑、劳则与张之洞在一起精心策划，最后通力合作，完成了《三折》的起草工作。《三折》由张之洞主稿，张謇等参与拟稿润色，刘坤一领衔上奏。

三、《三折》对清末改革的规划与设计

《三折》对清末改革的宗旨和程序都进行了详细的规划和设计。从其立意看，《三折》认为社会是一个有机体，教育改革是社会发展的根本，政治改革是社会前进的前提，经济改革是社会进步的基石，各方面的改革必须同时展开，配套进行，才能逐渐实现由传统向近代的转型。

对人才培养的强调和重视是《三折》的一个显著特色。在《三折》中，张之洞、刘坤一首先上的是《变通政治人才为先折》，反映了其对人才重要性的认识。它开宗明义指出了人才的匮乏和社会风气的闭塞对改革的阻碍作用，要求建立从小学到大学的近代教育体系；改革科举考试制度，增加时代需要的内容；鼓励出洋留学，加速人才成长。

《三折》认为，只有确定了总体的教育改革目标，以建立近代教育体系为目的，才能解决改革中的人才问题，也才能促进社会风气的开化和价值观念的转变，从而带动整个社会的革新。人的近代化是一个社会近代化的前提条件，如果人们的价值观念、思维方式没有实现相应的转变，改革不可能取得成功。《三折》主张以人才的培养作为中心任务，这不仅是时代气息在思想领域中的反映，而且对科举制的改革要求，其本身亦已触及对制度层面的革新。

社会秩序是否稳定对改革的成败至关重要。《三折》认为，无论文化教育，抑或经济方面的改革，其最终成败都取决于政治制度的改革。它指出："立国之道，大要有三：一曰治，一曰富，一曰强。国既治，则贫弱者可以力求富强；国不治，则富强者亦必转为贫弱。"在"治""富""强"三者中，"治"是基础，是前提，它提出的整顿中法 12 条，实际上即是通过政治体制的改革，使之适应教育和经济发展的需要。从《三折》对政治改革的构思看，它已认识到进行政治体制转换的必要性。对作为统治机器重要组成部分的法律制度，《三折》主张与国际接轨，建立近代的司法审判制度，改变"案以供定"的传统，并为以后的司法独立奠定基础。它指出："中外情形不同，外国案以证定，中国案以供定。若照众证确凿，即同狱成之例，罕有不翻控者，故外国听讼，从不用刑求。"① 由于近代辩护制度和陪审制度的建立，外国司法审判大多以证据为准绳，这就避免了以刑逼供的惨状。因此，《三折》认为，必须以近代法律精神和条款为参照系，建立适应时代需要的法律体系。

从《三折》对经济改革的设计看，它力图以近代技术为手段，通过对农工商业的改革，实现经济结构的转型。如农业的改造，《三折》认为要获得农业的发展，首在"兴农学"。此外，《三折》还强调建立相应的经济法规，这样不仅可以在对外交涉时有法可依，亦可规范国内经济秩序，使经济发展走上良性轨道。

近代化是一个社会在各方面携手向近代社会演变的过程，《三折》主张进行文化教育、政治和经济的全面变革，反映了它已将近代化作为追求的主要目标。但同时又认为，达到这样的目标，需要一定的时间和过程。它体现了全面变革和循序渐进的辩证统一，表明了《三折》的成熟性和可行性。

总之，《三折》将时代潮流与中国实际有机地融合起来，从而能够成为指导清末改革的纲领性文件。清末在文化教育、经济和政治改革方面所取得的成就与此不无关联。尽管清末新政最后随着清廷灭亡而终结，但我们不能因此否定《三折》在中国近代化进程中的地位和作用。

（原刊于《安徽史学》2000 年第 1 期）

作者单位：南京农业大学图书馆、安徽大学历史系

---

① 沈桐生辑《光绪政要》卷二十七，页 27。

晚清"江淮省"立废始末

谢世诚

晚清光绪三十年十二月至光绪三十一年三月(1905 年 1 月—1905 年 4 月),江苏江北地区被划为一个新省——江淮省。江淮省旋立旋废,生动地反映了清末政治的混乱。对于这一重要问题,学术界似未进行专门研究,倒是台湾地区作家高阳先生在其小说《瀛台落日》中作了一番描述。当然,文艺不能等同于学术研究。故本人不揣愚陋,对这一问题作一简单分析,以就教于海内外有关学者。

一

江淮分省,其根源在于漕督的裁撤。清承明制,定都北京后,其皇室、官吏、驻军及居民的粮食供应,每年需由南方诸省通过京杭大运河输运,共约 400 万石,是为天庚正供的漕运。为此,清廷于顺治二年即设置了漕运总督这一"以少司马领行台开府、握兵符、控制七行省"的"巍巍然大官"[1],下领一整套冗员充斥的庞大的管理机构,以管理漕运。

然而,由于吏治腐败和自然条件的恶化,漕运在晚清日趋衰微,[2] 道光六年(1826)即部分试行了海运,从道光二十八年(1848)后,海运恢复,且比重越来越大,直至光绪二十八年(1902),河运、海运全停,一律改征折色。相应地,裁革漕督的呼声越来越高。就在光绪二十八年,连当时调任漕运总督的陈夔龙也提出:漕督名实不

---

① 冯桂芬《校邠庐抗议·汰冗员议》,上海书店出版社,2002 年,页 3。

② 参见谢世诚《晚清道光、咸丰、同治朝吏治研究》,南京师范大学出版社,1999 年。

符，而所管河湖各工及地方盗案，均属重要，请示应否予以裁革。但经政务处议复，暂缓裁撤。于是漕督又保留了两年，直至光绪三十年（1904）十二月才正式裁撤。①

　　漕督缺裁，清统治集团中一些人却想将其改头换面予以保留。在江北设立巡抚，就是借尸还魂的一大举措。早在光绪二十八年（1902）此意即曾稍露端倪。当时署两江总督张之洞致户部尚书、军机大臣鹿传霖电曾称："闻漕督裁后有人议设江北巡抚。"② 只因漕督未裁，此议未成，但光绪三十年末此事终于正式出台。其直接肇因：一是御史周树谟再次奏请裁漕督，二是张謇提议，在徐州一带设立新行省。周折称："各省卫官已撤，屯户并改丁粮，归州县经征，南漕半改折色，半由海运，各省粮道亦次第裁减，漕督无官可辖，而体制极崇，殊非综合名实之道各等语。"③

　　周折所言，实事求是，内容也很实在，系单指裁漕督而言。但张謇所议，实属别出心裁。张謇此议系由江苏巡抚端方代奏。如张謇日记光绪三十年十月二十八日记载："以函抵匋斋，请必上徐州建省议。"④ 其大意为，徐州地势显要，为南北要冲，英、德两国势力北上南下冲突的交汇点。只有在此一带设立行省，才能进行有效的抗衡。同时，徐州及周边之安徽、山东、河南地区民情强悍，伏莽甚多，设行省也有利于进行控制。他更认为在徐州建行省，有二便：一是裁漕督后改为徐州巡抚，"未尽事宜以巡抚兼之，原有之厘金、协饷、苇荡所入以养标兵者，一转移间亦可资挹注。升徐州道为布政司，援镇迪道加按察司衔例，以淮海道兼臬事，增官不必添员"；二是可在徐州及周边一带编练民兵万人，开荒植林养马。因此二便更以训农、勤工、

———————————

①　朱寿朋《光绪朝东华录》，中华书局，1958 年，页 5282—5283。

②　张之洞《致京鹿尚书》，光绪二十八年十一月初六日巳刻发，《张文襄公全集》卷一八五《电牍》，沈云龙编《近代中国史料丛刊》正编第 469 号，页 13272—13274。

③　朱寿朋《光绪朝东华录》，页 5282—5283。

④　张謇研究中心、南通市图书馆编《张謇全集》第六卷《日记》，江苏古籍出版社，1994 年，页 541。

通商、兴学四者为地方要政，而以兴学贯之，"庶几标本兼图，缓急不匮"。其方案是："以舆图分率准望略计之"，析江苏之徐州、海州，淮安之安东、桃源，安徽之泗州，凤阳之宿州、灵璧，颍州之蒙城、涡阳、亳州，山东之沂州，河南之归德，山东兖州之滕县、峄县，济宁之鱼台、金乡，曹州之城武、单县，共四十四州县划为新省[①]。

张謇此议，以在徐州独立建省作为防御英德侵略之屏障，其意虽好，但难以实行。在腐朽已极、行将就木的清政府统治下，英、德之侵略冲突，并不会因为有徐州一省而能得遏制。正如全身衰竭的躯体，无论如何也长不出强有力的四肢一样，即使徐州新省建成，又能整合出多少新活力？何况在当时体制下，其能独立行使的职权也很有限，以一省之力来抗御争霸的两个世界头号强国，实属空想。想以此来加强对民众的镇压，也未必能奏效。编练民兵，也不一定需要新设一省。当然，张謇当时正在徐州一带开矿设厂，其议也明显带有便利工矿发展之意。同样，在吏治已彻底腐败的背景下，新设一省与其愿望只会是背道而驰。

如果从历史上看，安徽、江苏地区从明朝初年即被划为南直隶。清顺治二年（1645）改置为江南省，康熙元年（1662），分建安徽省，康熙六年（1667）江苏省正式定名[②]。两省皆跨江而治，虽有其不合理之处[③]，但至清末经过近六百年的磨合，体制已相当完备，江南江北已融为一体，民众心理亦早已认同并习惯，突然分为两省，人为割断其固有的政治、经济、文化内在联系，必然不会被民众理解。另一方面，此举要割周边邻省的众多土地，涉及各方面的利益，在当时各自为政愈演愈烈的情况下，实在难以行得通。所以，清统治集团对这些

---

①　张謇《徐州应建行省议》，光绪三十年甲辰，《张季子九录》（一），《民国丛书》第三编，中华书局 1931 年版，上海书店 1992 年影印，页 94。

②　赵尔巽《清史稿》卷五十八《地理志》八、卷五十九《地理志》九，中华书局，2020 年，页 1429—1456。

③　参见葛剑雄《我国部分省界形成的历史——政治因素举例》，《地理知识》1986年第 3 期；《历史的启示：中央集权下的中央与地方》，《葛剑雄自选集》，广西师范大学出版社，1999 年，页 186。

议论也并不认同。但张謇所谓设行省可以补裁漕督后之种种不便的议论，却正中其下怀。所以，政务处之奏即称：

> 该修撰请在徐州建设省会，亦以裁撤漕督为言。徐州在江苏，地居最北，若于平地创建军府，既多繁费，所请分割江苏、安徽、山东、河南四十余州县，亦涉纷更。今昔形势，迁变无常，汉末迄唐，淮徐代为重镇。宋及金元之际，则徐已降为散州。至明以来，则注重淮安，历为前代漕督及国初庐凤巡抚、后改漕督驻扎之地。及江南河道总督裁撤，漕督移驻淮城迤西之清河县，实为绾毂水陆之冲，北连徐海，南控淮扬，地既适中，势尤扼要。伏查前明初设漕运总督，即兼巡抚地方。国初顺治六年，裁庐凤巡抚改漕运总督，仍兼巡抚事。漕督之兼巡抚，原为控制得宜。现在漕务虽已改章，地方实关重要，与其仍留漕督，徒拥虚名，不如径设巡抚，有裨实用。臣等公同商酌，拟将漕运总督一缺，即行裁撤，改为巡抚，仍驻清江，照江苏巡抚之例，名为江淮巡抚，与江苏巡抚分治，仍归两江总督兼辖，一切廉俸饷项，衙署标营，均仍其旧，但改漕标副将为抚标参将，以符定章。而两江总督驻江宁布政使所辖江淮徐扬四府，通海两直辖州；江苏巡抚驻苏州布政使所辖苏松常镇四府，太仓直隶州海门直辖厅，久若画疆而治，现于江北拟设巡抚，应将江宁布政使及所辖之四府二州全归管理，巡抚所驻即为省会。应就近将淮扬海道仿效新疆镇迪道例，兼按察使衔，所有江宁各属刑名，均由该道勘详巡抚奏报。江宁布政使应随总督仍驻江宁。总督在江南，巡抚在江北，既无同城逼处之疑，江宁六府州前隶苏藩者，亦无增多文牍之扰，不必添移一官，加筹一饷，而行省已建，职掌更新，建置合宜，名实相副。惟事关改建行省，且系两江总督、江苏巡抚管辖之地，各有责成，所有未尽事宜，应请饬下两江总督、漕运总督、江苏巡抚体察情形，悉心妥议，奏明办理。①

---

①　朱寿朋《光绪朝东华录》，页 5282—5283。

政务处所议奏，与张謇之相同处在于：通过设新省来填补漕督裁后之空缺，且着眼于不费过多力气。区别在于：根本不是从反侵略等大政出发；将重心由徐州移往清江；将从徐州周边四省分割州县成立新省，改为将江苏北部改为新省。

政务处此议迅速得到了清廷批准："上谕：政务处奏：议覆裁改漕运总督一折。江北地方辽阔，宜有重镇。顺治年间，改设漕运总督，原兼管巡抚事，现在河运全停，着即改为江淮巡抚，以符名实，而资治理，即以原驻地方为行省，江宁布政使所属之江淮扬徐四府，暨通海两直隶州，全归管理，仍着两江总督兼辖，各专责成。"① 于是，江淮省正式出台。清廷此举，实属荒谬。

第一，端方在十月代奏张謇徐州建省折②。清廷从接此奏至正式决定设立江淮省，只有短短两个月时间。如此重大的政区变动，清廷既未深入研究，更未与相关官员沟通协商，即猝然决策、付诸实施。这一盲目仓促行为，不仅反映了其专制独裁的顽固心态，也反映了其颟顸鲁莽的一贯作风。

第二，清廷自光绪二十六年(1900)十二月正式宣布实行新政后，一直将裁革冗官作为重要内容。光绪二十八年(1902)正月，裁革东河总督；三十年(1904)五月裁革淮安、广州关监督；同年十一月，裁革督抚同城的云南、湖北巡抚。而此时江苏却突然增设一个巡抚，实属与其所一再标榜的改革意图背道而驰。

第三，江苏一省地方体制，原本特殊：设有两个布政使，江苏巡抚领苏州布政使驻苏州，两江总督领江宁布政使驻南京，也就是说，两江总督在江苏的实际辖区只有宁藩所辖的江北四府二州。现在增设淮抚后，此四府二州由淮抚管辖，两江总督在江苏无地可辖，实际被完全架空，其权力遭到严重削弱。

---

① 朱寿朋《光绪朝东华录》，页5282—5283。
② 端方《代陈徐州设行省折》，光绪三十年十月，《端忠敏公奏稿》，沈云龙编《近代中国史料丛刊》正编94辑，页499—502。

二

　　江淮分省之命下，对原因裁缺而惶惶不可终日的末任漕督恩寿来说，不啻起死回生。恩寿字艺棠，满洲镶白旗人，同治进士，历任江西按察使、江苏巡抚、漕运总督等职，以贪婪、昏庸著名。漕督缺裁，对其当然是一个沉重打击。但又旋任淮抚，换汤不换药，实属喜出望外。当时恩寿十分积极，迅速开展了一系列工作：

　　其一，改划若干行政区。按原政区规定，处于长江以北的通州、海门两直隶州，系由常镇通海道管理。恩寿提出："江淮既设行省，该道所管地方未便兼跨两省，拟请改为常镇道，专辖常州、镇江两府，其通州海门两属，划归淮扬海道兼管辖，名为淮扬海通海道，兼按察使衔，庶于体制符合。"①

　　其二，调集档案。恩寿咨行江督周馥，要求其札饬藩司遣调原经管徐海两府一州公事的书吏若干名前来清江。2月12日，恩寿又咨请周馥先行检齐淮徐两府所属各州县一应文牍，刻日送交淮抚衙门。② 2月24日，江苏布政使陆申甫接到恩寿来文，文中提出：自本年正月初一日起，江淮大小各事悉归淮省办理，以免混淆而清疆界。③ 恩寿随即派候补知县胡保联来苏州守提案卷。"闻大令欲将兵燹后一应案牍悉数检齐，提归淮省。故抚署各书吏日来异常忙碌。"④

　　其三，制定候补官员补缺办法。恩寿提出：以分江宁布政使之员作为江淮候补，分苏州布政使之员作为江苏候补。如有分宁之员情愿到苏，分苏之员情愿到淮者，均准于三个月内自行呈明，按其要求办理，免缴改迁的费用。以后即分别按苏、淮两省分别候补，不得兼跨两省。南河河工候补人员改为到江淮候补，河工同知等缺亦改地方之

---

① 《江淮巡抚奏地方画辖情形片》，《申报》光绪三十一年二月十九日。
② 《淮抚催送文牍》，《申报》光绪三十一年二月十三日。
③ 《苏淮两省分办公牍》，《申报》光绪三十一年二月二十七日。
④ 《淮抚派员守提案卷》，《申报》光绪三十一年二月二十七日。

缺。官员回避问题：仿照江苏、安徽办法，淮籍官员准在江苏做官，苏籍准在江淮省做官。①

其四，健全机构。因淮扬道兼按察司，应添设经历。恩寿即奏请将清河县丞兼按察经历，得到批准。② 并添设了工程局、电报局，搬修银库，筹措办公经费——江淮堤塘办公纸墨工食银两。③

其五，处理漕政善后。恩寿奏请，将原漕督所管的直隶、山东、江苏、江西、浙江、湖北、湖南、河南八省漕务归各省督抚自行办理，原由两淮、山东运司及八省粮道分解的漕督养廉银，改由江宁藩库开支，也得到了批准。④

江淮省设立、恩寿的积极操办，一时颇有声色，一度给新省会清江带来了市面的畸形繁荣，清江"市面较前稍旺，商业以客栈为最获利，因官场晋谒抚军络绎不绝，几于应接不暇，生涯鼎盛云"。"丰和轮船现已遍出招帖，略谓清江新设江淮巡抚，宁淮往来日益繁荣，特备坚快小轮船专开南京，以便来往，日前已开班。"⑤

但是，江淮分省，引起了众多官员的强烈反对。反对者一是"清议派"官员，一是封疆大吏等实权派，两者相互影响，波澜迭起。某种程度上是始作俑者的张謇，对此表示极大的失望。他在光绪三十一年正月初二日日记中称："闻建设江淮省，此大谬，痴人前难说梦，信也。请争此事。与南皮、周督讯。"⑥ 他认为此举根本不符合其在徐州建省以抵抗英、德之原意，并认为引起了体制的混乱。对此，《啬翁自订年谱》讲得更加清楚："光绪三十一年正月，与鄂督、江督

① 《节录淮抚奏请淮苏候补人员分省办法折稿》，《申报》光绪三十一年二月二十六日。

② 《清河县丞兼按经历》，《申报》光绪三十一年二月十三日。

③ 《申报》光绪三十一年三月初三日、二月二十七日、二月二十七日、三月初三日。

④ 《江淮巡抚恩寿奏漕督奉旨裁撤请将漕务归各省办理以免贻误折》，《申报》光绪三十一年三月二十六日。

⑤ 《申报》光绪三十一年三月初三日。

⑥ 张謇研究中心、南通市图书馆编《张謇全集》第六卷《日记》，页546。

书，请争江淮省事。先是尝议划豫、东、苏、皖四省毗连州县，建徐州行省，盖为中原腹地治安计也。苏抚端方懵然入奏，部懵然因其说而易名为江淮，以漕督为巡抚，非驴非马矣。"① 朝中众多官员也表示反对。其中以都察院左都御史陆润庠和翰林院侍读学士恽毓鼎这两名苏籍官员所上反对奏议最有影响。光绪三十一年正月癸巳陆润庠奏称：光绪三十年十二月二十二日政务处关于建江淮省之奏不妥之处有四：

其一，与当前裁革冗官之精神不符。"江淮、江苏若合为一省，则名实不符……至一省两抚，向所未有。现在湖北、云南本有之巡抚，甫经议裁，而江南一省，忽添数缺，未免政令纷歧。"

其二，划江而治，使江苏失去形胜，难以成省。"溯自苏、皖分省，已非复旧时形胜，而苏省跨江，尚有徐、淮得力据上游之势。今画江而治，江苏仅存四府一州，地势平衍，形胜全失，几不能自成一省，较唐之江南道统州四十二，宋之江南路统州十四，亦复悬殊。惟南宋浙西一路，仅有三府四州，此偏安苟且之图，非盛朝所宜取法。至巡抚藩司专管地方之事，例驻省城，今设省清江，舍临江扼要之名城，就滨河一隅之小邑，似亦未甚得势。"

其三，将影响江苏的财赋。"国朝经制，分省三等，盖因户口之多寡，亦视幅员之广狭。各行省中，惟山西、贵州两小省，幅员最狭，今苏、淮分省，江淮地势较宽，仅及中省，江苏则广轮不足五百里。较山西、贵州殆由褊小，势不能再称大省。若改为小省，则一切经制，俱需更改，而筹饷摊款，尤多窒碍。"

其四，增加机构，影响行政效率。"漕运总督所委漕务人员，皆系地方官吏，又有屯政军政，多与地方相附丽，定例兼管巡抚事者，所以重其事权，初不责以吏治，且淮徐之去江宁，远者仅数百里，不为鞭长莫及，而三府二州之地，特设两道一镇，固已控扼要区，布置周密，其地方要政，向由藩司禀承总督，以为治理，历久相沿，未闻

---

① 张謇研究中心、南通市图书馆编《张謇全集》第六卷《啬翁自订年谱》，页866。

有所丛脞。今之改设，似出无名。若江宁办事，悉仍旧贯，则江淮巡
抚，孤悬虚寄，徒多文移禀报之烦，无裨吏事军政之要。"

他认为此举纯属因人设事，请求下旨将此交政务处及沿江督抚复
议。① 在陆润庠此折上列名者有江苏特别是苏南的同乡京官 20 余人，
"除总宪及陆伯夔、外部陈右丞名侃、内阁吴学士郁生外，凡苏省在
京三四品京堂均与其列，淮省则寥寥无几人"②。如此多的苏籍官员
反对此举，除政治因素外，揣其心理，大概与不愿家乡被分割之乡情
有关。

二月初九日，翰林院侍读学士恽毓鼎再次上奏，陈述苏淮分省的
诸多不便。他提出，江苏跨江为省，论富庶，则以苏松为首，规形
胜，则以淮徐为先。一旦划江而治，则江淮无江苏，势必易富而为
贫。江苏无江淮，亦必转强而为弱。况江苏为海疆要地，以长江为舆
图中心，江海各军赖号令齐一。分省各督抚万一稍存畛域，意见纷
歧，必致贻误要机，动摇全局。③ 恽毓鼎之折，更是代表了清议的观
点，因而也产生了很大的影响。

对陆、恽两折，清廷发交政务处会议。至三月庚寅，各衙门所送
说帖共七十九件，其中"主苏、淮不必分省另设大员者，计四十二
件；主专裁淮抚者计三十二件；主苏淮仍议分省暨复设漕督者，共七
件"④。可见绝大多数官员反对江淮分省。《申报》也称："据内廷人
云，江淮同乡官因江淮分省事宜纷递条陈说帖，主不分者占最多
数。"⑤ "江淮分省一事，政务处接得说帖及各省电奏高几盈尺，主不
分者居十之九。"⑥

当时的东南两位封疆大吏——张之洞、周馥对江淮分省也持反对

---

①　以上引文，均见朱寿朋《光绪朝东华录》，页 5288—5289。

②　《挽回江淮分省之余闻》，《申报》光绪三十一年二月二十二日。

③　《恽学士奏陈苏淮分省情形》，《申报》光绪三十一年二月二十一日。

④　朱寿朋《光绪朝东华录》，页 5324。

⑤　《挽回江淮分省之办法》，《申报》光绪三十一年三月初九日。

⑥　《江淮不宜分省入奏》，《申报》光绪三十一年三月初九日。

意见。而周馥作为当事者，由于分省之举极大地影响其权力，所以反对态度尤为明确。早在光绪二十八年（1902），时任署两江总督的张之洞在江北设省的意见刚露头时，即表示强烈反对。他在致鹿传霖的电报中称："此议万不可行。两江总督止管宁淮扬徐四府，苏属全归抚辖，不能过问，事事掣肘。即漕督亦不免掣肘。若江北再添巡抚，则江督直无地可管，无事可作。江宁藩司将移江北耶？抑又添一藩司耶？岂有无两司之督抚耶？是明明将江督裁去矣。付以南洋大臣重任不能管一官，而则以长江安危，是国家欲弃此江南矣。或云又有专设总督盐政之说，亦万不可行。道光间因盐政自树职致多积弊，故裁去盐政，归江督兼管，盐务始有转机，今奈何又复此弊耶？其实江北有淮徐两道，淮扬徐州两镇，足可弹压办事。且津镇铁路、浦口开封铁路指日兴工，则淮扬徐一带气脉贯注，声悉灵通，遇有要事，无论调兵派员，朝发夕至，江督亦可常往迅视，何必多此一举。且江南正患官多，江北有漕督而厘捐重迭，政令纷歧，病官病民，从前有盐政无人管束而亏帑千余万，商累纲坏，今当变法行新政之际，只宜减冗官，岂可添冗官，况添此病民害政之官乎！"他主张要加强的是两江总督的权力。①

此时张之洞虽回湖广总督任，但仍与两江休戚相关。对如此大事，江督、鄂督密切进行磋商，协调行动。光绪三十一年（1905）二月初七日，周馥将致庆亲王奕劻之微电抄发张之洞，明确提出："江苏分治，有损无益。"② 对此，张之洞表示完全赞成。③ 这对随后事态的发展，起了决定性作用。周馥致奕劻电也是首先从地理形势角度来陈说江淮分省之不利："自古徐淮为南北重镇，守江者必先守淮，守

　　① 张之洞《致京鹿尚书》，光绪二十八年十一月初六日巳刻发，《张文襄公全集》卷一八五《电牍》，沈云龙编《近代中国史料丛刊》正编第 469 号，页 13272—13274。
　　② 张之洞《周制军来电》，光绪三十一年二月初七日寅刻到，《张文襄公全集》卷一九二《电牍》，沈云龙编《近代中国史料丛刊》正编第 469 号，页 13805。
　　③ 张之洞《致江宁周制台》，光绪三十一年二月初十日午刻发，《张文襄公全集》卷一九二《电牍》，沈云龙编《近代中国史料丛刊》正编第 469 号，页 13805。

中原者欲图江南，必先图淮。盖淮之形势为门户藩篱，非堂奥枢纽之地也。前代南北分争之际，未有能在淮立国者。"他更认为江与淮合则力强分则力单，而当前形势，需要的是合而不是分："江南为长江门户，关系数省安危，气势宜厚，调动宜速，不可过分畛域，自取拘束。昔日分江南为安徽、江苏二省，在承平时原取易于治理，若沿至今日未分，气势岂不更厚。现在时势艰危，民生日蹙，筹饷练兵虽大省力常不及，况小而又小，力何能为。古人众建而少其力，是恶诸侯之强而以此弱之，正与今日时势相反。"

周馥又从政出多门会增添混乱角度作进一步论证："又自来疆界犬牙相错具有深意。划江为界，后来者难保无各执意见，不顾大局。"周馥进一步提出了废除江淮省后对江北统辖的方案——设江北提督："惟是清淮当南北水陆之冲，民情强悍，伏莽滋多，不可无大员坐镇。历考往事，平行文职添多则横生意见，武职归文臣节制，虽官多权重无妨。拟请以淮扬镇改为淮扬提督，文武并用，节制徐州镇及江北各营，仍以淮扬海道兼按察使衔。凡江北枭盗重案，应即时正法。又军流以下人犯，归其审勘，毋庸解苏，以免迟滞。此法即不然，或照近日练兵处新章，添设江南正都统一员，专驻淮城漕署，以时巡察各路防营、机器制造各局，似于时局有裨。其余诸事一概照旧，于固圉治民之道皆有便益，而于定制成宪未尝废改。不知有当采择否。如以谓然，请会枢府政务处诸公复加详议具奏，不必作为馥请。历来收回成命之事甚多，大政不厌详求，此乃圣明盛事，非朝令夕改比也。"①

周馥此电，促成了奕劻态度的改变。张之洞给周馥的复电告知："顷接虞电，知邸意可回，大有转圜之望。"他建议周馥公开上奏："此举实关东南大局，江海门户，复电既属由外具奏请旨，应请尊处剀切敷陈，当可收回成命。"但对周馥所提设江北提督略表异议："清淮以北设常备军一镇以副都统辖之为宜，弹压较可得力。若设正都统

---

① 张之洞《周制军来电》，光绪三十一年二月初七日寅刻到，《张文襄公全集》卷一九二《电牍》，沈云龙编《近代中国史料丛刊》正编第 469 号，页 13806—13810。

恐江北无许多兵也。仍祈卓裁。"①

　　光绪三十一年二月初十日，周馥上《苏淮分省利弊折》。其内容与致奕劻电基本相同，只是更加详细。关于分省破坏地理形势，周馥援古证今，称："自古淮徐为南北重镇，守江者必先守淮。守中原者欲图江南必先图淮。盖淮之形势为门户藩篱，非堂奥枢纽之地。……属在一省，则设防较易，今皆剖分两省，则气势涣散，设防转难。"关于政出多门，周馥特别强调了此举会分散军权的弊病："今特设江淮一省，原为战守形便而起，不以兵权归之，则巡抚无所措施；以兵事责之，则气力以分而愈薄，号令亦纷而多歧。"周馥更指出分省会极大地影响财政收入，设江淮省不会增加财赋，只会多耗财赋。其他还有江淮巡抚与江宁藩司分处两地，商榷诸事皆不方便；两省地界紧逼，官员无法执行回避制度等等，都是难以解决的问题。

　　由此，他的结论是并不应分省："总之，论今日时势，沿江沿海开通已久，端赖内地联为一气，声势相通，振兴新政，方足以固民心而强国体。即一旦有事，调兵征饷，号令齐一，督抚尚可以完全之地之力而经营之。江南为长江门户，关系数省安危，声势宜厚，调动宜速，似不可过分畛域，自取拘束。古人众建而少其力，是恶诸侯之强而以此弱之，正与今日情势相反。臣再四筹思，窃以为分设江淮行省非万年金汤之全策也。""此时电报灵通轮船便利，不至阻格事机。至于外患之来，当视全国之兵力以为进退，必谓多设一省即能有济，尤非臣愚所敢知也。"关于废江淮省后的江北行政方案，周馥重申设江淮提督。② 周馥此奏亦被清廷发下与恽毓鼎、陆润庠折一起会议。

　　咸同以来，督抚权力的增长、清廷中央控制力的日益衰微，使得督抚在大政方针上的意见往往举足轻重。周馥、张之洞的意见，直接

　　① 张之洞《致江宁周制台》，光绪三十一年二月初十日午刻发，《张文襄公全集》卷一九二《电牍》，沈云龙编《近代中国史料丛刊》正编第469号，页13805—13806。
　　② 周馥《苏淮分省利弊折》，光绪三十一年二月初十日，《秋浦周尚书（玉山）全集》，《奏稿》卷三，沈云龙编《近代中国史料丛刊》第82辑，页353—357。

促成了江淮分省的流产。光绪三十一年三月庚寅（十七日）政务处奏称："查臣等前于议覆署两江总督端方奏据修撰张謇条陈呈请设徐州行省暨御史周树谟请裁漕督折内拟裁漕督改设江淮巡抚，原因淮徐一带，民情强悍，伏莽滋繁，当南北之冲，地方关系重要，既裁漕督，必须改设大员镇抚其间，方昭周妥。先据各衙门说帖内谓改设巡抚诸多不便，拟改设提督驻扎者居多，后经查核周馥所奏，亦以分设行省，不如改设提督驻扎为合宜。该署督身任两江，更属确有所见，拟请即照该署督所请，改淮扬镇总兵为江淮提督，文武并用，节制徐州镇及江北防练各营，仍以淮扬海道兼按察使衔，凡江北枭盗重案应即时正法，军流以下人犯归其审勘，毋庸解苏，以免迟滞。似此则江北文武均有纲领，江淮巡抚一缺，自可无庸设立。旧有漕标官兵，即作提标，以重兵力而资镇慑。惟徐淮各属向为盗贼出没之区，现既裁撤巡抚改设提督，应即令该署督将营伍重新整顿，认真训练，以重地方。其余未尽事宜，应由两江总督、江苏巡抚悉心酌议，分别奏咨办理。"清廷最终同意此方案。① 同日又发上谕："命江淮巡抚恩寿仍遵前旨来京陛见。""以贵州提督潘万才署江北提督。"② 江淮省就此寿终正寝。

三

江淮分省收回成命，在清江还引起了强烈的余波。发难者为原漕督亦即淮抚衙门的一班胥吏差役。他们因此举而失去敛财生计，遂群集闹事，据载："漕运总督衙门书吏差役并昔日河督衙门归并者，不下数千人。父子相承，胥赖此以赡家室。迨漕督裁撤，江淮分省，若辈方欣然色喜，讵数间又收回成命，不觉情急，遂麇集漕辕恳求艺帅安置，群情汹汹，并耸动市面各店一律罢市，揣其意，似欲与始作俑

---

① 朱寿朋《光绪朝东华录》，页 5323—5324。

② 《清实录·德宗景皇帝实录（八）》，卷五四三，中华书局，1987 年，页 215。

者为难。"① 时间约在 3 月 22 日前后。

此举是否系恩寿暗中煽动，不得而知。但是恩寿借机企图保留此缺，倒是事实。事情发生后，恩寿先令郑琦、方在瀛两名运同先行劝说。随后，"淮徐海三属绅士周衡甫太史、沈雨人太史、高子宾孝廉等恐酿事端，因禀请抚宪转奏留缺，或改设河务防务大员。艺帅即据情代奏，随出四言示曰：'漕督驻淮，历有年所。有益地方，未宜裁撤。今已电奏，请留此缺。尔等安静，切勿惶惑。如再滋闹，严拿究诘。勿信浮言，各安生业。'县尊亦借邑绅入市，遍行劝谕，并出示曰：'漕督驻浦，由来已久。不改淮抚，亦当照旧。请留此缺，现已电奏。凡尔商民，各宜静候。聚众罢市，法所不宥。照常贸易，毋自取咎。倘再违延，定即提究。'至申刻各铺始照常开张。"② 恩寿向清廷汇报了此事。

3 月 22 日，清廷致电周馥："现在江淮巡抚既裁，江北地方紧要，两江总督责无旁贷。刻当改章伊始，一切亟须布置，该处伏莽素多，人情浮动，现无实任大员在彼弹压，着周馥即日轻装前往，督率该处文武将吏治、海防、河工、捕务一切事宜分别筹画办理。至现设提督究系武员，该督每年应于何时前往巡察整饬之处，并着妥筹具奏。"③ 从此电文可知，清廷当时还不知道清江已发生的骚乱，只是从"直觉"上预感可能发生不测。

第二天，清廷已收到恩寿告急电报，遂催促周馥前往清江平乱。④ 同日又电告恩寿配合周馥处理此事，并令人署理江北提督。⑤ 周馥约于 3 月 26 日专程前往清江查处。周馥一开始提出每人按照其平日标准发给三个月薪水，另谋职业。但这些胥吏平时根本不是靠薪水而是靠营私牟利，于是一齐声称"向在漕辕执役并无别项营

① 《裁抚闭市情形续志》，《申报》光绪三十一年三月二十九日。

② 《裁抚闭市详情》，《申报》光绪三十一年三月二十六日。

③ 《清实录·德宗景皇帝实录（八）》，卷五四三，页 218。

④⑤ 《清实录·德宗景皇帝实录（八）》，卷五四三，页 219。

生，且薪工为数甚微，平时实不仅恃此养赡。三月薪水银两尚不敷一月之用，仍环吁格外矜全。"① 至此谈判破裂。

于是，周馥一度企图妥协，先后提出了设立江督行辕、清淮河道、江北按察使等替代方案。关于江督行辕，《申报》记载说：周馥认为"清江为南北往来要冲，倘遇海疆有事，征兵调饷，必由此通南北之邮。故当团匪倡乱时，前督刘忠诚曾有出守清江之议。又查直隶衙署在保定府，天津则另设行辕，北洋大臣两地皆驻节，以便办理要公。因拟仍照成例，以漕督衙署改为江督行辕，其旧在漕督当差诸人一律留用。漕标营伍悉令改隶督标，仍驻扎原驻要隘之地，以资扼守"②。

关于江北按察使，《申报》记载说："苏臬朱廉访于本月初二日下午得江督专电，略谓：淮抚裁撤，旧时漕督辕员弁书差人等无所依恃，扰扰纷纷，煽动商民罢市，因思淮扬道兼按察司衔事务过于纷繁，故特于本日电奏朝廷请添设江北按察司一员，专辖江北一带，办理刑名，俾漕辕人役移归臬署办公，既可免淮扬道之辛劳，又可免书差之向隅，庶几两得其益云。"《申报》对此消息表示怀疑，特加编者按称："此事恐未必确。如其确也，则前日之裁漕督设巡抚，政府为位置私人起见，今日裁巡抚，设按察，江督又为安插役吏起见。巡抚之设也，有奏言不便者而裁之，倘按察之设又有奏言不便者，不识政府又将易何法以处置之乎？"③

这一评论确有道理。但它很快发现，此为事实。四月丙午，清廷发上谕称："以署江北提督贵州提督潘万才丁忧，改为署理，饬赴本任。"④ 同日又发上谕："镶白旗汉军副都统练兵处军政司正使刘永庆着加恩赏加兵部侍郎衔，署理江北提督。所有江北地方镇道以下均归节制。"⑤ 次日，清廷正式否定周馥此议："据电奏请特设江淮臬司等

①② 《以漕督署为江督行辕》，《申报》光绪三十一年四月初七日。

③ 《江督电奏请设江北按察司》，《申报》光绪三十一年四月初四日。

④⑤ 《清实录·德宗景皇帝实录（八）》，卷五四四，页225—226。

语。江北地方重要，既经裁撤巡抚改设提督，自宜有精强得力之大员以资统摄。昨已有旨，简派刘永庆署理江北提督，并令节制江北文武。所有从前漕督所办事宜均着该署提督接办，并着将标防各营认真整顿，切实训练，按照练兵处定章办理，先成一镇，俾卫地方。其淮扬海道仍遵前旨兼按察使衔，清理讼狱。所请特设按察使应毋庸议。"①

关于清淮河道，《申报》记载说，"江督电奏请于清淮增设河道一员，兼淮海关监督，已奉上谕饬政务处议覆。"《申报》又为此发编者按调侃说："江督前请特设江淮按察使，得旨无庸议。兹又请增设清淮河道一员。此事若蒙议允则他日江淮诸吏必当铸金以事玉帅也。"②

周馥之妥协反复，也引起了许多人的不满。张謇即在光绪三十一(1905)年四月初六日日记中说："余以德人之必图我海州也，故为徐州建省之议，由端抚入告，政府懵然，始缩为江淮省，旋以朝士疏争江督不便，复徇江督之请，去巡抚而置提督，既又以提督兼兵部侍郎衔节制镇、道以下，纷然莫得要领，其于建省之初意岂复有当。以是知日蹙百里，非不幸也。"③ 八日日记又称："途中闻提督又兼河漕事，变幻纷纭，迄无定向，朝政如此，可叹可叹。"④ 而且，刘永庆系袁世凯的亲戚。刘永庆代潘万才任江北提督，标志着袁世凯的势力又一次扩张。亦如张謇四月十一日日记所说："刘永庆，字延年，公路戚也。公路势力益扩，只手揽东南北半壁也矣。"⑤

江淮省从设立到废除，只有三个月左右。但却留下了不少值得玩味的教训。虽然时论认为"江北提督"是不是巡抚的巡抚，但是根据清朝体制，该提督无财权、无用人权，这些权力仍保留在江宁布政使、江苏巡抚暨两江总督手中，也就是说，江苏基本上保留了作为省一级单位的完整性。从清中央来说，设立江淮省，既未经过严密论

① 《清实录·德宗景皇帝实录（八）》，卷五四四，页 225—226。

② 《江督电请添设清淮河道》，《申报》光绪三十一年四月十六日。

③④⑤ 张謇研究中心、南通市图书馆编《张謇全集》第六卷《日记》，页 552—554。

证，更未征求广大官僚特别是利益相关者的意见即匆忙决策，这种愚昧、鲁莽行为，碰壁是理所当然的。同时，这一行为也反映了晚清统治者实际上不想真正进行改革、抱残守缺的心态。从中央、地方关系的角度来看，江淮省被废，也生动反映了晚清地方势力的增长和中央权威的衰落。当然，清廷能较果断地收回成命，这一态度则还是应予肯定的。

（原刊于《史林》2003 年第 3 期）

作者单位：南京师范大学

张謇与清末"江北分省"探析

李巨澜

  1905 年的江淮省设立和辛亥革命后"江北独立"都是清末江苏地方发生的重大历史事件，它不仅说明了江苏省内南北关系的错综复杂，而且也在一定程度上反映出当时中国地方意识的迅速滋长。张謇作为江苏具有最大影响力的绅士，与此二事均有密切关系，他先是首倡在江北建省，数年后却又强烈反对江北独立。立场变化如此之大，令人诧异，亦耐人寻味。论者将通过对这一历史过程的探究，并结合张謇个人地位与角色的变化，予以合理解释，同时努力揭示出其中的丰富内涵。

一

  江苏作为行省，最早出现于顺治十八年(1661)。当时清朝在袭承明制的基础上略加损益，将明朝的南直隶改称江南省，后则将其中分，西部为安徽省，东部为江苏省。设两江总督驻江宁，管辖江苏、安徽、江西三省。苏州为江苏省会，置江苏巡抚。为便于掌控和管理，清政府还在江苏设江宁、苏州两布政使，分辖江北与江南民政。又于江北的淮安置漕运总督、清江浦置河道总督，均直属中央，以确保长江以南各省漕粮的顺利运送及黄河、运河的治理。这样的行政体制设计显然是为了便于控驭。但带来的一个不利后果就是使江南与江北形同两属，且之间的关系也因地理分隔而逐渐疏离。这就为其后的分省之议埋下伏机。

  19 世纪中期以前，因为国家承平，其弊端尚不明显。及至太平天国农民起义爆发后，这种南北隔膜、呼应不灵等缺陷就逐渐显现出来。所以当太平天国被镇压后，即有御史陈廷经建议"疆舆略为变通"，主张调整江苏区划，于江南、北分别设省。此议随即遭到两江总督曾国藩的反对。曾国藩援据古今，从"守江南者必须先固淮甸，弃淮甸则江南不可保"的形势控扼之道进行论述，认为"画疆太明，未必果能久安"，反对江北分省①。由于曾国藩的反对，此议遂罢。

及至清末，有关江北设省之议再度出现，此时的倡议者是江苏名绅——南通状元公张謇。1904 年，针对当时出现的裁撤漕督呼声，张謇向朝廷提出建议，主张在江北徐州设置行省以代替漕督。他的《徐州应建行省议》是由江苏巡抚端方代奏。张謇日记中有载："以函抵匋斋，请必上徐州建省议。"② 此前河道总督已于咸丰八年（1858）黄河改道后被裁撤，漕运总督移驻清江浦。

张謇认为江北土地辽阔、位置重要、民风剽悍，"平原荡荡，广袤千里，俗俭而僿，民强而无教，犯法杀人、盗劫亡命、枭桀之徒，前骈死而后踵起"，而英控长江、德占山东后，又力谋扩展，徐州以南北要冲之地，成为英、德两国势力北上南下冲突的交汇点，故建议朝廷"因时制宜，变散地为要害"，建徐州为行省。其方案是析出苏鲁豫皖四省交会之地，包括江苏之徐州、海州、淮安；安徽之泗州、凤阳、颍州；山东之沂州、兖州、济宁、曹州；河南之归德等四十五州县，划为新省，置巡抚。张謇还强调在徐州建行省，有"二便四要"。二便：一是"漕督可裁，未尽事宜以徐州巡抚兼之增官不必添员"；二是可利用徐州及周边之强劲民风与大片荒地，练兵牧马，以资防御。同时以训农、勤工、通商、兴学四者为大要，而"兴学为要中之尤"，"庶几标本兼图，缓急不匮"。③

---

①　曾国藩《议覆江南北分省片》，盛康《皇朝经世文续编》卷八十六。

②　张謇研究中心、南通市图书馆编《张謇全集》第六卷《日记》，江苏古籍出版社，1994 年，页 541。

③　张謇《徐州应建行省议》，《张季子九录·政闻录》卷三，《近代中国史料丛刊续辑》，文海出版社，1983 年，页 103—108。

　　张謇的建议也得到了政务处的基本赞同，但考虑到"徐州在江苏，地居最北，若于平地创建军府，既多繁费，所请分割江苏、安徽、山东、河南四十余州县，亦涉纷更"，而漕督驻节之清江为"绾穀水陆之冲"，"北连徐海，南控淮扬，地既适中，势尤扼要"，遂奏请将"漕运总督一缺，即行裁撤，改为巡抚，仍驻清江，照江苏巡抚之例，名为江淮巡抚，与江苏巡抚分治，仍归两江总督兼辖"，管辖范围为原江宁布政使所辖之江淮徐扬四府及通海两直隶州，并强调此乃"以符名实，而资治理"之举①。朝廷随即批准，年底即任命原漕运总督恩寿为江淮巡抚。

　　江淮省的设立很快便遭到江南人士的强烈反对。时任都察院左都御史的苏州人陆润庠认为江苏跨江立省，定制已久，设置所谓江淮巡抚，"徒多文移禀报之烦，无裨吏事军政之要"。并主张朝廷应将此举交给群臣讨论，然后定制②。讨论中，最后两江总督周馥在详细分析江北设省的利弊之后，提出折中办法，"窃以为分设江淮行省非万年金汤之全策也。惟是清淮当南北水陆之冲，民情强悍，伏莽滋多，诚不可无大员坐镇。拟请以淮扬镇改为江淮提督，文武并用"③。朝廷遂于次年三月下谕将江淮巡抚裁撤，以原淮扬镇总兵刘永庆为江北提督，加兵部侍郎衔，从一品，"以资震慑"④。所以江淮行省只存在了短短三个月。

　　1911年10月武昌起义爆发后，全国各地竞相宣布独立，清政府原有的统治体制迅速瓦解。在此背景下，江北分省问题又一次出现。此次张謇则是以一个坚定的反对者形象出现，扮演了与上次截然相反的角色。

　　江苏境内上海最先响应，11月3日上海起义，成立沪军都督府；

　　① 朱寿朋《光绪朝东华录》，中华书局，1958年，页5282。

　　② 朱寿朋《光绪朝东华录》，页5288。

　　③ 周馥《苏淮分省利弊折》，《秋浦周尚书全集·周悫慎公奏稿（三）》，《近代中国史料丛刊》，文海出版社，1966年，页353—357。

　　④ 朱寿朋《光绪朝东华录》，页5339。

5日，江苏巡抚程德全宣布独立，成立苏军都督府；6日，清江、淮安宣告光复。为维持江北地区的秩序，清、淮的绅商学界发起组织保安公会，推举原任江北提督府军事参议官的蒋雁行主持大局，稳定江北局面。12月17日，在清江浦召开的以原江北地区咨议局议员所组成的江北临时议会共同推举蒋雁行为江北都督。

　　为了强调这一行为的合法性，江北的议员还给程德全上书，从地形、现势、军政、财政、民政和议会等六个方面，论证其行为的正当和必要。如"跨江淮为一行省，则自元明始也。故自前明以来，惟南北设置重镇、总漕、总河，或兼淮扬巡抚，或兼庐凤总督，驻有持节大吏者已四百年，近岁改设江淮巡抚、江北提督，仍令整饬吏治，兼理饷需，终与寻常专阃军门不同。"① 以此说明江北地方之重要，同时历来就拥有十分特殊的地位，为其后"独立分省"作张本。

　　1912年4月11日，设立于清江浦的江北议会和江北都督蒋雁行向全国发出通电，要求改江北为行省，并否认设在苏州的江苏省议会有代表全省的权力。另外还有江北驻浦十九县代表、统一党江北支部暨驻浦二十二县代表及其他地方团体等也迭发通电，吁求社会各界同意江北单独设省。江北都督在通电中指出，江北与江南利害不同，以前"绻伏于专制政府之下，明知之而不敢言"，现在"共和成立，所有江北人权利自不能让江南任意侵夺"，故拟请建江北为行省。蒋雁行还表示，此次江北议建行省，"实出自江北人民之共同决心，与他省情形不同，绝不退让，若稍依违，恐酿巨患"②。江北议会则宣称，"江北面积广阔，户口殷繁，确为一完全行政区域"，但在前清时代为苏属人士轻视，致江北权利与江南人极不平等，现在共和成立，而苏属人仍如过去那样垄断一切，漠视江北，"此实我江北列祖列宗之耻，抑亦我江北人万世子孙之大隐患也！"号召江北地区共同推举代表，自行开会选举五名参议员参加中央参议院会议，并不无悲壮地

---

　　① 《江北代表上程都督意见书》，《申报》1911年12月21日。
　　② 《江北都督电》，《申报》1912年4月11日。

呼吁："江北存亡，在此一举，万勿稍有片延。"①

　　此举立刻遭到当时已就任临时大总统的袁世凯与江苏省都督程德全的反对。袁世凯始则以"行省制度未遑猝议变更，倘江北分省则浙之浙东、豫之河北纷纷效尤"为由拒绝②，继之又在 5 月 1 日电令蒋雁行来京，另有委任，"所有江北军政府应即裁并，该处军政、民政均归江苏都督管辖，以一事权"，同时任命由程德全推荐的刘之洁为江北护军使③。蒋雁行只得表示服从。

　　消息传来，江北民众团体各界"异常愤激，纷纷集议，拟以死力争"④，采取通电、上书与请愿等各种方式，以图挽回。有通电，"电袁总统，则请收回成命；电刘护军，则请缓来江北。若将与大江以南不容并立者然"⑤。有上书，江北民众汪承萱等九百多人联名给袁世凯上书，以蒋雁行"半年于兹，民命赖以保全，地方赖以粗定"及"求免日前江苏、江宁之惨状"为辞，请求保留蒋雁行⑥。各界还共同推举陈士髦等五人为代表，到北京请愿，向参议院提交《江北分省请愿书》，并遍访旅京的江北人士寻求支持。亦遭失败。

　　江北各界又呼吁过去曾倡议分省的张謇出面主持分省之议。而张謇此时不仅对分省之说不予支持，而且公开发表《为统一苏政致江北某都督电》，指责蒋雁行；同时还以两淮盐政总理名义反对江北地方控制两淮盐政，从而切断了江北地方最主要的财政来源。故许多人都骂他是"破坏江北大局之罪魁"。⑦

　　与此同时，袁世凯又作出姿态，加以安抚。如他在 6 月 5 日接见江北代表，甚赞其分省理由充足，以只是惟恐他省效尤为由加以

　　①　《江北又电》，《申报》1912 年 4 月 11 日。
　　②　《江北都督电》，《申报》1912 年 4 月 11 日。
　　③　《大总统令》，《申报》1912 年 5 月 2 日。
　　④　《申报》1912 年 5 月 5 日。
　　⑤　《敬告江北各团体》，《申报》1912 年 5 月 6 日。
　　⑥　《江北民人汪承萱等电》，《申报》1912 年 5 月 8 日。
　　⑦　《民立报》1912 年 5 月 16 日。

拒绝，同时对于代表提出的"先在清江设立民政司、财政司各一，为淮徐海之机关，直隶于都督，并留蒋雁行维持一二月"等无妨大局的要求则加以满足，任命原民政长杨慕时为江北民政次长，黄以霖负责财政公所，并同意蒋雁行暂行协助刘之洁"治理一切"。①

于是，喧嚣一时的"江北分省"风波就被以这样的方式化解了。江苏原有的行政隶属关系维持不变，一切又回复了旧的秩序。

二

从上文中可以看出，晚清时期江淮巡抚、江北提督的先后设立是"江北分省"问题的发端，辛亥革命爆发所带来的政权鼎革则导致其再度出现。而张謇的前后态度却迥然不同，从首倡者一变为反对派，原因何在？十分耐人寻味。对这一问题的探讨必须从 1904 年和 1912 年张謇个人地位与社会角色的变化入手进行。

张謇是近代中国的著名实业家、政治家，为清末江苏最著名之绅士，具有全国性影响的政治人物。但其地位的形成并非一夕所就，在不同阶段所扮演之社会角色亦当然不同，简言之，1905 年前，张謇尚属于地方性士绅领袖，之后随着其事业的发展，活动范围与社会影响已遍及东南，扩至全国，辛亥革命后已成为全国性政治人物。

张謇从一介寒儒到名动东南、影响全国的士绅领袖，其间经过了漫长的发展，亦是一个渐变与积累的过程，而非获得状元身份后的骤变。有学者分析过，张謇成为南通地方士绅领袖的时间要比其获得状元晚得多②。例证有三：在筹建大生纱厂集资时，发生过三百秀才起

---

① 《申报》1912 年 6 月 6 日。

② 居柏青《张謇心态研究举凡》，《近代改革家张謇》（上册），江苏古籍出版社，1996 年，页 266。

哄闹事，要与张謇在明伦堂评理之事，可见张謇虽有状元桂冠，却无士绅领袖的地位；在与地方官绅讨论办学时遭遇讥讽，"光绪之季，国家诏废科举，兴学校，下州县奉行，绌于费，謇请于长吏缙绅，即濠筑鱼堰，资以助一校之不给，缙绅腹非而鼻嗤，长吏唯唯焉，而嘶嘶耳"①；在筹办通州师范时，只能自己出资和友人赞助，"仍不足，则负债，不敢以累国家，不敢以累地方，诚惧言之无效，徒伤感情"②。其时为1902年，距其状元及第已有八年。可见其权威形成与影响扩大是一个渐进的过程。

　　从1894年获得状元桂冠起，到1904年止，张謇主要在通海一带发展，经营实业、发展教育。创办大生纱厂，筹建通海垦牧公司及吕四盐业公司、渔业公司等，又办通州师范学校。政治方面，张謇1898年任江苏商务局总理，1899年任学部咨议，1904年任商部头等顾问官，与刘坤一、张之洞等往来密切。随着事业的成功与发展，其权威作用范围不断增大。但此时张謇仍然属于地方性士绅领袖，是通海地方精英网络的中心，其绝对权威半径为南通、海门，在此已没有任何可以抗衡的力量；相对权威半径为崇明、如皋、泰县等，在此则会有潜在的抗衡力量；辐射作用半径为江苏省内，人们往往貌恭而远之，指挥不灵。尽管与同时代的其他士绅相比，张謇的视野更加开阔，胸襟更宽广，所经营的实业，遍及全省，南至上海，北及徐海，但行迹基本限于江苏省范围内，没有亦无庸从更高的角度出发。所以当1904年裁撤漕督呼声日高时，张謇遂主张徐州设省。因为他时正在徐州一带开矿设厂，其议也明显带有便利工矿发展之意。

　　但是从1905年后，张謇的事业及活动内容与此前相比，有了较大发展，张謇亦逐渐从通海地方的士绅领袖发展成为具有全国性影响的政治活动家。

---

①　张謇《公园治沼记》，顾公毅《九录录》卷六，南通翰墨林印书局，1947年。
②　张謇《南通师范学校十年度支略序》，顾公毅《九录录》卷五。

1905—1912 年间张謇社会政治活动简表

时间	内　　容
1905 年	任江苏教育会会长
1906 年	任江苏省铁路公司协理
1908 年	奉旨筹备江苏咨议局
1909 年	江苏咨议局开会，当选为议长；发起国会请愿运动；被推为中国图书公司总理
1910 年	倡议设立全国农业联合会
1911 年	四月，被推为沪汉粤津商会代表，赴京陈请报聘美国；五月，至汉口议租纱布丝麻四厂；过彰德，访袁世凯于洹上村；入京，见摄政王；六月，去东三省考察；主持中央教育会会议；八月，去鄂，参加大维纱厂开工典礼；九月，辞农工商大臣、东南宣慰使；十月，任江苏两淮盐政总理；十一月，参与创设中华民国联合会、统一党，任南京临时政府实业部总长；十二月，辞实业总长
1912 年	三月，参与创设共和党；八月，在北京见袁世凯，陈说改革盐法；十一月，任导淮督办

从上表可以看出，张謇的社会政治活动范围与内容日渐扩大。除教育、铁路、农业及工业等许多领域外，而且从 1908 年开始比较深地介入政治，张謇担任江苏咨议局筹设之事，次年当选为议长，并给朝廷上奏了《请速开国会建设责任内阁以图补救》折，主张缩短预备立宪的期限，立即成立责任内阁，并通电各省咨议局，发起组织联合请愿运动。辛亥革命爆发后，他很快转向共和，在拒绝了袁世凯内阁农工商大臣和东南宣慰使的聘请后，先是出任江苏两淮盐政总理，其后又就任南京临时政府的实业总长，并且投入国会议员中的组党热潮，参与创设中华民国联合会、统一党和共和党等。这些活动都表明张謇已经从地方性士绅领袖发展成为全国性政治人物。

作为一个全国性政治人物，当然拥有全局观。当时张謇的全局观主要体现在支持袁世凯，尽快恢复社会秩序和稳定，形成国家一统局面，进行有效统治上。

　　辛亥革命中，资产阶级革命党人为了尽早推翻清王朝，与袁世凯达成妥协，他们认为革命的目的只是颠覆满清政府而不争权夺利，不同于历史上的王朝更迭，"争夺不生，则内乱必不作"[①]。孙中山也说："今日中国，正是万国眈眈虎视时候，如果革命家自己相争，四分五裂，岂不是自亡其国？"[②] 故辛亥革命具有一种"秩序革命"的特点。自清帝退位诏书发布后，全国范围内一片"南北统一""全国统一"的呼声，袁世凯也力图利用这种有利形势重建中央集权，恢复旧有统治秩序。社会各阶层亦大都希望能够以袁世凯为中心尽快组成中央政府，恢复秩序和稳定，进行有效统治。

　　张謇即是如此，他是袁世凯的最坚定支持者，在就任南京临时政府实业总长后不足一月即辞职，随即积极帮助袁世凯登上大总统宝座，就连清帝退位诏书都是由张謇起草的。张謇认为，只有袁世凯才能维护社会秩序，故对于江北分省这种挑战既有政治体制、企图打破已经延续二百多年的行政隶属关系的行为，当然坚决反对。所以 7 年前首倡徐州建省的张謇，此时成为江北分省的坚定反对者，就毫不奇怪了。于是，他不仅指斥江北都督蒋雁行言行不一，"与前日自明之旨，毋乃相背"[③]；而且以临时议会议长的身份反对江北议员另行召集会议，强调江北人士"果有要事，尽可议于省议会"[④]；又以两淮盐政总理之名义反对江北地方控制两淮盐政，"请大总统令行江北都督，勿再干预淮北盐务，以一事权"[⑤]，切断江北地方最主要的财政来源。从各方面来阻止江北分省行动。

　　除上述原因外，张謇反对江北分省，还与主张分省人士的理由有

---

　　① 精卫《驳革命可以生内乱说》，张柟、王忍之编《辛亥革命前十年间时论选集》第二卷上，三联书店，1963 年，页 525。

　　② 孙中山《在东京民报创刊周年庆祝大会的演说》，《孙中山全集》第一卷，中华书局，1982 年，页 326。

　　③④ 张謇《为统一苏政致江北某都督电》，《张季子九录·政闻录》卷四，《近代中国史料丛刊续辑》，页 192—193。

　　⑤ 《统一两淮盐政之要电》，《申报》1912 年 4 月 12 日。

很大关系。当时江北地方人士主张分省独立的理由主要有二：即历史渊源和江南、北之间日渐增大的隔膜。江北各界认为从历史角度看江北地区具有特殊性，元以前并无联长江南北为一地的行政设置，明清两代江北历设漕督、河督，还曾经设置过淮扬巡抚、凤庐巡抚，至清末又有江淮巡抚、江北提督，均为出镇一方的持节大吏。故独立设置有充分理由。从现实情况看，随着运河淤塞、漕运停废，江北地方衰败严重，南北差距、隔膜日渐增大。并以南北的风土人情迥异、"利害不相习，俗尚不相同"，省议会被江南人士主导，不能代表江北利益等为据。结论是："与其彼此睽隔，莫若江北独立，于政治民情上均有充分之方便。"① 这实际上主要反映的是淮徐海人士的观点，沿江一带附和、赞同者寡。而通海一带历来与江南关系密切，习俗相差亦不远，连语言都属于吴方言区。如南通、海门与江南的常州、镇江都归属于常镇通海道。张謇庞大的企业集团亦与江南，特别是上海等地存在十分密切的联系。在张謇的影响下，对于江北独立设省的主张，扬、通、海一带人氏多不甚赞成。所以当时江北各界对于张謇很是不满："以张季直君主合不主分，诋其甘受苏人蛊惑，不为江北独立之计，语多不满意。"②

可以看出，张謇的地位、社会角色在 1912 年时已与 1904 年迥异，正是这种差别导致其对于江北分省持坚决反对立场，并进而采取了相应措施。

三

江北分省，是一种挑战现存政治体制、改变传统行政隶属关系的行为，其阻力十分巨大。故张謇的反对立场是江北分省失败的重要因素，而不是唯一因素，笔者曾在另文中从实力、地方名流、中央政府

① 《江北都督电》，《申报》1912 年 4 月 11 日。
② 《江北人之分省热》，《申报》1912 年 5 月 25 日。

和合法性等四个方面进行过探讨，在此主要从清末绅权扩张角度作简单归纳。

绅权可谓是解读江北分省问题的一把关键钥匙，因为其产生、失败都与绅权关系密不可分。晚清以来以绅权扩张为代表的地方主义盛行是江北分省问题产生的社会历史背景。历史上中国一直是"大一统"意识占据统治地位的国家，但历来国家权力没有也无庸延伸至基层社会，基层社会由绅权和族权联合控制。加之小农经济条件下存在的语言隔阂、经济物产、风土人情等差异，乡土性地域观念意识就比较强。这就是欧榘甲所谓的"爱国者，不如爱其所生省份之亲。人情所趋，未可如何也"①。如果这种乡土观念和地区性政治、经济等利益结合在一起，就会很快形成"地方主义"。一旦社会动荡，原有的政治体制和统治格局被打破，地方主义就会抬头，以各种形式加以表现。随着洋务运动以来各地士绅纷纷投身于工商路矿等新式实业活动，他们自身的利益越来越与地方的政治、经济利益联系在一起，影响和力量也在地方政治中日益突出。1907 年之后各省咨议局的次第设立，更是极大地增强了地方士绅的权势，而且使之合法化。故江北分省实际上是江北地方绅权扩张的凸显与体现。

但由于晚清以来江北地方的持续衰败，所以江北地方虽可鼓噪起分省之声浪，而实质上缺乏足以支持分省独立的力量。就当时江北而言，除南通张謇影响最大外，还有赣榆许鼎霖、海州沈云霈、宿迁黄以霖等人，他们对待分省的态度并不明朗，如有"江北巨绅"之称的许鼎霖、沈云霈就向赴京的请愿代表提供各种帮助，包括介绍谒见袁世凯、呈递请愿书等，博得代表好感，极力推荐许鼎霖出任拟议中的民政司长，"惟许君雅不欲担任云"②。所以当时谋划江北分省的有关人士均属于一般性人物，人望不著，属于地方精英，其权威作用半径

---

　　①　欧榘甲《新广东》，张枬、王忍之编《辛亥革命前十年间时论选集》（第一卷上），三联书店，1960 年，页 270。

　　②　《江北人之分省热》，《申报》1912 年 5 月 25 日。

不出江北地方。缺少有全国影响力的人物，是导致江北分省得不到外界支持，终至失败的重要原因。因为没有强有力的地方绅权支持，所以尽管一时江北分省运动轰轰烈烈，但在遭到否决后，很快就偃旗息鼓了。

"江北分省"事件折射出许多过去人们所忽视的东西。它深刻反映了 20 世纪初中国社会的变化，表明绅权已经成为左右国家社会生活的极其重要的力量，张謇前后态度的变化以及所产生的后果都在不经意间证明了这一点。

（原刊于《历史教学问题》2007 年第 1 期）

作者单位：淮阴师范学院

1904年张謇推动清廷立宪的努力

彭 剑

1905年，清廷派遣五大臣出洋考察政治，次年，宣示"仿行宪政"国策。学界早已揭示，此次改革的出现，与日俄战争有莫大关系：日俄战争爆发之后，各种政治力量不但将其视为一场立宪国与专制国之间的战争，而且以此机会努力推动中国实行宪政改革。张謇在其中扮演了重要角色，曾刊印《日本宪法》、代湖广总督张之洞等草拟立宪疏稿。[①] 不过，细察张謇留下的文献，发现他对宪法问题的关注，并非始于日俄战争爆发之后，而是始于之前。日俄战争期间，他确实有很多促进立宪的努力(不止学界已揭示)，但似乎不全是因应战争，而是在实践自己早已定下的"为圣主告"的目标。他的这些努力，对于深入理解预备立宪相关问题不无裨益。

一、要设法让皇上知道宪法之益

章开沅的研究早已告诉我们，张謇对君主立宪问题的关心，是在他赴日考察之后。[②] 张謇赴日，发生在1903年。考察的主题是农工与学务，但收获却超出了主题。回国不久，他就给他的一位朋友、大

---

① 侯宜杰《二十世纪初中国政治改革风潮——清末立宪运动史》，中国人民大学出版社，2009年，页38。柴松霞《出洋考察与清末立宪》，法律出版社，2011年，页52—53。李细珠《地方督抚与清末新政——晚清权力格局再研究》，社会科学文献出版社，2012年，页141。迟云飞《清末预备立宪研究》，中国社会科学出版社，2013年，页38。潘崇《清末五大臣出洋考察研究》，中国社会科学出版社，2014年，页34。
② 章开沅《开拓者的足迹——张謇传稿》，中华书局，1986年，页162。

学问家沈曾植写信，主题居然是"论世界宪法"。① 可惜，我们未能找到这封信，无法知道他对"世界宪法"提出了什么高见。我们只能推测，他所说的"世界宪法"，大概相当于"各国宪法"。

也许张謇那一年除夕的日记更值得关注。他由蒯光典的一封来信，发表了一通感慨：

> 日本全国略与两江总督辖地相等，若南洋则倍之矣。一则致力实业、教育三十年而兴，遂抗大国而拒强国；一则昏若处瓮，瑟缩若被絷。非必生人知觉之异也，一行专制，一行宪法，立政之宗旨不同耳。而无人能举以为圣主告也，可痛可恨。②

其实，蒯光典的信并未涉及宪政，而是讨论实业的，只是提到，某一实业，应该由北洋大臣提出，南洋大臣则"不足与有为"。张謇却由此生出一番悲感，联想到日本，虽然只有南洋的一半那么大，但发展实业和教育三十年，俨然成为强国，而南洋则被束缚了手脚，什么事情都做不成。南洋如此，整个中国也是如此。为什么会这样？张謇认为，并不是因为中国人与日本人有什么不同，而是因为国家体制不同造成的。中国专制，日本则实行宪政，这才是导致两国强弱悬殊的根本原因。颁布宪法、实行宪政太重要了。但是，这么重要的事情，却没有人向皇上进言，真令人痛心，令人愤恨。

不过，张謇没有停留在"痛""恨"的层面。在那年除夕夜，他做出了一项重要决定：采取措施，想方设法让他心中的"圣主"光绪皇帝知道宪法的重要性。

二、直达内廷

张謇为了上达天听，决定从多方面入手。其中最重要的有两端，

---

① （癸丑）"八月，与沈子培书，论世界宪法"，张謇《啬翁自订年谱》，张謇李明勋、尤世玮主编《张謇全集》8，上海辞书出版社，2012年，页1019。

② 张謇《柳溪草堂日记》，《张謇全集》8，页577。

一则翻译出版日本宪法及相关文献，设法向高层传播；二则劝说重要官员，使其赞成立宪，借他们的口影响君上。

在翻译日本宪法文献方面，最早印出的是《日本宪法》，于1904 年农历六月出版。张謇有一位好友赵凤昌，是他的重要政治盟友，《日本宪法》的出版，有赵凤昌的一份功劳。赵凤昌认识一个叫做赵小山的人，在内务府任职。内务府是清廷专管皇家事务的机构，直接内廷。并且，赵小山本是醇王府的人，因擅丹青，绘制了颐和园全图，被奕譓进献给慈禧太后，颇得慈禧赏识。① 这就不难理解，赵凤昌给赵小山寄了 12 册《日本宪法》之后，赵小山能够将书"径达内廷"。

听说慈禧太后看了这本书之后，在召见军机大臣的时候，突然冒出来一句："日本有宪法，于国家甚好。"

而此时的军机大臣，毫无宪法知识，因此听了慈禧太后这句话，相顾无言，"不知所对，唯唯而已"，场面相当尴尬。

老太后的口里蹦出来"宪法"二字，这对军机大臣刺激不小。识时务者赶紧补课。很快，瞿鸿机就叫他的七弟到上海，委托赵凤昌，帮忙选购宪法类书籍。他们根本不知道，赵凤昌乃是参预刊印宪法的重要分子。赵凤昌后来将此事告诉张謇，两人相视大笑。

以上故事，出自张謇自订年谱。讲完了以上情节，张謇发了如下一句议论作结："枢臣奉职不识古义，莅政不知今情，以是谋人家国，宁有幸乎？"②

这是一个批评当朝枢臣的结语。但其实作为对刊印《日本宪法》一事的小结，则应该说，这本书的效果相当不错。虽然在进呈的过程中充满了变数，令张謇一度心灰意懒，但终于有个好结果，引起了慈禧

---

① 胡寄尘《清季野史》，国光书局，1913 年，页 112。
② 张謇《啬翁自订年谱》，《张謇全集》8，页 1020。

太后的重视。① 虽然"圣主"未必由此知道了宪法对于国家的重要性，但是，"老佛爷"批览过此书，比"圣主"看过更有意义。因为戊戌之后，慈禧太后再度临朝，大清的国是，还是要靠"老佛爷"拍板的。并且，老佛爷还对枢臣说了"日本有宪法，于国家甚好"的话，表明她对宪法产生了一些好感。枢臣们听了，虽然一头雾水，但对老佛爷的态度是十分清楚的，这就促使他们手忙脚乱地学习宪法知识。说刊印《日本宪法》一事造成了朝堂内外一次小小的学习宪法的热潮，大概不算过度解读。

因此，虽然从张謇所写的结语，望文生义地去理解，一定会觉得张謇对枢臣的无知义愤填膺，心情很不好，但若联系上文，则可以断言，他的心情其实好极了。揶揄枢臣，正显示了他的得意。

三、与铁良谈宪法

《日本宪法》出版前后，《宪法义解》一书的印制工作也在紧锣密鼓地进行，这是主持制定日本宪法的伊藤博文的作品。在存留至今的张謇写给赵凤昌的信中，可以看到张謇曾多次催问印制该书的进程。如7月12日问："《义解》印成否？应早成矣。"② 次日又问："印书成否？""印书必望速成、速布、速进，并望以百本即见寄。"③ 16日信中写道："日盼印成之书到眼。"④ 用语简单，心情急迫。

---

① 赵小山的工作曾经一度受阻。张謇在8月初写给赵凤昌的一封信中不无悲愤地说："不知丛桂留人处机括何如？目下止盼此一路……宪书值，理合公摊，公勿独为君子。事即不成，花去几文，权当落去几点眼泪。"张謇《致赵凤昌函》（清光绪三十年六月二十三日），《张謇全集》2，页134。"丛桂留人处"，指赵小山，典出庾信《枯树赋》"小山则丛桂留人，扶风则长松系马"一句。在"第七届晚清史研究国际学术讨论会"上，王慧颖女士提醒此典故，特此致谢。

② 张謇《致赵凤昌函》（清光绪三十年五月二十九日），《张謇全集》2，页132。

③④ 张謇《致赵凤昌函》（清光绪三十年六月初一日），《张謇全集》2，页133。

两个月之后，《日本宪法义解》终于印出来了。① 因为《日本宪法》开了个好头，张謇当然希望《日本宪法义解》也取得同样的好结果，因此继续走上层路线，对权贵甚至是深宫施加影响。② 《日本宪法义解》没有引起深宫的重视，但是，也不是毫无结果，至少引起了一位满族高官铁良的关注。

那年秋，铁良奉命南下巡察。张謇本来没有想到要去拜访他，但是，中秋节的前两日，他得到消息，铁良要与他一晤。③ 于是，张謇决定采取主动，于中秋那天拜访了铁良。这次拜访，对铁良印象不错，觉得他"言论甚明爽，不减匋斋，而凝重过之"。匋斋，即端方，清末满人中的翘楚。张謇觉得铁良比端方还要稳重，可见评价之高。④

看铁良是个明达之人，两天之后，张謇送了一册《日本宪法义解》给他。⑤ 又过了一个星期，估摸着铁良应该读得差不多了，并且，铁良也接到谕旨，要赶紧回京了，张謇又去拜访他，"与之谈宪法"⑥。

张謇和铁良究竟谈了什么，因为文献无征，不得而知。在其后写给赵凤昌的一封信里，留下了这样的话："铁侍郎居然能争赔款用金，且愿研求宪法，亦难得也。"⑦ 看来张謇对于这次晤谈相当满意。

四、翁同龢遗疏之谜

张謇自订年谱 1904 年条下有如下一句："五月十七日，省翁尚书

---

① 自订年谱甲申年八月："印《日本宪法义解》《议会史》，送铁侍郎良，与谈宪法。"张謇《啬翁自订年谱》，《张謇全集》8，页 1020。

② 我们至今仍能看到张謇向赵凤昌索取《日本宪法义解》以便寄到北京去的信函，其试图施加影响的对象，当系权贵。其言曰："尊处尚有前印《宪法义解》否？有则请分十六七本，以便寄京。"张謇《致赵凤昌函》（清光绪三十年，1904 年），《张謇全集》2，页 138。

③④⑤ 张謇《柳溪草堂日记》，《张謇全集》8，页 595。

⑥ 张謇《柳溪草堂日记》，《张謇全集》8，页 596。

⑦ 张謇《致赵凤昌函》（清光绪三十年十月二十二日），《张謇全集》2，页 135。

病于常熟南泾塘第,归后闻翁尚书二十日卒。"① 观此可知,翁同龢
去世前数日,张謇曾经登门省视。但所谈内容,没有交代。

不久后(7月12日)写给赵凤昌的信中,张謇对省视时所谈有所
介绍:"十七八日与松禅老人谈两次,颇及宪法,老人极赞,亦以为
非此不可救亡也。"② 松禅是翁同龢的号。原来,张謇此次省视,在
翁同龢病榻边交谈了两次,并且,涉及宪法问题的还颇多。在交流
中,翁同龢提出,不定宪法,无法救亡。

在写这封信的次日(13日),张謇又有一函致赵凤昌,信中谈及
推动宪政改革有希望时,提到了翁同龢的遗疏:

> 此事消息不恶。印书必望速成、速布、速进。常熟遗疏中有
> 此语,是病榻所谈。此老毕竟有心。公秘之。③

这里所说的"此事",指他们正在进行的推动清廷立宪一事。"此
语",当指翁同龢遗疏中主张宪政改革的语言。张謇特别强调,"此
语"是翁同龢在病榻所谈。联系到前一日的信件,几乎可以断言,
"此语"是强调要制宪以挽救危亡的。

那么,为何要赵凤昌保密?

五天前(7月9日),张謇在日记中写道:"得翁宅讣,二十一日子
正松禅师易箦,遗命以自挽联属书,又令草遗疏。"④ 日记中说翁同
龢死于7月4日,与前引自订年谱中所说的7月3日相差一日。这一
差别,应该是由去世的时刻造成的。据此处所载,去世时间是4日子
时,这个时刻,人们习惯上会称为3日深夜。

此处所提示的翁家请张謇代翁同龢草拟遗疏一事,值得重视。翁
同龢在戊戌变法中支持康有为一派,对宪法问题可能早有关注。因
此,我们不能说他去世前与张謇所谈宪法问题是受张謇启发。但是,

---

① 张謇《啬翁自订年谱》,《张謇全集》8,页 1020。
② 张謇《致赵凤昌函》(清光绪三十年五月二十九日),《张謇全集》2,页 132。
③ 张謇《致赵凤昌函》(清光绪三十年六月初一日),《张謇全集》2,页 133。
④ 张謇《柳溪草堂日记》,《张謇全集》8,页 585。

张謇那时正在花大力气推动政治改革，因此，可以想象，那次省视时所谈宪法问题，应该是由张謇挑起。张謇在翁同龢病榻旁谈起此事，引起翁同龢的悲感，发出不进行宪政改革就无法救亡的浩叹。数日后，翁同龢去世，其家人请张謇代笔起草遗疏，张謇乃决定将此事写入。因此，翁同龢遗疏中的政治改革主张，多少有点用翁同龢的口气传达张謇主张的意味。而作为当今"圣主"的帝师，翁氏遗疏无疑是可以上达天听的。于是，张謇借助翁氏的口气，可以达到"为圣主告"的目的。

至于他要赵凤昌保守秘密，应该是其时距他受托起草遗疏尚只有五日，可能尚在酝酿中，至少还没有公开，不可轻易外漏。

那么，翁氏遗折究竟是怎么说的？

遗折全文只有两百多字，涉及未来政治的，只有如下一句："所愿励精图治，驯致富强。"[①] 从这几个字，实在看不出翁同龢在劝光绪皇帝、慈禧太后推行政治改革。张謇写给赵凤昌信中的"此语"哪里去了？

很有可能，张謇在受托代拟遗疏之后，眼前一亮，自认为抓到了一个"为圣主告"的好机会，于是决定将翁同龢临终前在病榻所谈非宪法无以救亡等话写进去。并且，他觉得这个主意太好了，因此虽还未能得到翁氏遗族的认可，便告诉赵凤昌，翁同龢遗疏中"有此语"。

---

① 全文如下："已革协办大学士户部尚书臣翁同龢跪奏，为天恩未报，臣病垂危，伏枕哀鸣，仰祈圣鉴事。窃臣早年通籍，荐蒙先朝优遇，屡司文柄，兼侍讲帷，忝陟班联，叠膺简任。只以奉职无状，负罪当诛，犹蒙恩予保全，放归田里，交地方官管束，俾尽天年。臣自知衅戾，深悔难追，夙夜彷徨，浸成老病。兹已气息绵惙，无望偷生。伏念负疚如臣，固已言无足取，不敢复有所陈述。第思隆恩未答，盛世长辞，感悚之余，难可瞑目。所愿励精图治，驯致富强，四海苍生，咏歌圣德，臣虽死之日，犹生之年。谨口授遗疏，不胜呜咽依恋之至。伏乞皇太后、皇上圣鉴。谨奏。"《遗折》，谢俊美编《翁同龢集》（上），中华书局，2005 年，页 201。收入集子时，标注此折形成时间是"光绪三十五年五月十四日（1904 年 6 月 27 日）"，年份当是光绪三十年之误。至于月日，可能是成稿之后往前署的，因为张謇接到翁氏家人委托代拟遗疏是在五月二十六日（1904 年 7 月 9 日），遗疏不可能在此之前拟就。

但是，将疏稿送到翁家之后，却遇到了麻烦。翁同龢在戊戌年以推动
变法而遭贬斥，这对翁家人而言，记忆犹新。数年过去，社会上又出
现了政治改革的呼声，但是，朝廷的态度并不明朗，万一因为在遗疏
中说了不讨"老佛爷"欢喜的话，死后遭遣，受损害的，就不仅仅是
死者的清誉，还有生者的前途。于是，"此语"被翁家人删去，改成
了不痛不痒的"励精图治，驯致富强"八个字。

于是，张謇借助翁同龢之口将宪法之益上达天听的愿望落空了。

五、为江楚起草立宪疏

张謇自订年谱1904年条下尚有如下一段：

> 四月，为南皮、魏督拟请立宪奏稿，经七易，磨勘经四五
> 人，语婉甚而气亦怯，不逮林也。①

这里记载了一件他自己评价不高的事情：代湖广总督张之洞、两
江总督魏光焘起草立宪奏折。所言他代拟的奏折赶不上的那位"林"，
是林绍年，时任云南巡抚，于本年初和云贵总督丁振铎一起致电军机
处，请其代奏，提出仿照日本明治维新，实行变法。② 此外，在同一
年晚些时候，林绍年又单独递了一份奏折，明确提出要"改专制为立
宪法"。③

代张之洞、魏光焘起草立宪奏折一事，张謇在日记中提供了较多
细节。还在5月，此事就已经酝酿了。

———————

　　① 张謇《啬翁自订年谱》，《张謇全集》8，页1020。

　　② 《滇督抚丁振铎林绍年致枢垣日俄将战中国必受其殃请速变法以挽危局电》
（光绪二十九年十二月初四日），王彦威、王亮《清季外交史料》第一八一卷，页1、2。
所用版本为孙云龙主编《近代中国史料丛刊三编》（第2辑），文海出版社，1985年，页
2939。

　　③ 林绍年《遵旨敬陈管见折》（光绪三十年八月），康春华、许新民校注《林文直
公奏稿校注》，中国书籍出版社，2013年，页43。

5 月 8 日："诣邵阳、南皮。"① 邵阳，魏光焘，时任两江总督；南皮，张之洞，时任湖广总督。那一段时间，张之洞为了办理江南制造局移建新厂一事，常驻南京。② 因此，张謇拜见魏光焘和张之洞的地点，都在南京。

11 日，张謇又试图拜访张之洞，后者外出，未见着。③

8 日张謇拜见两位总督的时候谈了什么，11 日拜见张之洞的目的又是什么？日记简略，全无交代。但此时张謇心中已经装着要设法将宪法之益"为圣主告"的心事，拜见主题很有可能与此相关。

在这两次拜访中间，10 日的日记写道："蒯礼卿来说立宪事，谈甚久。"④ 蒯礼卿，即蒯光典，张謇在事业上的好友。张謇在癸卯年除夕的时候决心要将宪法之益"为圣主告"，就是受了蒯光典来函的促动。而这次蒯光典来访，两人就立宪事宜，谈得似乎很投机。两位交流立宪，当然跟他们在这方面有共同话题有关，但是不是也有可能因为张謇正在推动两位总督参与此事？

至于第二次拜访张之洞之后的翌日（12 日）所记，则似乎可以确定，张謇之拜见魏光焘、张之洞，确实是为推动政治改革。日记写道："由邵阳抄示丁、林请变法之电奏，敢言之气当为本朝第一。"⑤ 张謇第一次看到丁振铎、林绍年的奏折，是由魏光焘抄示的。如果不是正在酝酿与立宪相关的事宜，魏光焘为何要将丁振铎、林绍年的奏折给张謇看？

张謇看到丁、林奏折之后的第二天（13 日），张之洞来找他了，"复谈立宪"。8 日之后，二张再未见面，这次相见，谈了立宪，并且是"复谈"，足证 8 日张謇拜见魏光焘、张之洞的时候谈了立宪。不过，张謇对张之洞这次"复谈"不甚满意，评曰："其论亦明，其气

---

①③④⑤　张謇《柳溪草堂日记》，《张謇全集》8，页 583。

②　（1904 年）"三月十三日（4 月 28 日）乘轮东下，赴江宁会商江南制造局移建新厂事宜。""四月十九日（6 月 2 日）乘轮离江宁回鄂。"吴剑杰编著《张之洞年谱长编》（下卷），上海交通大学出版社，2009 年，页 821、826。

殊怯。"①

　　大概觉得张之洞不足与谋，张之洞来访的次日，张謇去向他辞行。但是，张之洞却似乎欲有所为，因此请张謇再留几天。②

　　再往后，就进入到草拟奏疏的阶段。15 日，魏光焘宴请张之洞于粮道署，请张謇作陪。③席间可能有所商讨。

　　起稿很快。17 日，日记中就留下了"与礼卿定稿"数字。④次日，张謇又记道："以稿示聚卿、菊尊、少亮、蕃实诸君，属各以所见磨勘之。"⑤聚卿，刘世珩，曾赴日考察，思想开明。⑥菊尊，朱恩绂，熟悉兵工等洋务。⑦少亮，章钦亮，日本中央大学专门科法律毕业。⑧蕃实，魏允恭，系《海国图志》作者魏源的从孙，时为江南制造总局总办。⑨这几位，都参与了奏稿的修订事宜。

　　到 20 日，"稿已三易"，张謇乃将其"抄送邵阳"，送给魏光焘过目。⑩张謇觉得可以松一口气了，于次日动身去上海。⑪

　　到上海后，他惊讶地发现，《中外日报》刊载消息，说南京正在"议宪法"。他很生气，写道："不知伊谁漏言，报即滥载，徒使政府疑沮，无益于事。"⑫乃于 22 日跟各报馆打招呼，请他们不要乱说话，免得坏了好事。⑬

　　对奏稿的修改工作也还在继续。到 6 月 10 日，奏稿已经修改了七回。⑭11 日，"再酌前稿"。⑮12 日，"与竹君、蛰先重酌前稿"。⑯竹

————————

　　①②③④⑤⑩⑪　张謇《柳溪草堂日记》，《张謇全集》8，页 583。

　　⑥　参见徐学林《精于理财，拼命存古——近代出版家刘世珩传略》，《出版史料》2003 年第 1 期，页 77—85。

　　⑦　本书编审委员会《中国近代兵器工业——清末至民国的兵器工业》，国防工业出版社，1998 年，页 133。

　　⑧　1914 年 4 月 13 日《政府公报》（总第 694 号），令告。但在他翻译的古田良一著《日本通史》（国立编译馆，1942 年）的封面上所印的头衔中，却写着"日本东京帝国大学毕业、前东吴大学教授、国立编译馆编译"字样。

　　⑨　冯绍霆《李平书传》，上海书店出版社，2014 年，页 119。

　　⑫⑬　张謇《柳溪草堂日记》，《张謇全集》8，页 583。

　　⑭⑮⑯　《柳溪草堂日记》，《张謇全集》8，页 584。

君，赵凤昌；蛰先，汤寿潜。汤寿潜也是一个热心宪政的人，1901年就写了一本《宪法古义》，1904年则配合张謇，试图运动军机大臣瞿鸿机，使其赞成立宪。①

19日，赵凤昌又有新发现，于是又对奏稿做了一点修改，"至是十易矣"。②

由以上梳理，可知这道奏折至少被修改了10次（而不是自订年谱所说的7次），参加起草和修改的人至少有8人，堪称慎之又慎，精雕细琢。但是，张謇对这一奏稿并不满意，觉得远远赶不上林绍年等人的奏折。

并且，花了这么大力气起草的奏折，最终成为废稿，张謇之灰心，可以想见。

这次努力中，受打击的还有一件事。在与张、魏两位总督沟通的过程中，张之洞一再强调此事先要与直隶总督袁世凯达成一致，而张謇的好友汤寿潜、周家禄也持此观点。③张謇只好硬着头皮，给好多年未通音讯的袁世凯写了一封信，探听袁世凯的口气。没有想到，袁世凯对此事不甚热心，回复道："尚须缓以俟时。"④

---

① 日俄战争爆发后，中国朝野为了保住满洲"龙兴之地"，纷纷出谋划策。其中商约大臣吕海寰、署理两广总督岑春煊、两江总督魏光焘、湖北巡抚端方、商约大臣盛宣怀等于1904年3月7日联衔具奏，提出日俄双方交战，不论哪一方获胜，都会对中国主权造成极大侵害，当务之急，是利用美国宣布保全中国领土主权的机会，派遣大臣，"以考求新政为名"，到欧美各邦开展外交工作。而汤寿潜半年后则通过章梫向瞿鸿机提出了一个"一笔两用之策"，即以"考求宪法为词"，从事外交活动。（参见潘崇《清末五大臣出洋考察研究》，中国社会科学出版社，2014年，页31—35。）汤寿潜甚至提出，瞿鸿机可以辞职相要挟，促使清廷立宪。（参见侯宜杰《二十世纪初中国政治改革风潮——清末立宪运动史》，中国人民大学出版社，2009年，页39—40。）

② 《柳溪草堂日记》，《张謇全集》8，页584。

③ 关于促成张謇给袁世凯写信的人，《啬翁自订年谱》提到张之洞和汤寿潜，而《柳溪草堂日记》则说给袁世凯写信是"徇彦升说"，彦升是周家禄的字。（张謇《啬翁自订年谱》，《张謇全集》8，页1020。张謇《柳溪草堂日记》（光绪三十年五月十三日），《张謇全集》8，页584。）

④ 张謇《啬翁自订年谱》，《张謇全集》8，页1020。

通过督抚之口"为圣主告"的愿望，就这样落空了。

六、日本宪法"似可采择施行"

　　正是在那一道胎死腹中的江楚会奏折稿中，亮出了制宪的主张。

　　奏折开宗明义，说环球万国都实行宪法。各国宪法的共通之处，在于以"利国便民"为宗旨，"顺人心而施政策"，"合众力以图富强"。但是，欧洲、美洲、非洲、澳洲这些地方，种族与我不同，宗教与我迥异，加上这些地方党派分歧，因此，它们的宪法，"不能尽合我用"。

　　唯独日本，是"以帝国为政策"，强调君权，"统于一尊"；并且与中国"同洲同文"，土俗民情相去不远；明治维新也是由于外辱刺激而来，与今日中国情形相似。据伊藤博文的《宪法义解》，可知日本宪法是在考察各国制度之后，慎之又慎，经过十年才确立起来，因此能够"尊主庇民"，"巩固国势"。

　　作了以上铺陈之后，奏折亮出了制宪的基本主张：日本宪法，"似可采择施行"，即模仿日本的方式制定中国宪法。[1]

　　奏折的主体，是向光绪皇帝、慈禧太后解释"宪法大益"。据其所言，如果实施宪法之治，则理财、练兵、兴学等难题都能解决，吏治的难题也能迎刃而解，外交也不会再如今日困难。并且，还可以消灭革命。总而言之，宪法可以"安上全下，靖内攘外，有百利而无一弊"。[2]

　　起草者考虑到最高统治者对宪法的最大疑虑，在于它会削夺君权，于是在奏稿中写道，此事不足为虑，行宪之后，君权不但不会受到损害，还能出现"君权转因之益尊"的局面。[3]这一说法，跟两年

---

①　张謇《与汤寿潜赵凤昌改定立宪奏稿》(1905)，《张謇全集》1，页118。
②③　张謇《与汤寿潜赵凤昌改定立宪奏稿》(1905)，《张謇全集》1，页119。

后载泽在日本考察时学到的宪法可以"巩固君权"何其相似乃尔![1] 这正是日本钦定宪法的精髓。

宪法能够使君权"益尊",实在是充满诱惑。奏稿在此基础上,进一步诱导两宫:如果实行宪法,就可以打破历朝享国不过数百年的格局,"我大清亿万年有道之长,可以预卜"。这无异于说,实行宪法,可以实现"万世一系"的局面。而将"万世一系"写进宪法,也正是日本宪法的特色。

总起来看,奏稿为光绪皇帝、慈禧太后描绘了一幅诱人的宏图。只要颁行宪法,内忧外患,立即消除,强国之梦,马上成真,君权巩固,君祚绵长。这一幅美景,无疑是参照日本明治维新编织出来的。奏稿传达的制宪方法,显然是日式的。虽未说明是钦定,但仿日制宪,必为"钦定"无疑。[2]

七、要小心"学术杀人"

但是,仅仅从立宪奏稿去判断张謇和他的朋友们的制宪观,恐怕有些问题。因为这是代湖广总督和两江总督起草奏折,不但要模仿总督们的口气,所写的内容,也必须是总督们所能认可的。因此,代稿所传达的,不可能全是起草者的意思。起草之前,张謇与张之洞交流时,就发现张之洞在立宪问题上挺气怯的。所以起草的时候,明显迁就了张之洞。这就是为什么张謇在自订年谱中对这一奏稿评价很低。这些情况,前文均已述及,在此拈出再说,无非是想强调,奏稿中关于制宪的文字,并不能完全反映张謇等民间精英

---

[1] 《出使各国考察政治大臣载泽奏请宣布立宪密折》(光绪三十二年),故宫博物院明清档案部编《清末筹备立宪档案史料》(上),中华书局,1979 年,页 173。

[2] 当时的人们,受日本宪法学界的影响,认为制定宪法的方式有"钦定""协定""民定"三种。三种不同的方式制定的宪法,民权依次递增,也就是说,钦定宪法民权最轻,民定宪法民权最有保障。围绕宪法究竟应该钦定还是协定还是民定,清季有过很多争论,并对制宪过程产生了实在的影响。关于此,容详另文。

的制宪主张。

能够比较真切反应张謇制宪主张的，可能是前文已多次引用的
1904 年 7 月 13 日写给赵凤昌的信。在那封信中，除了追问印制《宪
法义解》的进程、告诉赵凤昌，翁同龢遗疏中"有此语"等事之外，
还讲了他从友人那里听到的一则关于张之洞的传闻。

传闻说，张之洞有一个创见，中国应该制定一部"有限制宪法"，
其特点是"民间有义务无权利"。张謇的友人评论道，张之洞"毒
民"，此说以后"必不昌"。

张謇向赵凤昌求证："岂真有此说耶？公有所闻否？"

虽然尚未确证，但张謇担心这是真的。并说，张之洞这种见解，
是典型的"学术杀人"。何谓"学术杀人"？张謇补充道，古人有言：
"以嗜欲杀身，以货财杀子孙，以学术杀天下后世之人。"看来，所谓
学术杀人，是指坏的学说被人用来指导实际政治之后，给天下后世带
来灾难。

在信中，张謇请赵凤昌行动起来，劝说张之洞收回"有限制宪法
说"。之所以要赵凤昌出来担当此任，是因为赵凤昌与张之洞"有休
戚之谊"。[1]

从张謇对这一传闻的反应，可知他对张之洞"有限制宪法"的反
感。由此看来，虽然他在当时主张仿日制宪，但是，并不赞成太过摧
抑民权。由此亦可明白，代张之洞、魏光焘所拟奏折中的颁布宪法可
以使君权益尊等说辞，很有可能并不是张謇真正欣赏的，而只是迁就
张之洞的产物。

八、张謇的努力与五大臣出洋

1904 年，张謇为了推动中国制宪，和他的一班朋友一道，翻译、
印刷宪法类书籍，借助书籍去影响深宫，影响大吏；他们还努力说服

---

[1]　张謇《致赵凤昌函》(清光绪三十年六月初一日)，《张謇全集》2，页 133。

两江总督和湖广总督，并代他们起草奏章，以便借他们之口影响两宫；当翁家人请张謇代草翁同龢遗疏的时候，他还试图在遗疏中写入请求以宪法挽救危亡之类的话。这些努力，有些成功了，有些失败了。

那么，张謇的这些努力，对于实际政治进程有没有影响？后世学者的评判我们且放一边①，其实，张謇自己也曾经试图对此作一番评判。

他做完这些努力的次年，清廷有派遣五大臣出洋考察政治之举。此举对于清廷开启宪政改革之门具有重大意义。张謇晚年为自己编写年谱的时候，写了如下一段话，似乎表明，他认为自己在 1904 年的努力，是清廷派遣五大臣出洋的一个促成因素：

> 先是铁良、徐世昌辈于宪法亦粗有讨论，端方入朝召见时又反复言之，载振又为之助，太后意颇觉悟，故有五大臣之命。②

张謇此处所列影响决策的有铁良、徐世昌、端方、载振四人。其中铁良之讨论宪法，乃是张謇促成，一如前述。如果铁良对于派遣五大臣出洋一事有促进作用，就可以说张謇对于此事有推动。张謇拈出铁良来，用意盖在于此。

载振是庆亲王奕劻的长子，奕劻是权倾朝野的军机首辅。张謇1904 年 7 月 13 日写给赵凤昌的信显示，载振也是他们施加影响的对象。这封信在询问"印书成否"之后，告诉赵凤昌，他才得到一封密信，密信中有如下信息："振得丹书告其堂上，亦深以为然，但言须稍从容。"③

---

① 潘崇认为张謇的努力与派遣五大臣有关系。在分析张謇等人代张之洞、魏光焘起草的奏折时，潘崇论道："无疑，张謇等人的'遣使'主张较之张美翊等人保全东三省权益的'遣使'主张取意更高，与后来政府遣使出洋考察政治的决策有直接关联。"问题是，此折并未上奏，二者如何关联？作者似未能说明。（潘崇《清末五大臣出洋考察研究》，页 34。）

② 张謇《啬翁自订年谱》，《张謇全集》8，页 1021。

③ 张謇《致赵凤昌函》（清光绪三十年六月初一日），《张謇全集》2，页 133。

密信中的"振"，就是载振。而"丹"则是受了张謇委托，给载振上书，试图通过载振去影响奕劻，从而达到"为圣主告"的目的。此人应该是王清穆，字希林，号丹揆。1903 年成立商部时，载振出任尚书，王清穆则担任左参议，是载振的部下。[①] 载振受王清穆运动后，真的跟他父亲说了，奕劻表示认可，只是强调不能着急，要慢慢来。

而正是这位张謇设法联系过的载振，在 1905 年与端方一唱一和，推动朝廷作出派遣大臣出洋考察政治的决策。

张謇在自己的年谱中落笔于清廷派遣五大臣出洋考察政治一事，显然是因为他觉得此事与自己有关系。这种关系，就体现在他述说此事时提到的铁良和载振两人身上。这两人对于推动清廷作出派遣大臣出洋考察政治的决策发生了影响，而张謇做过这两个人的工作。因此，说这一段记载表明张謇自认对清廷派遣五大臣出洋考察政治一事有推动作用，应该不为过。

说起来，张謇 1904 年的努力，影响清廷决策的，至少还有两条：

其一，慈禧太后看到他印制的《日本宪法》之后，对宪法留下了不错的印象。如果此事属实，可以说是慈禧太后对宪法有好印象的开端。如果对宪法完全无知，或者有知却充满敌意，清廷怎么可能在 1905 年派遣大臣出洋考察政治，进而在 1906 年开启宪政改革的大门？

其二，对袁世凯的影响。在为江楚起草奏折的过程中，张之洞一再要张謇与袁世凯取得联系，张謇乃给袁世凯写了一封信。虽然没有得到袁世凯的积极响应，但中断多年的联系终于借此恢复。次年，张謇又向袁世凯写了一封信。这一回，袁世凯似乎听了张謇的建议，乃

---

① 《清季商部农工商部主要职员年表》，上海市工商联合会、复旦大学历史系编《上海总商会组织史资料汇编》(上册)，上海古籍出版社，2004 年，页 59。

给清廷写了一封奏折，请派大臣游历各国，考察政治。[①] 而袁世凯此折，乃是清廷做出派遣大臣出洋考察政治决策的重要推动力。

（原刊于《广东社会科学》2017 年第 5 期）

作者单位：华中师范大学中国近代史研究所

---

　　① 侯宜杰持此说。（见氏著《袁世凯传》，百花文艺出版社，2003 年，页 142。）但也有人提出是袁世凯的幕僚张一麐等人推动了此折的出现，如冀满红、李慧《袁世凯幕僚与清末立宪》，（见苏智良、张华腾、邵雍主编《袁世凯与北洋军阀》，上海人民出版社，2006 年，页 259。）陈丹则通过对《南方报》刊登的《论五大臣奉使出洋原起》一文等文献的研究，认为日本人平冈、神鞭在日俄战争接近尾声时访华并提出很多对华利权要求一事是促使袁世凯奏请派人出洋考察的原动力。（见氏著《清末考察政治大臣出洋研究》，社会科学文献出版社，2011 年，页 60—68。）

也谈张之洞对立宪的态度

彭 剑

《近代史研究》2016 年第 6 期刊登了侯宜杰先生的《张之洞对立宪的态度——与孔祥吉先生商榷》一文。他所商榷的孔先生的论文，则是发表于《历史研究》1993 年第 1 期的《张之洞与清末立宪别论》。

孔先生的文章，本来就带有跟学界已有见解商榷的性质。长期以来，学界大多认为，张之洞对立宪态度消极，反对立宪。孔文则针锋相对地指出，张之洞对立宪的态度不消极，更不反对，"实际上恰恰相反，张之洞是清王朝上层敦促慈禧推行立宪政治的重要人物"①。其主要证据，是他发现的两条珍贵史料。其一是刊登于《时务汇录》的《八月初七日张之洞入京奏对大略》，详细记录了光绪三十三年(1907)八月初七日慈禧太后召见张之洞时两人的对话。在召对过程中，张之洞不但臧否人物，且明确主张要加快改革进程，"立宪实行，愈速愈妙"。其二是故宫档案中所藏的一份奕劻呈递给慈禧太后的密折。在这道形成于光绪三十四年的密折中，奕劻向慈禧太后汇报了他和袁世凯、张之洞在立宪问题上的分歧，孔先生认为，从这一分歧中可以看出，张之洞对于开设议院持积极态度。

孔先生的论文发表之后，在学术界产生了广泛影响，很多人引用他的观点，认为张之洞对立宪抱有积极的甚至是激进的态度，有人且论证，其激进表现在主张速开国会②。没有想到，20 多年后，侯先生却撰文与孔先生商榷，提出了与孔先生相反的见解。

侯先生是通过否定孔先生文中所提出的上述两条史料来展开驳

---

① 孔祥吉《张之洞与清末立宪别论》，《历史研究》1993 年第 1 期。

② 李细珠《张之洞与清末新政研究》，上海书店出版社，2003 年，页 331—336。

难的。

对于《八月初七日张之洞入京奏对大略》，孔先生认为，之所以会有这么一次召对，是因为慈禧太后被当年的政争（丁未政潮）闹得焦头烂额，想听一听张之洞的意见。但侯先生指出，随着瞿鸿机在五月初被开缺，岑春煊在七月初被开缺，林绍年在七月初被外放河南巡抚，丁未政潮已经结束，慈禧太后并非因为被政潮搞得六神无主而召见张之洞。张之洞此次蒙召，是因为他在七月底被授军机大臣之职。孔先生认为，张之洞在丁未政潮中是同情瞿鸿机、岑春煊、林绍年一派的，在《八月初七日张之洞入京奏对大略》中，张之洞对岑春煊、林绍年都评价甚高，而对徐世昌、奕劻则评价不高，说明这一史料是可靠的。而侯先生则指出，从张之洞的为官哲学来看，他不可能明目张胆地跟慈禧太后作对，因此，不可能在奏对时明确同情瞿鸿机一派人物，贬抑奕劻一派人物。同样的道理，预备立宪是慈禧太后定下的国策，张之洞不可能"胆大包天"地说"预备两字，实在误国"，因为说预备立宪误国，不啻说慈禧太后误国。因此，这一则史料其实靠不住（侯先生还从史料的来源质疑该史料的可靠性，不赘）。

从奕劻的密折，孔先生读出了张之洞"敦促清廷确定年限，尽快开设议院"的信息①，而侯先生则提出："孔先生把奕劻奏折中与张之洞争论的问题又理解错了。"在他看来，张之洞"从未主张过速开国会"，他与奕劻争论的，并不涉及速开国会的问题，而是在开国会究竟要不要预定年限的问题上②。饶有兴味地拜读了两位先生的论文之后，深感颇有收获，也觉得对这个问题尚有探讨的余地，因此，不揣冒昧，撰写此文，以就教于两位先生及学界同仁。

就侯先生对孔先生两条重要证据的批驳而言，笔者觉得是有力的。但侯先生进而认为，到1909年去世时为止，张之洞对待立宪一

---

① 孔祥吉《张之洞与清末立宪别论》，《历史研究》1993年第1期。

② 侯宜杰《张之洞对立宪的态度——与孔祥吉先生商榷》，《近代史研究》2016年第6期。

直都很消极，"对推动立宪未做出什么重要贡献"。笔者对此说不敢苟同，说张之洞对立宪未做出重要贡献，更是与侯先生自己的有关观点相冲突。

让我们从孔、侯两位都引用过的奕劻密折入手吧。奏折不长，不妨全文引用一下：

> 奏为据实声明请旨事。窃查实行立宪，屡奉慈谕，天下臣民仰望甚殷。近日各省绅民复有要求开国会年限之事，其中有乱党勾结，无非使权柄下移。迫不得已宪政编察馆（即宪政编查馆——引者注）严定君权宪法大纲、实行立宪预备应办各事，庶可保全治安。今张之洞、袁世凯拟以预定年限即开议院，据奴才愚见，不可预定年限。在军机处详细妥商，张之洞等总以定准年限为是。查日本明治十三年宣布立宪，二十四年宣布开设议院。今本朝立宪，一切应办各事尚未举办，先宣布开设议院年限，无此办法。此事关系甚大，为有〔此〕据实声明，恭请圣意坚持，总以应办各事实力奉行后，届时再行宣布开设议院期限。不可先定准期，庶权操自上，于大局有益。谨此据实直陈，伏乞慈鉴。谨奏。[1]

奕劻的这道密折很有意思，透漏了三位军机大臣在要不要宣布开国会年限问题上的分歧。开设国会是建立立宪制度最重要的标志，但是，1906年宣布预备立宪国策的时候，并未宣示国会将于何时召开，因此，立宪派在1908年发动了一场颇具规模的请愿运动，主题就是要求朝廷确定开国会的时间。对于是否宣布开国会年限的主张，是检验官员们立宪态度的重要试金石。在这个问题上，张之洞和袁世凯同调，主张宣布开国会年限，而奕劻则持反对态度。密折显示，宣布开设国会年限一事在1908年遭遇了阻力，而张之洞则积极排除阻力，

---

① 中国第一历史档案馆编《光绪朝朱批奏折》(第33辑)，中华书局，1995年，页163。

争取宣布。显然，在这个问题上，张之洞的态度是非常积极的。

那么，张之洞努力的结果如何？也就是说，清廷究竟有没有宣布开国会的年限？长期以来，人们一直认为，1908 年颁布的九年筹备清单宣布了开国会的时间。在这个问题上，笔者曾经提出异议，认为九年清单并未宣布开国会期限，其原因就在于奕劻的这道密折，慈禧太后受其影响，在最后时刻决定不宣布年限了①。侯先生很快撰文商榷，针锋相对地提出，清廷宣布了开国会的年限。② 那么，问题来了。如果清廷宣布了开国会的年限，侯先生在《张之洞对立宪的态度》中所说的张之洞没有为推动立宪做出重大贡献的说法就不能成立，因为确定开国会年限乃是预备立宪中的重大问题，而正如奕劻密折所揭示的，张之洞积极主张宣布开国会年限，甚至与奕劻发生过激烈争执，年限的宣布，显然有他重要的贡献。

当然，笔者这么说，并不意味着放弃了自己的见解，认可了侯先生的见解。与侯先生的大作同期刊登的，还有余元启先生的大作③。和侯先生一样，余先生也认为清廷宣布了开国会的期限。那么，清廷宣布将在哪一年开国会？侯先生说是 1916 年，余先生则说，是 1916 年或 1917 年。政府文件宣布做某件事情的时间，肯定是非常明确的，不可能还要人费尽神思去"解读"，并且，经两位先生一番研究，还得出了不同的结论。因此，不论其他，仅从这一点，就足以说明笔者所论不虚，清廷没有宣布开国会期限④。

但是，虽然没有能够推动清廷宣布开国会年限，却也不能否定张

---

① 彭剑《清季预备立宪九年清单并未宣布开国会年限》，《近代史研究》2008 年第 3 期。

② 侯宜杰《清廷宣布了召开国会年限》，《近代史研究》2008 年第 6 期。

③ 余元启《清季预备立宪九年清单没有宣布开国会年限吗——与彭剑博士商榷》，《近代史研究》2008 年第 6 期。

④ 继侯宜杰、余元启之后，陈照亚、唐论两位先生也撰文讨论了此问题，他们的观点，则基本上认为，九年筹备清单没有宣布开国会期限。（陈照亚《光绪三十四年八月初一日颁布开国会年限解读》，《历史档案》2010 年第 2 期；唐论《也谈预备立宪中的国会年限问题》，《近代史学刊》第 11 辑，社会科学文献出版社，2014 年。）

之洞在这个问题上的积极态度。并且，在这个问题上未能做出重要贡献（是在客观上如此，而非在主观上不愿做出贡献），也不意味着在别的问题上没有重要贡献。

因为，虽然九年筹备清单没有贯彻张之洞的意见宣布开国会年限，但是，作为预备立宪的一项长期规划，一旦颁布，就成了基本国策，君臣上下都应当遵行。在侯先生看来，张之洞到临死的时候都"依然坚持按照清廷确定的 9 年为期的方案进行"，这是他"对推动立宪未做出什么重要贡献"的重要证据①。侯先生的意思，似乎只有否定九年清单，提出更为激进的改革方案才是对立宪的重要贡献。但是，在笔者看来，遵循九年清单的时间表，乃是稳步推进宪政改革的重要表现。头一年才制定的改革规划，第二年就否定之，不啻朝令夕改。而像张之洞那样，虽然这一规划没有完全贯彻自己的意见，但一旦由朝廷颁布，便认真执行，这不仅是传统时代"老成谋国"者应有的风范，就是宪政时代的官员和议员，也是应该遵循的游戏规则。

可能有人要说，九年清单太迂缓，不利于宪政的实现。这一说法，在预备立宪期间就有很多人提出，凡是否定这一规划的人，大抵都会以此为说辞。而后世的研究者，受这些言论的影响，也多在著述中抨击清廷改革迂缓，没有诚意，搞的是假立宪。但是，预备立宪时期的这种言论，多出自改革的激进派，或彻底否定清廷的革命派，都缺乏应有的理性。平心而论，改革岂可一蹴而就？将一个有着久远专制传统的老大帝国改革成一个君主立宪国家，九年时间（加上从宣布预备立宪到颁布九年清单间的两年是十一年）真的迂缓？这些问题，在这场改革已经逝去一百多年的今天，也许是可以重新探讨的。

即使仍然认定九年清单迂缓，但也至少要认识到，这只是部分人的看法，当时主持改革的一些人并不作如是观。张之洞就很可能是如此。侯先生在文中介绍过，在 1905 年，张之洞和袁世凯、周馥联衔

---

① 侯宜杰《张之洞对立宪的态度——与孔祥吉先生商榷》，《近代史研究》2016 年第 6 期。

奏请清廷，以十二年为期，完成宪政改革。三年之后颁布的改革规划，则以九年为期。也就是说，1908年的改革规划所列的时间表，与1905年张之洞、袁世凯、周馥等人所列的时间表是一致的。虽然九年清单抽去了在第九年全部完成宪政改革这一关键内容，但颁布该清单的上谕也说，只要天下臣民按照时间完成了清单所列任务，就会宣布召开国会的时间。也就是说，虽然九年清单没有宣布开国会的期限，但还是在一定程度上尊重了张之洞等人的意见。张之洞按照九年清单推进预备立宪，就不完全是被动地执行朝廷的命令，在一定程度上也是在将自己的改革主张付诸实施。

从这个角度，我们就能够理解张之洞为何到生命的最后一刻都要坚持九年清单了。并且，我们也可以知道，张之洞对于宪政改革的步伐，从1905年与袁世凯等人联衔开始，就有自己的认识，并且，前后一贯，稳步推进，今人当能从中感受到张之洞对立宪的积极态度。进一步说，如果能够跳出激进思维模式的藩篱，今人应该能够体认，像张之洞那样，依照规划，稳步推进，也是对宪政改革的贡献。

侯先生揭示，张之洞与人正式讨论君主立宪问题始于1904年，时为湖广总督。受张謇等人游说，张之洞拟与两江总督魏光焘一道奏请清廷仿日立宪，"定为大清宪法帝国"，并派大臣游历各国，考察宪法。张謇等人为张之洞等草拟了奏稿，张之洞嘱张謇与直隶总督袁世凯联系，在袁世凯回复尚需等等看之后，奏折未进呈。侯先生认为，这是张之洞对立宪消极的表现。确实，张之洞开始讨论立宪问题，是由于张謇等人的游说，不是完全出于主动；并且，因袁世凯觉得时机不成熟，他便没有将已经起草好的奏折呈递，也确实有些缩手缩脚。但是，张謇日记中的两个细节提示，在此过程中，张之洞也不是完全被动。

据张謇日记，1904年5月8日，他拜访了张之洞和魏光焘。虽然日记简单，未交代访问时谈了什么，但从13日所记，可知8日张謇跟两位总督所谈，确实是立宪问题，应该是张謇游说江、楚二督推动立宪的开始。张謇在13日日记中写道，那一天，张之洞亲自去找他了，"复谈立宪"。二张在 8 日以后未再见面，13 日见面时"复谈立宪"，可知 8 日谈论了立宪问题。尤其值得注意的是，13 日是张之洞主动去找张謇，可见他对此事是上心的，举动也是积极的。不过，张謇对张之洞这次"复谈"不甚满意，评曰："其论亦明，其气殊怯。"[①] 张謇对张之洞畏首畏尾颇有微词，但是，他还是注意到，张之洞对于宪政问题相当明了。如果是 5 月 8 日张謇游说之后才开始接触这一问题，显然很难达到"其论亦明"的程度，张之洞对立宪政治显然早有接触[②]。

大概觉得张之洞不足与谋，张之洞来访的次日，张謇去向他辞行。但是，张之洞却请张謇再留几天[③]。这一细节也值得注意。如果张之洞对立宪不热心，怎么可能会主动挽留张謇？如果没有张之洞的挽留，也就不会有张謇等人代江、楚二督起草立宪疏稿之举——在张之洞挽留之后不久，张謇便着手起草奏折了[④]。从挽留张謇这一细节来看，张之洞对立宪的态度也是比较积极的。

并且，在此过程中，张之洞要张謇向袁世凯通函。此举具有非常深远的影响，张謇因此恢复了中断多年的与袁世凯的联系，清季的很多政治风云因此而改变。就立宪一事来说，正是看了张謇的来函，袁世凯知道了江、楚两位总督有意推动朝廷立宪，因此才会出现侯先生在文中所揭示的直、江、楚三总督在 1905 年联衔奏请清廷以十二年为期实现宪政一事。如前所述，这一奏折在预备立宪中占有重要

----

① 张謇《柳溪草堂日记》（光绪三十年三月二十八日），李明勋、尤世玮主编《张謇全集》8，上海辞书出版社，2012 年，页 583。

② 实际上，如论者所已指出，早在戊戌年出版的《劝学篇》中，张之洞就表现出对议院等立宪政治中的关键问题有相当真切的了解，而在 1901 年发给刘坤一等人的一封电报中，他还提出过"仿行"上议院的主张。（李细珠《张之洞与清末新政研究》，页 287—292。）

③ 张謇《柳溪草堂日记》（光绪三十年三月二十八日），《张謇全集》8，页 583。

④ 17 日，日记中就留下了"与礼卿定稿"数字。次日，张謇又记道："以稿示聚卿、菊尊、少亮、蕃实诸君，属各以所见磨勘之。"到 20 日，"稿已三易"，张謇乃将其"抄送邵阳"，送给魏光焘过目。（张謇《柳溪草堂日记》，《张謇全集》8，页 583。）

地位。

　　侯先生论证张之洞对立宪消极时，还提到他对外官制改革的意见。清廷在1906年宣示预备立宪国策之后，以官制改革为宪政改革的入手之方。内官制改革告一段落之后，又着手改革外官制。为此，编纂官制大臣起草了一份改革外官制的方案，于11月5日通电各省督抚，请其发表意见。侯先生论道，张之洞对这一方案大加反对，他唯一能够部分接受的，是设立董事会和议事会。他还专电反对司法独立，在这封电报末尾，张之洞说："洞所以前电历陈更张太多之弊，此电尤于裁判司法独立一节，不惮苦口力争，非阻立宪也，盖深盼立宪之局之必成者，莫洞若也。"侯先生认为，张之洞这种表白，"不过是畏惧遭到社会舆论攻击，妄图维持其'力行新政'的虚名而已"①。这一判断值得商榷。

　　确实，张之洞对这一改革方案不满意，就是对设立议事会、董事会的方案，也有部分修正，尤其是其所言"议事之员但许有议事之职，不予以决断之权，其议决之可否，悉由官定"，"董事之员，只可供地方官之委任调度，不宜直加以辅佐地方官办事之名"，"议事之员能议而不能决，董事之员宜听官令而不宜听绅令"，这些话，一看可知是限制民权的。但是，如果从总体上分析，张之洞并不是主张议事会和董事会的权限一直如此，而是主张在过渡时期如此。过渡十年之后，如果人民的智识程度提高了，就可"大议立宪之举"。当然，如果十年之后，人民程度尚不足，则"尚须从缓"②。

　　张之洞提出的以十年为过渡时期，值得注意。光绪三十一年(1905)上半年，他和袁世凯、周馥联衔入奏的时候，提出的是十二年后完成宪政改革，而光绪三十二年(1906)年末发讨论外官制的电报

────────────

　　① 侯宜杰《张之洞对立宪的态度——与孔祥吉先生商榷》，《近代史研究》2016年第6期。

　　② 《湖广总督来电》(十一月二十日午刻到)，侯宜杰整理《清末督抚答复厘定地方官制电稿》，《近代史资料》(总第76号)，中国社会科学出版社，1989年，页81—82。

时，距离联奏已有一年半——这一电报收到的时间是十一月二十日，即 1907 年 1 月 5 日——联奏时的十二年，到此时已只有十年多，取其整数，称为十年，是符合中国人的习惯的。也就是说，张之洞在这一电报中所说的"十年以后"，并不是突发奇想的神来之笔，而是跟联衔入奏时所提期限前后一贯。

至于第二封电报，似不能简单地加以"反对司法独立"的判语。仔细研读，可以发现，张之洞并不是主张中国永远不要司法独立，他所反对的，是立即实行司法独立。他在电报中说得很清楚，立宪制度最关键的一点，就是"三权鼎立"，但目前不能实行司法独立，一个重要的原因，如侯先生已引论，就是担心司法独立之后，不利于镇压革命党人。在谈了他的担心之后，张之洞提出了自己的司法改革方案："近阅直隶刊本，试办审判章程，叛逆人命等重案仍照旧例，归臬司审理，虽未言州县，自是仍由州县审拟详办。绎其章程文义，当是无论民事刑事，仍归督抚核转，似乎稍有限制。此时如必欲试行西法之裁判，万不得已，或者采取直隶章程，先行试办数年，并须增入准府、州、县监督地方裁判一条。俟十年以后推行全国，果系有利无弊，再改为独立章程，较为妥善。"[1] 观此可知，对于司法改革，张之洞是主张借鉴直隶经验，不遽然实行司法独立，给予行政官员一定的司法权，待十年以后，再改为司法独立之制。这种主张，可以说是不激进的，但不能说是消极的。

如此说来，张之洞讨论外官制的两份电报，确实表明他是主张宪政改革的，他在第二道电报末尾的表白语，其实是他内心的真实想法，并非仅仅是为了博取时誉。

总之，张之洞在 1904 年开始与张謇等人讨论立宪问题之后，对于中国当改造成立宪政体一事，从未动摇过信念。在 1905 年以后，他基本上秉持需要有十二年的预备期的理念，直至去世，没有改变。

---

[1] 《湖广总督来电》(十二月二十五日辰刻到)，侯宜杰整理《清末督抚答复厘定地方官制电稿》，《近代史资料》(总第 76 号)，页 87—88。

虽然孔先生的两大证据都不可靠，但他对张之洞立宪态度的判断还是基本能成立的，那就是，张之洞对于立宪一事，确实是持积极态度的。当然，他所持的，不是激进式的积极，而是稳健式的积极。因此，鄙意以为，张之洞对立宪的态度，可以用稳健积极一词概括，我们不妨将他称为立宪的稳健积极派。大略言之，稳健积极派应该是预备立宪期间内外大员中人数最多的一类，溥伦、善耆及督抚中的大多数都属于此。他们是推动宪政改革有序进行的中坚力量，既与反对派的升允、毛庆蕃等完全不同，也与敷衍派的张人俊等人显有差别，还与激进派的袁世凯、载泽等人相区分。

（原刊于《华中师范大学学报》2019 年第 3 期）
作者单位：华中师范大学近代史研究所

张謇与端方关系考

——以清末立宪运动为中心

张海林　梁玉泉

《辛丑条约》签订后，清政府决定实行新政，一度沉寂的变法革新运动也因之活跃起来。从 1902 年起，国内进步舆论开始关注立宪问题，至日俄战争结束，实行宪政已经成为一股不可阻挡的历史潮流。张謇与端方都是其中最有影响的弄潮儿。张謇是开始资产阶级化的江浙绅商的代表，实行立宪对他们来说，不仅是强国御侮的需要，也是他们维护自身利益的必然要求。而对于各级官吏来说，虽是出于强国和维护统治的需要，但总体上却要被迫出让权力。可见张謇与作为清廷方面大员的端方在立宪运动中实际上分属两个不同的利益集团。但他们却在这一运动中建立起了同盟关系，对立宪运动的兴起与发展施加了重要影响。因之对二人在清末立宪运动中的关系进行考察，不仅能够为了解这一历史现象提供新的视角，而且也能加深对江浙绅商与开明官员两大群体在清末新政运动中同盟关系的认识。

一

张謇公开赞成立宪是在 1903 年下半年。自此时起，他"见到官员友人，遇到谈论通讯，没有不劝解磋摩各种立宪的问题"[①]。而从 1904 年农历四月起，端方开始担任江苏巡抚，后又署理两江总督。正在呼吁立宪兴头上的张謇自然把端方当成了重点游说对象。端方此前在湖

---

① 张孝若《南通张季直先生传记》，中华书局，1930 年，页 136。

北担任巡抚兼署湖广总督,对各项新政都抱有兴趣。于是两人一见如故,顿成莫逆。张謇在1904年日记中对二人见面的次数和情形有大略的记述:八月四日,"中丞(即端方)留夜谈,归舟已十二钟";五日,"端来,适恽丈舟至,借以见客";十月十二日,"诣午帅(即端方)";十一月二十八日,"至沪践匋斋(即端方)之约";十二月二日,"匋斋至沪,晤于洋务局";三日,"……公饯匋斋于辛园";四日,"匋斋行……同照相"①。这些会见,有时是张謇主动,有时是端方的邀请。"留夜谈"至十二点,足以说明二人之间关系的非同寻常及会谈之投缘。立宪问题当是二人谈话的重要内容。端方原本就是特别"趋新"的开明官僚。在张謇的影响下,很快参与到立宪运动中来,并且不遗余力。后来正是他首先提出并劝说慈禧太后接受立宪的。张謇曾指出:"立宪之机动于铁、徐之入政府,端之入朝,振贝子又助之陈于两宫。慈圣大悟,乃有五大臣考察政治之命。"② 这其中提到的几个人,几乎都曾受到张謇的游说,而以端方为最直接、最频繁,端方在其中所起推动作用也最大。从某种角度讲,张謇对端方的影响极大地推进了立宪运动的发展。

光绪三十一年(1905)八月,出洋考察五大臣第一次出发,碰上革命党人吴樾的炸弹。对此事极为关心的张謇在第一时间内就得知此消息。他知道"此必反对立宪人所为也,如此则立宪尤不可缓"。因此他的第一反应就是"拟与匋斋电,问安否。并请奏布明诏以消异志"③。在关键时刻给端方以温暖慰问与精神支持,并提出了相应的对策。端方对这一事件的看法和反应与张謇完全相同,他在致上海新闻界的电稿中说:"炸药爆发,奸徒反对宪政,意甚险恶,然益证立宪之不可缓也。"④ 这种相同的看法加强了二人之间的联系,二人信函往来不断,紧要之处,甚至不惜派专使送达。如九月二日,"得匋

---

① 张謇研究中心、南通市图书馆编《张謇全集》第六卷,江苏古籍出版社,1994年,页533—543。

② 张謇研究中心、南通市图书馆编《张謇全集》第六卷,页564。

③ 张謇研究中心、南通市图书馆编《张謇全集》第六卷,页557—558。

④ 《时报》1905年9月29日。

斋电"；三日，"拟稿寄匋斋，由海老专使北去"；十月一日，"得匋斋复讯，宪事几为盛败，可恨"；十八日，"晚与竹君电匋斋"；二十四日，"金仍珠以匋斋电北去"。①

频繁的书信往来表明二人在立宪事宜中的密切合作关系。专使送达，则说明事情的紧急及书信内容的极端重要性。"宪事几为盛败"，寥寥数语，是张、端二人通信内容的最好注释，也让我们了解了二人对立宪反对者的强烈不满和忧国忧民的急切之情。立宪运动至此到了一个非常危急的时候：出洋考察的事被耽搁下来。虽然爆炸引起的人事变动是一个因素，更重要的是由于遭到反对及一些投机政客的见风使舵，"小阻盛宣怀，大阻袁世凯"②。在这最关键的时候，张謇从精神和行动上给端方提供了有力的支持。

张謇对端方的大力支持没有白费，出洋考察最终再一次成行，这也是张謇与端方二人在立宪运动中取得的一个重要成果。此后二人的接触更多，继续推动和左右着立宪运动的发展。

不久，端方出洋考察路过上海，张謇又抓住这一机会多次与端方进行交流磋商。据《张謇日记》记载，他曾于十一月二十日"诣匋斋于'海容'。匋斋赿之，留饭，深谈至夜分十二时而返"③。一个"赿"字表明了端、张二人旨趣取向的一致，"留饭"则说明了交谈之投机和时间之长久。这次以立宪事宜为主的深谈，一直持续到午夜。通过这次谈话，张謇进一步了解了朝廷内外关于立宪的激烈斗争，同时也与端方进行了充分的交流，坚定了二人将立宪运动继续进行下去的信心和决心。"二十一日，早回沪，念匋斋言立宪之气未绝，则又思有所以延之，而地方自治良不易言，方图有所措议。"④这里张謇还流露出对立宪前程的担心及对立宪基础地方自治的思考，并在努力寻找更新的突破路径。这一思考显然走在时人的前面。这些会见反映了二人亲密

①　张謇研究中心、南通市图书馆编《张謇全集》第六卷，页558—560。
②　《汪康年师友书札》(一)，上海古籍出版社，1986年，页837。
③④　张謇研究中心、南通市图书馆编《张謇全集》第六卷，页562。

的关系和在立宪问题上的共同态度，有力地促进了立宪运动的发展。

二十四日端方离开上海。二十九日，张謇对立宪近况进行了总结：
"盛宣怀于召见时首倡异议，袁世凯亦依违两可，会八月廿六日车站炸弹事发，慈圣大震，而小人得乘势以摇之，然六大臣之命不可遂收，故反复延宕至三月之久。徐入政府，袁所荐也，闻于此事不甚附袁。既又留徐、绍，而易以尚其亨、李盛铎佐泽公西行。李颇有自命为宪政党之意，亦时时示异于袁，盖善占气候人也。然又贰于端，殊自表襮，观其戊戌之已事，性质手段略同于袁，而地位不同，所已成就者亦遂小异，留学生归国事，李颇采余说，而又忌余之亲端，乃略解之。要之，宪政之果行与否，非我所敢知；而为中国计，则稍有人心者不可一日忘。"①

在这段文字里，张謇全面而又深入地描述了派员出洋考察这一立宪运动的初始之举得以最终成行的艰难历程。对朝廷上下在立宪问题上的犹豫不决、出洋考察决定之不易、人员任用之复杂、人心之叵测、他本人所作的努力、所起的作用和所处的艰窘地位以及对当时立宪运动的形势甚至对立宪前途的认识等都作了陈述，表现出张謇的忧国忧民之情和为立宪而斗争的勇气和魄力。从其口吻分析，张謇对袁世凯、李盛铎等官员的评价都有所保留，唯独对端方不存任何微词，且承认自己"亲端"，以致遭到他人猜忌。张、端同盟关系的不同一般于此再次得到验证。

二

光绪三十二年(1906)五月，端方考察归来，路经上海。张謇乘机发起商、学两界举行盛大欢迎公宴，吸引舆论对立宪活动的关注。随后又为端方起草《为立宪致各省督抚电》，并张报公布，有意识地扩大出洋考察宪政活动的影响和提高端方的知名度，进而为立宪运动的全面展开制造声势。与公开活动的同时，数日之内张謇还私下里四次拜

---

① 　张謇研究中心、南通市图书馆编《张謇全集》第六卷，页564。

见端方，竭力劝说端方"速奏立宪，不可再推宕"①。《张謇日记》记
述道："三日，诣端谈宪事，意尚不衰。"看到这一记载，联想到端方
出洋时的"深谈至夜分十二时而返"，我们不难猜想张、端二人相聚
时的情景和谈话的内容。张謇的这次努力产生了非常深刻的影响。端
方在离开上海北上时，就已经草拟好了包含了张謇主张的奏折。与端
方同行的戴鸿慈在《出使九国日记》中写道："船望北行……阅定各奏
折，计定国是、改官制、审外交、设财政调查局、立中央女学院五
折。"② 可以肯定地说，张、端的上海会见直接决定了此后立宪运动
的路向和发展速度。张、端都是清末立宪运动的"程序设计者"。

　　果然，一回到北京端方就连上三个奏折，促成了朝廷宣布"仿行
立宪"，接着又与其他官员一道催生了轰轰烈烈的官制改革。官制改
革失败后，端方就任两江总督，继续和以张謇为首的立宪派密切合
作，以推进宪政运动。

　　1906 年以后，张謇等发起组织成立预备立宪公会。早在端方回
国路经上海时，他就"与端方、戴鸿慈二使说宪法，成立宪法会"③，
就预备立宪公会的成立征求了端方等人的意见，并争取到端方的首
肯。很显然，在成立立宪组织这一问题上得到对朝廷有着重大影响的
端方的支持，无疑是为此一民间组织找到了一个强有力的后盾。张謇
一心要把端方拉在自己的同盟军的阵营里，以增加绅商组织在立宪运
动中说话的分量。

　　与此同时，张謇还积极拉拢端方参与其他有利于立宪运动的组
织。他和端方都在"宪政会"的成立中起到了关键作用：端方"为暗
中赞助人"，张季直为"最初发起者"④。

---

　　① 侯宜杰《二十世纪初中国政治改革风潮——清末立宪运动史》，人民出版社，
1993 年，页 62。
　　② 戴鸿慈《出使九国日记》，钟叔河《走向世界丛书》（第一辑第九册），岳麓书
社，1985 年，页 528。
　　③ 张謇研究中心、南通市图书馆编《张謇全集》第六卷，页 868。
　　④ 丁文江、赵丰田《梁启超年谱长编》，上海人民出版社，1983 年，页 372—375。

1907 年 8 月，端方奏请"迅将帝国宪法及皇室典范编定颁布"，要求朝廷"责宪政之实际"。奏折中，端方努方为绅商筹设地方议会辩解，并为其寻求支持："至各省绅商所设地方议会，实有关于立宪基本者，如主持得人，宗旨甚正，似可加以考察，量为扶助……"① 在后来成立地方咨议局、速开国会等等一系列重要的立宪事宜中，端方都与张謇等人声气相通，桴鼓相应，竭力支持江浙绅商的立宪及地方自治的实践行动。

对于咨议局的成立，地方督抚一般多持消极态度，因为这会在实际上削减他们的权力。而当江苏咨议局成立时，正担任两江总督的端方，却积极参与了咨议局成立的各项事宜。宣统元年（1909）三月二日，张謇"诣许东畲、樊山、匋斋定咨议局建筑图"；十一日，"得督电，说咨议局分合"。到十月十一日，咨议局筹办处成立时，"陶帅莅处开会"②，公开给予支持。张謇在成立大会上的发言中也提到："张謇等复从诸贤长后，迓尚书、督帅莅行咨议局开会之礼，岂不盛哉！"③ 这其中虽有官样文章，但仍不乏真情流露。需要指出的是，把国家前途放在第一位的思想以及二人的同盟关系在咨议局成立过程中表现得特别明显。

不仅如此，端方还任命另一立宪活跃人物熊希龄为江苏咨议局筹办处会办，这给予张謇的工作很大帮助。尽管一般官员对咨议局的成立有着天然的抵触情绪，但"凭借身份和社会影响，在许鼎霖、熊希龄等人的帮助下，张謇仍能履行总理职责"④。在全国各省咨议局的筹建过程中，江苏咨议局的筹建是比较顺利的一个。这之中有端方对张謇的大力关照。

在张謇设立咨议局研究会等辅助机构时，端方也完全同意张謇的

① 故宫博物院明清档案部《清末筹备立宪档案史料》（上册），中华书局，1979年，页 47。

② 张謇研究中心、南通市图书馆编《张謇全集》第六卷，页 607—616。

③ 张謇《宁属咨议局筹办处成立时之演说词》，《申报》1908 年 11 月 10 日。

④ 章开沅《开拓者的足迹——张謇传稿》，中华书局，1986 年，页 190。

做法并尽力扶持。下面是端方对张謇请设咨议局研究会的批示："来牍阅悉，咨议局议员为国民代表，责任甚重，当此创办之初，识如来牍所云，求其足副议员之量而无愧者，殊非易事，请绅拟设会研究，以为议员之辅助，既可阐明法理，复可广储人才，于宪政前途殊多裨益，所拟章程亦简当周匝，切实可行，希即会合同志，如法组织，成立之后，再候刊给图记以资信守可也。"① 通过这一批示不难看出，端方在议员的素质、立宪知识的推广、人才储备、该会的宗旨及对宪政前途的影响等问题的看法上和张謇完全一致，官绅之间在这类问题上观点如此契合，在当时是非常少见的。

1907 年以后，以咨议局为阵地，各地立宪派酝酿请愿速开国会，张謇领导的江苏咨议局是这一运动的领导核心。清廷曾密电两江总督端方，着他调查立宪派在上海的活动。端方不但不肯说坏话，反而和赵尔巽等地方大员一起上奏请开国会。② 当上海国会期成会成立时，清廷特电端方，要他查清该组织内幕，如稍有可资借口之处，就准备予以取缔，从而达到压抑请愿运动的目的，端方非但不遵旨，反而向清政府奏请速开国会。端方的这些作法，给了张謇及请愿运动以极大的支持和帮助。可以想象没有端方的支持与配合，张謇领导的国会请愿运动当会增加更多困难。

总之，在立宪运动中，张謇与端方二人通力协作，各自为对方的立宪努力都给予了最大限度的支持，并且从未因为个人的得失而影响到这种支持。他们在立宪运动中的这种同盟关系，极大地推动了立宪运动的发展。

三

张謇倡导立宪历来走上层路线。所以除了端方外，他游说的对象

---

① 政协海门县文史委《海门县文史资料》(8)，1989 年，页 11。
② 《宪政篇》，《东方杂志》第五年第 8 期。

还包括魏光焘、张之洞、袁世凯、奕劻以至载振、铁良等众多权臣。总体上看，他对这些权臣的游说都不甚成功。

魏光焘、张之洞是张謇最早极力联络的二位封疆大吏。为了劝说二人，张謇于1904年阴历三、四月间，特地前往南京与他们商量立宪事宜。在南京近二十天的时间里，他每天的大事便是"谈立宪"。工夫不负有心人，最后二督答应请张謇与蒯光典代为起草立宪奏稿。张謇广泛参考相关奏稿，多方征求意见，前后"经七易，磨勘经四五人"，态度极为认真，显示出张謇对此抱有极大希望。然而，魏光焘已六十有七，"言论之间，亦老于世故"，再加上他不久就调离两江，使得他在立宪问题上的作为仅限于此。而与魏同岁的张之洞有关立宪的议论虽尚明晰，但"其气甚怯"，最终的奏稿甚至无法与偏远的云贵督抚丁振铎、林绍年请求变法的电奏相比，这使张謇非常失望。

对张、魏二督的劝说努力无果而返之后，袁世凯成了张謇极力联络并怀有最大期望的对象，但也只得到了一个"尚须待之以时"的回答。尽管他后来向张謇表示"愿为前驱"，但显然是"醉翁之意不在酒"。"立宪"只是他获取权力和地位的一个工具，否则就不会有后来的"洪宪"皇帝。同张之洞相似，只有当立宪对他个人的政治前途或权力地位的增加与巩固有利时，他才会赞同立宪。

对奕劻、载振、铁良等的立宪游说也往往因这些官员的自私考虑而大打折扣，唯独在端方那里得到了即时的回应和良好的功效，并形成了朝野官绅的互动联盟。这之中我们认为有这样几个原因。

第一，张、端二人都有强烈的忧患意识和立宪改革的共识。

近代中国饱受列强的欺侮与掠夺，对此张謇有着切身的感受和强烈的忧患意识。针对列强经济侵略的加深和中国积贫积弱的状况，张謇提出了实业救国的思想，身体力行并取得了重大成就。张謇曾这样总结自己："年三四十以后，即愤中国之不振，四十后中东事已，益愤而叹国人之无常识也。由教育之不革新，政府谋新矣而不当，欲自为之而无力，反复推究，当自兴实业始。然兴实业则必与富人为缘，而适违素守。又反复推究，乃决定捐弃所恃，舍身喂虎，认定吾为中国大计而贬，不为个人私利而贬。庶愿可达而守不丧。自计既决。遂无反顾。"① 从中不难发现，张謇的思想和实践的每一次变动，无一不是以"中国大计"为出发点，无一不是受忧患意识的驱使，并且每次都会付诸实践，体现出可敬的实践精神。日俄战争中，"全国略与两江总督辖地相等"的日本取得了胜利。这让他认识到"政体不变，则虽枝枝节节而为之，终属补苴之一端，无当安危之大计"。在忧患意识的驱使下，他将救国强国的努力转向了立宪。

端方也有着同样的情感与实践。早在戊戌之年，他就像张謇一样参与了康梁变法，期望通过自上而下的政治改革，实现国家的振兴。日俄战争爆发之后，他"北望燕云，何以寝馈"②，"未尝不叹立宪、专制之不同，其收效为大异也"③，强烈的忧患意识促使他在三江两湖地区大力推进各项新政事业。办学堂、派留学、兴实业、练新军、办警察，所有这些改革实践都增加了他对政治改革的期待。他在出国考察归来的四个月时间里一口气上了六、七个要求政治革新的奏折，在这些奏折中端方指出，"中国自与东西洋各国通商以来，数十年中丧师偿金、割地失利，无一不处于失败之地"，也"未尝不震惊于各国国富兵强之效而有意仿之，练陆军设海军以求强，筑铁道兴航路务工商以求富，然求强而反以益弱，求富而反以益贫者。此非富强之不可期，乃未知其所以致富强之原因"。端方在比较立宪政体与专制政体的优劣之后指出："中国而欲国富兵强，除采用立宪政体之外盖无他术。"④ 在这里，"国富兵强"成为端方所有论述的出发点。与张謇的"中国大计"一样显示出强烈的立宪救国的意识。

第二，张、端二人都反对激进的革命，主张以渐进务实的改革实现社会进步。

① 张謇研究中心、南通市图书馆编《张謇全集》第三卷，页 115。

② 端方《拟复山西藩台》，《端方档》，中国第一历史档案馆藏，函字 80 号。

③ 《端方档》，中国第一历史档案馆藏，函字 100 号。

④ 端方《端忠敏公奏稿》（第六卷），沈云龙主编《近代中国史料丛刊》正编第 0094 号，文海出版社，1973 年，页 29—32。

　　张、端二人都主张立宪在相当程度上是基于渐进的改革观而对
"革命之说甚盛，事变亦屡"的一种反应。① 张謇并不否认革命的出
发点是好的，但在当时情况下，这种激进的方式并不足取。他通过对
历史的分析，并结合当时的时代特点，认为革命不能取得成功。他
说："余以为革命有圣贤、权奸、盗贼之异；圣贤旷世不可得，权奸
今亦无其人，盗贼为之，则六朝五代可鉴，而今尤有外交之关系，与
昔不同。"② 既然如此，再考虑到革命所具有的破坏性，他当然不赞成
激进的革命方式。与此相反，立宪却可以"持私与公之平，纳君与民
于轨，而安中国亿兆人民于故有，而不至颠覆眩乱"③。能够"在不
流血不纷争的状态范围内，循序改进"④，从而实现社会的进步。二
者相较，与其"意行百里而阻于五十"，不如"日行二三十里者不至
于阻而犹可达也"⑤。所以革命"不若立宪可以安上全下，国犹可
国"。从这一渐进的改革观出发，他认为"人民则宜各任实业、教育，
为自治基础……得尺则尺，得寸则寸"。显然，他早已将此付诸于实
践，"做一分便是一分，一寸便是一寸……"

　　端方也是一个务实的渐进主义者，一贯主张有计划、分步骤、有
秩序地稳步推进。所谓"与其办七八分模糊影响之事而全局皆非，诚
不如办一二分真实切当之事，而本源易正"。他反对"漫无方针、漫
无把握、名目繁多、头绪纷乱"的好大喜功之举，更反对颠覆国家和
打断传统的革命。端方曾对激进派规劝说，在宪政框架内采用君主抑
或民主并不是一个进步与反动的原则问题，而只是一个文化习惯与政
治技巧问题。因为不论"君主""民主"，其在立宪政体之下，两者尊
重宪法、法律至上则是毫无二致的。只要立宪，君主只是一个国家的

---

①②　张謇研究中心、南通市图书馆编《张謇全集》第六卷，页867。

③　张謇研究中心、南通市图书馆编《张謇全集》第五卷上，页298—299。

④　张孝若《南通张季直先生传记》，页135—136。

⑤　张謇研究中心、南通市图书馆编《张謇全集》第六卷，页48。

象征而已。① 中国数千年来"无宪制之习惯",只有"君权神圣"的政治与文化传统,人民对民族与国家的认同、对社会秩序与道德的认同不是与"法"相联系,而是与"君"密不可分。倘若在解除了君的治国责任的同时,也把"君"的精神象征意义打碎,社会极有可能因失去维系的认同中心而趋于混乱和分裂。"社会变迁过激,则人心之浮动愈甚,秩序大乱,国将不国矣"。而如果采用与"民德民智相将并进"的渐进方式仿办宪政,则社会秩序可以不乱,安全幸福可得保存,"此不仅以中国之历史应出于此,且不发达则无由得安全,不安全则无由得发达,二者互相循环,互为因果,而非以躁动为发达,又非以静守为安全也。夫以国力而使人民得其安全发达,又以民力而使国家得其安全发达者,此立宪政体之目的"。②

此外,张、端二人在个人爱好方面的一致和学术上的相互钦服也有助于二人"物以类聚",结成同盟。

综上所述,张謇与端方在清末立宪运动中扮演了领航者的角色。尽管在立宪运动中二人实际分属立宪派与开明官僚两个不同的利益集团,但仍能密切合作,相得益彰。这与张謇所极力联络的其他政要形成了鲜明的对比。强烈的忧患意识、共通的立宪认识、务实的渐进主义改革理念和实践及二人相近的个性爱好与学术水平是他们得以相互合作和结盟的基础。这种同盟关系在渐进改革频遭保守与激进前后夹击的特定年代自有其相当大的进步意义,有力地推动了清末立宪运动在江浙以至于全国的蓬勃发展。

(原刊于《张謇与近代中国社会——第四届国际学术研讨会论文集》)

作者单位:南京大学历史系

---

① 端方《端忠敏公奏稿》(第六卷),沈云龙主编《近代中国史料丛刊》正编第 0094 号,页 31—32。

② 端方《端忠敏公奏稿》(第六卷),沈云龙主编《近代中国史料丛刊》正编第 0094 号,页 38—42。

张謇与江苏咨议局

耿云志

张謇是中国早期著名实业家、教育家。他于 1894 年状元及第后不肯做官，热心于实业救国和教育救国，且卓有成绩，成为东南名士。他在官界、商界、学界都有很多朋友，于清末民初重大事件皆曾发挥重要作用。近年关于张謇的研究颇受重视，出版传记、发表文章数量甚可观。其中对于他参与清末立宪运动一段史实也有不少研究成果，尤以章开沅先生《开拓者的足迹：张謇传稿》（中华书局 1986 年版）一书论述颇详。本人曾着重研究过清末立宪运动，对于张謇创办和领导江苏咨议局的活动尚可略补时下研究所未备。并想借此题目，略抒本人对张謇的一些看法。

一

清末立宪的发生与中国官民对国际形势的认识有重大的关系。从鸦片战争以来，中国历次与列强较量，皆以惨重的失败告终，每次失败都要付出更多的代价：赔款甚至割让土地，开放利权等等。这使国人逐渐认识到，列强之所以强，我之所以弱，原因主要在政治制度不同。列强皆行宪政，而中国沿袭两千年的君主专制未改。当时人指出，人家是君民上下一体来攻我，而我仅以君主一人相抵拒，其强弱胜败，不问可知。因此要救国，要保主权与利权，必须改专制为立宪。日俄战争在中国土地上爆发及其日胜俄败的结局，给中国官民刺激极大，几乎人人共认，日之所以胜，在其行宪政，俄之所以败，在其仍行专制。遍及全国的要求立宪的呼声，就因日俄战争而大大高涨起来。学习日本，改行君主立宪，这就是当时开明官吏、绅商阶层和一大批知识界人士的共同结论。

张謇为人谨言慎行，一向老成持重，自谓"生平万事居人后"。但在谋求立宪一点上，他一旦定下决心，就积极从事，不肯落人后。而使他定下决心的，是他 1903 年的日本之行。在日考察近 70 天，"每事问"，口问手记，不放过任何细节，而且时时注意其管理办法，以与中国相比较，得出中国必须虚心学习日本的结论。归国后，张謇与友人蒯光典、赵凤昌、沈曾植等经常讨论立宪问题。稍后，积极参加为张之洞、魏光焘拟立宪奏稿，并刊印《日本宪法义解》《日本议会史》等分送官、商、学界友人，还托人送达朝廷。张謇还亲将一份送给朝廷宠信的铁良，并与深谈。

张謇这样积极推动立宪，与其他立宪派一样，动机是救国。张謇说过一句很沉痛的话："亟求立宪，非以救亡；立宪国之亡，其人民受祸或轻于专制国之亡耳。"① 痛心之极，出言似不可解。若以其心平气和时在另外场合所说的两句话略作补注，人们便可以比较深切地了解张謇的心理。一次是光绪三十一年（1905）十一月二十九日，在《立宪近况纪略》中所说："要之，宪政之果行与否非我所敢知；而为中国计，则稍有人心者不可一日忘此事。"② 另一次是在宣统元年（1909）九月二十一日，在杭州与友人谈话时，其友人说："以政府社会各方面之见象观之，国不亡，无天理。"张謇说："我辈尚在，而不为设一策，至坐观其亡，无人理。"③ 这些话表明，张謇这位事事脚踏实地，从不虚悬理想、唱高调的人，对于立宪这种涉及国家政治制度改革的大事，他作为一个实业家、教育家，并非预知必能成功而后为之，而是自居国民一分子，既知国家有危亡之险，又知立宪是可以救亡的一种途径，则不能不兢兢以求之。虽无必成的把握，但必须

① 张謇《张謇日记》第 23 册，辛亥年正月二十日，影印本。
② 张謇《张謇日记》第 21 册，光绪三十一年十一月二十九日。
③ 张謇《张謇日记》第 23 册，宣统元年九月二十一日。

"尽其在我"，方是人理。清末十几年，为救国家于危亡，有人选择暴力革命的途径，他们认为，国家濒危的局面，完全是腐败的清政府造成，推翻清政府，缔造民主共和，中国必可转弱为强。这些人就是所谓革命派。另有些人认为暴力革命，内则易成混乱割据之局，外则易遭列强干涉。不若迫使清政府实行立宪，可安上全下，或可有转弱为强之日。这些人就是所谓立宪派。两派各有理由、各有根据，但彼此之间皆确信反对派的方案绝对行不通，自己一派的方案才是救国惟一的良方，且必可达到目的。结果是，立宪运动未造成君主立宪之局而失败了。革命派以暴力求民主立宪，尝试较久，亦多曲折，但其终究无成，亦是不争的事实。张謇当然属立宪派，然而他与一般立宪派人士略有不同的是，他自始未曾确立必达目的的信心，他是抱着死马当做活马医的态度，但问耕耘，莫问收获，只求尽其责任，尽其心力，脚踏实地，一步一步做去，得尺则尺，得寸则寸。这是他投身立宪活动始终秉持的态度。先明了这一点，然后才能对他的具体活动有较深切的理解。

二

　　清末的立宪实分两个方面，一方面是清政府主持的自上而下的预备立宪过程；一方面是立宪派自下而上的立宪运动。张謇直接参与了这两个方面的活动，具体在创办和领导江苏咨议局的活动中也是如此。

　　1907 年 6 月，岑春煊在一份奏折中最早提出各省设立咨议局的主张。至是年 10 月 19 日，朝廷决定各省设立咨议局，作为"采取舆论之所，俾其指陈通省利弊，筹计地方治安，并为资政院储材之阶"[1]。1908 年 7 月 22 日，清廷颁发《咨议局章程》和《议员选举章程》，8 月 27 日，公布《钦定宪法大纲》和《逐年筹备事宜清单》，规定

---

　　①　故宫博物院明清档案部编《清末筹备立宪档案史料》(下)，中华书局，1979年，页 667。

各省咨议局应于 1909 年正式成立。随后，宪政编查馆电知各省速设
咨议局筹办处，具体负责咨议局筹办事宜，包括选民调查和编制选民
登记册，训练司选员，组织初选、复选，处理选举中涉讼事件等，直
至咨议局正式成立为止。

　　咨议局虽与宪政国家的地方议会不尽相同，但毕竟是民选的代表
民意的机构，这在中国真是前所未有的新事物。地方官吏一向只知奉旨
办事，于咨议局究竟应如何筹办，几乎完全不懂。江苏号称开通之地，
起初也是茫无所措。当时两江总督是端方，江苏巡抚是陈启泰。他们为
表示积极，于 1908 年 6 月 10 日冒然奏报在省城开设自治、咨议两局，委
派官吏，着手办事。后接宪政编查馆通咨，设立咨议局筹办处，才知道，
所做不合规矩。然而，由于宪政编查馆并未说明筹办处如何组织，所以，
他们仍是茫然。省内五六处地方分别办起咨议局筹办处，或筹办事务所。
如常州、长元吴三县、嘉定、武阳、镇江、江宁等地。直到 10 月和 11
月，才分宁属、苏属两地分别成立两个咨议局筹办处。两属分立是苏省
历史习惯使然，临近咨议局正式成立前才正式合并。

　　与官方的混乱相比，张謇等江苏立宪派人士的活动较有章法。早
在 1907 年，前述岑春煊奏折发抄之后，以张謇为灵魂的预备立宪公
会等 11 个团体即在上海集议筹办咨议局有关事宜。① 至次年 9 月，
又成立咨议局研究会，为推动和协助地方官办理咨议局筹谋划策。9
月 19、20 两日，江苏立宪派士绅在江苏教育会开会，一方面商定咨
议局研究会章程，同时用投票方式公推宁、苏两属咨议局筹办处总
办、会办备选人员，呈请督抚从中遴选。所推候选人宁属为张謇、仇
继恒、魏家骅、许鼎霖；苏属为王同愈、马良、王清穆、蒋炳
章。② 地方官认识到，咨议局筹办工作必须吸收民间的立宪派人士参
与，才能有效地开展工作。但他们也不肯完全照立宪派的意见办。最
后确定宁、苏两属的筹办处皆以苏省布政使、提学使等为总办，会办

---

① 《地方要闻》，光绪三十三年八月初九日《时报》。
② 《苏绅集议咨议局事》，光绪三十四年八月二十五、二十六日《时报》。

则宁属有立宪派人士熊希龄和另外三人。总理(实际主持办事之人)为张謇，协理有仇继恒、许鼎霖、夏寅官(三人皆立宪派人士)和另外两人。苏属的会办也有熊希龄，另有王仁东(加入预备立宪公会)，总理为邹福保、王同愈。王同愈是上海总商会会董，预备立宪公会的骨干。协理有王清穆、蒋炳章。王清穆也是上海总商会会董，同时又是预备立宪公会骨干。可以看出，张謇和他的朋友们，实际是江苏宁、苏两属咨议局筹办处的主要办事人。

在宁属咨议局筹办处正式成立之日(1908 年 11 月 4 日)，张謇以实际总负责人和民间人士代表的身份发表简短演说。其可注意之内容，有如下几点：

第一，委婉地批评前此百余日未曾做有效的准备工作。他说："惟自六月二十四日奉旨(指前述 1908 年 7 月 22 日颁发《咨议局章程》及《议员选举章程》，并明令各省着手筹办咨议局，限一年内办齐)以迄今日，过去之百有七日已抛诸无用。"

第二，正因以往虚掷时日，所以今后必须急起直追，务必使本属36 厅州县皆按时完成已拟定筹办事项共计 69 项工作。(这 69 项工作，不见诸官方文献，可以推断是由张謇等所办咨议局研究会，汇集立宪派积极活动分子，经过调查研究所拟定者)他说："假使有一二初选举区造册后期，则他事亦因之延误，是即以统筹全局之地，误全局之事……罪何敢当？"

第三，充分尊重地方官的权威，而实寓督责之意。他说："惟是，绅士之能力在酌量地方情形，辅助官长之行政而已。至于督促之实权仍惟贤长官是赖。今我督师匋斋尚书(指端方)则固尝奉天子明命，周历欧美考察政治，陈请立宪之伟人，方伯提学又皆学识宏通，深明治乱安危，能造福于我父老子弟之君子。"接着便说"其必能破除行政衙门文牍胥吏一切迁滞之旧习，增速率于进行之机关"。这显然是督责地方官摒除旧习、实力办事之意。①

————————

① 《张总理之咨议局演说》，光绪三十四年十月十六日《时报》。

咨议局筹办处成立后，张謇领导宁属筹办处，着着进行。宁、苏虽分，而立宪派活动却常在一起。对于将来江苏一省究竟设两个咨议局还是合设一个咨议局，一直为苏省人士所关注。至于张謇本人，未见其有明确意见发表，但从其日记中所透露的情况，似可推测，他是倾向于合设一个咨议局的。

看他宣统元年的日记：

> 三月十一日，得督电说咨议局分合。
>
> 三月十二日，电胜之于京，问咨议局分合，复已接洽。

日记表明，张謇甚关切此事：总督端方发电给他谈论分合事，说明此前张氏一定向总督反映过自己的意见，并表示十分关切。第二天，他便发电给在北京的王同愈，探听中枢的意向。按江苏之所以宁、苏两属分立，与总督、巡抚不同城有很大关系（总督衙署在宁〔南京〕，巡抚衙署在苏〔苏州〕）。可以推想，总督端方应是倾向合并的。而籍隶苏属的王同愈是张謇共事多年的好友，立宪运动的骨干，应不为狭隘地域观念所宥，必亦赞同合并。这样，由于总督与苏省立宪派骨干们都赞同合并，加之，一省设两个咨议局本与《咨议局章程》不合。于是中枢采纳合并之议。三月十八日，宪政编查馆致电江苏，允准合并设立咨议局。关于张謇主张合设咨议局，还有另一条材料可资参证。当1909年9月咨议局议员开始集会，选举议长时，张謇"以与本省事实便利相当之议员资格"[①]，希望推仇继恒为议长。这说明张謇之热衷于合并可能是人们都知道的事实，他若出任议长，颇有自己好大揽权之嫌（但结果还是他当选议长）。我以为，我的推断当属不误。

明确两属合并之后，四月二十六日（6月13日），江苏咨议局研究会开会正式成立。共有230人出席，张謇以196票当选为会长，仇继恒、马良副之。

---

① 《张謇日记》第23册，宣统元年八月初二日。

　　张謇对咨议局筹办工作相当认真负责，其日记中屡记"到咨议局"办事。从咨议局选址，设计建筑图，到培训司选员，事事皆亲自过问。经过紧张的努力，完成选举，至 9 月，大体一切就绪，从 1909 年 9 月 13 日起，屡与总督、布政使商量咨议局正式召集开会等事，终于如期于宣统元年九月初一日，即 1909 年 10 月 14 日正式开会。

<h2 style="text-align:center">三</h2>

　　江苏咨议局共 125 名议员，其中有预备立宪公会会员 17 人。这17 人中又有几位是颇著名的立宪派骨干人物，如孟昭常、杨廷栋、张家镇、方还、雷奋、狄宝贤、秦瑞玠、陶保晋、许鼎霖、黄炎培等等，他们皆与张謇关系密切。应当说，以张謇之清望，得这些骨干人物的协助，江苏咨议局确可做得有声有色。

　　张謇被推为议长，副议长一位是仇继恒，原为宁属筹办处的协理；一位是蒋炳章，原为苏属筹办处的协理。两位都是名重一方的绅士。咨议局既为代表民意，谋地方权益之机构，在议长、副议长之间，议长与议员之间，自能相互协调，同心办事。

　　但在地方官方面，却并非没有问题。咨议局正式成立之时，两江总督端方已经调任直隶总督，新任总督是张人骏。此人是顽劣旧官僚。江苏巡抚是瑞澂，此人曾任过上海道，与张謇早相识，亦加入预备立宪公会，在满族官吏中，他算是比较开明的一个。1909 年，他由江苏布政使升任巡抚。我们从咨议局开会第一天张督、瑞抚与张謇的演说中即可大略预知咨议局开议后督抚与咨议局的关系将如何运作。

　　三人演说都免不了礼节性的客套，但每人也都有一两句实质性的话。张人骏演说中最具实质性的话是："议政行政各有界限，论议之权公之于民，执行之责重之于官。"颇寓有告诫咨议局议员严守界限之意。瑞澂演说，颇表示尊重咨议局。彼云："咨议局既为辅助行法之机关，又处于监察行政之地位，与各国地方议会名异而实同。"又说："使者属望诸君而愿有以勖翼行政各官之不逮也。"显然是一种非常友善而又谦逊的态度。张謇作为议长致词只有一句实质性的话，叫做"官民不可分而后有政治"，可谓言简意赅，表明张謇希望官民两方互相维系。①

尽管官方力图低调解说咨议局的性质，但咨议局毕竟是中国历史上从所未有的民选的民意机构。皇皇《咨议局章程》明确载明咨议局权限：1. 咨议局可以议决下列各事项：(1)本省应兴应革事件；(2)本省预算、决算、公债、税法；(3)本省义务增加事项；(4)本省单行章程规则之成立及其增删修改事项；(5)本省权利存废事项；(6)公断本省各自治会争议事件；(7)受理本省人民建议等等。2. 咨议局议定可行事件，呈请督抚公布施行；议定不可行事件，呈请督抚更正施行。若督抚对咨议局议决事件不以为然，可说明理由再交局复议。若咨议局仍持前议，督抚只能将全案送呈资政院核办。3. 对本省行政事件或会议厅议决事件，咨议局有权提出质问，督抚应予批答。4. 本省官绅如有纳贿违法者，咨议局可指明确据，呈请督抚查办。5. 督抚如侵夺咨议局权限，或违背法律，咨议局可呈请资政院核办。6. 凡经资政院核办事件，咨议局与督抚都必须遵照执行。② 这些条款说明，咨议局对本省事务有独立议事并做出决定之权；咨议局对地方行政权具有一定的制衡作用。

从咨议局议员立场上说，他们必定会尽力履行咨议局的各种权责，必不允许地方官妨碍他们履行这些权责。

江苏咨议局在其第一届常会期内，首先从立法入手，以确定和维护自己的法律地位。张謇本人亲自提出议案：《本省单行章程规则截清已行未行界限，分别交存交议案》。此案经全体议决通过。其主旨

① 张人骏、瑞澂、张謇演说词见江苏咨议局编《江苏咨议局第一年度报告》第3册，页4—5。

② 参见《咨议局章程》第6章各条，《清末筹备立宪档案史料》(下)，页676—678。

在于：根据咨议局章程规定，咨议局有权议决本省单行章程规则之增删修改事件，议决本省权利之存废事件。故"凡属本省之单行法，自应由督部堂、抚部院交议，或由议员自行提议，经本局议决后，呈请公布施行，始为有效"。决议并强调："行政命令权以外，凡含有法律性质之章程规则，应由本局议决之。"又称："现当咨议局成立伊始，首应划分新旧案，截清界限，以本年九月初一日咨议局开办之日为断，嗣后如有新订之本省单行法，自应照章由本局议决，然后呈请公布施行始为有效。以前宁苏两属所有已经订定通行之单行法，应即归入旧案。但有必须增删修改之处，一切仍照局章第二十一条第六款办理。"①

此届会期内，另一项确保咨议局法律地位，保护咨议局议决权的立法是《江苏咨议局关于本局议决权内之本省行政命令施行法》。此法共五条，条条都是针对督抚可能妨碍咨议局履行其职务权限的情况而制定的，故有必要将其内容摘录于下②：

第一条，关于《咨议局章程》第21条第2、3、4、5、7各款之事件③，非经咨议局议决，督抚不能公布施行。

第二条，前条各款如不在会期中而督抚认为紧要时，得召集临时会议决之。

第三条，《咨议局章程》第21条第6款之事件④，若非开会期内不及待咨议局议决而欲公布施行者，应加"试行"字样，俟下届会期提出并须说明试行之理由交咨议局会议。如经否决，即应取消之。

---

① 以上引文均见《江苏咨议局第一年度报告》第3册，页53。这里所称"局章"第21条第6款，原文为"议决本省单行章程规则之增删修改事件"。

② 原文载宣统二年二月初九日《时报》。

③ 《咨议局章程》第21条第2、3、4、5、7各款为：(2)议决本省岁出入预算事件；(3)议决本省岁出入决算事件；(4)议决本省税法及公债事件；(5)议决本省担任义务之增加事件；(7)议决本省权利之存废事件。

④ 《咨议局章程》第21条第6款原文为"议决本省单行章程规则之增删修改事件"。

第四条，《咨议局章程》第 21 条第 1 款之事件①，非经咨议局议决者，督抚于施行以前须咨询咨议局，申复后照前条办理。若咨议局否决时，应照第 23 条办理。②

第五条，若反于本案各条所规定，应照《咨议局章程》第 27 条办理。③

还应提到，江苏咨议局在其《议事细则》中也有针对督抚而保护本局权限的规定。如规定督抚交议之案，必须交局内审查会审查，若有疑义，督抚或其代表有义务向议员说明。如经议员议决不开二读会，则其议案即以废弃论，等等。

咨议局议员们极力利用《咨议局章程》中有利于自己的内容，以维护自己的地位和权限。但《咨议局章程》的制定者们当初受到来自地方大吏和守旧势力方面的压力，在章程中加入了一些有利于地方督抚的内容，甚至不曾顾及这些内容与前述有利于咨议局的内容之互有矛盾。

《咨议局章程》第 8 章讲咨议局的监督，这一章完全是为督抚设想。其内容有：1. 督抚有监督咨议局选举及会议之权，对咨议局议案有裁夺施行之权。（按，"裁夺"议案之权即与咨议局权限有矛盾。章程规定，咨议局议决可行事件，呈请督抚公布施行，咨议局议决不可行事件，呈请督抚更正施行。若督抚对咨议局之议决案不以为然，可说明理由交令复议，若咨议局仍执前议，督抚须将全案呈送资政院核办。显然，这里并无督抚"裁夺"之权。）2. 遇有下列情况督抚可令咨议局停会：(1)议事逾越权限，不受督抚劝告者；(2)所决事件违背法律者；(3)议员在议场有狂暴举动，议长不能处理者。停会之期以 7 日为限。3. 遇有下列情事，督抚可奏请解散咨议局：(1)所决事

---

① 《咨议局章程》第 21 条第 1 款为"议决本省应兴应革事件"。

② 《咨议局章程》第 23 条为"咨议局议定不可行事件，得呈请督抚更正施行。若督抚不以为然，应说明原委事由，令咨议局复议"。

③ 《咨议局章程》第 27 条为"本省督抚如有侵夺咨议局权限，或违背法律等事，咨议局得呈请资政院核办"。

件有轻蔑朝廷情形者；(2)所决事件妨害国家治安者；(3)不遵停会之命令或屡经停会而不悛改者；(4)议员多数不赴召集，屡经督促仍不到会者。①

这样明显有利于督抚的条款，像张人骏那样顽劣的旧官僚，是一定会认真研究和充分加以利用的。

《咨议局章程》本身的内在矛盾，和咨议局与督抚之思想顽旧者对预备立宪的不同态度，决定了两者必然发生摩擦和斗争。

四

由张謇领导的江苏咨议局与江督张人骏之间的矛盾斗争有一个发展过程。大致说来，此过程可分作三个阶段，或称作三部曲：

第一阶段：咨议局第一届年会，1909 年 10 月至 11 月。双方小有冲突。张謇持调停态度。

第二阶段：咨议局第二届年会，1910 年 10 月至 11 月。咨议局控告张人骏侵犯咨议局权限。张謇与议员持同一立场。

第三阶段：咨议局第二年度会议之后的临时会及会后，1911 年 3 月至 6 月。张謇领导咨议局绝大多数议员以辞职抗议张人骏蔑法侵权，拒不公布咨议局议决之预算案。

先谈第一阶段。

江苏咨议局第一年度会议期间，议员与督抚之间未发生公开冲突。但总督张人骏对咨议局的态度很傲慢，这是人们都感觉得到的。在会议闭幕时，张謇在闭幕词中有一句话很可注意。他说："窃谓今于咨议局为最困难时代，对于上下尚未能诚信相孚……官民隔阂已久，有时在议会为和平立论而行政官已觉其拂逆难堪。"② 以张謇之持重，决不会作无根之谈。说明咨议局会期内已与总督不甚协调。张

---

① 见《咨议局章程》第 8 章，《清末筹备立宪档案史料》(下)，页 681。
② 《江苏咨议局第一年度报告》第 1 册，页 87。

人骏对咨议局所呈报的议决案，往往迟迟不予公布，不作复文。至会议闭幕之日，1909 年 12 月 3 日（宣统元年十月二十一日），张人骏札复咨议局先后呈送的 11 件议案，其文中先引据《咨议局章程》第 8 章第 47 条，谓咨议局议事逾越权限，督抚可予以劝告。然后说："咨议局迭次呈送议案前来，当经本部堂按照定章，详加审核，并交会议厅合同决议，有应公布施行者，有应令复议者，有应劝告毋庸提议者。"① 这篇复文之傲慢无理，激怒了议员们。按《咨议局章程》规定，督抚于咨议局议决案之处置只有公布施行或交令复议两种办法，并无"劝告毋庸提议"之权。也就是督抚没有限制咨议局独立议事的权利。既然张人骏引证《咨议局章程》督抚"劝告"咨议局的条款，那显然是有意处分咨议局。按规定，如劝告不听，督抚有权解散咨议局。张人骏之顽劣，人所熟知。因此，他的复文公诸社会，人们纷纷猜测张氏有解散咨议局之意。作为立宪派喉舌的《时报》为此专发文章抨击张人骏，指责张氏"以排斥咨议局为保持禄位之第一妙诀"，"以剥夺咨议局之能力以自便"，"务使有咨议局而无议决案"，斥张氏为"肉食者鄙"。② 愤怒的咨议局议员们在给张氏的复文中，也毫不客气，指责张人骏的御用机构会议厅吏员们"以议会要政率意从事"。然后针对张氏本人声明："天下断不应有恋栈之议员，即必无惮于解散之议会。"③ 面对议员反应和社会舆论之激烈，张謇以为，咨议局为一新事物，第一次开会发生小小摩擦在所难免，主张适可而止，不要因此而破裂感情。他在《时报》上发表《与本馆论咨议局书》，语出以委婉，而立场十分坚定，是典型的"绵里藏针"之文。文章首先断言，江督决不会解散咨议局，劝大家可勿过虑。其次说，中国立宪并非只是人民程度不足。官民同处于专制之下千百余年，如今预备立宪，官与民当相维相系，相扶相助，去掉猜疑，开心见诚。"政府高深所不放知，

---

① 《江苏咨议局第一年度报告》第 2 册，《议决案督抚复文汇录·督部堂复文》，页 6。

② 《与客谈江苏咨议局》，宣统元年十月二十四、二十五日《时报》。

③ 《江苏咨议局第一年度报告》第 2 册，《议决案续呈文件汇录》，页 2。

人民涣散所不易知"，咨议局议员正应居间而负沟通之责。所以咨议局对政府之失政处，多置而未议，实从大局着想。文章最后说："设果有东方梅特涅起，则解散风潮下走亦愿首当之。"①

张人骏见社会舆论如此强烈，议员及张謇态度又如此坚定，鉴于摄政王载沣刚刚把奏阻立宪的陕甘总督升允开缺，他也不敢胡闹。于是借口札文中"劝告"字样系拟稿书吏疏忽所致，以此草草收场。

第二阶段，咨议局第二届年会于 1910 年 10 月 3 日开幕。开会前，因上海发生有名的"橡胶风潮"，于市面影响极大，有多家钱庄倒闭。7 月间，张人骏特准上海道蔡乃煌及上海商会总理周晋镳借外债 350 万两替三家钱庄偿还欠洋商之款。咨议局开会后，江督未向会议提出此案。咨议局对此提出严厉质问，张氏推诿，不肯回答。按以往历次与外国所订条约都载明，中国政府(包括地方政府)对中国商家欠洋商之款，只负责代催代追，不担任代偿的责任。身为两江总督兼南洋通商大臣的张人骏是明知故犯，对此案负有不可推卸的责任。彼对咨议局的质问，推诿闪避，朝廷应追究其责任，予以处分。不特于此，在咨议局开会后，10 月间，张人骏又借洋商 300 万两，指定由宁属人民偿还。这是关系人民负担增加事项，必须经咨议局议决方可成立。既在咨议局会期内，而张人骏拒不交局议决，是肆意侵夺咨议局权限。咨议局一致决议，将以上两案呈送资政院核办。这次，张謇与咨议局议员持同一立场。其十月二十日(11 月 21 日)日记记载："傍晚，决江督违法案二件。"② 此案送达资政院后，在资政院的会议上，许多议员争相发言，一致指出，江督违法案情严重，关系内政外交，必须严予处分。要求所借外债应由当事人负责偿还。后来朝廷虽未给张人骏以处分，但咨议局、资政院皆按法纠劾，毕竟表达了民意。

第三阶段，1911 年 3 月 1 日开始的咨议局临时会专门审议江督所交预算案。

---

① 宣统元年十月二十九日《时报》。

② 张謇《张謇日记》第 23 册，宣统二年十月二十日。

　　原来，早在第二届常会期内，议员即纷纷要求督抚提交宣统三年（1911）的预算案。但愚顽昏聩的张人骏竟不知预算为何物，更不知如何做法，亦根本没有提交预算案的准备。迟至会期结束，预算案仍杳无踪影。到宣统三年二月，特召集临时会，以讨论张人骏迟迟交来的预算案。议员们认真加以审议，计删减 30 余项支出，累计银 51 万两；增加 10 余项，累计银 10 余万两。会期结束，由常驻议员制成修订后的预算案送交总督，要求按规定于 10 日内予以公布。但张人骏看了修正的预算案，对咨议局大为不满。既不交复议，亦不予公布。咨议局审议预算案是天经地义之事。既然审议，做出修正，也是情理中事。张人骏竟因议员对其所提预算案有所修正而不满，且因不满而将议决案搁置，这是公然蔑视咨议局的法定权限。议员们自然要起而抗争。事情拖到 5 月初，即临时会结束近一个半月，咨议局忍无可忍，议长张謇及副议长、常驻议员们决定以辞职为抗议。至 5 月 7 日，有 51 位议员响应，亦宣布辞职。当时张人骏采取恶人先告状的办法，致电军机处，声称咨议局不体谅财政状况，任意"增删移补"，且"持议甚坚"。他甚至还诬告咨议局"责难国家行政经费"①，企图激起朝廷的震怒。他在电文中又说议员所删减各条"可行者九，不可行者二十有三"，故不再交议。② 军机处站在庇护地方官的立场，将片面之词奏上。得旨后，复电说，咨议局"只能议减实在浮滥之款，若强为增删移补，即属逾越权限"，要江督继续劝告，并威胁说："倘仍不受该督之劝告，应即奏明请旨裁夺。"③ 大有不听总督劝告即予解散之意。议员们毫不畏惧，至 5 月中旬，除因事不在省内，或地处偏远的少数议员外，总共有 109 名议员宣告辞职。

　　江苏咨议局的抗争得到了本省士绅及外省咨议局的大力支持。5 月 24 日，省城士绅集会，成立江苏预算维持会，签名入会者有 250

---

　　①③ 《江督札行军机处复电文——咨议局解散之破天荒》，宣统三年四月十五日《时报》。

　　② 《专电》，宣统三年五月一日《时报》。

余人。会中有人提议，预算不成立，拒纳租税。在京苏省人士差不多同时集议，联名奏劾张人骏任江督以来"匿灾殃民、截留京饷，矛盾欺君，仇视宪政"种种罪状。各省咨议局纷纷致电江苏咨议局，表示声援。张人骏以为上得朝廷撑腰，可以吓住咨议局。朝廷也以为，咨议局议员们会像一般官员那样，有恋栈心理，恩威并用，可以迫使其就范。不想，事情越闹越大，僵持无法了局。恰好这时，张謇因明年有率商界访问团赴美的计划，受上海、天津、广州、武汉四总商会之托于6月8日到京。张謇以其办教育、实业所获声望甚隆，京中大员皆给予很高的礼遇。军机首辅奕劻接见他时，当面问及江苏预算案事当如何了结。张謇说，预算案不公布，就只有解散咨议局，别无转圜办法。值得注意的是，紧接着资政院江苏省籍议员联名请总裁副总裁上奏：若以江督为是，即解散咨议局；若以咨议局为是，即令江督公布咨议局议决之预算案。其意正与张謇相同。可以推测，苏省资政院议员们是与张謇交换意见后才决定采取这一步骤的。在这种情况下，奕劻等终于拿定主意，下令张人骏公布预算案。这时已到7月初了。到9月14日，江苏咨议局议长、副议长及常驻议员等才发表公电宣布复职。一场持续半年的政治风波才算了结。在这场斗争中，张謇领导的江苏咨议局算是取得了有象征意义的胜利。

<h1 style="text-align:center">五</h1>

张謇以江苏咨议局为依托，还展开了一系列推进改革的活动，例如裁厘改税，他专门组织咨议局常驻议员做了大量的调查工作。又如改革盐法，他与各省咨议局议员代表进行过联络。其他于教育、实业、财政等方面的改革，他都做了很多尝试和努力。这些皆非此文所能详论。这里只着重谈谈张謇以江苏咨议局议长的身份，围绕争开国会而展开的活动。

全国性的国会请愿运动从1907年秋冬开始，至1908年夏掀起高潮。当时身为预备立宪公会副会长，而实际是该会灵魂人物的张謇，

起初是不很积极的。他和郑孝胥等强调预备立宪公会注重研究问题，
而不注重实际活动。但当看到各省人士皆踊跃投入请愿活动时，张謇
与郑孝胥等改变态度，也发电要求朝廷尽速开设国会。到 1909 年 10
月，在咨议局正式开幕的前一天（这时张謇已被举为咨议局议长），他
去拜访江苏巡抚瑞澂，提出"由中丞（指瑞）联合督抚请速组织责任内
阁，由咨议局联合奉、黑、吉、直、东、浙、闽、粤、桂、皖、赣、
湘、鄂十四省咨议局请速开国会……联合督抚，瑞任之；联合咨议
局，余任之"①。显然，这时张謇对于请愿国会事变得相当积极。他
委派咨议局议员中最有活力的杨廷栋、方还、孟昭常三人去各省联
络。咨议局会期结束后，先后有 16 省咨议局代表陆续到上海集会，
张謇分别以预备立宪公会、江苏咨议局研究会等名义宴请各省议员代
表。张謇亲自策划入京请愿代表团的组成，亲自修改请开国会呈稿。
至 12 月 31 日，他为 16 省议员代表团饯行时发表演说，提出"秩然
秉礼，输诚而请……诚不已，则请亦不已"② 的和平请愿方针。代表
团的领衔人是直隶咨议局代表孙洪伊，他们到京后，展开了频繁的活
动。当时全国出现第一次请愿高潮，但终无所成。

　　这里应该介绍一下张謇写给摄政王载沣的一篇上书：《请速开国
会建设责任内阁以图补救意见书》。此意见书当起草于咨议局开会前
后，因其同时请速开国会，速设责任内阁之宗旨与其咨议局开会前夕
与瑞澂所商一致。此意见书情文并茂，说理周全而透辟。他首从列强
瓜分中国与联合统监中国之海外言论谈起，极言国家面临的危险形
势。当此危局"外则海军未立，陆军不足，海疆要塞不能自固，船舰
枪炮听命于人。内则至艰极巨之责任，悉加于监国一身"。鉴于此种
情况，各省人士始同认"非枪非炮非舰非雷而可使列强稍稍有所顾忌
者"，惟有速开国会，组织责任内阁，以求全国上下一心，有负责任

---

　　①　张謇《张謇日记》第 23 册，宣统元年八月三十日。

　　②　张謇《送十六省议员诣阙上书序》，张孝若编《张季子九录·文录》卷十，中华
书局，1931 年，页 11。

之政府以分监国一人之忧劳。故"惟有请明降谕旨，声明国势艰危，朝廷亟欲与人民共图政事，同享治安，定以宣统三年召集国会"。往下并说，如请愿至再至三，终不得请，"恐内外将有不美之观念"。激烈者"将以为国家负我，决然生掉头不顾之心"，和平者"将以为义务既尽，泊然入袖手旁观之派"，如此使士类"灰爱国之心"，岂不可虑！①

　　1910 年夏，第二次请愿高潮时期，张謇再度上书，申言地方自治为宪政之基础，而推展地方自治需有经费。以往之国家行政费，无不取给于地方，今自治经费必须另筹。"要之，筹治须财，筹财须税，筹税须定系统比率，定系统比率须国会。"② 所以速开国会是一切宪政筹备所必须。但这一次请愿又以不得请而告终。朝廷且发上谕，训示各省人民，以后"毋得再行渎请"③。张謇并不泄气，到第二届咨议局开会前夕，张謇又以江苏咨议局名义，发表《公启》，主张由各省咨议局议长组成议长请愿团北上入京请愿。但这个计划遭到山西咨议局议长梁善济的反对。他的理由是，请愿之范围应越来越扩大，而不应越来越缩小。议长请愿团使请愿范围缩小，不适应全国请愿运动发展的形势。其他各省咨议局议长反应亦不热烈。所以，张謇的这一计划未能实现。

　　不久，国会请愿运动进入第三次高潮，许多省会发起大规模群众集会，迫使督抚采取同情的立场，因而出现各省督抚联衔奏请速开国会的局面。再加上刚刚开设的资政院，也以全体议员一致赞成通过的奏请速开国会的呈文上达朝廷，终于迫使朝廷做出提前三年，于宣统五年(1913)召开国会的决定。这一决定发表后，引起不同的反应。大多数立宪派，包括各省咨议局积极活动请愿的议员们，仍不满意这个决定。因此，有的省，如东三省、直隶、四川等省酝酿发动第四次请

---

①　全文见张孝若编《张季子九录·政闻录》卷三，页 26、28。
②　见张孝若编《张季子九录·自治录》卷一，页 14。
③　金毓黻《宣统政纪》卷二十三，辽海书社，1934 年，页 14。

愿。梁启超发表文章说，欲开国会，就在最近一二年。他断定"宣统五年"是将来历史上必不会有的名词。但张謇及江苏咨议局中部分上层人士则以为，宣统五年(1913)虽非最满意的期限，但估计再请亦无结果。他们打算就此告一段落，乃向资政院发出庆祝提前召开国会的贺电，又在省城举行庆祝仪式。然而，这并非江苏咨议局大多数人的意思。《张謇日记》宣统二年十月十四日记载："以为十五日庆祝国会之说可行也，至则知众见多歧。"争得提前三年召开国会，在张謇看来，终究是有所得。这符合他"得尺则尺，得寸则寸"的原则。只是可惜，时不我待，诚如梁启超所预言，历史上不可能有"宣统五年"召开国会这个机会了。

（原刊于《近代史研究》2001年第1期）

作者单位：中国社会科学院近代史研究所

张人骏与江苏咨议局

李细珠

在清末宪政实践中，各省咨议局的设立是重要举措。按照《咨议局章程》，咨议局本是地方督抚行政的辅助机构。但实际上，咨议局自设立以后，便与地方督抚立于对待地位。时人有谓："自预备立宪后，各省设咨议局。自局长以下，由各省票选。其与地方长官及政府俨成一对待之势。每有举动，函电争持，几成敌国。"[①] 咨议局是立宪派聚集之地，也是立宪派重要的参政议政场所，其中，尤以著名状元资本家张謇为首的江苏立宪派与江苏咨议局最为引人注目。与此同时，两江总督张人骏与立宪派在江苏咨议局中的矛盾冲突，也最具代表性。或许正因如此，学界论及地方督抚与立宪派的政争，便多以江苏咨议局的事例为证。[②] 关于江苏咨议局的一般研究，已有较多的论著[③]，但学界对张人骏尚缺乏专题研究，多简单地斥之为顽固鄙陋。本文拟在既有相关研究的基础上，具体探讨张人骏与江苏咨议局冲突的复杂面相，通过此例典型个案，为进一步观察清末宪政改革的艰难历程提供一个新的视角。

---

① 苏舆《辛亥溅泪集》卷二，胡如虹编《苏舆集》，湖南人民出版社，2008年，页248。

② 李新主编《中华民国史》第一编，全一卷下册，中华书局，1982年，页87—93。

③ 较有代表性的论著有：王树槐《中国现代化的区域研究·江苏省（1860—1916）》，"中研院"近代史研究所专刊(48)，1984年，页174—188；耿云志《张謇与江苏咨议局》，《近代史研究》2001年第1期；刁振娇《清末地方议会制度研究——以江苏咨议局为视角的考察》，上海人民出版社，2008年。

一、江苏咨议局的开办与张人骏

清末预备立宪时期咨议局的设立，与地方督抚密切相关。光绪三十三年(1907)四月，两广总督岑春煊奏陈预备立宪阶级，首次提出各省设咨议局，为"各省之总议院"。岑春煊最初设想的咨议局是一个由督抚领导下的官绅合议机构，与后来实际设立的咨议局性质大不相同，有谓："宜于各省城设咨议局，选各府州县绅商明达治理者入之，候补各官及虽非本省官绅，而实优于政治熟于本省情形者亦入之，皆由督抚会集官绅选定，以总督充议长，次官以下充副议长，凡省会实缺各官皆入咨议局。"① 对此，清廷谕令："其外省设咨议局各节，着各省督抚妥议具奏。"② 张人骏时任河南巡抚，如何议奏，颇费踌躇。其家书有谓："不知都下议论如何？ 汝可留意探询。无论有何消息，即速禀闻。至要。原折之意，大约仍本康梁而参以近日上海各报议论，议覆不易。闻此公在沪往来之人，颇多不类，其志不可测度也。"又谓："惟瞿亦小人，岑则无赖。汪康年系革命党魁(观《中外日报》所载即可见)，而二人与之交接，其心术亦可知矣。近日西林所陈立宪折，其注意为革命党道地，疑即汪之手笔，盖与《中外日报》一孔出气也。"③ 对于议复岑春煊奏设咨议局一折，张人骏颇为谨慎。从上述议论来看，张人骏并不是岑春煊的同路人。尤其是丁未政潮发生后，张人骏更是痛诋岑春煊，甚至不惜做诛心之论，把他与"革命党"扯在一起。遗憾的是，限于所见史料，张人骏是否议复及如何议复，均

---

① 《两广总督岑春煊奏请速设资政院代上院以都察院代下院并设省咨议局暨府州县议事会折》(光绪三十三年四月三十日)，故宫博物院明清档案部编《清末筹备立宪档案史料》上册，中华书局，1979年，页501。

② 中国第一历史档案馆编《光绪宣统两朝上谕档》第33册，广西师范大学出版社，1996年，页68。

③ 张人骏《致张允言等》(1907年6月18日、26日)，张守中编《张人骏家书日记》，中国文史出版社，1993年，页96—98。

不得而知。

　　同年九月，清廷谕令各省督抚在省会速设咨议局。① 光绪三十四年(1908)六月，宪政编查馆与资政院会奏拟订各省咨议局及议员选举章程，清廷谕令"各督抚迅速举办，实力奉行，自奉到章程之日起，限一年内一律办齐"。② 八月，清廷颁布预备立宪逐年筹备事宜清单，其第一年第一条就是"筹办咨议局"，第二年第一条是"举行咨议局选举，各省一律办齐"，这两项事均明确指定"各省督抚办"。③ 其时张人骏已调任两广总督。

　　是年十二月，张人骏奏报设立广东咨议局筹办处，委派布政使胡湘林、署提学使沈曾桐、按察使魏景桐、署盐运使丁乃扬为总办，前钦廉道王秉恩为会办，广州府知府高觐昌为提调，补用知府谢师元为驻处坐办，并选延在籍正绅前贵州巡抚邓华熙等十六人为议绅。张人骏亲自手订简明章程，并郑重表示："所有一切事宜，自应依限赶办，以期速底于成。"④ 宣统元年(1909)五月，张人骏奏报广东筹办咨议局情形，所办之事有三：一是开办调查选举，设立选举事务所，酌派员绅认真举办，并遴委法政毕业员绅充司选员，分赴各属宣讲选举办法，还在民间刊布告示，晓谕选举大义。二是造成选举人名册，分配议员定额。经调查统计，广东全省选举人共141558名，议员定额91名，广州驻防选举人共369名，照章酌定议员专额3名。三是筹建咨议局会议厅，据番禺绅士金溥崇等报效建局基址，派员勘测绘图，并召匠兴工建造。其时，尽管张人骏已奉旨调任两江总督，但他仍殷切

----

① 中国第一历史档案馆编《光绪宣统两朝上谕档》第33册，页219。

② 中国第一历史档案馆编《光绪宣统两朝上谕档》第34册，页148。

③ 《宪政编查馆资政院会奏宪法大纲暨议院法选举法要领及逐年筹备事宜折附清单二》(光绪三十四年八月初一日)，《清末筹备立宪档案史料》上册，页61、62。

④ 《两广总督兼管巡抚事张人骏奏为遵设咨议局筹办处选派官绅剋期赶办以重要政事》(光绪三十四年十二月十八日)，中国第一历史档案馆藏(以下简称"一档藏")：朱批奏折，档号03-9294-032，缩微号667-2225。据国家清史编委会网上工程：中华文史网(http：//qing-history.cn)。

期望广东咨议局"务期依限成立，议员悉皆得人"①。

　　张人骏就任两江总督后，便与江苏咨议局结下不解之缘，此后毁誉多与此相关。江苏因有两个行政中心，总督驻江宁，巡抚驻苏州，因此在筹办咨议局之初，曾分设宁属、苏属两个咨议局筹办处，并各自分头开展筹办工作。后来，在酝酿正式建立咨议局时，究竟是宁、苏两属各建一局，还是双方合建一局，发生重大分歧和激烈争论。这个所谓咨议局分合问题，经张謇、王同愈等宁、苏两属议绅反复商议，基本上达成合设一局意向，再由两江总督端方、江苏巡抚陈启泰电请宪政编查馆解决，得到宪政编查馆赞同，最终决定合设江苏咨议局于江宁省城。② 张人骏于宣统元年（1909）六月二十六日正式接替端方，就任两江总督。其时，江苏咨议局的选举业已完成，咨议局会场也已开工建造，其他各项宪政筹备工作均在顺利进行。在与前任总督端方会奏江苏筹办宪政情形时，张人骏表示："惟有急起直追，期臻完备，固不敢稍涉因循，致观成之无日，亦不求过事操切，致形式之徒存。"③ 这种奏折用语虽属官样俗套，但张人骏在宪政改革的急先锋端方之后出任两江总督，显然有一定的压力，这个表态说明他所坚持的还是稳健路线。

　　张人骏履任之后，在宪政筹备方面最紧迫的后续工作，就是督促第一届咨议局会议顺利召开。关于驻防议案如何议决问题。有驻防议员崇朴等提出，按咨议局章所谓应办本省事件，本省是否包括驻防在

――――――――

　　① 《两广总督张人骏奏为粤省筹办咨议局情形事》（宣统元年五月十七日），一档藏：朱批奏折，档号04-01-01-1095-085，缩微号04-01-01-167-2412。

　　② 《各省筹办咨议局·官长设立·江苏苏属》《宁苏咨议局分合问题》，《申报》光绪三十四年十二月初四日、初五―六日，第3张第2版、第1张第3―4版；《电请解决江苏咨议局分合问题》《电请解决江苏咨议局分合问题续志》《各省筹办咨议局·官长设立·江苏》，《申报》宣统元年三月十三日、十七日、二十四日，第1张第4版、第1张第4―5版、第3张第2版。

　　③ 《北洋大臣直隶总督端方南洋大臣两江总督张人骏奏为会奏江省筹备宪政办理情形事》（宣统元年七月二十二日），一档藏：朱批奏折，档号03-9296-007，缩微号667-2401。

内？有关驻防议案，是否由驻防专额议员自行议决，还是照章由多数议员共同议决？议决后之执行，是照章专归督抚，还是仍归将军、副都统？如军、统概不执行，又应如何办理？这些问题经宁属咨议局筹办处转呈江督张人骏，张以其"关系抚民职任权限"，随即致电宪政编查馆核办。宪政编查馆回电表示，驻防自在本省范围之内，有关驻防议案当由本省议员共同议决，议决后之执行应查照局章办理。① 关于咨议局议长选举问题。八月初一，张人骏以总督名义召集江苏咨议局议员于宁属筹办处会议，以预备正副议长选举事宜。张人骏委派江宁布政使樊增祥到场监督。是日到会议员 70 余人，公推张謇为临时会长，孟森、雷奋为书记员。苏属议员以为到会人数已过半数，可以照章开议，请于明日提前选定正副议长；宁属议员则以徐、海等地交通不便，议员到者寥寥，建议稍微展期。双方辩论不休，樊增祥提议展缓三天，宁属赞成，苏属不允，遂由张謇酌定初三日开会，众皆赞成，并议定选举规则三条：（一）用记名投票法；（二）副议长两人一苏一宁分别选定；（三）议长、副议长分三次选举，票数不足用决选法。初三日重开会议，张人骏仍派樊增祥临场监督，到会议员 95 人，正式选举张謇为正议长，苏属蒋炳章、宁属仇继恒为副议长。② 随后，张人骏又交札江苏咨议局，委派孟森为书记长。③ 经过近一年的筹备，虽然并未完全妥当，比如咨议局会场建设尚未完工，但江苏咨议局仍如期成立。

江苏咨议局自成立以后，在两年里开了四届会议：两届常年会和两届临时会。

第一届第一年度常年会。宣统元年（1909）九月初一日上午，江苏咨议局借八旗会馆行开会式。两江总督张人骏、江苏巡抚瑞澂及各级行政官莅会，各国在宁领事亦来观礼，总计与会人数约千人，盛况空

---

① 《共同议决驻防议案电文》，《申报》宣统元年八月初五日，第 2 张第 2 版。

② 《江苏咨议局举定正副议长》《续志江苏咨议局选举议长详情》，《申报》宣统元年八月初五、六日，第 1 张第 5 版。

③ 《江苏咨议局开预备会四志》，《申报》宣统元年九月初二日，第 1 张第 5 版。

前。先由书记长孟森宣读开会颂词，接着江督、苏抚委员宣读颂词，然后孟森代议长议员宣读答词，礼毕，江苏咨议局正式成立。① 张人骏在开会颂词中有谓：

> 翳夫鞀铎之设，辌轩之使，好恶从民之义，自古已然，于今为烈。逎者为江苏咨议局开会之始，上系朝廷立宪图强之期望，下对国民合群思治之恳诚，外为五洲万国所具瞻，其典至隆，其关系至重也。本省位置居直隶之次，财赋为东南之冠，人才萃吴会之英，鄙人何幸承乏是邦，适逢斯盛，而又惧夫盛名之下欲副其实。凡官于斯，绅于斯，士农工商于斯者，其担荷成就，必有之足屡上下四方之观听之甚难乎求慊也。夫议政行政各有界限，论议之权公之于民，执行之责重之于官，然欲提议而策使必行，当思遵行而共践所议。孔子曰："名之必可言，言之必可行。"窃愿与在局诸议员、所属诸公民，共守此训。尝闻西哲斯宾塞尔《群学·政惑》一篇，其驳论政家成见，进论事效相反，以及法令民度，与妄求上理之惑，率多阅历有得之言，亦皆可资参考者。要之，天下安危，匹夫有责，是即近世公民之说所取意。诸议员皆积学明通重负时望之贤，应举出为公民代表，即鄙人在任所依以宣通上下讨论政见之人。鄙见所布，倘不以为谬而教之助之乎，企予望之矣。②

除了客套话以外，值得注意的有三点：一是张人骏强调议政与行政的权力界限，希望与议员共守"可言"与"可行"的尺度，其意在议政必须切合实际，这是一个务实的行政官僚对议员的要求，也是督抚与议员将要发生权力之争的根源。二是张人骏认为咨议局议员是民选的公民代表，是为督抚通上下之情并可讨论政见之人，这个理解并

---

① 《江苏咨议局行开幕礼纪事》《江督苏抚奏报咨议局成立》，《申报》宣统元年九月初三日、二十四日，第1张第5版、第2张第2版。

② 《江苏咨议局第一届常年会议事录》，《江苏咨议局第一年度报告》第3册，江苏咨议局宣统二年(1910)刊本，页4。

无偏差。三是张人骏虽以保守著称，但以其尚能征引西哲斯宾塞尔论著，可证其对西学并不完全排斥，可见清末新政时期的保守派也有与时俱进的一面。日后地方督抚与立宪派在咨议局中的政争，主要不是因为思想观念，而是因为实际权力。

这届常年会于十月二十日闭幕，会期 50 天，共收集议案 184 件，会议结果如下：(1)已经议决案 109 件，包括督抚交议案 15 件、议员提议案 72 件、人民请议案 22 件；(2)议而未决案 20 件，包括议员提议案 16 件、人民请议案 4 件；(3)未及提议案 13 件，包括议员提议案 10 件、人民请议案 3 件；(4)毋庸提议案 37 件，均为人民请议案；(5)未及审查案 5 件，亦为人民请议案。①

第二届第一年度临时会。宣统二年(1910)三月初九日上午，江苏咨议局召开临时会开会式。两江总督张人骏到会，发表开会颂词，有谓：

> 今日为江苏咨议局临时会开会之期，此会由正副议长暨驻局诸君同意发起。发起之意以为上年所提出之议案，其间多有改良旧制，有必须由局覆议方能解决者。若必照章俟至九月开常年会时再行提议，既碍于宪政之进行，又不足塞四方之观听，是以合力组织，倡斯盛举。本部堂深佩诸君子之热心公益，是以不待再计，亟为赞成，所愿诸君子于提议之余，熟察社会之程度，曲体困难之情形，言期可行，因势利导，以蕲达夫可以实施之目的。苟绝无扞格，本部堂督策施行，亦当惟力是视。总期官民一心，日臻上理，俾江苏议会之成绩与宪政之效果，灿然可观。此鄙人区区之诚，愿于开会之始披露胸臆，以为本届开幕之祝焉。②

这里张人骏进一步强调了咨议局议政要"言期可行"，根本的落脚点是希望达到"可以实施之目的"。

---

① 《江苏咨议局第一届常年会议事录》，《江苏咨议局第一年度报告》第 3 册，页85—86。

② 《江苏咨议局第二届临时会议事录》，《江苏咨议局第一年度报告》第 4 册，页 2。

这届临时会于三月二十八日闭幕，会期 20 天，共收集议案 51 件，会议结果如下：(1)已经议决案 42 件，包括督抚交令覆议案 21 件、议员提议案 19 件、人民请议案 2 件；(2)议而未决案 1 件，未及提议案 4 件，毋庸提议案 4 件，均为人民请议案。①

第三届第二年度常年会。宣统二年(1910)八月二十七日，江督张人骏、苏抚程德全召集江苏咨议局全体议员开预备会。九月初一日上午，江苏咨议局第三届第二年度常年会举行开会式，张人骏、程德全及各级行政官员莅会。张人骏照例发表开会颂词，有谓：

> 本省咨议局成立以来，开常年会者一，开临时会者一，凡所敷陈、所建议，关系地方之利弊、政治之得失，类皆坐而能言，起而能行。今当第二年开常年会之期，使者承乏是邦，又逢盛会，得与诸君子互相讨论，孜孜求治，窃幸收群策群力之效，察众好众恶之情，开心见诚，无所隐伏，上理渐臻，其庶几乎。夫地方之利弊，政治之得失，就事迹观之，若者宜兴，若者宜革，不难凭多数之论议，以改弦而更张。迨几经研究，征诸实行，始知利弊得失，每有互相倚伏之理。有利于昔而弊生于今者，亦有得于此而失于彼者，时有变迁，利弊得失每随而变迁，亦在诸君子之因时立言而已。诸君子以言为职，即以言职为天职，举凡利弊得失，必具真知灼见之明，始有集思广益之效。方今时局危迫，民力竭矣，九年筹备期促事繁，宜如何官绅一心，言行交顾？必也建一言而必观事理之通，斯推行可期尽利；行一事而力矫因循之弊，庶名实得以相符。咨诹咨询，求通民隐，斯则使者区区之愚，愿与诸君子交相策勉者也。②

张人骏着重强调的还是咨议局议政实施的可行性，要"因时立

---

① 《江苏咨议局第二届临时会议事录》，《江苏咨议局第一年度报告》第 4 册，页 19。

② 《江苏咨议局第三届第二年度常年会议事录》，《江苏咨议局第二年度报告》第 3 册，江苏咨议局宣统三年(1911)刊本，页 3。

言"，以期达到"可行"之目的。毋庸讳言，这是一个负有实际行政责任的地方督抚应当考虑的实在问题。

这届常年会于十月二十一日闭会，会期50天，共收集议案135件，会议结果如下：（1）已经议决案112件，包括督抚交议案11件、督抚交令覆议案5件、督抚咨询案8件、议员提议案59件、人民请议案29件；（2）议而未决案2件，为议员提议案；（3）毋庸提议案14件，未及审查案7件，均为人民请议案。①

第四届第二年度临时会。宣统三年（1911）二月初一上午，江苏咨议局因复议宁属预算案召开临时会，江督代表候补道虞汝钧、苏抚代表苏藩司陆钟琦及各行政官莅会。江督张人骏未与会，由代表虞汝钧代为宣读开会颂词。② 这届临时会于二月二十一日闭会，会期20天，共收集议案33件，会议结果如下：（1）已经议决案21件，包括督抚交令覆议案1件、督抚咨询案2件、议员遵章覆议案4件、议员提议案11件、人民请议案3件；（2）未及提议案4件，毋庸提议案5件，未及审查案3件，均为人民请议案。③

另外，宣统三年（1911）九月初一，江苏咨议局照例召开第五届第三年度常年会，江督张人骏到局行礼，并议定初四日开议。④ 其时已在武昌起义之后，各地革命风潮突起，因议员到者不足数，事实上并未正常开议，不久便随苏、宁相继独立而无形解散。

二、张人骏与江苏咨议局的权限之争

预备立宪时期，张人骏在粤督任上参与筹备广东咨议局，又以江

① 《江苏咨议局第三届第二年度常年会议事录》，《江苏咨议局第二年度报告》第3册，页60—61。
② 《苏议局临时会纪事》，《申报》宣统三年二月初四日，第1张后幅第2版。
③ 《江苏咨议局第四届第二年度临时会议案报告目次》，《江苏咨议局第二年度报告》第4册，页1。
④ 《公电》，《申报》宣统三年九月初二，第1张第5版。

督名义召集开办了江苏咨议局，并亲历苏局各届会议。一方面，这是张人骏作为地方督抚筹备宪政的题中应有之义；另一方面，在此过程中，张人骏与江苏咨议局的权限之争也颇为引人注目。

关于咨议局与地方督抚的权限问题，在清廷上谕与咨议局有关章程规则中，均有相应规定，这些规定是具有法律效力的。清廷在宣布各省成立咨议局的上谕中说明了三层意思：其一，咨议局为资政院在各省相应的机构，具有地方议院性质，而由各省督抚设立的规定，又赋予了督抚更大的权力。"前经降旨于京师设立资政院，以树议院基础，但各省亦应有采取舆论之所，俾其指陈通省利弊，筹计地方治安，并为资政院储材之阶，着各省督抚均在省会速设咨议局。"其二，咨议局是各省议事机构，督抚是裁决与执行机构，并对重大事件有超乎咨议局之上的上奏之权。"凡地方应兴应革事宜，议员共同集议，候本省大吏裁夺施行，遇有重大事件，由该省督抚奏明办理。"其三，资政院与咨议局的业务关系，不能绕开督抚。"如资政院应需考查询问等事，一面行文该省督抚转饬，一面径行该局具覆；该局有条议事件，准其一面禀知该省督抚，一面径禀资政院查核。"① 咨议局与督抚虽在省级层面有议政与行政的分工，但从上谕明文规定，尤其是从"饬"与"禀"两字来看，督抚地位似应在咨议局之上。

据宪政编查馆与资政院会奏的《各省咨议局章程》，"咨议局钦遵谕旨为各省采取舆论之地，以指陈通省利病，筹计地方治安为宗旨"。咨议局的权限有如下十条：(1)应办事件十二项：议决本省应兴应革、岁出入预算、岁出入决算、税法及公债、担任义务之增加、单行章程规则之增删修改、权利之存废事件，选举资政院议员，申覆资政院咨询，申覆督抚咨询，公断和解本省自治会之争议，收受本省自治会或人民陈请建议。(2)咨议局议定可行事件，呈候督抚公布施行，若督抚不以为然，应说明原委事由，令咨议局覆议。(3)咨议局议定不可行事件，得呈请督抚更正施行，若督抚不以为然，照前条办理。

①　中国第一历史档案馆编《光绪宣统两朝上谕档》第33册，页219。

(4)咨议局于督抚交令覆议事件，若仍执前议，督抚得将全案咨送资政院核议。(5)上述(1)所列前七项事件，应由督抚提交议案，除第二、三项外，咨议局亦得自行草具议案。(6)咨议局于本省行政事件及会议厅议决事件，如有疑问，得呈请督抚批答。若督抚认为必当秘密者，应将大致缘由声明。(7)本省督抚如有侵夺咨议局权限，或违背法律等事，咨议局得呈请资政院核办。(8)本省官绅如有纳贿及违法等事，咨议局得指明确据，呈核督抚查办。(9)凡他省与本省争论事件，咨议局得呈请督抚，咨送资政院核决。(10)上述(4)(7)(9)各事，经资政院议定后，均宜分别照行。至于督抚的权限，除了召集咨议局会议以外，主要表现在对咨议局的监督方面：(1)各省督抚有监督咨议局选举及会议之权，并于咨议局议案有裁夺施行之权。(2)咨议局有下列情事，督抚得令其停会：议事逾越权限，不受督抚劝告者；所决事件违背法律者；议员在议场有狂暴举动，议长不能处理者。停会之期以七日为限。(3)咨议局有下列情事，督抚得奏请解散，并将事由咨明资政院：所决事件有轻蔑朝廷情形者；所决事件有妨害国家治安者；不遵停会之命令，或屡经停会仍不悛改者；议员多数不赴召集，屡经督促仍不到会者。(4)咨议局议员解散后，督抚应同时通饬重行选举，于两个月内召集开会。① 根据这些规定，督抚与咨议局应当是处于相互监督地位，而从督抚可以酌情停会或解散咨议局来看，督抚的实际权力似又大于咨议局。

上述上谕与咨议局章程的有关规定，关于督抚与咨议局的权限其实并不清晰。咨议局作为民意机构，其议政的权力与效力都是模糊的。如咨议局议决所有事件，最终都得由督抚裁决或执行，其效力只能取决于督抚的态度。又如咨议局弹劾督抚，还得由资政院核办，但资政院最终又不能绕开督抚。这些内在矛盾是难以调和的。加上咨议局旨在发扬民权与民气，而督抚又实际处于强势地位，其因互相利用

---

① 《宪政编查馆等奏拟订各省咨议局并议员选举章程折附清单》(光绪三十四年六月二十四日)，《清末筹备立宪档案史料》下册，页670、676—678、681。

或误解法规，而发生权限冲突也就在所难免。如福建咨议局呈总督公文所谓："咨议局之设，在吾国为创举，世人有不尽明其性质者，往往以误解法律之故，生出权限之争。"① 这里所谓"误解"，既有错解之意，更有为我所用而故意曲解之意。地方督抚与立宪派在咨议局中的矛盾冲突，都是为了尽可能地扩张自己的权限，而巧妙利用法规，甚至设法钻有关法规的空子。江督张人骏与江苏咨议局的权力冲突，可谓典型的例证。

在第一届常年会，江苏咨议局为了维持自己的权限与地位，曾就督抚与咨议局公牍格式提出抗议。关于咨议局与督抚等行政官署公文往来究竟用何种格式，因无明文规定，各省多向宪政编查馆询问。宪政编查馆通电各省督抚与咨议局，有谓：

> 督抚署行咨议局公牍式。其专对局言者，应照章用"札"。专对议长、副议长言者，如系京堂翰林，无论局事非局事，应均用"照会"。其咨议局"呈"督抚文，应自称"本局"，称督曰"督部堂"，抚曰"抚部院"，不用"贵"字。如有与府厅州县关涉文件，应互用"移与"。司道领衔之局处，仍用"呈文"。均参照咨呈格式，惟不用"咨"字。②

宪政编查馆通电明确要求，督抚对咨议局用"札"，咨议局对督抚用"呈"，似把两者置于上下级关系的地位。对此，各省咨议局颇不满意。江苏咨议局致电宪政编查馆抗议，有谓：

> 查公牍往来，"呈"则上达，"札"属御下。若督抚对于咨议局概用"札行"，是议局法团几等诸行政下级官厅，殊非宪政所宜。伏读上年六月二十四日上谕，咨议局为采取舆论之所，并为资政院预储议员之阶梯，议院基础即肇于此。又谓行政之权在官

① 《声明咨议局权限呈请督部堂注意公文》，《福建咨议局第四次会议（临时会）速记录》第2号，页31，宣统二年十一月二十九日。
② 此据《福建咨议局第一次会议速记录》第10号，宣统元年九月二十四日，福建咨议局宣统元年（1909）刊本。

吏，建言之权在议员。大哉王言，昭示薄海，明定两权，尚何疑议，公牍体裁自以相当为是。若督抚于咨议局用"札"，而于京堂翰林之议长则用"照会"，是直重个人之资格而轻公共之法团，咨议局之地位从此尚能确定乎？伏乞俯赐鉴核，按照法理，明定公牍往来格式，电复施行。①

江苏咨议局于此辩解，在宪政体制下，咨议局不是督抚等行政官署的下级官厅，其与督抚分建言与行政两权，地位应该对等，公牍行文格式理应与此相当。这个辩驳颇有说服力，但并没有改变宪政编查馆坚持用"札"的原议。宪政编查馆再次通电各省督抚与咨议局，进一步解释，有谓：

> 上年本馆通行各省文称，督抚行咨议局用"札"，系仿定例，各部札太常、鸿胪各寺、顺天府，礼部札各省学政之程式。其札文应首书"为札行事"，末书"为此札行咨议局查照，须至札者"云云，首不用"札饬"字样，末不用"札到该局，即便遵照，切切毋违，此札"字样，无庸朱标，与外省督抚札饬属员文式须有区别。特此通电，以昭划一。②

在此，宪政编查馆肯定地说明督抚"札行"咨议局的公文程式，与督抚"札饬"属员文式不同。揣摩其意，可以这样理解：前者基本上是平行关系，后者才是上下级关系。于是，江苏咨议局也就不便再作计较了。

事实上，在第一届常年会上，张人骏与江苏咨议局并无太大冲突，议长张謇在闭会词中说："举数千年未有之创局，竟能和平正大，卓然成一届议会史，官长与人民毫无龃龉痕迹，上下交尽，谁谓吾国之人程度不及，此为各省所略同，而吾省之尤可喜者。"然而，张謇

---

① 《江苏咨议局第一届常年会议事录》，《江苏咨议局第一年度报告》第3册，页24。

② 《规定督抚行文咨议局之格式》，《申报》宣统元年十月初二日，第1张第4版。

并不盲目乐观，他提出了咨议局面临的两大困难："窃谓今于咨议局为最困难时代，对于上下尚未能诚信相孚。……官民隔阂已久，有时在议会为和平立论，而行政官已觉其拂逆难堪，此一难也。至人民一方面，立宪之后，其享受幸福固多，而其经济负担亦必较重。今日需款孔殷，百端待举，恐明年交议预算案时，外顾政费，内顾民力，稍一不慎，怨讟繁兴，此又一难也。"① 在此，张謇已敏锐地感觉到咨议局与行政官的矛盾恐难避免，以及将来审议预算案必是一大难题。在第二届临时会闭会式上，副议长蒋炳章在闭会词中肯定"此次临时会遵章办理一切，秩序远胜上年"的同时，也着重强调了审议预算案的意义与难度，有谓："以此时遥度将来，则所可解嘲者，谓预算未经交议，议会之功用本缺而不完，以故成效亦罕。转瞬九月预算案来矣，虽交局预算之条项定自中央，各省长官且爱莫能助，然吾党所可自勉者，不在款项之难于理解，而在各地方之不囿于偏私，以廓然大公之心，支配一省行政经费，事任极重。"② 果然，在第二年度常年会时，以预算案为重心，江督张人骏与江苏咨议局的矛盾终得以充分暴露。

宣统二年（1910）九月，第二年度常年会开幕不久，据《申报》报道，江苏咨议局以上届公布议决各案未见实行，特向江督、苏抚具呈质问，有谓："本局所议决之案，或公布施行，或更正施行，其责任全在行政长官。乃自上年开局以来，凡本局议决事件，即经督部堂、抚部院所批准公布者，如下开可行不可行各案，以各属议员之闻见，至今均未实行。如此漠视定章，既乖朝廷采取舆论之盛心，亦非督部堂、抚部院批准公布之初意。究竟具何理由，不能不生疑问。爰据局章第二十六条，呈请逐案批答。"随后开列实行禁烟案、永远停止彩票案等八案。③ 限于所见史料，未知江督、苏抚如何答复。这并不重

---

① 《江苏咨议局第一届常年会议事录》，《江苏咨议局第一年度报告》第 3 册，页86—87。

② 《江苏咨议局第二届临时会议事录》，《江苏咨议局第一年度报告》第 4 册，页20。

③ 《江苏咨议局之质问案》，《申报》宣统二年九月初七，第 1 张第 5 版。

要。重要的是，此举预示着号称"向不主张激烈"① 的江苏咨议局，这届常年会也并不会平静。其时，各省咨议局风潮迭起，尤其与督抚纠纷不断。如时论所谓："咨议局上届开会，官绅冲突之事，各省鲜有所闻。今则有以停会要求代奏路事者矣，如浙省是；有以解散要求缩限禁烟者矣，如桂省是；有以停议要求提交预算者矣，如闽浙两省是。此不可谓非各省议员之进步也。记者曰：一方固由议员之进步，一方亦由各督抚视官权太重，视议员之权太轻，故演出此种种恶果也。"② 督抚与咨议局的权力之争可谓症结。

在第二年度常年会上，江苏咨议局多次提出弹劾江督违法及侵权案，与张人骏发生不同程度的矛盾冲突。以下主要略述三个案件：

（一）关于江苏饥民焚抢公司案。宣统二年（1910）三月，因上年水灾，江北海州等地发生严重饥荒，饥民遍野。其时官绅在海州南门外设厂施粥，四乡饥民迅速群聚至数万人，一时难以遍给。署海州直隶州施焕恐饥民进城滋事，下令关闭城门。有饥民二三百人就食不得，便群向海丰公司求索，他们围住公司，喧闹不已，毁栅栏，烧麻袋，甚至向内抛击砖石。不意公司里突然开枪轰击，当场击毙饥民 7人，误毙旁人 2 名，击伤 20 余人。同时还发生赣丰饼油公司豆船被抢、宿迁贫民爬抢麦船囤粮及焚抢永丰公司、清江贫民滋扰大丰公司等事件。江督张人骏先后委派道员黎经诰、按察使左孝同前往调查，随即奏请将处事乖方的署海州直隶州施焕与被控主使放枪的海丰公司经理捐纳县丞许鼎馨一并革职，同时一面查拿放枪人犯，一面查拿为首滋事犯人。奉朱批："着照所请。"③

十月二十日，江苏咨议局讨论议员邵长镕呈请资政院核办江督违

---

① 此为议长张謇在第二年度常年会闭会词中语，参见《江苏咨议局第三届第二年度常年会议事录》，《江苏咨议局第二年度报告》第 3 册，页 61。

② 《时评·其一》，《申报》宣统二年九月初七，第 1 张第 6 版。

③ 《两江总督张人骏奏为委员查明并分别办理饥民滋闹江北面粉公司致被枪毙多命情形事》（宣统二年八月二十九日），一档藏：朱批奏折，档号 04-01-01-1117-025，缩微号 04-01-01-171-2394。

法案，经表决以多数通过。① 该呈文列举张人骏办理此案有违法之处五条：(1)饥民焚抢公司，应"照光棍例治罪"，"为首者绞立决，为从者俱绞监候"，但江督"竟不引用此条正例，仅引无当之'徒手爬抢，为首满徒'之文，显系故出入人罪"。(2)江督奏称饥民二三百人逼近海丰公司，抛击砖石，毁栅栏，烧麻袋，"转引饥民爬抢十人以下之例，并谓系徒手行抢，且系爬抢未成，未免纵容乱民，实属弁髦法律"。(3)江督既奏称饥民围攻公司，"而转谓公司轻率动手，枪毙无辜饥民，应照凶手问罪，是直视例案如弁髦，将使不法棍徒一遇歉收即可藉饥纠抢，貌视国法而不畏"。(4)江督既奏称永丰公司系由棍徒煽动饥民用火油焚抢，亦不从严究办犯事之棍徒，"而转归咎于永丰之谋业不臧，自贻伊戚，是不独纵容棍徒扰乱治安，显干法律，且大背朝廷振兴实业之至意，反对宪政之进行"。(5)饥民爬抢案属于民政，为巡抚职掌，又在江北提督辖区，江督理应与江苏巡抚、江北提督会同入奏，但江督单衔具奏，"亦与定制不合，未免专擅"。②

　　十一月十二日，资政院讨论该案，议员牟琳报告审查结果，完全同意江苏咨议局指控江督五条违法意见，其结论是："两江总督违背法律，毫无疑义。"在议员们自由发言时，王佐良以其当时在海州城亲历为词，很为海丰公司及海州地方官抱不平，认为四五万饥民围困城池，如果公司不开枪打退，海州城不可保，江北将乱，同时海州地方官设法查拿匪类，办得平正，"致被参革，未免太冤"。议员崇芳提议，应审查滋事者究竟是饥民还是棍徒。方还肯定地说："这事情并不是饥民。若是饥民，万不能闹到这个地步。这里若没有土匪，那里有这种事体出来？"陈懋鼎则为海丰公司辩护，认为该公司抵制洋面，收回利权，地方官应当保护，"今张督乃一味摧残，不知是何居心！"

---

　　① 《江苏咨议局第三届第二年度常年会议事录》，《江苏咨议局第二年度报告》第3册，页59。

　　② 《呈请资政院核办议决张督部堂违背法律案文》(十月二十二日)，《江苏咨议局第三届第二年度常年会呈报议决案汇录》，《江苏咨议局第二年度报告》第1册，页75—77。

随后表决经多数通过，照资政院章请旨裁夺。① 限于所见史料，未知清廷如何裁夺。还有一点值得注意，在此案中，江苏咨议局一再责难张人骏没有严惩闹事饥民，而资政院议员又强调闹事者是匪徒。有人认为江苏咨议局与资政院弹劾江督，发扬了民权，但不知这个民权之"民"究何所指，确实颇为引人深思。

（二）关于江苏借债代偿商款案。宣统二年（1910）六月，上海发生橡皮公司股票风潮，市面恐慌，致正元、兆康、谦余等钱庄歇业。江督张人骏允准上海道蔡乃煌与上海总商会总理周晋镳借洋债350万两，以其中140万两代正元等三家钱庄偿还亏欠洋商之款，其余210万两存款生息，以维持市面。九月，江苏咨议局第二年度常年会召开，张人骏并不向咨议局提出此案。对此，咨议局按章向督抚提出质问：（1）商人倒欠华洋各款，官可代追，不能代偿，而蔡乃煌以国家行政官厅名义借洋债代还钱庄倒欠洋款，将开恶劣先例，"设以后华洋贸易倒欠更巨，外商援例交涉，其奈之何？"（2）借款维持市面，必有相关办法，今但闻借款，不知办法如何，"未识当时蔡革道面禀若何措词？此中亏折之处督部堂原奏曾否据实声叙？"（3）借款既为正元等三家钱庄偿还洋款，该钱庄等"究竟有无确实抵押物件及担保凭证？设有亏短，非特江苏人民不能因此凭空增加义务，即国家亦何能无端代任损失？"② 其时，因上海市面恐慌，江督张人骏又赴沪借洋款300万两，以维持市面，但咨议局正开议，而并不交局议。江苏咨议局致电询问"报载借款三百万，由宁筹还，有无其事"，未蒙答复，于是又补具文牍，正式提出质问案，呈请迅予批答。③

① 《资政院第一次常年会会议速记录》第25号，宣统二年十一月十二日，清末铅印本，页62—67。

② 《呈请督部堂、抚部院批答革道蔡乃煌息借洋债之质问案文》（九月初八日），《江苏咨议局第三届第二年度常年会呈报议决案汇录》，《江苏咨议局第二年度报告》第1册，页61—63。

③ 《呈请督部堂批答借款维持市面质问案文》（十月初六日），《江苏咨议局第三届第二年度常年会呈报议决案汇录》，《江苏咨议局第二年度报告》第1册，页67。

十月，张人骏批答蔡乃煌借款质问案，详叙蔡乃煌与周晋镳赴宁面禀情形，并称："本部堂察核所论各节，尚非无据，且沪市岌岌，维持之责，原在关道，周道又为商会公举总理商情取借以通达之人，因即准如所请奏，奉特旨允行在案。至于办理情形，自应由该道钦遵谕旨，悉心筹画，慎防流弊，敬谨从事。"① 张人骏以奏请奉旨为挡箭牌。对于借款维持市面质问案，张人骏用同样手法对付，其札文有谓："查此案就宁省及江南各埠市情危迫，并因裕宁局为各项经费垫放饷银，为数太巨，亟应立筹填补，经本部堂于九月十一日电请军机处代奏，奉旨允行在案。"随文还附抄电奏稿。②

与此同时，江苏咨议局对于张人骏批答蔡乃煌借款质问案并不满意，认为："督部堂仅追述当日蔡革道面禀浮混之词，未体谕旨转饬慎防流弊之意，且按照本局原呈，除第一节第二条所问当时蔡革道面禀若何措词一语确承批示外，其余有关紧要各端，亦概未按呈切实逐一答复，仍未能解释本局之疑虑。"于是继续提出质问案，逐层批驳当时蔡乃煌等蒙混面禀，指责张人骏不应借款代偿，并表示："本局所急须呈请批答者，只在以后流弊如何杜绝？借到之款如何存放、归还？以及万一亏短，谁任偿还之责？"③

十月二十日，江苏咨议局讨论议员黄炎培提议江督违背法律并侵

---

① 《张督部堂札复已革苏松太道蔡乃煌息借洋款质问案应由该道钦遵谕旨慎防流弊文》(十月初九日)，《江苏咨议局第三届第二年度常年会议决案汇录·督抚复文汇录》，《江苏咨议局第二年度报告》第 2 册，页 22—23。按：原书署"十一月初九日"有误，应为"十月初九日"，今改正。

② 《张督部堂札复借款维持市面质问案曾经电奏奉旨允行文》(十月十四日)，《江苏咨议局第三届第二年度常年会议决案汇录·督抚复文汇录》，《江苏咨议局第二年度报告》第 2 册，页 25—26。

③ 《呈请督部堂、抚部院批答蔡革道息借洋债继续质问案文》(十月十六日)，《江苏咨议局第三届第二年度常年会呈报议决案汇录》，《江苏咨议局第二年度报告》第 1 册，页 68—70。

夺咨议局权限呈请资政院核办案，经表决以全体通过。① 该呈文就前两案提出张人骏违法与侵权问题：(1)关于蔡乃煌案，张人骏身为南洋通商大臣，于华洋交涉本有专责，而不顾官吏对于华人倒欠洋款只能代追不能保偿之例规，"偏信属吏，蒙奏朝廷，又以谕旨所谆饬应行恪遵者，仅诿之于属吏，而己若无与，召外交无穷之患，增财政困难之忧，实较寻常违背法律仅关内政者，情事尤重"。(2)关于借款维持市面案，据张人骏札文称借款 300 万两，"以六年为期，本利由宁省设法匀还"，江苏咨议局认为："此项借款既声明本利由宁筹还，是即本省公债及本省担任义务之增加事件。"时值咨议局开会之期，而竟不交局议，"使非照章呈请钧院核办，势必于咨议局应有之权限悉被侵夺"。②

十一月十二日，资政院讨论该案，议员方还报告审查结果，认为江督张人骏借洋款替华商还洋债，未交咨议局议决，"实在违背法律，侵夺权限，是关系全国事情。"在议员们发言时，高凌霄认为，这个事情与内政、外交均有关系，于国家前途影响非小，若官吏替商民偿还亏倒之款，一则"将来人人都可以倒款，这事情实在不了"，再则"洋商凡有亏倒，都向政府索还，不数年间，中国就可以破产"。许鼎霖详细介绍了上海橡皮公司股票风潮，及江督张人骏借洋款内幕，认为应由江督承担责任："现在经手借款的蔡乃煌，要他的命也无济于事，只有叫两江总督担其责任，方为正理。能如此办法，则将来督抚不至于乱借外债，亦不至于替华商还洋款。不然洋人尽问督抚索欠，督抚又尽令人民负担，后患何堪设想？"议员们多主张要由江督自己担负责任，王佐良说："江督所借此债，必得江督担任，并可限定日期归还。"易宗夔说："这个事体实在应由该督自担责任，方是正常办

---

① 《江苏咨议局第三届第二年度常年会议事录》，《江苏咨议局第二年度报告》第3册，页58—59。

② 《呈请资政院核办议决张督部堂违背法律并侵夺咨议局权限案文》（十月二十二日），《江苏咨议局第三届第二年度常年会呈报议决案汇录》，《江苏咨议局第二年度报告》第1册，页71—72。

法。"林绍箕说:"由该省督抚自担责任,这个办法是很好的,必要照这样办法方好。"随后表决,多数赞成修正后具奏。① 十一月二十三日,资政院据情上奏,并没有提出具体处理意见,只是照章请旨裁夺。限于所见史料,不知清廷如何裁夺。在现存中国第一历史档案馆所藏资政院奏折有一个附件,认为第一次借款"全系蔡乃煌一人之咎,江督特受其蒙蔽耳";第二次借款"似近地方公债,而究实外债,江督为维持长江一带市面,情势紧迫,奉旨系为大局起见,允从照办,不得以未及交议为江督咎也"。② 几乎完全为张人骏辩护。不知出自何人手笔? 待考。

(三)关于宁属预算案。按照预备立宪逐年筹备事宜清单,宣统二年(1910)试办各省预算决算。有鉴于此,各省咨议局第二年度常年会召开后,便纷纷要求地方督抚提交宣统三年(1911)预算案,以供审议,甚至不惜以停议相争。据《申报》报道:"浙省咨议局以官厅不交预算案,显违定章,致国家税与地方税混淆不分,人民担负日重,脂膏将绝。咨议局代表舆论,决议联合各省咨议局力争,争而不获,各省同时停议。"随即分电各省,得到闽、湘等省回电支持。③ 福建咨议局提出《预算提出时期质问案》,认为:"夫咨议局者,根据咨议局章程而为宪政之基础者也。无预算,则咨议局章程不足恃,是无咨议局也。"在讨论此案时,议员刘崇佑更是直接宣称:"有预算始有咨议局,无预算是无咨议局也。"④ 预算案成为风潮并不足怪。

九月初三日,江苏咨议局讨论各省咨议局联合会关于预算之通告

---

① 《资政院第一次常年会会议速记录》第 25 号,宣统二年十一月十二日,页51—59。

② 《资政院总裁溥伦奏报核办张人骏借外债侵权违法案事》(宣统二年十一月二十三日),一档藏:朱批奏折·附件一,档号 04-01-35-0879-028,缩微号 04-01-35-046-0489。

③ 《各省咨议局联合请交预算案》,《申报》宣统二年九月初六日,第 1 张第 3 版。

④ 《福建咨议局第二次会议速记录》第 2 号,宣统二年九月初三日,福建咨议局宣统二年(1910)刊本。

书，及闽、湘两局关于预算两电，有议员提议"即日呈明督抚本局于九月二十日以后专待议决预算案"，经表决全体通过。① 因江苏有总督与巡抚两个行政中心，预算案也分宁属与苏属。九月二十日，江苏咨议局先将苏抚程德全交议苏属试办宣统三年预算案开第一读会。江督张人骏于九月二十五日才把宁属预算案交咨议局。十月初三日，江苏咨议局为宁属预算案补行第一读会。十月十九日，又开宁属预算案第二读会。十月二十日，续开宁属预算案第二读会，接着又开第三读会，与苏属预算案同时完成审议，并经表决以全体通过。② 查江苏咨议局第二年度常年会议案报告，在第一类"已经议决案"下"督抚交议案"的第四项，就是"宁属宣统三年预算案（督），汇集他案修正后可决"。③ 可见，江苏咨议局第二年度常年会已议决宁属预算案。那种指责张人骏不知预算为何物而迟迟不交预算案的说法，与事实不尽相符。

事实上，张人骏在江苏咨议局第二年度常年会开会当初，已将筹办宁属预算情形奏报清廷。值得注意的一点是，他特别强调江南财政的困难，有谓："财政为庶政之基，而江南财政头绪纷赜，清理不易，预算尤难。臣上年六月抵任，详加考察，始知外负财赋之名，内处困难之实，非及时梳剔，就事裁减，势将坐困。当即明定功过，切实督催。"张人骏莅任江督后，便一直在清理财政的同时，筹计宁属预算。据清理财政局遵限呈报试办宣统三年预算册表，统计岁入银 2574 万余两，岁出银 2680 万余两，出入相抵计尚不敷银 106 万余两。经张人骏核实，剔除若干岁入浮费，实计不敷银约 150 万两，而筹办新政费用尚不在内。度支部电咨指令裁减归并 150 万两，张人骏先拟将总

---

① 《江苏咨议局第三届第二年度常年会议事录》，《江苏咨议局第二年度报告》第 3 册，页 10。

② 《江苏咨议局第三届第二年度常年会议事录》，《江苏咨议局第二年度报告》第 3 册，页 30、39、53、55、58。

③ 《江苏咨议局第三届第二年度常年会议案报告目次》，《江苏咨议局第二年度报告》第 1 册，页 1。

督衙门经费裁减 7 万余两，以为表率，各衙门局所相继设法裁减，共计 95 万余两，仍不敷银 50 余万两。"如此大加撙节，庶事已成欲窒之机，即欲竭力搜罗，民力亦有难胜之势，况新政筹备需款尤多，非仅筹补五十万，即能敷来年之用。"① 随后，张人骏又将此案交咨议局审议。咨议局多有删减增补，计删减 30 余项，约银 51 万余两；增加 10 余项，约银 10 万两。咨议局审议之后，又呈请江督于 10 日内公布施行，但文册送到已在该局闭会后 20 余日，而各主管局所纷呈窒碍难行情形，甚至有具禀争执者，使张人骏颇感为难。该案未及宣布，而咨议局请开临时会讨论，张人骏只好允准。宣统三年(1911)二月初一日，江苏咨议局临时会召开，张人骏札派各主管员绅赴局陈述意见，遭到咨议局拒阻。咨议局复议宁属预算案，继续删减增补，并将议决案再交江督张人骏公布施行。张人骏深感碍难实行，有谓："若如局议预算案迁就成立，势必穷于应付。""当此预备立宪之时，诚宜上下一体，共支大局。议员等持论如此，似于目下帑藏竭蹶实情，茫未计及。按局章第二十四条、第二十九条所载，自不能再令该局复议。"② 张人骏作为总督大员，着重考虑的是财政实情，而咨议局作为民意机构，则旨在发扬民权，表达民意，两者于虚实之间，矛盾在所难免。

由于对江苏咨议局临时会复议的议决案并不满意，张人骏也就不急于公布宁属预算案。江苏咨议局具呈催请张人骏公布施行，"俾预算案不至消灭于若无若有之中，庶重宪政"。张人骏札复称："查各省预算案亦尚多未成立，诚以初次试办，不能不审慎于始，未便徒恃理想，转忽事实，以致舛错窒碍。其预决案未经成立之先，自应暂照上年之案办理。"并表示将送资政院核办。江苏咨议局于四月初三日开

① 《两江总督张人骏奏报江南清理财政试办预算情形事》(宣统二年九月初二日)，一档藏：朱批奏折，档号 04-01-35-1097-029，缩微号 04-01-35-054-0689。

② 《两江总督张人骏奏报江苏咨议局办理决议预算行政经费情形事》(宣统三年四月初九日)，一档藏：朱批奏折，档号 04-01-35-1098-009，缩微号 04-01-35-054-0776。

协议会，以为"复议预算得此结果，实无以对全省父老"，遂公决议长、副议长、常驻议员全体引咎辞职，即日出局。① 随后，其他议员也相继宣布辞职。

江苏咨议局因争执预算案，竟以辞职与行政官相对抗，江督张人骏据情电请军机处代奏，得旨："咨议局议决本省预算，只能议减实在浮滥之款，若强为增删移补，即属逾越权限。况该局呈内措辞，以责难国家行政经费，腾出地方行政经费为要旨，是竟涉及国家行政经费，尤为不合。岂得以违章辞职相要挟？督抚有行政之责，原应彼此和衷定议，倘竟不服劝告，亦自应照章办理，未便迁就。着张人骏明白剀切示谕该局，一切务须遵守定章，不得逾越权限，倘仍不受该督之劝告，应即奏明请旨裁夺。"② 在此，清廷明显支持张人骏。

然而，江苏咨议局议员辞职，引起了轩然大波。不仅得到江苏士绅的支持，有江苏预算维持会的成立，而且得到其他各省咨议局的支持，他们纷纷致电以表声援。江苏同乡京官在江苏会馆开会，控诉江督破坏预算，有谓："江督反对宪法，为全国之公敌，对于江苏咨议局，早有破坏之决心，而又不欲明犯众怒，特借预算诬陷议员，仅以一面之词怂动政府，意在借政府解散议员，使人民归怨政府，而自居于无可指摘之地位。"③ 其时，张謇缘事进京，在被摄政王载沣召见时，详陈江苏咨议局议员辞职原因，据说"摄政王拟饬内阁电致江督，速将预算颁布施行"。④ 在各方的压力下，江督张人骏与苏抚程德全公布了试办宣统三年江苏预算全案。七月二十日，江苏咨议局集议公决，议长、副议长、常驻议员先行复职，即日到局任事，预备九月大会事宜。⑤ 江苏咨议局争执预算案风波就此结束。

① 《苏咨议局之大纪念日》，《申报》宣统三年四月初七日，第1张后幅第2版。
② 《竟听江苏咨议局解散耶》，《申报》宣统三年四月十五日，第1张第4版。
③ 《江苏京官大会纪事》，《申报》宣统三年五月初二日，第1张第5版。
④ 《专电》，《申报》宣统三年五月十八日，第1张第4版。
⑤ 《江苏议员复职之宣言》，《申报》宣统三年七月二十三日，第1张后幅第2版。

三、结论

关于地方督抚与立宪派在咨议局的政争，以往论者多以立宪派为民权的代表，地方督抚为专制的象征，因而有意无意地褒扬前者，而贬抑后者。其实，从上述张人骏与江苏咨议局政争的事例看来，可以得出如下两点新的认识：其一，咨议局作为民意机构，以咨议局议员为代表的立宪派固然有代表民意、发扬民权的一面，但这个民意与民权之"民"究竟是何所指，值得具体分疏。在上述江苏饥民焚抢公司案中，咨议局就站在了饥民的对立面，如果说议员们也在发扬民权，表达民意，那么这里所谓的"民"，显然是与"绅"画等号的。其二，论者往往把地方督抚与立宪派的政争，看做思想观念的保守与进步之争，在上述江苏借债代偿商款案与宁属预算案中，江督张人骏常被论者指斥为对宪政无知的顽固鄙陋之徒，实际上与事实并不相符。其实关键是权力之争，地方督抚与立宪派的矛盾，与其说是思想观念之争，毋宁说是预备立宪时期行政权限与议政权限尚未分割清晰的必然冲突。在历史研究中，任何简单的褒贬都是苍白的，只有鲜活的事实才能显出常新的魅力。

（原刊于《中国社会科学论坛文集——政治精英与近代中国》）
作者单位：中国社会科学院近代史研究所

实业篇

从张之洞所购"瑞记纱机"
到张謇创办大生纱厂

易惠莉

胡钧编《张文襄公年谱》将张謇大生纱厂创始之功归于张之洞，见年谱光绪二十一年十二月目下"招商设纱厂于通州"一则及所作附注："公在鄂所定购之纱机价凡六十余万两，属陆文端润庠提倡苏沪机制实业。陆氏允而复辞，乃转属张修撰謇集股开办。张氏嫌机贵本重难招商股，旋作价五十万两，与盛京卿各认其半，上海、通州各设一厂。设通州者曰大生，世皆知张氏为实业家，不知实肇始于此。"[①] 张之洞"在鄂所定购之纱机"，系由德商瑞记洋行一手操办，从而有"瑞记纱机"之称谓。1895 年春瑞记纱机运抵中国，当年末张謇即以承领者涉事其中，再到 1899 年春以半数瑞记纱机建成的大生纱厂投产，历时整四年。胡钧笔下将其间重要事件一一提纲挈领历述在案，其中颇有深意，原因在张之洞一时兴起酿成定购瑞记纱机之错，故大生纱厂建成后此事成为他政绩中的一大禁忌而绝口不言。相反，张謇虽同属一时兴起陷入承领瑞记纱机之困，而万般无奈地经历多方磨难，终因得两江政府之官款融资扶持，获建厂成功。且建厂有成后，张謇凭借"庚子事变"造就士绅崛起的大好时机，成为东南士绅领袖级人物，此中得益于大生纱厂创业成功之因素

---

① 胡钧《张文襄公年谱》(台北)，沈云龙主编《近代中国史料丛刊》第 47 种，文海出版社，1982 年，页 139—140。

甚大。① 从而此后张謇格外注重借助大生纱厂之创业史，作自我形象之塑造。如呈现于张謇笔下的大生纱厂创业史，张之洞被定位于瑞记纱机麻烦的肇始者，而出现在胡钧笔下的另一位重要关系人物盛宣怀，则被定性为言而无信者，以陪衬张謇本人为官方解脱瑞记纱机案困境的创业者形象。基于1901年新政后士绅对社会舆论的掌控，当事人张之洞、盛宣怀不约而同地在此事上保持沉默，而造成张謇有关大生纱厂创业的说辞几成信史的局面。胡钧上说，具体陈述从张之洞所购瑞记纱机到张謇创办大生纱厂创办间的史事演变线索，明显有质疑张謇之相关说辞而为张之洞抱屈的用意。据此可见，有关这一段史事自来就存在争议。不过，基于至今仍缺乏有关这段史事的追踪性研究，故胡钧上说提供的史事演变线索，仍未能得以有具象性情节内容的展现，故对那一段史事的理解仍处于模糊形态。

本文就那一段仍隐晦不明的史事作追踪性的研究，其目的不在追究张謇、张之洞，以及盛宣怀诸人间之是非曲直，而在探究"瑞记纱机事"这样一桩由高层官员盲动而成的近代企业投资活动在遭遇危机挑战之际，涉事诸人出于各自的算计而涉于其中的背景、应对困局的方式，及其结果的利害得失，并使之成为展示甲午战后到庚子事变前那一历史时期清政府官场高层人事运作之政治文化形态的个案。且现存档案资料，是足以支持达成这样的研究目标的。而基于张之洞、张謇和盛宣怀诸位，系对此后的晚清最后十年政局演变影响重大的人物，故本案研究对于把握有关三氏之后续政治生涯的评价尺度，也将会大有助益。

———————

① 《海关(上海)十年报告(1882—1891)》："(十三)张謇：在此期间，南通人张謇于1894年获得状元称号。"从而张謇成为唯一以人物入条目者。除此而外，张謇还在"(二十四)提升官员"目下被列入"江苏省人士在过去十年中已升为高官"的20人名单中。其次，"(二十一)制造业、铁路"目下，评述上海以外各地新建纱厂时，称"这些纱厂看来都有可以获得利润的条件，其中收益最好的是通州纱厂，因为该厂地理位置优越，靠近棉花产地，1901年已能发放七厘股息"。徐雪筠等译编，张仲礼校订《上海近代社会经济发展概况(1882—1931)——〈海关十年报告〉译编》，上海社会科学出版社，1985年，页92、107、121。

一、1895 年张之洞"瑞记纱机事"
之公开化及其设计在沪消化方案的落空

　　1893 年 3 月 12 日，大理寺卿徐致祥奏参张之洞，参案中湖北铁政局被视为张之洞在鄂之劣政而大受诟病。[①] 在有惊无险地度过了参案后，张之洞以强劲反弹的姿态回应政坛对其办洋务能力的质疑，此即他在既有的湖北官办织布局仅处于尚可维持但离稳定盈利还甚远的经营状况下，做出了再在武昌建立南北两个纱厂之决策，并在 1893 年当年完成向外商瑞记和地亚士洋行订购机器设备之全部程序，同时着手北纱厂的经办人员和资本的筹措；南纱厂虽也任命了主要的筹办人员，但办厂资本等重要事宜则完全未提上议事日程。在张之洞的预想中，机器设备运到后官商共同投资建厂当无大碍，故订购纱机等款项全部以借款方式由洋行代垫。

　　1894 年秋，北纱厂筹建推进乏力，南纱厂筹建事则更毫无声息，张之洞却在 11 月初甲午中日之战向国内延伸的时局背景下由鄂督调署江督，"瑞记纱机"之事他似已完全无暇顾及。直至 1895 年夏这批机器设备全部运抵武汉，此时张之洞更无心继续执行原武昌南北两个纱厂之计划，乃率而决定先行以南纱厂之纱机设备转移于两江消化。其时正值清廷为应对中日马关条约有关新开口岸沙市、重庆、苏州、杭州以及旧口岸地，允许外商设厂制造的外力挑战，大力倡导内地民间兴办机器制造，其中丝、纱二业列为首选。[②] 借贯彻清廷此项新政之名义，7 月中张之洞先后向经元善、严信厚和包括叶澄衷、郑观应

---

　　① 徐致祥《奏湖广总督张之洞辜恩负职折》，见胡钧《张文襄公年谱》，页 120。
　　② 如 1895 年 7 月 10 日张之洞《致经元善、严信厚电》谓："总署来电照录于后。奉旨：日本约内改造土货一节，关系最重，江、浙等省如斤丝花布，可否于出产处先抽厘金，方准运出，并招商多设织布、织绸等局，广为制造，又筹款购置小轮船十余只，专在内河运货，以收利权。着张之洞、奎俊、廖寿丰妥速筹商复奏。"赵德馨主编《张之洞全集》(八)，武汉出版社，2008 年，页 356。

等在内的沪上著名商人，发出来宁商议兴办丝、纱厂事宜的邀请，然
均遭冷遇。① 尽管受此挫折，张之洞仍然决意由两江消化瑞记纱机，
他有条不紊地促成两江财政系统旧人，即黄祖络回任上海道和桂嵩庆
出任两淮盐运使的人事布局，此举意在争取两江财政系统对该计划的
认可。② 在沪上绅商完全无意接手瑞记纱机的情况下，张之洞唯有另
辟蹊径策划两江消化瑞记纱机之方案。张之洞策划方案的雏形，最早
见于9月2日其致新到任的苏抚赵舒翘、苏藩邓华熙电，所谓：

> 朱道(朱之榛，时任江苏盐道)回苏，寄呈振兴商务办法两
> 纸，想鉴及。尊意以为如何，各官绅意如何。大举一节恐不易
> 办，部中断不允，惟有就息借商款二百万开商务局一策，或尚可
> 行。望与各官绅筹商速示。③

电文中张之洞表达两江地方"振兴商务"，"惟有就息借商款二百万开
商务局一策，或尚可行"的见解。所谓"息借商款"，乃1894年9月
清廷出台的面向国内省会城市，尤其通商口岸的商家、银号和典当业
等民间机构募集战备款项的举措。两江苏、沪、宁三地分别筹得"息
借商款"之额：苏州100.26万两，上海126.25万两，南京4.625万
两。④ 由于战事未及两江地方，三地募集的"息借商款"均未动用。
因此，张之洞有意"就息借商款二百万开商务局"接手瑞记纱机。不

---

① 参见赵德馨主编《张之洞全集》(八)，页356、359。
② 关于此点，可见张之洞于1895年7月16日、17日《致苏州奎抚台》电报内
容，赵德馨主编《张之洞全集》(八)，页359、361。另外，再见《姚锡光日记》1896年1
月8日记："草与钱念劬信一函，专论洋员。……而是时知府沈敦和奉制府命，往查归
来，极力为洋弁游说，盛称洋弁管理之善。盖沈敦和本充当洋行买办出身，以诣事桂
香亭，(桂香亭亦贾人子，现江南候补道。——原文)而递保知府，素凭依洋人，以为
城社，且渔利。"1月22日记："循例往见筹防局新总办、候补道桂香亭(嵩庆——原
文)，未见。"从中可见随张之洞署江督而来两江的新人与两江官场旧有势力间的矛
盾，而桂嵩庆则系两江官场旧有势力的代表人物。姚锡光《姚锡光江鄂日记(外二
种)》，中华书局，2010年，页49、51。
③ 1895年9月2日张之洞《致苏州赵抚台、邓藩台》，《张之洞全集》(九)，页8。
④ 参见李文杰《息借商款与晚清财政》，《历史研究》2018年第1期，页74。

过，其见解所得回应并不乐观。苏抚赵舒翘以苏绅无意息借商款挪作他用为由予以婉拒，苏藩邓华熙的态度则似尚有回旋余地，所谓："据任绅道镕函复可行，俟商妥即禀复。"① 尽管如此，张之洞还是迫不及待地于 9 月 6 日，即就两江"息借商款共二百二十六万"，"移为开办商务局之用"事宜呈奏。② 又以获清廷认可为背景，张之洞率先与苏州地方达成"息借商款"移存商务局的共识，只是苏州方面坚持"苏属借款百万专拨归苏用"的立场，③ 大大地制约了两江政府在动用这笔款项上的权限，从而令这一成果对于张之洞的意义有限。相对于"息借商款"移存商务局之主张在上海完全无从推进的情况而言，张之洞对苏州的成果多少是有欣慰感的。④

上海无疑是张之洞解决瑞记纱机问题寄予最大希望的地方，早在 9 月 16 日他致电沪道黄祖络，就瑞记纱机事作交代："瑞记纱机事，必须筹一妥善办法。此时正在招商纺织之际，若已到之机退与洋商，似与政体不合。拟即委阁下督办，详晰已告叶丞（叶大庄）矣。即妥商电复。"⑤ 张之洞将沪上瑞记纱机事委任于黄祖络"督办"，意在借重黄氏在沪道位上贯彻他的意旨，电文中"详晰已告叶丞"一语，则道明此间有上海县县丞身份的叶大庄在沪上处理瑞记纱机事上的角色地位。如此人事安排，无疑加剧了黄祖络对其涉入瑞记纱机事善后处置

---

① 1895 年 9 月 3 日张之洞《赵抚台来电》，《张之洞全集》（九），页 8。

② 1895 年 9 月 6 日张之洞、赵舒翘《致总署》，《张之洞全集》（四），页 447。

③ 1895 年 10 月 28 日张之洞《致苏州赵抚台》，《张之洞全集》（九），页 33。

④ 1895 年 10 月 28 日张之洞《致苏州赵抚台》。该电又有所谓"朱道之榛，弟深为器赏，委兼洋务极妥"之说。《张之洞全集》（九），页 33。关于商务局体制的问题，1896 年 2 月 18 日张之洞在《筹设商务局片》中谓："商务总局派委道员，总司劝导督饬办理外，查有苏州在籍绅士前国子监祭酒陆润庠……通州在籍绅士前翰林院修撰张謇，乡望素孚，商民信服，当经臣各与照会，陆润庠经理苏州商务局……张謇经理通海一带商务局"。《张之洞全集》（三），页 359—360。

⑤ 赵德馨主编《张之洞全集》（九），页 15。叶大庄（？—1898），福建闽县人，同治十二年（1873）举人，甲午战争期间入署理两江总督张之洞幕，办理洋务文案。1895 年 7 月，瑞记纱机事麻烦方始浮出水面，叶氏就在沪执行张之洞相关的指令了。

的抵触情绪，这也在张之洞的预感范围。黄氏 9 月 19 日来电完全未涉及瑞记纱机事，故张之洞在 9 月 20 日致电叶大庄，急迫地打探黄氏对"督办"该事作何打算，所谓："瑞记纱机事，已电黄道筹办，详细由该丞面陈，现已筹有办法否?"① 黄祖络态度的消极，决定沪上筹议"息借商款"移存商务局事推动乏力，以致出现如下情节，即 11 月 3 日盛宣怀在天津接到沪道黄祖络如下内容的来电：

> 香帅新设纱厂即日举办，筹官款五十万。查南洋奏准江苏息借商款移存商务局，分年归还。帅谕：将招商局十万借留此厂，以充官本，转移之间，彼此有益。已与子梅兄(沈能虎，招商局会办)说明，特电奉闻，乞速复，以便转禀等因。②

黄氏该电大有将沪上筹议"息借商款"移存商务局事推诿于盛宣怀之意，因此他无意也无须对盛氏有所隐瞒，而将张之洞的谋划和盘托出，即从上海地方认领的 126.25 万两"息借商款"中挪出实款 50 万两，移存于沪上商务局用作其"新设纱厂"之官本。招商局认领"息借商款"为 37.5 万两，③ 其中到位实款大约仅 10 万两，从而有"帅谕：将招商局十万借留此厂以充官本"之说。张之洞此说虽有征求盛宣怀及招商局认可之意，但也非可轻易拒绝的事情。不过，早在招商局完纳"息借商款"定额之际，盛宣怀即未雨绸缪，对该局官督商办体制在日后借款归还事宜上的不利处境有所考量，即安排招商局旗下纯商办体制的仁济和保险公司担当 10 万两"息借商款"的贷款方。此举恰为此间抵制张之洞将该款挪作纱厂"官本"之意图，预留了周旋空间。此情见 11 月 3 日盛宣怀复电黄祖络之说：

---

① 1895 年 9 月 20 日张之洞《致上海叶丞大庄》，《张之洞全集》(九)，页 19。

② 1895 年 11 月 3 日盛宣怀《盛宣怀致仁济和董事公信》，吴伦霓、霞王尔敏编《盛宣怀实业函电稿》(下)，香港中文大学出版社 1993 年，页 1001。再见 1895 年 10 月 9 日张之洞《致苏州赵抚台》："商务局拟分设三处，沪一、苏一、宁一……沪局委上海道并阮道祖棠(江南制造局总办)总办"。《张之洞全集》(九)，页 25。

③ 《招商局编年纪事》光绪二十三年目下："由户部向本局息借库平银三十七万五千两，合规银四十一万一千两。"《国营招商局七十五周年纪念刊》，页 55。

> 今拟改充纱厂官本，在帅意欲使商股多沾余利，甚感；但闻瑞记所购机器较华盛机价将贵一半，严小舫、黄佐卿俱不肯接办。瑞记之买办吴姓（吴熙麟）以空手承办，将来发存官款未必有着。吴与弟等有私交，弟与沈子翁（沈能虎）皆未便擅专，已函致众商董会议，再行禀复。[①]

所谓"瑞记之买办吴姓以空手承办"说，表明在沪上声名卓著的诸商人纷纷拒绝接手"瑞记纱机"办厂的情况下，张之洞无奈选择经办订购"瑞记纱机"事宜的洋行买办吴熙麟出面承办，而"息借商款移存商务局"，则是为吴氏筹集承办资金。为有效抵制张之洞此举，盛宣怀致函仁济和保险公司董事会，就如何交涉两江官方作出具体指示。其一，所谓："查仁济和公司实存银行现款四十万两，去春在沪会议，断不可少。"此说强调 10 万两借款动用的是仁济和公司作为保险基金的存款，务必尽早归还；其二，所谓："如果仍执江海关息借商款之海关印票，照年限内海关发还，则南洋如何拨充商务局或纺纱局，仁济和公司皆可不问。如欲仁济和认纺纱局为借主，则与原议不符。"此说则发难"息借商款移存商务局"之举，有涉变更借款担保方的问题，原本贷款方"执江海关息借商款之海关印票"，借款可得如期归还有切实保障；其三，所谓："从前马眉叔失事于前，至今仁济和股商受累，抱怨无穷。"[②] 此说重提 1890 年轮船招商局会办马建忠按李鸿章意旨将公司公积金 30 万两挪作上海机器织布局股本之旧事，以此警醒董事会务必协力阻止张之洞之意图成为现实。

盛宣怀出面组织阻击，张之洞顿陷困境，他完全无力应对沪上抵制"息借商款移存商务局"的挑战。张之洞曾于 12 月 17 日、23 日两度致电黄祖络等人，力图洗刷"息借商款移存商务局"之举措与瑞

---

① 1895 年 11 月 3 日盛宣怀《盛宣怀致仁济和董事公函》，《盛宣怀实业函电稿》（下），页 1001。

② 见 1895 年 11 月 3 日盛宣怀《盛宣怀致仁济和董事公函》，《盛宣怀实业函电稿》，页 1001—1002。

记纱机事的关系，声称商务局将拥有自主办厂的权力，所谓："以借本之多寡为股分之等差，各就所还本银全数汇齐自行议办一厂。如机器制造各货，凡可以敌洋产塞漏卮者皆可，亦不必拘定纱布、缫丝两项。"并许诺所办工厂享有减免税厘的优惠，所谓："当奏明第一年准将税厘全免，第二年后即照纱布厂章程只完一正税，通行各省，以示鼓励。"① 与此同时，张之洞也并未放弃由吴熙麟承办纱厂的打算，见其 12 月 24 日致黄祖络、叶大庄电：

> 南洋纺织局官商合办，已付过官本十五万两，仍应补发二十五万两由瑞记洋款先行垫发。即交商董吴熙麟领收，以便迅速开工。此时只作为借垫，此项将来均拟由沪上海滩地价筹还，若认真清理必能凑足此数。如地价不敷，或酌招商股归垫，随时酌办。②

所谓"南洋纺织局"，即张之洞谋划中以瑞记纱机所建之厂；所谓"官商合办"，即张之洞有关"瑞记纱机"价款为官本，"息借商款移存商务局"作为商本的设想；所谓"已付过官本十五万两，仍应补发二十五万两由瑞记洋款先行垫发"，乃针对订购"瑞记纱机"价款而言，即"瑞记纱机"订购价为 40 万两。电文中言及的"瑞记洋款"，则指 1895 年 6 月在马关中日和议既成、日军入驻台湾的背景下，张之洞以筹措军费为名，以江苏省盐厘作担保，经由瑞记洋行代办的 100 万英镑对德国家银行借款。③ 张之洞有意从这笔尚未动用的"瑞记洋款"中"借垫"25 万两，结算在瑞记纱机事上对瑞记洋行的欠款。而"借垫""瑞记洋款"的漏洞，张之洞则"拟由沪上海滩地价

---

① 1896 年 1 月 3 日张之洞《致上海黄道台、津海关盛道台、上海县黄令、委员叶丞、招商局沈道台（招商局会办沈能虎）、电报局经守（电报局会办经元善）》，《张之洞全集》（九），页 69。

② 1895 年 12 月 24 日张之洞《致黄祖络、叶大庄》，《张之洞全集》（九），页 62。

③ 参见《晚清经济史事编年》，上海古籍出版社，2000 年，页 651；《近代中国史事日志》，中华书局，1987 年，页 925。

筹还",并认为沪上滩地"若认真清理必能凑足此数"。张之洞此间如此急迫地谋划瑞记纱机事债务之结算,意味着他对自己不久将离署江督任前景已有所知,他执意"瑞记之买办吴姓以空手承办",则不乏借重吴熙麟实现以40万两价格与瑞记洋行结算"瑞记纱机"代购案的意图。张之洞为此设计出从"瑞记洋款"中"借垫"25万两了结纱机事上对瑞记洋行欠款的方案,既缺乏可操作性,也无从摆脱对外欠款的状况。该方案此后即无下文在可预料范围,不过后继部分,即瑞记纱机事的欠款最终将"由沪上海滩地价筹还"的设想,却是切实可行者。12月上旬,由叶大庄领衔开办以清理沿黄浦江滩地为使命的升科局,两江政府直接掌握沿黄浦江滩地升科之进项已既成事实。①

二、苏州商务局与"瑞记纱机"事

1896年1月2日,清廷下令刘坤一、张之洞分别回其战前江督、鄂督之原任,直至此时,张之洞仍对沪上商界响应其有关"息借商款移存商务局",用作承领瑞记纱机在沪建厂之商本的主张抱有一线希望。1月3日,张之洞致电沪上黄祖络、盛宣怀、黄承暄(上海知县)、叶大庄、沈能虎(招商局会办)、经元善(电报局会办),重申1895年12月17日、23日两电内容,并郑重其事地要求上海道黄祖络"迅速照录此次去电全文,出示晓谕,俾众周知,不可减少一字"②。其时正值盛宣怀辞津海关道职南下回沪,且其接办湖北官办

---

① 1895年12月3日张之洞《致沪道黄祖络》:"闻紧连租界新堤地方,有未升科地数百亩,为该处地保冒名禀请升科,业已零星转售。果有此事,该地保实属胆大可恶,应即彻底追究。闻此外未升科地甚多,该道务即督同上海县及叶丞(叶大庄)一并切实查明,变价充公。此后如有禀请升科者,务必严斥,勿令蒙混私占。切切,即电复。"《张之洞全集》(九),页51。

② 1896年1月3日张之洞《致上海黄道台、津海关盛道台、上海县黄令、委员叶丞、招商局沈道台、电报局经守》,《张之洞全集》(九),页70。

汉阳铁厂的交涉亦正渐入佳境，这为张之洞借重其游说沪商接手瑞记纱机提供了条件。而盛宣怀出于维持双方关系之考量，对张之洞此意亦有不能不予以配合的姿态。

1月14日，盛宣怀协助两江官方，出面召集沪上与"息借商款"有关的轮船招商局、电报局等机构人员举行会议。会毕当天，盛宣怀即代笔赵凤昌（张之洞在沪之亲信）以会议情况电知张之洞，所谓："今日盛道招集沪商筹议，均以新约准洋商制造，纱厂日多，纱利日薄，不愿领办。盛再三劝导，许以由官另存公款二十万，官本四十万息可挪后，沪商亦不肯允。"所谓"许以由官另存公款二十万"，指沪商以50万两"息借商款"承领瑞记纱机建厂，官方则再另行投入20万两"公款"以供作该厂运营资金。又所谓"官本四十万息可挪后"，则指瑞记纱机折合40万两官本，于纱厂投产之初的数年不取"官利"。尽管有如此利好，而招商局、电报局为代表的企业机构仍拒绝接手瑞记纱机。

为利于张之洞接受当日会议的结论，盛宣怀为化解瑞记纱机事之困局拟出了三项对策。其一，继续由瑞记洋行及其买办吴熙麟接手瑞记纱机，所谓："拟属沈道能虎与瑞记试商，或由瑞记洋人自行设厂，已付吴熙麟四十万作为存款，机器合同销毁，此亦推出一法。"该对策虽是张之洞之主张者，但其本人亦明白此对策根本不可能实现。其二，以国内已建、拟建各华商纱厂为对象，摊派分领瑞记纱机之纱锭，所谓："或将纱机四万锭官本四十万分作八分，由沪道、宁道（宁波道台）以官力勒令沪、甬、苏、鄂八厂各领一分，其大引擎锅炉饬令制造局承买，此亦消纳一法。"此说中"沪、甬、苏、鄂八厂"，指沪上"稽查纺织公所"辖下的华盛、裕源、裕晋、华新、大纯五厂，宁波通久源厂（筹议中），苏州苏伦厂（筹议中），湖北纺织官局。[①] 鉴于该方案

---

① 1896年1月14日盛宣怀《致张之洞电》："瑞生四万锭（即'瑞记纱机'），至少须集商本一百万，无论何人独立难支，必须众擎易举。此系振兴商务大端，可否请派熟悉商务五人，各认招二十万庶可接收，确实举办，不托空言。"盛宣怀撰《愚斋存稿》，沈云龙主编《近代中国史料丛刊续编》第122种，页618。该件署"光绪二十一年十二月三十日"，鉴于该日期无存在可能，当系"十一月三十日"之误。

涉及面大，所将引发不利反响不易控制，张之洞自然难以接受。其三，盛宣怀认为最具可行性，亦在张之洞可接受范围之办法，所谓：

> 但总不及拨归苏州商务局于事理最合。苏局虽系息借商款，究系官力办到，如同官款。且所订瑞生机器，该行主云，陆（陆润庠）实尚未画押，以官本四十万合苏款六十万，适成一公厂。可否电吴清帅（吴大澂）再切商陆祭酒，最为得体省事。盛本拟先与陆商，而陆已回苏。①

盛宣怀认为瑞记纱机"拨归苏州商务局于事理最合"，其依据首先在"苏局虽系息借商款，究系官力办到，如同官款"。苏州地方"息借商款"，除最大来项系地方"积谷公款"的 38.17 万两外，其他来自商家、绅富之款项。② 当初筹集途径的传统性，决定该款项在传统规则范围内可动用的正当性，苏州地方早在两个月前就顺利达成"息借商款移存商务局"的成果正缘于此。盛氏如此为说，意在强调沪上"息借商款"的非传统属性，其来项多与近代性的股份制"官督商办"企业机构相关联，征集时基于战时背景忽略了征得股东认可的环节，其合法性已有所欠缺；现今常态背景下官方再有意变更"息借商款"之属性，就再无征得相关企业股东之认可程序的可能。换言之，盛氏劝说张之洞无须再徒劳于沪上"息借商款移存商务局"之事。

　　盛氏认为瑞记纱机"拨归苏州商务局于事理最合"，另外的理由则是苏州地方兴办纱厂的积极态势，此情见诸日本驻沪总领馆 1896 年度报告书中的一则内容：

---

①　1896 年 1 月 14 日盛宣怀《代赵竹君电禀张杏帅》，《愚斋存稿》，《近代中国史料丛刊续编》第 122 种，页 618。

②　苏州完成认领"息借商款"额为 100.26 万两，其他来项有官员 9.2 万两，绅富 7.28 万两，商家 26.6 万两。此数据参见李文杰《息借商款与晚清财政》。另见 1904 年 7 月 25 日《江苏巡抚恩寿奏》："窃照光绪二十一年苏州开埠通商，经前署督臣张之洞奏设苏经、苏伦两厂，息借积谷等公款银二十三万三千八百五十两，又息借民款五十四万七千六百两，合成一大公司，公举绅董经理其事。"汪敬虞编《中国近代工业史资料》（第二辑 1895—1914 年）下册，科学出版社，1957 年，页 701。

　　　　1896 年 1 月 9 日的报告，介绍了两江地区官府在甲午战争
　　失败后有意在苏州兴办缫丝、纺纱等机器工业的情况。……两江
　　总督拟将甲午战争期间向民间借用的军费 60 万两作为开办苏州
　　商务公司纱厂的经费，并另行招股 40 万两，为此于 1896 年 1 月
　　8 日发布了苏州商务公司丝厂、纱厂招股章程。①

苏州商务局筹办纱厂在启动招股的同时，另有一重要动作，即前述盛
宣怀 1 月 14 日电中所谓"且所订瑞生机器，该行主云，陆（陆润庠）
实尚未画押"情节，因此盛氏急迫地请张之洞应设法中止苏州商务局
有关"瑞生机器"的订购，转以承领瑞记纱机建厂。其实无论从何角
度言之，苏州商务局筹办纱厂势必首先考虑承领瑞记纱机建厂之可能
性，导致其放弃作承领打算而转向自行订购纱机的原因，当在瑞记纱
机的折价问题上难以与张之洞达成妥协。因为瑞记纱机原订购价为
40 万两，但因辗转运费，以及雇请洋人技工、栈房租金、保险等诸
多开支，此时在瑞记洋行账目下的开销已在 60 万两之谱。盛氏在通
报苏州商务局订购"瑞生纱机""实尚未画押"信息后，作所谓"以
官本四十万合苏款六十万，适成一公厂"说，不无代言苏州商务局主
张之嫌。而瑞记纱机折价"官本" 40 万两，只能是苏州方面的主张。
因此盛宣怀认为，苏州承领瑞记纱机建厂，对于张之洞和苏州商务局
是两全其美之事，双方既有在纱机折价问题上达成妥协的必要，也完
全有可能。由是盛电最后建言，张之洞宜主动请方自湖南巡抚解任回
苏的吴大澂出面从中斡旋。不知是否盛氏 1 月 14 日电的作用，张之
洞于 1 月 14 日以商议江苏铁路事为借口，电邀苏州商务局绅董陆润
庠"请即速命驾来宁，面谈一切"。② 后以陆氏接受张之洞委其"参

　　① 李少军编《晚清日本驻华领事报告编译》（第一卷），社会科学文献出版社，
2016 年，页 76—77。另见王同愈 1896 年 1 月 8 日记："访凤石谈。晤紫东，同为凤石
所约，商同办丝纱厂事。力辞不得，无非分谤而已。旋与紫东函，谢之。"王同愈所
谓"分谤"，意指分担成败责任。见顾廷龙编《王同愈集》，上海古籍出版社，1998 年，
页 197。
　　② 1896 年 1 月 14 日张之洞《致苏州陆凤石祭酒》，《张之洞全集》（九），页 74。

酌铁路之命"为背景，苏州商务局承领瑞记纱机建厂问题的新一轮协商开启。①

三、张謇初涉"瑞记纱机"事

1895 年的 8 月后，张謇似有涉入瑞记纱机事之机缘，而要追踪其背景则相对复杂。

1895 年夏，值"瑞记纱机"事危机浮出水面之际，另一来自清廷对张之洞指控的政治危机亦不期而至。此事因缘如后。7 月 18 日，上谕以"给事中褚成博奏各直省船械机器等局，请饬各督抚招商劝办，以开利源"，"着户部议奏"；8 月 12 日谕准的户部议奏稿，在完全赞同褚成博奏的同时，论及各地既有官办洋务企业经营之现状，张之洞在鄂创设的厂矿，无论军工属性亦或民用属性，悉数被归为失败的典型。② 这是继 1893 年春徐致祥之奏参案后，张之洞再度在同一问题上遭指控。不过，张之洞此间应对政治危机挑战的姿态与前度大相径庭，他及时放下身段委曲求全于翁同龢之派系势力前。而守制在乡的张謇，也正在此敏感时间点上自南通抵宁。

据其时在张之洞幕，并与张謇往还密切的郑孝胥 8 月间日记记录，张謇在宁数次晤面张之洞，甚至有张謇日记 8 月 21 日载"南皮来谈，留商商务"这样的情节。③ 所谓"留商商务"，指张之洞以"商务"事宜挽留张謇暂缓离宁返通，而在"商务"之议题下出现"瑞记

---

①　可参见 1896 年 3 月 3 日陆润庠《陆祭酒来电》："侍既遵参酌铁路之命，精神本难兼顾，倘许商务退董，感激不尽。谨此上复，并谢轻诺之罚。乞赐复准行。"《张之洞全集》（九），页 97。陆润庠以辞苏州商务局绅董为姿态，表达结束承领瑞记纱机事之意愿。陆氏笔下"谢轻诺之罚"说，似意味着他曾就承领事达成协议对张之洞有所承诺。

②　如议奏稿所谓"湖北枪炮、炼铁各局厂经营数载，糜帑已多，未见明效，如能仿照西例，改归商办，弊少利多。"《清实录》（56），中华书局，1987 年，页 860。

③　张謇研究中心、南通市图书馆编《张謇全集》第六卷，江苏古籍出版社，1994 年，页 372、373。劳祖德整理《郑孝胥日记》第一册，中华书局，1993 年，页 511。

纱机"事则当无可避免。回南通后，张謇日记 9 月 13 日载："述答南皮尚书"；9 月 22 日载："报南皮尚书商务书"；10 月 4 日载："写南皮讯，以商议，寄请定局"。① 张謇如此频繁联络张之洞之事，可以据 9 月 23 日其致恽祖祁函的相关信息加以探究，其函具体内容如下：

> 商务各处议论如何？通海之商居然愿集六七万兴办，刻下已得四十五六万，大致不难成功。惟不愿领官款，不愿派委员，几乎是心腹大患，在此二事。甚矣，官之不见信于商也，耻孰大焉！昨又闻倭人已暗托人购买通州田地，大约是为设厂，然则通海分厂乃必不可已之事。复南皮尚书议，祈公启视代呈，亦求指教。台事如何？常熟有无讯息？謇所欲云，已托人致之矣。②

恽祖祁(1843—1919)，字莘耘，苏阳湖人，时在张之洞幕办理营务，其兄恽祖翼时任官湖北汉黄德道兼江汉关道，战前与张之洞共事甚久。恽祖祁与张謇之关系，则缘于其与张謇兄张詧在赣共事，由此有1894 年三人共聚北京而结交之机遇，且关系迅速升温到几至密友程度，如 1895 年 8 月张謇在宁活动即居恽祖祁宅。上述张謇致恽祖祁函中所谓"复南皮尚书议"，即 9 月 22 日张謇撰成的"报南皮尚书商务书"——汇报通海地方兴办商务活动推广情况。引文大部分内容在概述"复南皮尚书议"的范围。尽管张謇发出"惟不愿领官款，不愿派委员，几乎是心腹大患，在此二事"之高调，但"通海分厂乃必不可已之事"说，还是应该理解为张謇有承领部分瑞记纱机建"通海分厂"之意图。函中张謇请恽氏阅后"代呈"，并兼"求指教"之姿态，可见恽祖祁参与其事已深。③ 而该函尾端语所谓："台事如何？常熟有无讯息？謇所欲云，已托人致之矣。"张謇如此为说，基于恽氏时

---

① 张謇研究中心、南通市图书馆编《张謇全集》第六卷，页 373、374。
② 1895 年 9 月 23 日张謇《致恽祖祁函》，《张謇全集》第三卷，页 139。
③ 以后张謇创办大生纱厂时，恽祖祁是重要的参与者和大股东，亦同张謇一样与盛宣怀结下大怨；之后又与张謇共同成为沪宁铁路"拒约运动"的中坚人物，一起反对盛宣怀。

有书函与翁同龢，并兼充张之洞沟通翁氏之信使。① 张謇作为甲午年助长翁同龢主战立场影响之最重者，此间既受制于慈禧追究清算甲午年帝党主战责任之意渐显的时局环境，又受制于本人居丧境况，因此他在联络翁氏时不能不谨慎其事，在此背景下出现的"謇所欲云，已托人致之矣"一说，似不乏在以隐语请恽氏转知张之洞，他已"托人"将张之洞之意转达给翁同龢了。

1895 年 8 月后，日本对台湾的军事占领行动渐行推开，翁同龢在户部汉尚书位上负有为战争赔款筹资之责的同时，还被迫入总署兼办外交事务。逆境之下的翁氏，已有尽力改善对包括李鸿章在内的各方势力关系的自觉，② 自然更无意因深究张之洞湖广总督任上财政亏累之问题而节外生枝。10 月 16 日，张之洞上《查复煤铁枪炮各节，并通盘筹画折》《凑拨铁厂开炼经费折》及《铁厂煤矿拟招商承办并截止用款片》等折片五件；③ 10 月 20 日，他再致函翁同龢表达敬意。④ 凡此种种，均意味着张之洞业已再度有惊无险地渡过了此次危机。虽然这一结果无助于改变张謇以承领部分瑞记纱机建"通海分厂"之意愿，仍遭张之洞轻视的状况，但对于双方关系继续良好互动而言则当大有助益。

鉴于瑞记纱机之纱锭和动力系统两大部分作为有机整体，并不具备可拆分性，而通海地方又完全不具备全盘承领瑞记纱机建厂的资金条件，瑞记纱机事随之淡出张謇之视界似当不存在太大疑问。尽管张謇本人曾有"九、十月（1895 年 10 月 18 日—12 月 15 日）往来通州、

---

① 见 1895 年 10 月 20 日张之洞《致翁叔平尚书》："数月来每有托恽莘耘观察处转达之件，均得领悉尊指。"《张之洞全集》（十二），页 68。

② 此情可参见 1898 年 6 月 20 日宋恕《致孙仲恺书》："翁常熟甲午年以前全不解时务，乙未年后，合肥入京，常熟虚心请教，遂一变前之愚昧，甚服合肥。"胡珠生编《宋恕集》，中华书局，1993 年，页 691。

③ 赵德馨主编《张之洞全集》（三），页 281—289。

④ 见 1895 年 10 月 20 日张之洞《致翁叔平尚书》，《张之洞全集》（十二），页 68。

海门、上海招商劝导"之说。① 瑞记纱机事再上张謇之议事日程的时间，似当以他 1897 年初夏《呈南洋督部刘通厂集股节略》中的说法为准，该节略中所谓：

> 光绪二十一年十一月(1895 年 12 月 16 日—1896 年 1 月 14
> 日)，初议通州设立纱厂时，由刘桂馨说合，潘华茂、郭勋、樊
> 棻作主，桂馨及陈维镛同办，皆潘、郭意也。十二月(1 月 15
> 日—2 月 12 日)到省先递手折请示，后即到通由张謇添约沈燮均
> 订立合同，禀请通州、海门地方官会详定案。②

"初议通州设立纱厂时"之背景，乃 1895 年冬漕"江苏省全漕概行改折开征"，张謇借机在与"南漕改折"无涉的通海地方发起花、布贩销厘税改"包捐"的变革动议。③ 12 月 23 日，张之洞电示张謇："请访询各商"，以落实"苏、沪两局所收通海花捐最旺之年"之厘税额。④ 从而有通州花布商人刘桂馨、陈维镛等受委赴沪，促成了与沪上洋行买办商人潘华茂、郭勋、樊棻合议沪、通联手承领瑞记纱机建厂通海之议。1896 年 1 月 9 日，刘桂馨、陈维镛一行抵宁与先期到达的张謇会合。张謇 1 月 16 日记："诣南皮辞行。为改认捐事辩论二十日，万目睽睽，至是有绪。"⑤ 张謇笔下极意张扬其花、布贩销"包捐"变革主张获两江政府认可的不易，却绝口不言该日他以沪、通联手承领瑞记纱机事通报于张之洞，即所谓"十二月(1 月 15 日—2 月 12 日)到省先递手折请示"之情节。不过，这一点仍可据 1 月 16 日张之洞电示上海县之指令中，获得某种程度的印证。张之洞该电具

---

① 1907 年 8 月 31 日《大生纱厂第一次股东会之报告》，《张謇全集》第三卷，页 80。

② 张謇研究中心、南通市图书馆编《张謇全集》第三卷，页 2。

③ 1895 年 11 月 13 日张之洞《致户部电》，《张之洞全集》(九)，页 42。

④ 1895 年 12 月 23 日张之洞《致通州张殿撰》，《张之洞全集》(九)，页 62。另外，再见张謇 12 月 6 日记："以捐事与虞山(翁同龢)电讯"；12 月 18 日记："汪刺史(通州知州汪树堂)函请议包捐。"《张謇全集》第六卷，页 375。

⑤ 张謇研究中心、南通市图书馆编《张謇全集》第六卷，页 375、376。

体内容如下：

> 仿照洋式各货之厂，现息借各商（指在"息借商款"内的商家）认办何厂，并他商（指不在"息借商款"内的商家）所已办者何厂，务全行开报，分别名目，即日禀道转院，万勿再迟。税厘可免三年，因系新创，中国向无此种之货，故不妨从宽也。速电复。①

张之洞1月16日对沪上商家办厂动向突发兴趣，大约也只能以该日获悉沪商潘华茂、郭勋、樊棻有意承领瑞记纱机信息后有意外之喜为解释。背后的动因，则在张之洞对沪商承领瑞记纱机的可能性仍抱有幻想。

而张謇方面的后继行动，则有1月22日出台的《潘华茂等遵办通海纱厂禀》，该件以沪商潘华茂领衔的禀文，就沪、通联手承领瑞记纱机建厂通海之议的来由，作如下陈述：

> 窃职等承通州前翰林院修撰张集谕，承准南洋大臣张照会开：钦奉谕旨饬令招商多设织布、织绸等局，以收利权。……职等复公同展转议劝，拟在通州城西唐家闸地方水口近便之处，建立机厂，拟名大生，先办纱机二万锭。……周转营运需本六十万两，股票仿照洋厂，以一百两为一股，合计集股六千分。议由职等六人公同在上海招集四十万两，在通、海两境内招集二十万两，通、海不足，仍由上海集补足数。②

基于瑞记纱机乃有碍张之洞声誉之事，故潘华茂禀文完全不言及瑞记纱机事。这也与张之洞此间力倡江苏地方兴办丝纱厂诸多公牍，而绝口不言瑞记纱机事情况相符。不过，潘禀在下述问题上的表态不无矛

---

① 1896年1月16日张之洞《致上海县》，《张之洞全集》（九），页76。
② 1896年1月22日《潘华茂等遵办通海纱丝厂禀》，《中国近代工业史资料》（第二辑1895—1914年）下册，页688。再见1907年8月31日《大生纱厂第一次股东会之报告》："是年十二月初，禀请督部奏咨立案。"《张謇全集》第三卷，页80。

盾，即它在声称通州纱厂"先办纱机二万锭"的同时，又以"周转营运需本六十万两"为由，作"集股六千分"——集商股 60 万两的表态。仅 2 万纱锭规模的纱厂，为筹建以及开工后营运资金竟作募集"商本"60 万两的宏大规划，况且瑞记纱机 2 万纱锭折价为"官本"的金额，也无须"商本"60 万两与之匹配。潘禀定"商本"60 万两，其意多在取悦张之洞。其一，示意通州纱厂有全盘承领瑞记纱机意愿；其二，示意认同张之洞有关瑞记纱机折价"官本"60 万两的立场。潘禀此番表态表明，在苏州商务局与张之洞为瑞记纱机折价问题争执不下事态前，张謇、潘华茂诸人无意掩饰其欲竞争承领瑞记纱机的意图。

四、张謇取代陆润庠承领瑞记纱机

1896 年 1 月 22 日，《潘华茂等遵办通海纱厂禀》出台后，承领瑞记纱机顿成苏州、南通两地并列候选的局面。鉴于苏州地方有"息借商款"可资利用，与南通建厂全有待募股而定的状况有绝对优势，因此张之洞瞩目由陆润庠承领瑞记纱机之意向，并不因有张謇这样的竞争对手出现而轻作改变。尽管如此，两地竞争之势还是大大减轻了张之洞的压力感。在此背景下，1 月 27 日张之洞电示叶大庄叫停瑞记纱机交由吴熙麟办厂之前案，称："现拟改归苏州商务局陆凤石祭酒办理，江南官款（指两江政府为瑞记纱机支付的官款）归江苏大绅承领，奏报较易。"[①] 不过，南通方面认可瑞记纱机折价 60 万两的态度，也加大了张之洞对苏州方面有所让步的难度，此情见张之洞 1 月 29 日致陆润庠电：

> 纱机拟即拨归苏州商务局，由阁下经理。前发官款四十万两，除吴熙麟付过栈租等项万余金外，余卅八万余金拟即全付机价，所短约廿二万两，请阁下即付现银，以省利息六、七万金。在官则从此与洋商毫无葛藤，而商务局则止付廿二万，即得现成

大件精机，早日见利，受益甚多。①

上说前半部分道明至 1896 年 1 月底，在瑞记洋行"瑞记纱机"事账目下的开销已在 61 万余两。张謇曾如此言及瑞记纱机事巨额开销形成的来由，所谓："机至上海运鄂，鄂督调江，则又运江（江宁）；江不能设，则又运沪"的运费；"月俸四百金"的洋匠佣金，以及机器"栈于上海地租、栈租、保险之费"等，所有费用均逐月叠加进纱机订购 40 万两中一起生息。② 张之洞延至将离署江督任时，方觉察到利息滚动问题的严重性，乃急于与瑞记洋行结清累积至今的瑞记纱机事之款项，为此他不加考虑地试图将订购价外总计 22 万两的全部开销，悉数转嫁于承领瑞记纱机的苏州商务局。张之洞之态度一厢情愿如此，南通方面愿以 60 万两承领瑞记纱机表态，在此中不无关系。而张之洞该项要求无果而终，亦是再自然不过之事。但张之洞也未就此即结束与苏州方面的协商，因为在 2 月 11 日，张之洞又曾就苏州商务局承领瑞记纱机事宜致电陆润庠，具体内容如下：

> 瑞记纱机现已遵照尊电，饬上海道将机价全数由官付清，共计九万镑，时价约合银六十一万余两。其栈租、修擦零费，由商自筹，拨归阁下办理。此项机器较他厂尤精，备用零件最多，商局将来获益多矣。祈即示复为盼。惟上海四通八达，购花运销均较苏州内地为便，厂拟仍沿沪上为宜。苏、沪相距咫尺，将来一通铁路更为便捷，阁下照料尚属不难。尊意以为然否，即望电复。③

张之洞在向陆润庠通报他已结清对瑞记洋行 61 万余两的欠款之余，称至此之后瑞记纱机在沪存放的"栈租"以及开箱验机的"修擦零费"，全归苏州纱厂"商本"账内开销。如此口吻，似乎双方已经就

---

① 1896 年 1 月 29 日张之洞《致上海陆凤石祭酒》，《张之洞全集》（九），页 82。

② 1907 年 8 月 31 日《大生纱厂第一次股东会之报告》，《张謇全集》第三卷，页 81。

③ 1896 年 2 月 11 日张之洞《致苏州陆祭酒》，《张之洞全集》（九），页 94。

此达成共识，意味着苏州方面承领瑞记纱机已经是大概率事件。但实情未必如此，因为该电隐藏了一个张之洞不便直言的问题，即官方为瑞记纱机事支付的 61 万余两款，将全额转移成苏州纱厂之"官本"。官方在瑞记纱机事上的开销，在账面上务必体现为一笔对等价值的官方资产，这是张之洞为弥补过失不能不坚持的。而且张之洞认为，苏州方面当以眼下无需支出 21 万余两的实款为满足，这已是他可作的最大让步，并因此自得而侃侃言之，道出"厂拟仍设沪上为宜"之不现实主张。这应该是张之洞就此前双方在瑞记纱机转运苏州费用负担问题上争执不下，而单方面拟出的解决方案。

张之洞想必认为其 2 月 11 日电对苏州承领瑞记纱机已表达了足够的诚意，且认为同日出台的《通海设立纱、丝厂请免税、厘片》与此并无冲突。张之洞署江督任的时间已屈指可数，在苏州承领仍无定论的情况下，他为瑞记纱机承领事另作备案，[①] 见其 2 月 11 日奏《通海设立纱丝厂请免税厘片》之要点：

> 查通州在籍绅士前翰林院修撰张謇向来讲求时务，情形较熟，当经函商，力筹护持小民生计，杜塞外洋漏卮之策。属其邀集绅商，剀切劝道，厚集股本，就地设立纱、丝厂，以副朝廷自保利权之至计。兹据通州知州汪树堂、海门厅同知王宾会详，据商董潘华茂等呈称，就地购花举办，成本较轻，集事较易，愿在上海、通州、海门等处集股六十万两，就通州近江地方设立纱、丝厂，议章请办。[②]

该片明显有为南通在苏州之后接手承领瑞记纱机事作准备之意。张

---

① 此情可见姚锡光 1896 年 2 月 29 日记："今日为香帅交卸日期，……新任为刘岘帅，恐省中不逞之徒短长香帅者实多也。"《姚锡光江鄂日记（外二种）》，页 71。

② 该片另称通州设厂"应照上海机器纺纱、织布各厂奏定章程，只在洋关报完正税一道，其余厘税，概行宽免。除由臣批饬招股兴办外，理合附片陈明，一面将该商等禀请核定章程咨送总理衙门备案"。且该片有"该衙门知道，钦此"朱批。赵德馨主编《张之洞全集》（三），页 339—340。

之洞已作好两手准备；苏州方面大约也同是这般情况，"所订瑞生机器"合同也仅是暂被搁置而已。陆润庠及时地对 2 月 11 日张之洞来电作出回应，见其 2 月 13 日复张之洞电中关于承领瑞记纱机事的表态，所谓："纱机极荷美意，价全付清，自必领受。但现在苏州息借各户纷沓具呈，不愿入股。移沪之说，拟请与岘帅商酌再定。若迁苏，亦尚有为难处。"① "纱机极荷美意，价全付清，自必领受"说，其意既在显示苏州商务局一贯认真对待承领瑞记纱机事的形象，也在为随即拒绝在对方拟定条件下达成承领协议作铺垫。陆润庠陈述苏州方面之拒绝理由，包括两方面的内容：其一，以所谓"现在苏州息借各户纷沓具呈，不愿入股"说，隐指苏州舆情反对瑞记纱机折价 60 万两作"官本"；其二，在就张之洞有关"厂拟仍设沪上为宜"主张作出将与刘坤一"商酌再定"的回应之余，又以所谓"若迁苏，亦尚有为难处"说，表达若在苏州建厂，瑞记纱机迁运苏州的运费承担问题尚需另作协商。综观陆润庠 2 月 13 日复电，它虽未就此即作放弃承领瑞记纱机之表态，然若张之洞在瑞记纱机折价问题上不能有所让步，双方的协商也难以为继。而张之洞坚执瑞记纱机折价 60 万两立场不作让步之状，则可见 2 月 21 日其致陆润庠电如下内容：

> 纱机非必设沪，既能运苏，自以设苏为妥。想是有人过虑，谓瑞记机价恐不肯多减，故尊意恐后有葛藤耶。查此项机价统由上海黄道及叶丞付清，已札黄、叶，无论该行肯减价多少，全归敝处清结，断不与尊处相涉。至机价官本六十余万，自全厂出货后，每年核计余利若干，官本应分余利若干。全厂出货以后两年之内，官应分之余利暂缓缴官，留为局中添补活本，以资周转，第三年起再分十年带缴。前议官付机价四十万，故拟缓缴官利三年；今官付六十万，数加一半，故缓两年也。

据上说可知，在张之洞单方面拟定的承领协议中，针对"官本"不但

① 1896 年 2 月 13 日陆润庠《陆祭酒来电》，《张之洞全集》（九），页 94。

有关"官利"的安排，甚至还具体涉及"余利"的安排。所谓"全厂出货以后两年之内，官应分之余利暂缓缴官，留为局中添补活本，以资周转，第三年起再分十年带缴"，即属"官本""余利"之条款。何故如此？此乃缘于 1895 年上海口岸机纱贸易兴旺的局面，张之洞对瑞记纱机投产后盈利前景极为乐观，认为每年均将有可观的"余利"。由此，60 万两"官本""应分之余利暂缓缴官"两年的安排，已经是对承领方相当可观的让利了。而所谓"前议官付机价四十万，故拟缓缴官利三年；今官付六十万，数加一半，故缓两年也"，则是张之洞针对"官本"和"官利"所安排之前后两个版本的依据而作说明。"前议官付机价四十万"，指 1 月 29 日张之洞电报指令苏州方面向瑞记洋行支付瑞记纱机账目下尚余 22 万两欠款；"今官付六十万"，则指 2 月 11 日张之洞电报声称由官方付清 61 万余两欠款。前者"官本"，"拟缓缴官利三年"；后者则仅"缓两年"。自然这也仅是张之洞在自说自话，至多是让苏州方面感受到他不甘作出任何让步的立场而已。2 月 21 日张之洞的电报中另外值得关注的，还有其比较承领瑞记纱机建厂与另行订购"瑞生机器"建厂的利弊的说辞，所谓："（承领瑞记纱机）至造厂约须二十万，买花活本不过二十万即可周转，断不用百万之多。若尊处定瑞生之机，成本、活本亦当数十万。移彼为此，费必较省，而成功甚速。"在"定瑞生之机成本、活本"说中，"成本"当指可以划归企业固定资产目下的购置机器开销，而"活本"则指包括洋技师聘用在内的各类杂项开销。张之洞如此强调另行购置"瑞生之机"的开支问题，意在表明若承领瑞记纱机，就可将购置机器的资金挪作"造厂"资金，以及"买花活本"。如此言及苏州商务局"定瑞生之机"事，可见张之洞已失去为承领瑞记纱机事继续与对方周旋的耐心。紧接其后，张之洞又以强势的言辞示意陆润庠尽早明确自己的立场，所谓："若尊意必不愿接，将来接到敝处及商务局照会后，尽可函复另办，并无妨碍。"①

---

① 以上引文，均见 1896 年 2 月 21 日张之洞《致苏州陆祭酒》，《张之洞全集》（九），页 97。

再后，2 月 27 日刘坤一如期抵宁，2 月 29 日张之洞"交卸篆务，即日启程"赴鄂。而陆润庠则延至 3 月 3 日方再复电张之洞，所谓："倘许商务退董，感激不尽。谨此上复，并谢轻诺之罚。乞赐复准行。"表达他无力促成苏州商务局承领瑞记纱机之意。① 事情至此，胡钧撰张之洞年谱中"公在鄂所定购之纱机价凡六十余万两，属陆文端润庠提倡苏沪机制实业。陆氏允而复辞，乃转属张修撰謇集股开办"之说，所涉情节的追踪告结。

五、瑞记纱机重新核价及官商合办章程之交涉

对苏州商务局承领瑞记纱机事的协商无果而终，意味着张謇承领瑞记纱机的意愿能够实现。张謇诸人甘愿接受折价"官本"60 万两的条件承领瑞记纱机，缘于他们缺少苏州商务局有息借商款 60 万两供其自主购置机器的条件。张之洞对此自当有所认识，但他何以过于执着于折价 60 万两的诉求，从而无视由完全缺乏资金准备的张謇诸人承领瑞记纱机筹建纱厂前景的不确定性。除刚愎自用的个性特质外，1895 年上海口岸机纱贸易兴旺的现状，缓解了张之洞对瑞记纱机事的危机感，而失去尽早落实瑞记纱机承领事宜的急迫感。有关后者，可以借助《英驻沪领事馆 1895 年度上海贸易和商业报告》中评述上海港棉纺业进口贸易状况的内容予以说明。报告中有内容如下：

> 毫无疑问，上海棉纺织业的前景是很好的。最近三年对孟买棉纱的需求光上海一地平均每年就有 180000 包，价值近 10000000 两，约 1500000 镑。年初以来一直在从日本进口大量棉纱，每包价 72 两，比孟买棉纱还贵 4 两。这种返销中国的棉纱大部分是用中国棉花制造的，纱厂的所有人在支付出口税和全部运输费用后将成品运回中国仍能获利。因此，很难看出有什么会阻止中国终将制造它所需要的全部棉纱以及它现在买进的粗斜纹布、粗布，

---

① 1896 年 3 月 3 日《陆祭酒来电》，《张之洞全集》（九），页 97。

甚至还有普通市布等绝大部分的棉布。①

英领馆经济事务专家对在华设纱厂经营前景大为看好的见解，大约在某种程度上是此间沪上中外商界之共识。不过，英领馆的专家只道及了在华经营纱业一个方面的情况，尤其对于经营者而言，还须面对另一方面完全不能乐观的情况，即虽然甲午战后迫于已允许外资在华设厂之局势，清政府敞开了华商自主办厂的大门，而外方挟资金及管理优势大举进入口岸建厂之势，必令华商已建（华盛北纱厂 2.5 万纱锭 1894 年秋开工，大纯纱厂 2 万纱锭 1895 年冬开工）、在建纱厂业主大有不寒而栗之感。② 这应该是张之洞瞩目于沪商承领瑞记纱机，但始终又未获响应的主要原因所在。有洋行买办身份背景的沪商潘华茂、郭勋和樊棻，与以贩销花、布为业的通海商人刘桂馨、陈维镛在承领瑞记纱机事上一拍即合，似对建厂于产棉地的优势有太过乐观的想象，诸人不久后即生退意的事实，也一定程度证明了这一点。而张謇以绅士担纲承领并始终坚守不渝，推想当另有其独特的个人动因。其一，1894 年科举上获状元身份的最大成功，激发了张謇全面振兴家业的雄心，尤其是在其因长期的科举生涯以及其父故世后大事举丧，而造成颇可担忧的债负现实前，见张謇 1896 年 2 月 11 日记："总计负累已七千余金，而所以谋竟先志者，尚未终也。"③ 此乃张謇于阴历年末面对家族债负的心声。父亲为振兴家业而矢志培养张謇，令张謇心存由其完成父亲振兴家业所谓"先志"之使命感。其二，张

---

①　李必樟编译《上海近代贸易经济发展概况——1854—1898 年英国驻上海领事贸易报告汇编》，上海社会科学院出版社，1993 年，页 900。

②　可参见郑孝胥 1896 年 3 月 26 日记："遂过桂道，得见，谈有顷，示余上海老公茂纺纱公司节略及茂生机器纺织有限公司章程"。劳祖德整理《郑孝胥日记》第一册，中华书局，1993 年，页 551。

③　张謇研究中心、南通市图书馆编《张謇全集》第六卷，页 376。再见张謇自订年谱："（光绪二十一年七月）举债营先君遗言欲举之家庙、义庄、社仓、石路、石桥。""（十二月）岁终，计负债已七千余元，而所以谋竟先志者尚未终。先志者，父事也；负债者，子事也。父有志而子不能竟，安用子为？家祭陈告，必以二年成之。"张謇研究中心、南通市图书馆编《张謇全集》第六卷，页 854。

謇虽因守制而远离北京政坛，但 1895 年 12 月初吏部侍郎汪鸣銮、户部侍郎长麟因"上年屡次召对，信口妄言，迹近离间"之罪状，遭革职和永不叙用惩处事发，① 令其感受到来自北京的政治威胁。在慈禧清算战时翁同龢近边的主战人士之举措，以及慈禧独掌清廷中枢大权之势更上一层的北京局势前，张謇对服阕后的仕途前景失去信心，他不得不对由其振兴家业之大计另作考量。远避北京政治中心，胸怀敢为时代弄潮儿的觉悟，以拥有最高科名绅士之身份，投身此轮地方兴办洋务的热潮，张謇视此为最佳选择。关于此点，还可从之后张謇对待维新运动的态度来印证。

　　1896 年初春，刘坤一回任江督后，瑞记纱机事留归两江处置似不再有问题。4 月中，以"闻毓庆宫罢师傅（翁同龢）入值，文道希（文廷式）为杨御史崇伊弹劾罢遣"两件来自北京的信息得以确认为背景，② 张謇承领瑞记纱机之事有所进展。此情见其日记二则：其一，4 月 19 日记："以纱厂事与新宁（刘坤一）、南皮（张之洞）、吕巡道讯。得敬夫（沈燮均，通州布商）讯，寄来纱、丝厂章。随答。随以函送新宁。"其二，4 月 22 日记："与新宁订定通厂，不复听人搅混。"而 5 月中，又有在李鸿章出使俄国前受慈禧召见之际参奏前主战人士名单中，张謇"名殊不后"的信息得以落实。③ 北京政局演变的趋向，迫使张謇愈益坚执于承领瑞记纱机，以创立属于其本人的一番事业。此后张謇更致力于在同好中募股，如郑孝胥 6 月 2 日记："雪门来为爱苍（沈瑜庆）索银，去冬余尚欠五百金者，告以已允入通州纱厂，乞稍缓偿。"④ 尽管如此，1896 年上半年，张謇在募集商股方面仍然进展缓慢。

① 劳祖德整理《郑孝胥日记》第一册，页 529。
② 张謇研究中心、南通市图书馆编《张謇全集》第六卷，页 379。
③ 1896 年 5 月 20 日，张謇在日记中详记此事。见张謇研究中心、南通市图书馆编《张謇全集》第六卷，页 381。
④ 再见郑孝胥 1896 年 7 月 13 日记："自诣鼎泰，托兑通州大生纱厂股银规元一千两，合漕平二七银九百三十二两五钱。复过雪门，还爱苍漕平二七银百两，余九十余两。"11 月 29 日记："季直请代借二百金，无以应也。"劳祖德整理《郑孝胥日记》第一册，页 559、565、579。

　　该年 9 月上旬，张謇偕通州知州汪树堂和沈燮均抵沪，召集所谓
沪、通两地商董会议，执意要在募股举步维艰之局面下逆势而上推进
通州纱厂的筹建。张謇此举，遂成为对承领瑞记纱机事已生退意的
沪、通两地商人公开宣告退出的契机。如沪董樊棻、通董陈维镛"请
退"，另两位沪董潘华茂、郭勋虽未"请退"，但"已有小办之
说"，① 即以主张收缩承领瑞记纱机的规模，表达其消极立场。尽管
面临挑战，张謇有关推进筹建通厂先行落实承领瑞记纱机的主意不
变，沪上会议结束后他即赴南京，见其 9 月 8 日记："诣桂道台，说
纱机事。"② 其时桂嵩庆以江宁商务局总办主持交涉。所谓"说纱机
事"，乃张謇单方面要求重议瑞记纱机核价 60 万两"官本"的问题。
不过，直至 10 月上旬张謇离宁返通，他未能说服官方在该问题上作出
让步。③ 瑞记纱机重新核价之诉求未得落实，潘、郭二氏遂拒不响应张
謇拟 10 月 9 日在南通再行召开沪、通董事会议之决定。④ 此际恽祖祁
直接出面了，他先由鄂来宁交涉，而后再赴镇江与张謇晤面。⑤ 张謇

----

　　①　1896 年 11 月 8 日张謇《为纱厂致潘华茂、郭勋函》，《张謇全集》第三卷，页 1、2。
　　②　张謇研究中心、南通市图书馆编《张謇全集》第六卷，页 384。
　　③　此事见郑孝胥 1896 年 10 月 4 日记，劳祖德整理《郑孝胥日记》第一册，页 573。
　　④　此事见张謇 1896 年 10 月 9 日记，张謇研究中心、南通市图书馆编《张謇全集》第六卷，页 385。
　　⑤　以下的情节值得关注，即张謇日记 1896 年 2 月 5 日记："恽莘耘丈督销宜昌，招叔兄（张詧）相助"（张謇研究中心、南通市图书馆编《张謇全集》第六卷，页 376）。恽祖祁该项任命的全称："委办湖北宜昌两江加抽川盐厘局"，即恽氏以两江委员身份驻宜昌负责川盐入湘、鄂两省的加抽厘金事宜。至于张詧的任命，在张謇笔下作"为南皮调湖北任宜昌川盐加厘局坐办"说。又见 1896 年 2 月 12 日张之洞《保荐人才折》中称："奏调江南差委江西候补道恽祖祁，才具干练，任事勇往，其性情伉爽，不避嫌怨，绝无官场积习，洵为有用之才。"（赵德馨整理《张之洞全集》（三），页 340）张謇承领"瑞记纱机"，为其与恽祖祁的关系发展提供了可观的空间。同光以来，两江久有规复遭川盐侵蚀的湘、鄂两省淮盐引地之愿，然碍于湖广政府坚拒而无果。1895 年，张之洞在署两江总督任上为筹款增发湘、鄂、皖三省两淮盐引；1896 年，张之洞在重回湖广总督任前，又对入湘、鄂两省的川盐加征厘税事宜作出安排。川盐加征厘税，为淮盐在湘、鄂、皖三省的销路提供保障，属于兑现增发两淮盐引的承诺。但川盐入湘、鄂加征厘税权直接赋予两江政府，则应该属为瑞记纱机遗留两江消化对两江财政所作补偿。

10月19日记："与心丈（恽祖祁）定纱厂议。"① 此说意味着经鄂督张之洞委派代表恽祖祁的说合，两江政府接受了张謇关于瑞记纱机重新核价之诉求，这也是此后有关大生纱厂"成本以一百万计"，以及瑞记纱机"作价五十万两"为"官股"等说的来由。

张謇对两江官方交涉瑞记纱机重新核价，背后有潘华茂、郭勋等上海商董施压的背景，而其诉求成功则有张之洞屈意让步的成分。纱机重新核价事成，沪、通商董会议终得在南通举行，议程包括视察建厂地基等事项，② 从中不难见张謇加快筹建大生纱厂步伐的紧迫感，而南通会议到会沪董仅郭勋一位。在沪董继续消极对待之背景下，为适应瑞记纱机作价50万两"官本"的新情况，南通会议重拟沪、通两地商股募集指标，即"由謇添招蒋锡绅、高清二人，与沈燮均合为通股；潘认包刘，以刘桂馨与潘华茂、郭勋合为沪股，各认集二十五万，合五十万，与官机价称"。③ 11月3日，张謇携上述会议成果启程赴宁，于11月6日晤桂嵩庆。其时已署江宁布政使的桂嵩庆，仍继续执行两江对张謇的交涉。张謇虽然在重议机价事上借助张之洞之力如愿以偿，但作为"自任通官商之邮"者在瑞记纱机作价60万两官本问题上的出尔反尔，令他在有关落实承领事的后续议题，即通厂官商合办章程的交涉中处于不利地位。且这一不利处境，还因11月7日接到沪董潘、郭二氏来函而进一步加剧。潘、郭来函以洋商在沪竞相设立纱厂形势为据，认为通厂筹建之前景堪忧，并表达承领瑞记纱机事应暂缓办理的见解。张謇无疑被潘、郭二氏之主张激怒，但回应却乏力，因为他11月8日回函仅就通海地方募股前景作一番乐观表述之余，即以近乎下达最后通牒的立场告知对方："如足下仍愿同办，尽可发电咨会沈（沈燮均）、蒋（蒋锡绅）诸君，一同来省集商定

---

① 张謇研究中心、南通市图书馆编《张謇全集》第六卷，页386。

② 可参见张謇10月30日、11月1日、11月2日日记，张謇研究中心、南通市图书馆编《张謇全集》第六卷，页386。

③ 1899年11月17日张謇《承办通州纱厂节略》，《张謇全集》第三卷，页13。蒋锡绅，字书篯，通州典商；高清，字立卿，通州木材商人。

约。弟亦以此情节告知沈、蒋诸君，令其相约。仍听足下自决行止，不便相强也。"① 张謇未必不清楚承领瑞记纱机建厂之前景难能乐观的现实，但其大约看清潘、郭二氏作为承领瑞记纱机"禀请督部奏咨立案"之领衔人，其欲退出该案难如樊棻、陈维镛那般轻易，从而有如此强硬之态度。张謇此举之后果，乃潘、郭二氏拒不赴宁参与官商合办章程之交涉，以及双方关系之后再无维持余地。自此，张謇虽有"自任通官商之邮"之名，却身陷与两江官方主管桂嵩庆和沪董潘、郭二氏两面为敌之境，他可依赖的力量惟有财力及影响力远不够强大的数位通董。②

在继瑞记纱机重新核价后进行的官商合办章程交涉中，郑孝胥以江宁洋务局提调和商务局差委以及拟将出任通厂"官董"的双重身份参与其事。③ 交涉过程之艰难，郑孝胥在日记中多有记载。其一，11月23日记："纱机合同，季直请余属稿。第二条议以五年之内按开锭若干报纳官息，桂道（桂嵩庆）不可。季直遽删此条。余曰：允之太易，恐多生枝节矣。"④ 张、郑二氏拟出的"纱机合同"第二条声称，南通承领瑞记纱机在五年内按投产纱锭之比例交纳官本"官利"。该条款对比 1896 年 2 月 21 日张之洞致陆润庠电声称苏州承领瑞记纱机折价 60 万两的官本"官利"缴纳仅可"缓两年"的条件，意味着张謇在争取到瑞记纱机折价官本由 60 万两降至 50 万两的优惠后，试图让官方在 50 万两官本的"官利"缴纳问题上再作让步。在此议遭桂嵩庆断然否决的情况下，张謇不得已作放弃打算，而郑孝胥则劝其不宜如此轻易放弃，所谓"允之太易，恐多生枝节矣"。其二，11月26日记："季直来邀过谈其纱机事，日内果抵牾甚苦。桂芗亭（桂嵩庆字

① 1896 年 11 月 8 日张謇《为纱厂致潘华茂、郭勋函》，《张謇全集》第三卷，页 1。

② 见郑孝胥 1896 年 11 月 21 日记："午后，过季直，晤将书箴、沈敬夫、高□生（应为高清）等，自通海来订机器合同者也。"劳祖德整理《郑孝胥日记》第一册，页 578。

③ 郑孝胥此任命见其 1896 年 2 月 21 日记，劳祖德整理《郑孝胥日记》第一册，页 545。

④ 劳祖德整理《郑孝胥日记》第一册，页 578。

芗亭)称'无款',不肯包运到厂,欲令商人自往取之。"这是官方对瑞记纱机由沪运通费用全归承领方自付的表态。此事最终达成妥协,所谓"仍令瑞记包送,将来运费归商垫给,再于官利扣还"。① 其三,12月5日记:"季直示岘帅所改纱机合同稿,余乃辞官董之举。"② 亲历此轮官商合办章程之交涉,郑孝胥最终却作出辞纱厂官董职的决定,可见他已自觉身为张謇之政治盟友,在此后纱厂官商纠葛中难以自处的前景。对张謇而言,他则对此一切唯有接受之选择,碍于沪董潘、郭二氏拒绝到宁,12月上旬他不得已与江宁商务局委员崔鼎同行抵沪,以完成"签押""纱机合同稿"的程序。

六、张謇在维新政治与承领"瑞记纱机"事之间

1896年12月5日—1897年1月2日,即光绪二十二年十一月此段时间,张謇日记完全是空白,此应是他对沪上之行的事情有所避讳所致。在沪期间的事情,对张謇有所影响者有二。

其一,1896年度沪上华商纱厂的经营业绩下滑,并致严重亏损之大势已定,其中包括拥有6.5万纱锭的华盛厂(1894年建),2.5万纱锭的裕源厂(1894年建)、大纯厂(1895年建),以及1.5万纱锭的裕晋厂(1895年建)。③ 另外年初有关外商纷纷在沪设厂的负面信息,则正在演变为现实。在此背景下,沪董消极承领瑞记纱机的立场也更进一层。12月上旬,在沪"签押"纱机合同稿之际,"潘、郭又云股

---

① 劳祖德整理《郑孝胥日记》第一册,页578;另,张謇11月26日记:"苏龛(郑孝胥)、熙之来定合同之大局。"张謇研究中心、南通市图书馆编《张謇全集》第六卷,页387。张謇日记表明其对桂崇庆的交涉于该日告结,而郑氏笔下"日内果抵牾甚苦",乃其参与该日交涉的亲身感受。

② 劳祖德整理《郑孝胥日记》第一册,页579。

③ 参见徐雪筠等译编,张仲礼校订《上海近代社会经济发展概况(1882—1931)——〈海关十年报告〉译编》,页105;徐元基《大纯纱厂概说》,《朴斋晚清经济文稿》,河南大学出版社,2009年,页47。

不易集，只各认本分八万余两"，^① 这意味着一个月前通州会议达成的沪、通"各认集二十五万"的决议被弃，通厂之"沪股"至多仅有银十六万两之数。

其二，张謇之心绪不能不为沪上维新运动兴起之势所扰动，虽然他于赴沪前，已以"题遁窟图"一诗表达了不受诱惑而甘居局外的决心。诗所谓："沧海横流剧，林皋遁窟尊。安舒容草木，佚荡到鸡豚。即此寻虞夏，端应长子孙。伊川腾谶久，谷口与谁论。"^② 其中"伊川腾谶久，谷口与谁论"一联，前语道出他对康、梁之维新言论含有异端倾向的看法，后语则表达其无意与维新党人共舞的心意。^③ 而这一切在早先的 11 月 24 日，张謇致汪康年、梁启超函中亦不无体现。见张謇函全文：

> 穰卿同年、卓如仁兄足下：别久甚相忆。读《时务报》，快如面谈，积怀为之一散，官民之情不通，天下事无可为者。通州纱厂益竭蹶而堇成，使泰西人为之，事逸而功多矣。闻日本厂屋制俭价省，友人沈敬夫训导、高立卿上舍、刘一山理问往沪探考，不知贵馆古城贞吉君能言其大略否？或别有能知其制者，能辗转介绍，俾浼谈论否？足下系怀大局，度不以为璅璅也。波路修阻，欲言不尽，伏承为道自玉。弟禪张謇顿首。^④

张謇作该函的动因，似仅在借助《时务报》馆日籍编译古城贞吉访寻承担通厂土建设计的日本建筑师。迫于筹建资金严重不足，"闻日本厂屋制俭价省"，张謇已有通厂以日本纱厂建筑标准设计施工的打算。

---

① 1897 年 5 月 3 日张謇《呈南洋督部刘通厂集股节略》，《张謇全集》第三卷，页 2。

② 张謇研究中心、南通市图书馆编《张謇全集》第五卷，页 99。

③ "伊川"指宋代哲学家邵雍，"谷口"出典于《汉书》"谷口郑子真"句，指隐居躬耕，修身自保之意。

④ 1896 年 11 月 24 日张謇《致汪康年、梁启超函》，上海图书馆编《汪康年师友书札》，上海古籍出版社，1986 年，页 1803；另，张謇 11 月 25 日记："敬夫、立卿往沪。"(《张謇全集》第六卷，页 387。)即张謇委通董沈燮均、高清赴沪，似为劝潘、郭二氏来宁"签押"纱机合同稿，而携其该函拜访汪、梁二氏同在此次使命。

从该函呈现出的张謇对沪上维新活动之疏离感，不难想象尽管承领瑞记纱机之前景益见险恶，但他仍退出无门。即便潘、郭二氏连番弃约行为在先，却又不足以成为张謇放弃承领瑞记纱机的正当理由。在危机毕露的现实前，张謇表现出足够的理性和韧性，毅然作出坚持承领瑞记纱机的选择，以及继续将之视为自己以居乡绅士实现建功立业之人生理想的基石，并为之甘愿付出冒险的代价。在此意愿下，张謇及时就明春服阕不能赴翰林院修撰职一事，委托在京同好顾聘耆代办"起复请假"的手续。①

1897年1月，资本近140万元拥有4万纱锭的德商瑞记纱厂开工；3月，拥有2.5万纱锭的英商老公茂纱厂开工；5月，拥有5万纱锭的英商怡和纱厂开工。在外商纱厂纷纷开工出纱的严峻挑战形势前，上年度经营已告严重亏损的沪上华商诸厂纷纷作退场打算。率先行动者乃为浙商黄佐卿所有1895年开工而拥有1.5万枚纱锭的裕晋纱厂，于1897年6月连同黄氏名下的祥记缫丝二厂，合并以银60万两转售给外商。②局势严峻如斯，张謇仍惟有逆风而上的选择。

1897年3月下旬，张謇抵沪再次召集沪、通两地商董会议，作出"三月(4月2日—5月1日)内集二十万造厂"的决定。该决定意味着张謇以瑞记纱机4万余纱锭中半数先行筹建通厂意志已定，此中除受困资金不足因素外，当也有缩小规模以避风险的考量。而在时间

---

①　此事见1897年4月11日张謇《致沈子培函》，所谓："是以去冬抵书顾(顾聘耆)、戴二君，托其代向本衙门起复请假。"此函见许全胜撰《沈曾植年谱长编》，中华书局，2007年，页188。该函亦见张謇研究中心、南通市图书馆编《张謇全集》第四卷，页526，但缺函之第一句。顾儒基(？—1916)，字聘耆，苏南通人，光绪九年(1883)进士，官奉天候补同知，内阁中书。

②　参见徐雪筠等译编，张仲礼校订《上海近代社会经济发展概况(1882—1931)——〈海关十年报告〉译编》，页105—106；汤肯堂《黄佐卿》，《中国近代企业的开拓者》，山东人民出版社，1991年，页424。黄佐卿(1839—1902)，名宗宪，浙江湖州人。1897年7月20日盛宣怀《上刘岘帅书》称："上年(光绪二十二年)裕晋厂禀请售归洋商，经宣详奉批准"，"综观大局，上海纺织华厂，恐皆不能勉支"。北京大学历史系近代史教研室整理《盛宣怀未刊信稿》，上海人民出版社，2019年，页29、30。

问题上表现出的紧迫感，则又似有受年内即实现开工的苏伦纱厂筹建状况刺激的因素。另外值得一提的，还有此次沪、通商董会议前两天，即3月24日张謇有会晤盛宣怀之举，[①] 此度会面似系后来导致张、盛二氏结怨的"合领官机分办"案的最初开端。张謇与盛宣怀晤面，似当理解为出自张謇的主张，因为他急于为其承领半数瑞记纱机建厂之计划，寻找出一个可向两江官方解释的理由。

1897年春，除因承领瑞记纱机筹建通厂事日见棘手令张謇倍感压力外，来自北京有关代办"起复请假"事之信息也加剧了他此间的不安。前述张謇于光绪二十二年(1896—1897)冬已就来年春服阕不能赴翰林院修撰职一事，拜托顾聘耆在京代办"起复请假"的手续，在1897年3月7日张謇接顾氏"起复不到院有碍，代假不行"来电后，双方两度电文往复，结果却是张謇3月18日谓："复聘耆电，仍明不去本意"，"去讯两旬，未见答也"。[②] 在此境况下，张謇迫不得已于4月3日再函顾聘耆的同时，主动致函久未联系的沈曾植。沈曾植(1850—1922)，字子培，浙江嘉兴人，光绪六年(1880)进士，长期在刑部任事，并兼充总署俄国股章京。甲午之战期间，沈氏也在张謇、文廷式等在翁同龢前竭力主战的中坚人物之列，如张謇在京接到父亡之讯的前一天，即1894年10月15日，日记还记有"晚诣子培，与仲弢(黄绍箕)、叔衡(丁立钧)议，请分道进兵朝鲜"的情节。[③] 随后张謇出京，沈曾植则成为北京维新活动中的风云人物。沈氏"(1894年)秋，与文廷式、陈炽及弟曾桐等赞康有为开强学会于京师，有'正董之名'"，且强学会遭封后他仍在北京"官书局"的位置上，长

① 参见张謇研究中心、南通市图书馆编《张謇全集》第六卷，页390。
② 1897年4月11日，张謇《致沈子培函》综述这段经历："二月初，聘耆同年电促入都，谓不可代假，即时电属其暂缓起复，盖欲由本州起文以符在籍之假。而复电则谓已经呈报，仍相督促。比即具以必不能入都之故，详悉函白，并告以如其与假乖违，合有处分，如罚奉之类，心愿受之。去讯两旬，未见答也。"张謇研究中心、南通市图书馆编《张謇全集》第四卷，页526。
③ 张謇研究中心、南通市图书馆编《张謇全集》第六卷，页368、369。

期对沪上汪康年、梁启超的《时务报》活动发表指导性的意见。① 以沈氏此间得意之状，他对顾聘耆代办张謇"起复请假"事作局外旁观是大概率情节。因在沈氏看来，张謇及时返京共襄维新大业方是正道。4月3日张謇主动致函沈曾植，多出于冀望其出面解决代办"起复请假"未果事，而其4月10日接获沈氏回函却完全出乎其预期，故次日再有"与子培讯"之举。②

　　4月11日，张謇"与子培讯"开端之句称："三载不能得一言之问，知足下非遗弃我者，然亦不能无责望之意也。"此中的嘲讽之意，缘于张謇1894年秋出京后，曾于1895年、1896年两度致函沈曾植，却均未获回音。③ 接下来张謇致沈曾植函内，重申其不能如期赴京"起复"的立场，先是以"謇天与野性，本无宦情"为说，表达其无意仕途的本心，而后言及两方面客观原因：一、"（家族）负累已逾万数"，非其亲自致力于此难以清偿债务；二、"抟合通州纱厂，屡蹶屡振之余，可成可败之际，益不可以舍之而去"。再后在陈述代办"起复请假"未果经历事上慷慨陈辞，所谓：

　　　　愿为小民尽稍有知见之心，不愿厕贵人受不值计较之气；愿成一分一毫有用之事，不愿居八命九命可耻之官。此謇之素志也。比常读《日知录》《明夷待访录》，矢愿益坚，植气弥峻，辄欲以区区之愿力，与二三同志，播种九幽之下，策效百岁之遥。以为士生今日固宜如此。事成不成命也，无可怨者。足下知我，谓何如耶？④

　　张謇再度表达其不屑于仕途，而以在乡绅士建功立业的心志。所

---

　　① 参见汤志钧《戊戌变法人物传稿》，中华书局，1982年，页354—355。
　　② 张謇4月10日记："得乙庵（沈子培）、聘耆讯"。张謇研究中心、南通市图书馆编《张謇全集》第六卷，页390。
　　③ 张謇1895年9月20日记："与子培、叔衡讯"；1896年5月30日记："写乙盦、同叔、恒斋讯"（张謇研究中心、南通市图书馆编《张謇全集》第六卷，页373）。显然，沈曾植均未有回函事令张謇记忆深刻。
　　④ 张謇研究中心、南通市图书馆编《张謇全集》第四卷，页526。

谓"愿为小民尽稍有知见之心"和"愿成一分一毫有用之事",其指向均在创办通海纱厂一事;而"事成不成命也,无可怨者"一说,更在表达其为此一博的决心。尽管该函言辞激烈如此,但其结尾句还是透露出张謇的不安,以及对代办"起复请假"未果事态力图有所挽回的心情,所谓:"足下倘能见虞山尚书(翁同龢)、桂卿前辈(朱福诜)致惓惓之意乎? 非希冀规避处分,欲使我甘受处分之故,校然明白耳。"① 事实上,张謇也未看淡代办"起复请假"未果事态问题的严重性,因为恰在致沈曾植函的次日——4 月 12 日,张謇有武昌之行事在其日记中得以明朗,并于 4 月 13 日启程。

从时间视角的因果关系看,张謇武昌之行在相当大程度上当以请求张之洞出面解决其"起复请假"未果之困为目的。而以后在 1907年 8 月 31 日《大生纱厂第一次股东会之报告》中,张謇却称:"(1898年)至冬,厂已垂成,机装过半,花亦开收",通厂维持运营的"活本"却全无着落,由是"不得已,以为是项官机乃为鄂督经手之事,走鄂哀之鄂督,商盛(盛宣怀)暂助捆注"。② 事实上,张謇"走鄂哀之鄂督"的准确时间,在 1897 年 4 月中旬;而"商盛暂助捆注"的准确时间,则在 1897 年 9 月。③ 而无论 1897 年还是 1898 年,张謇直接向张之洞提出资金扶持的诉求都不现实。因为自 1896 年秋,瑞记纱机折价官本由 60 万两降为 50 万两的诉求成功后,张謇应自觉不再心存这方面的奢念。相反张謇拜托张之洞为其解决代办"起复请假"之困境,因事关承领瑞记纱机事则完全在情理中,且这对于张之洞也仅是举手之劳而已。同理张謇此行计划中,也应包括向张之洞通报承领瑞记纱机事之进展情况,并争取获得张之洞对其承领半数瑞记

---

① 张謇研究中心、南通市图书馆编《张謇全集》第四卷,页 526。朱福诜,字叔基,桂卿,浙江海盐人,与沈曾植、丁立钧为进士同年,在浙籍京官中甚有地位。

② 张謇研究中心、南通市图书馆编《张謇全集》第三卷,页 84。

③ 见 1897 年 9 月 6 日(八月十日)、9 月 8 日张謇《张謇致盛宣怀函》,王尔敏、陈善伟编《近代名人手札真迹——盛宣怀珍藏书牍初编》(壹),香港中文大学出版社,1987 年,页 15—17、18。

纱机筹建通厂方案的同情理解。

　　张謇 4 月 16 日抵达武昌，次日即获见张之洞。想必上述两方面的期望均基本达成，这在张謇滞留武昌期间日记中多少有所体现。4 月 19 日参观两湖书院，张謇笔下以"规模宏敞，天下无对"作感言；4 月 22 日参观汉阳枪炮厂，他笔下更是以"于此见西人艺学之精，南皮要是可人"作感言。① 张謇对张之洞治下的武汉洋务新政如此不吝赞誉之词，其背后似有投桃报李的心理因素。不过，张謇武昌之行的期待如意也仅在极有限的层面上，这点可以间接地由恽祖祁未能如期自宜昌来武昌与张謇晤面的情节获得了解。恽氏乃张謇对张之洞关系的重要联络人，故张謇赴鄂前一日（4 月 12 日）"与莘丈（恽祖祁）电，约晤于武昌"，但直至归期将临他也未接获恽氏回信。张謇不得已于 4 月 19 日致函盛宣怀，请其通过电报局人员寻访恽祖祁的行踪，所谓："昨晨与莘老电，询其来否，至今未复。弟既将返，恐其来而相左，故请饬局电达宜昌，探听莘老是否在宜，即时电复，至感。"想必由此张謇获恽氏"在宜"之确信，于 4 月 20 日又再"与宜昌电，问莘丈行止"。② 即便如此，张謇日记仍无张、恽二氏实现武昌晤面的记录。恽祖祁既是张謇承领瑞记纱机事的促成者，又在瑞记纱机折价降为官本 50 万两事上出面斡旋两江政府，为此他付出了失去张之洞信任的代价，故其回避与张謇在武昌晤面并不有乖情理。

　　张謇在武昌再度获见张之洞，则是 4 月 23 日送别宴席上的事。张謇日记记此事："南皮置酒两湖书院。见总署振兴商务公牍原起于伯约（褚成博）之奏，大意官助商本，抵制外洋。顾中国之官专与商人诘难以为能，何可冀有此日也。终亦具文而已。"③ 所谓"伯约之奏"，指 1897 年初御史褚成博以"洋商制造土货，括我利权，请饬筹抵制"之奏，得上谕"下所司议"，从而有 1 月 19 日谕准的"总署振兴商务

　　①③　张謇研究中心、南通市图书馆编《张謇全集》第六卷，页 391。
　　②　见 1897 年 4 月 19 日张謇《张謇致盛宣怀函》，《近代名人手札真迹——盛宣怀珍藏书牍初编》（壹），页 20；张謇研究中心、南通市图书馆编《张謇全集》第六卷，页 391。

公牍"之出台。在送别宴席上出现"总署振兴商务公牍"的议题，应该是缘于该总署公牍为张謇因承领瑞记纱机筹建通海纱厂，不能如期赴京"起复"提供了充分的理由。张之洞以此出面疏通，张謇委托代办"起复请假"之困窘自然不复存在。至于张謇就"总署振兴商务公牍"所发的感慨，虽属宴席上的实情，但无论对于言者还是听者，都是无足轻重的老生常谈而已。不过值得一提的，是张謇自鄂返宁后曾在寄送通海纱厂招股章程的名义下致函旧日同好丁立钧，其中言及其不能如期入都"起复"原因时，"伯约之奏"就居于重要地位，所谓："伯约乍奏抵制外洋机厂造货，京外官皆可入资，已奉俞【谕】旨。目前需款造厂方亟，而官吏阻遏百端。绅商观望，謇一动足则成局立败，即昨之不能入都，此亦一端矣。"① 与此同时，张謇致丁立钧函还道明不会缺席次年——1898 年春翰林院"散馆"之试的立场，这也从一个侧面反映张謇代办"起复请假"事已顺利解决。

七、1897 年 5 月通海纱厂招股章程出台与《呈南洋督部刘通厂集股节略》

武昌之行后再无代办"起复请假"未果之忧，张謇重拾承领半数瑞记纱机先行筹建纱厂之计划，4 月 28 日他返抵南京，5 月 3 日即以通海纱厂招股章程出台为背景《呈南洋督部刘通厂集股节略》。关于通海纱厂招股章程，张謇有所谓"通厂（章程）謇所定"一说，张謇日记亦确有二则记录，如 4 月 10 日记："与潘电，促寄厂章"；4 月 18 日记："与潘讯上海，促寄厂章"。这意味早在 3 月 26 日沪董、通董联席会议期间，张謇即以该"厂章"交付会议通过，并委托潘华茂在沪

---

① 1897 年 5 月 8 日，张謇《致丁恒斋函》，《张謇全集》第四卷，页 528。原函只有年代而无具体日期，此处定于 5 月 8 日，乃参据张謇 5 月 8 日记："与恒斋讯。"见《张謇全集》第六卷，页 392。

办理印刷。① 通海纱厂招股章程迟迟不能寄来，从中不难见到沪董潘、郭二氏的消极态度；而张謇对沪董方面的不满，自然也在其《呈南洋督部刘通厂集股节略》中体现出来。节略历述商股募集之不利情状，将要害归咎于沪董无意推进筹建且已生退意，所谓：

> 二十三年二月二十四日(1897 年 3 月 26 日)，凭张謇在沪会议查明：潘、郭已招六百十一股，实到银二万两；蒋、沈已招银一千二百股，实到银五万八千九百两。除买地、开河、驳岸、修路、起造行栈、购定砖木料各项支用二万余两，概系通股拨用，余银概存潘处。②

此段文字在通报 3 月 26 日沪、通商董会议所汇总的沪、通商董集股成绩之余，也简略汇报通厂筹建之推进现状。就表面而言，文字未显任何评论倾向，但内含对沪董潘、郭二氏的不满之意是不言而喻的。因为 1896 年初，在沪、通两地公议承领瑞记纱机之时，双方曾有"沪股认集四十万"，"通股认集二十万"，"通股不足，并由沪股包认"的共识，且"载于合同"。③ 作为募股主力之沪董当下的募股成绩，非但与其曾有承诺之差距悬殊，而且还不及通董募股成绩之半。因此《呈南洋督部刘通厂集股节略》中张謇上说，其意不在报备通厂筹建进度，而在展现自己及通董为履行承领瑞记纱机之约所作之努力。言外之意，则在要求两江政府在迫使沪董潘、郭二氏履约问题上有所作为，否则官方则当正视其有关先行承领半数瑞记纱机诉求之正当性。

　　5 月 4 日，张謇"以纱厂章程五本"交时任职于江宁商务局的郑孝胥，同时他也以"纱厂章程"寄各地同好，其中寄给时任山东沂蒙州知府的丁立钧"通厂前后章程二本，农会章程一本"。④ 对于张謇

---

① 张謇研究中心、南通市图书馆编《张謇全集》第三卷，页 528；第六卷，页 390、391。

② 张謇研究中心、南通市图书馆编《张謇全集》第三卷，页 2、3。

③ 1897 年 5 月 3 日张謇《呈南洋督部刘通厂集股节略》，《张謇全集》第三卷，页 2。

④ 1897 年 5 月 8 日张謇《致丁立钧函》，《张謇全集》第四卷，页 528。

而言，寄赠通厂章程令他此间致函丁立钧成为顺理成章之事，应该说早在 4 月 11 日致函沈曾植时，他就不乏致函丁氏的冲动。如见下述其在致沈氏函中一笔关于丁立钧的文字：

> 恒斋(丁立钧)即昨来讯，颇相规切。数岁不见，踪迹不相闻，宜其如此。抑恒斋期我犹在人世迹象之间矣。往者穆琴(其人待考)入都，为之不乐者累日。诚伤夫士大夫不能自存，而令不知之人眼中时见其屑屑道路也。①

基于 5 月 8 日张謇致丁立钧函曾以"音问隔阔，亦逾岁年"为说，上引函中"恒斋即昨来讯，颇相规切"，当属张謇转自 4 月 10 日沈氏来函的文字，"规切"对象则是张謇。甲午战后当年的主战中坚纷纷转向维新阵营，张謇则以守制背景完全置身事外，这在沈、丁二氏看来已属异数。丁氏因此对张謇"起复请假"事完全缺乏同情，从而在致沈氏函中表达其期待张謇尽早回归北京政治舞台方为正道的见解。② 张謇对丁氏这样不能设身处地为他人着想的"规切"大不以为然，对丁氏为他设想的仕途前景更作不切实际观，为此他还借前人科举有成后居京谋仕途前程，却因经济乏力无法维持基本体面的生活而沦为士夫笑柄的例子，表明其绝不重蹈覆辙的立场。仅在致沈曾植函中对丁立钧的"规切"作出回应，张謇似觉尚有缺憾，故在 5 月 8 日致丁氏函回应丁氏之"规切"，成为首当其冲的议题。

5 月 8 日在致丁立钧函中，张謇以极为坦白的姿态将其暂不入都的理由完全归于个人之私计，所谓："至于私计，抑有三端。"其一，"年过四十，尚乏(似)[嗣]息，入都必挈眷，挈眷则用繁，奉钱所入，

---

① 1897 年 4 月 11 日张謇《致沈子培函》，《沈曾植年谱长编》，页 188；张謇研究中心、南通市图书馆编《张謇全集》第四卷，页 526。

② 丁立钧(1854—1902)，字叔衡，号恒斋，江苏镇江人，光绪六年(1880)进士。甲午之战期间，丁氏也是与张謇、沈曾植等活跃在翁同龢前的主战中坚人物；甲午战后，他则以翰林院编修身份积极参与北京强学会的活动，即便 1896 年春外放山东沂州知府后仍与沈曾植书函往还密切，维持着在维新运动中与其共进退的关系。

不足当十分之一。内无力能相恤之族，外乏义可濡煦之援。臣朔长
饥，嗷嗷谁待？"其二，"(挈眷居京)徒增每岁千金之累，家门三事之
忧，岂得计哉！"其三，"兄弟四人，半事坐食。子侄七八，不才者
多。若见家门日盛，浮荣日增。骛外苟佚，弥甚其过。夫至所得不足
周一身，所失且以灾一族。贪进之夫，犹将怵焉。"列于私计三端之
首位者，尤见张謇暴露私意的勇气和诚意；而列于"三端"之尾位
者，则不着痕迹地将个人之"私计"由生活层面提升至政治层面，此
中最后两语委婉地道出张謇无意涉入任何有危险倾向的维新活动的立
场。这一表态与丁氏"规切"的潜在冲突，决定张謇对其立场的正当
性必有进一步的阐述。见下述张謇之说：

> 然而亭林匹夫兴亡有责之言，蕺洲《原臣》视民水火之义，固
> 常闻之而识之矣。凡夫可以鼓新气被旧俗保种类明圣言之事，无
> 不坚牢矢愿奋然为之，以为是天下之大命，吾人之职业也。即使
> 入都，所欲效者不过如此，而徒增每岁千金之累，家门三事之
> 忧，岂得计哉！足下举缪费蒯李诸前辈为例，骇为不解。謇正不
> 援缪费蒯李为例也。身世冷暖，吾自知之，其余不可蝥说之故正
> 多，不能一二为足下言也。[①]

从以上张謇回函之语意，不难感受到丁氏"规切"有借顾、黄二氏名
言责难张謇之意；而张謇之回应，则表示出对沈、丁二氏引以为傲的
维新使命感的轻蔑。丁氏之"规切""举缪费蒯李诸前辈为例"，张謇则
已在4月11日致沈氏函中以"往者穆琴入都"之例，表达其绝"不援缪
费蒯李为例"的立场。张謇如此侃侃而谈地对抗丁氏之"规切"，实际上
他在声张与顾、黄二氏同时代的学者陈确有关"学者以治生为本论"的
主张。总之，张謇丝毫不在意地公开其疏离当下维新政治活动的立场，
以及其来年进京赴翰林院"散馆"试后也不作留京谋仕途前景的打算。

---

① 以上引言，均见张謇研究中心、南通市图书馆编《张謇全集》第四卷，页527、
528。

　　尽管于 4 月 11 日致沈曾植函后，张謇在 5 月 8 日致丁立钧函中再度表达了以在乡创办实业替代进京谋仕途前程的志向，而现实却是他有关承领半数瑞记纱机建厂的诉求能否为官方认可前途未卜。1897 年初，已迁任徐州道的桂嵩庆仍在主持瑞记纱机事之位，具体管事者江宁商务局委员崔鼎则秉承其意旨行事。其时任职江宁商务局的郑孝胥，对张謇 5 月 3 日"通厂集股节略"获得官方响应不抱期望，他于 5 月 13 日曾对张謇发出忠告谓：

　　　　余语季直曰，可则进、否则退者，豪杰之事。自晨门讥孔子有"知其不可而为之"说，后世数为口实。孔子曰："如有用我者，期月而已可也"，何谓"知其不可而为之"欤？夫知不可而为之者，盖非妄则愚也已矣。①

"余语季直曰，可则进、否则退者，豪杰之事"，意在劝解张謇当此机纺纱业经营益衰及筹资益困形势下，急流勇退乃智者之选，无碍声誉。换言之，郑孝胥认为张謇仍有放弃承领瑞记纱机选择的余地。想必郑氏上述见解遭遇张謇"知其不可而为之"说的反驳，从而二氏间有进一步的论辩。郑氏认为，虽然《论语》中以"知其不可而为之"称道孔子的说辞，但据同出自《论语》的"子曰：'苟有用我者，期月而已可也，三年有成'"说来看，孔子未必属"知其不可而为之"的唯意志论者，乃进而以"夫知不可而为之者，盖非妄则愚也已矣"为说，对张謇的立场作更深的否定。②

　　鉴于来年开春张謇将进京赴"散馆"试，他势必于年内争取得官方对其承领半数瑞记纱机先行建厂方案的认可。尽管两江财政高官处处留难，但张謇坚信无论张之洞还是刘坤一，终将不能对承领瑞记纱机事无从落实的后果而坐视不顾。因为承领瑞记纱机事旷日持久延搁连带的财务压力，令张、刘二氏不能不正视张謇相关诉求中的合理成

---

　　① 　劳祖德整理《郑孝胥日记》第二册，页 599、600。

　　② 　1897 年 5 月 17 日，郑孝胥日记："过季直，观与丁叔衡书稿。"《郑孝胥日记》第二册，页 600。可推测，郑孝胥与张謇会面当继续争辩 5 月 13 日其致张謇函中的议题。

分。张謇在 5 月 8 日致丁立钧函中评说两江高官时关于江督刘坤一作所谓"新宁衰老畏事"说，正是不满刘氏在落实其承领瑞记纱机事上态度消极的反映。① 不过，当月事情就出现转机。见郑孝胥 5 月 19 日记："季直告余曰：'新宁使施理卿（施炳燮）来，言通厂关系甚大，思有以助之。'余劝往谒新宁，乘机晓谕。"② 虽然张謇对刘坤一已心生嫌隙，不过他还是于 5 月 22 日"诣新宁说通厂事"③。施炳燮系久在刘坤一幕办理洋务文案并为刘氏信重者，他亦是 1893 年 4 月刘坤一奉旨查核徐致祥"奏疆臣荦恩负职据实纠参一折"复奏稿的重要参与者。而正是刘坤一的复奏稿表态，令被参者张之洞安然无恙地度过一劫，故张之洞在 1895 年暂署江督期间重用施炳燮，并在离署江督任前将其纳入"江南水师学堂奖叙案内"④。施炳燮与张之洞之关系趋密，决定其以促成瑞记纱机在两江消化为己任，并一意为张謇顺利承领瑞记纱机提供便利。此间施炳燮受刘坤一命拜访张謇，传达刘氏关于"通厂关系甚大，思有以助之"意旨，其背后不乏来自张之洞影响的成分。而张謇面见刘坤一次日，即 5 月 23 日"与心丈（恽祖祁）讯"，5 月 25 日又"再与心丈讯"，也正反映了鄂宁之间的互动。⑤

张謇 5 月 22 日"诣新宁说通厂事"，以及 5 月 24 日"与新宁讯"的成效，则是 5 月 25 日"知新宁以厂事氏书苏藩、道、淮运、四关道"。⑥ 刘

---

① 1897 年 5 月 8 日张謇《致丁恒斋函》，《张謇全集》第四卷，页 528。

② 劳祖德整理《郑孝胥日记》第二册，页 601。

③ 张謇研究中心、南通市图书馆编《张謇全集》第六卷，页 392。

④ 施炳燮（1853—1918），字理卿，浙江会稽人。张謇在《〈施监督挽词〉有序》中称："施君佐刘幕久，是役（东南互保）助余为刘决策，尤有功，亦为两湖总督张公所重。"张謇研究中心、南通市图书馆编《张謇全集》第五卷下，页 218。

⑤ 张謇自鄂返宁的次日，4 月 29 日就接到恽祖祁的来函，此后于 5 月 11 日又再"得莘丈讯"的情况下，方复函恽氏。

⑥ 这段情节，在 1907 年 8 月 31 日《大生纱厂第一次股东会之报告》中同样被归在 1898 年冬的背景下，称"走鄂哀之鄂督，商盛暂助推挂。不效。复哀之江督刘忠诚公，公苦之，会褚给谏有请巫兴商业凡官皆得入资公司之奏，同时为电沪、镇（镇江）、芜（芜湖）、九（九江）四道淮运使海分司劝入股。"张謇研究中心、南通市图书馆编《张謇全集》第三卷，页 84。

坤一此举，虽说对于解决承领半数瑞记纱机建厂方案问题意义不大，
但确凸显其支持张謇的姿态。

八、华盛厂"租让外商"案与"合领官机分办"案

　　1896年度沪上五家华资纱厂普遍经营亏损，其中规模最大者，
即拥有6.5万支纱锭、750台布机的华盛纺织总厂遭遇的问题最为严
峻。因为在纱厂普遍面对的困境外，华盛厂还须面对一项独特的挑
战，此即盛宣怀及其家族作为华盛厂最大的投资方，该厂自筹建始即
得到来自盛氏统管下"官督商办"企业招商局、电报局的资金扶持，
而1896年6月盛氏以"官督商办"为体制接办汉阳铁厂和大冶铁矿
后，招商局和电报局资金扶持的对象随之转移为维持汉阳铁厂。就此
失去资金扶持来源的华盛厂以及同属盛氏家族掌控的大纯纱厂，此间
的经营困境自然尤见严重。在裕晋纱厂等转售于外商既定的背景下，
盛宣怀为华盛、大纯二厂设计出"租让外商"经营的解困方案。之所
以未仿效裕晋纱厂转售于外商之方案，缘于华盛纺织总厂之前身乃
"官督商办"的上海机器织布局，其资本构成与前机器织布局之官款
利益有间接性的关联，故而盛宣怀拟出"租让外商"经营这样折衷性
的方案。即便如此，该案要获通过面临的政治阻力仍然严峻，故盛宣
怀务必为此有所预案。

　　关于华盛、大纯二厂租让外商案之缘起，盛宣怀曾有所谓"适有
英商恭佩珥，因卢汉借款不成，愿求商办他事。当与酌议租办三年"
之说。① 据此可认定"租让"案的交涉，始于1897年5月10日盛宣
怀与比利时公司订立卢汉铁路借款草约后。出于降低华、大二厂实施
"租让"案政治阻力的考量，盛宣怀及时作出有意接受张謇"合领官
机分办"案的表态。张之洞、张謇自然不会懵然于此纯属盛氏的权宜
之举，但出于维持瑞记纱机事解决已得落实的外在观感，二人一时满

---

　　① 　1897年7月20日盛宣怀《上北洋大臣书》，《盛宣怀未刊信稿》，页23。

足于盛宣怀此间的表态并予以认可。6月下旬，张之洞曾就不愿联署
呈奏表态由盛宣怀督办中国通商银行事，其致电直督王文韶称："杏
荪老谋深算，自毋庸旁人妄赞一词，此次复奏，弟可否毋庸列衔，亦
不知为不知之义也。特奉商，祈鉴察示复。"① 据此其可见此际盛宣
怀和张之洞之间利益博弈关系复杂之状。为落实瑞记纱机事提供方
便，则属盛宣怀手上的筹码之一。

　　6月下旬盛宣怀离鄂，为解决华盛厂租让于外商在两江政府方面
的政治障碍，乃其回沪急待解决的重要事项，且执行交涉使命之人选
亦早经择定，即新入其幕的郑孝胥。② 而张謇则在"置酒为太夷（郑
孝胥）饯行"后，于6月21日起程离宁返通。③ 张謇离宁之际致函崔
鼎，函尾端以"祈阁下与潘、郭一言决之，若长此游移不定，徒然牵
率多人蹀蹀往来何益"之说④，表达其已决心放弃与潘、郭二人继续
合作的意志。据该函张謇对官方偏袒潘、郭二人的立场不无怨言之状
看，不难想象张謇此主张难得两江官方支持的前景。因为，张謇此间
有关潘、郭二人出局和与盛宣怀"合领官机分办"之两项诉求，均意
在为其承领半数瑞记纱机筹建通厂之主张开路。如前述已言，瑞记纱
机之纱锭部分具备可拆分性，而包括动力系统在内的其他装备则并不
具备拆分可能，两江官方反对张謇承领半数瑞记纱机建厂完全在理，
盛宣怀和张謇自然对此清楚了解，但仍故作糊涂，各怀心机地争取
"合领官机分办"案通过两江政府的审核。盛宣怀自鄂返沪之意图，
在以接受"合领分办"案为筹码，换取刘坤一附议允准华盛厂"租
让"案为目标展开活动。张謇则碍于桂嵩庆的态度，离宁返通作局外
之观。7月中旬，以"华盛厂出押华英公司合同"和"大纯厂售卖

　　① 1897年6月20日张之洞《致天津王制台》，《张之洞全集》（九），页231。

　　② 见郑孝胥1897年6月14日记："是日，藩司饬知盛大臣奏调"；7月13日记：
"傍晚，盛处送札来，派充商会公所参赞，月给薪水百金"。劳祖德整理《郑孝胥日记》
第二册，页603、608。

　　③ 见张謇研究中心、南通市图书馆编《张謇全集》第六卷，页393、394。

　　④ 张謇《致商务局委员崔鼎函》，《张謇全集》第三卷，页3。

产、地英华公司合同"行将订约为背景①，盛宣怀有意与张謇在沪会晤，而未得张謇响应，其背景同样缘于两江官方的干预，此情具体可见张謇7月16日致桂嵩庆函。② 在桂嵩庆明确反对张謇与盛宣怀"合领官机分办"案立场前，张謇自然不欲轻举妄动以致有所冒犯，从而造成盛宣怀独力实施合并"租让""合领分办"二案对刘坤一进行交涉的局面。

郑孝胥7月19日记："盛太常邀至宅，谈铁路及纱机事。华盛纱厂拟租与西人，而于内地分建四厂，会同南、北洋奏明，使予入宁谒岘帅，面陈事宜。"同日郑氏还会晤了华盛厂总办盛宙怀（盛宣怀堂弟）、大纯厂总董盛昌颐（盛宣怀长子），会晤间盛宙怀出示"纱厂图一幅，可安一万锭者"，以表明有关"内地分建四厂"意向的真实性。7月23日，郑孝胥携"（盛氏）与岘帅书，并封奏稿"抵宁；7月24日其接到的最初回应，乃"新宁推由北洋主政"，即刘坤一拒绝南北洋联署呈奏作允准华盛厂"租让"案表态。7月25日，郑孝胥终获刘氏接见，其在日记中留下极为形象的会谈记录，所谓："新宁语次颇不平于盛太常，既乃曰：'北洋核定可奏，我主画行而已。为我语杏孙，既肩大事，脸面要老，算盘要宽也。'"③ 刘坤一所言，以及郑氏作如此详细记录，均不乏出于对盛宣怀履约承领瑞记纱机之前景缺乏信任的心理。不过郑孝胥此行使命就此告成，具体可见7月26日刘坤一就盛氏来函之复郑氏函以下内容：

> 详查旧卷盛京卿在上海先后设织布、纺纱等厂，均系北洋主政，南洋不会前衔，只列后衔。今将华盛租与洋人，始终一事，不得不照案办理，以清眉目。通州纱厂，鄙意亟思定局，唯张香帅任内奏明归籍绅张殿撰等筹办，嗣经商务局桂观察与张殿撰

---

① 1897年7月15日《华盛厂出押合同》，盛宣怀档案资料选辑之六《上海机器织布局》，上海人民出版社，2001年，页374—379。

② 1897年7月16日张謇《为纱厂致桂嵩庆函》，《张謇全集》第三卷，页4。

③ 以上引言均见劳祖德整理《郑孝胥日记》第二册，页608、609。

议，主官商会办合同，即以公款购到之机器作为官股。迄今商股寥寥，而张殿撰尚未放手，故必待其来省面决，或交盛京卿专办，或与盛京卿合办，均无不可，如张殿撰现在沪上，即由盛京卿先与酌商，要不出此二说。尊处如有信与盛京卿，请转达下忱为荷。至苏州丝、纱两厂绅董本有盛之老翁（指盛宣怀父亲盛康）在内，将来陆大司成（陆润庠）北上，如得盛京卿接办，洵足以孚众望，鄙怀不胜大愿也。①

该函表明，刘坤一之关注点不在华盛厂"租让"案，而在"合领官机分办"案的落实，即他对前者的让步，是以盛宣怀为后者落实提供切实的合作为前提，尤寄希望其以承领的瑞记纱机 2 万纱锭，加入进南洋自主规划的苏伦纱厂项目之中。7 月 29 日郑孝胥返抵沪上，当天盛宣怀即有嘱其与何嗣焜联名电邀张謇来沪之举。② 8 月 7 日，张謇方与沈燮均自南通抵沪，盛宣怀当即发出次日午宴之邀约。关于此日盛、张的会晤，郑孝胥在日记中载有"盛以华盛未定局，不能遽任通厂，而张意殊迫，是日，所言皆不质实"之观。盛宣怀的立场是在华盛厂"租让"案未成定局前，其不能在"合领官机分办"案上有任何举措；而张謇则似有盛宣怀尽快明确"合领分办"案实施时间表的诉求。就在双方"所言皆不质实"的背景下，8 月 9 日张謇和郑孝胥"共草通、沪合股草约"。

　　盛宣怀和张謇合领分办瑞记纱机案的草约被冠以"通、沪合股"之名目，当属两江官方的指示，即盛宣怀作为潘华茂、郭勋两位沪董的替代人选参与承领瑞记纱机。如此设计自然为盛宣怀所拒绝。8 月 10 日，在盛氏参与下，原张謇和郑孝胥合拟的"通、沪合股草约"

────────────

　　① 1897 年 7 月 26 日刘坤一《致郑苏龛》，欧阳辅之编《刘忠诚公遗集》（台北），《中国近代史料丛刊》第 251 种，文海出版社，1968 年，页 7088、7089。

　　② 见郑孝胥 1897 年 7 月 29 日记："十点，至上海。午后，谒盛太常，晤眉孙。太常嘱余与何同致电于季直，请其速来决议。"劳祖德整理《郑孝胥日记》第二册，页 610。

被改作"通、沪二厂同时并举约款",其实这仅是恢复张謇前所主张的"合领官机分办"案之原貌。8 月 11 日,盛宣怀和张謇再次会晤,"盛出合同,画押毕";当天张謇和郑孝胥起程赴宁,以争取两江政府对经盛宣怀改定的"通、沪二厂同时并举约款",包括其中涉及"原定官商合同增易数字"的认可。① 通过郑孝胥对在宁活动的记录可以看到,两江官方对于"通、沪二厂同时并举约款"之方案,内部分歧严重。江督刘坤一出于维持对张之洞关系之考量,"极怂恿纱厂之成约";而对两江财政事务最具发言权的桂嵩庆,则"颇挠之",最终由崔鼎出面对张謇施压,以维持与潘华茂、郭勋合作承领瑞记纱机之原案。② 受郑孝胥鼓励,8 月 16 日,张謇"与桂、崔讯",再申"罢潘、郭"之诉求。③ 张謇和郑孝胥在宁活动的最终结果,见郑孝胥 8 月 16 日记:"电致盛太常云:'帅览约称善,催即备移案,又再三言华盛归华商包办尤善。'"④ 即张謇和盛宣怀"通、沪二厂同时并举约款"之方案,获刘坤一认可;而以"华盛归华商包办尤善",刘坤一否定了华盛"租让外商"案。

九、瑞记纱机事终成张謇独家全盘承领之局

8 月、9 月之交,围绕"租让""合领官机分办"二案,盛宣怀、两江政府与张謇三方之间的博弈始终在进行中。直至 9 月初,接到主持总署事务的李鸿章所谓"租给洋商颇骇闻听"的表态后,盛宣怀仍

---

① 以上引文均见劳祖德整理《郑孝胥日记》第二册,页 612;又见 8 月 11 日盛宣怀《上刘岘帅书》:"通厂纱机顷与季直殿撰商定办法,就原定官商合同增易数字,并与殿撰另订约款,一切统请殿撰面述,合同约款亦已携去呈鉴。兹仍属郑丞孝胥偕往,如有须面询者希传见为幸。"北京大学历史系近代史教研室整理《盛宣怀未刊信稿》,页 29。

② 可见劳祖德整理《郑孝胥日记》第二册,页 612—613。

③ 张謇研究中心、南通市图书馆编《张謇全集》第六卷,页 397。

④ 劳祖德整理《郑孝胥日记》第二册,页 617。

在为维持"租让"案作最后努力,① 在终不能遂愿的情况下,他方作放弃"租让"案之决定,而退出"合领官机分办"案也随即提上议事日程。盛宣怀无意高调表达此意向,乃出现郑孝胥9月12日记所述以下之场景:

> 何眉孙(何嗣焜)来,言太常以纱厂官商永远合办,商人终不深信,已电南京,议将官股本二十五万由商匀年缴还,以后专归商办。余愕然曰:"此议之发,毋乃太迟,恐与南洋当有小口舌矣。彼官机实价八十四万尚未还清,讵肯以二十五万售其半于商,而又取匀年摊缴之款乎?必不得已,且可商一将来归商、归官变局办法,预于南洋存案而已。"②

由此可知,盛宣怀声称其在接领半数瑞记纱机后,将以逐年缴款方式结清25万两纱机价款,与官方成银货两讫之局。他当然知道两江官方必不会同意其方案,其退出"合领官机分办"也就成自然。郑孝胥上记值得关注的地方,不在盛宣怀退出的方式,而在"彼官机实价八十四万尚未还清"一语,道出两江财政在"瑞记纱机"事项下的支出已达84万之巨,相比1896年初张之洞离署江督任时62万之款,在一年半的时间内新增20余万。此情对于两江官方以及张謇而言,压力之大可想而知。

在对两江政府表明退出与张謇"合领官机"案意向后,9月17日盛宣怀再将此意函知张謇。盛氏函先以"徐州(桂嵩庆)面谈通厂廿五万已就绪,与尊示符合,将来活本似属不难"为说,婉转地回绝张謇两度来函为通厂筹建谋贷款的诉求,③ 其中也包含无意履行作为实

---

① 李鸿章《李傅相来电》,《愚斋存稿》(台北),《中国近代史料丛刊续编》第122种,页693。

② 劳祖德整理《郑孝胥日记》第二册,页617。

③ 8月23日郑孝胥自宁返沪和9月8日沈燮均自宁赴沪,均分别携来张謇致盛氏函。此即1897年8月23日、9月6日张謇《张謇致盛宣怀函》,《近代名人手札真迹——盛宣怀珍藏书牍初编》(壹),页15—18。

现"租让"案交易筹码，而对通厂筹建所作过任何承诺的表态；紧接其后，盛函再以"至纱机分装，曾与汤悟生面商，毫无难处。譬如四万锭在一门之中，亦可安置两厂，要在分拨均匀而已。若以大引擎运一半锭子，转致亏耗"为说，游说张謇在盛氏退出"合领官机"案后，通厂实施两期建厂之规划，以成最终全盘承领"瑞记纱机"的目标。此意在"若以大引擎运一半锭子，转致亏耗"说中体现得最为明确，该说意指若张謇执意仅承领半数瑞记纱机，通厂投产后"大引擎运一半锭子"造成的额外成本负担，将是长期性的。

对于盛宣怀退出"合领官机分办"案的立场，张謇亦唯有予以默认，而包括两江政府在内的各方，均有佯装"合领官机分办"案得以落实的需要。因此在后续的瑞记纱机事中，盛宣怀也尽可能地予以配合。9月27日，"备移存案"事办理告结；9月29日，崔鼎、许鼎霖作为江宁商务局派员抵达沪上，盛宣怀则如约札委郑孝胥"办通、沪分机事宜，与盛荔孙同办"。[①] 所谓"分机"，则是将原存放于瑞记洋行所租用栈房内的"瑞记纱机"一分为二，归盛宣怀名下的纱锭转移于"华盛浦东东栈"存放，[②] 归张謇名下包括动力系统在内的纱锭则待运南通。张謇延至"分机"事正式开始前夕，且是在盛宣怀行将赴鄂的背景下才抵沪上，仅在10月31日二人有过一次会晤。[③]

再后的情节，则见张謇11月11日记："'威靖'兵轮第一次机器运行。"此乃其承领的瑞记纱机首发南通的记录；11月25日记："定厂价九万。"则指与承包商"定造厂包工价九万两"。[④] 该年（光绪二十三年）内，通厂的筹建出台了《大生纱厂重订集股章程》，该章程的相关条款呈现了通厂之建厂分两步进行，并以最终接手全部瑞记纱机（归盛宣怀名下的1.5万余支纱锭）为目标的规划前景。见第二款中

---

① 劳祖德整理《郑孝胥日记》第二册，页621。

② 见张謇研究中心、南通市图书馆编《张謇全集》第三卷，页87。

③ 见张謇10月31日记："晤杏孙太常。"《张謇全集》第六卷，页400。

④ 以上引言均见张謇研究中心、南通市图书馆编《张謇全集》（六），页400、401、856。

"集商股本规银五十万两"之说，第六款所谓："官购机器计四万七百余锭，创办之始，自应慎重。兹拟先开二万五千锭，俟日有起色，再行全开。"[1] 此两条款充分体现张謇对与盛宣怀"合领分办"瑞记纱机案已不复存在现实的正视，并已作好独自承接全部瑞记纱机的心理准备。

　　事情至此，胡钧撰张之洞年谱中有关张之洞"招商设纱厂于通州"之举，所进行的背景及所涉情节的追踪已全部告结。不过，就此言"瑞记纱机"事告结则为时过早，因为即便是1899年5月通厂以2.04万纱锭完成筹建并开工，以及1900年1月刘坤一以呈《筹还通州纱厂机价官商合办折》匆匆就"瑞记纱机"事结案，[2] 亦难作为此事终结的标志。瑞记纱机事的终结，还当以张謇于"癸卯(1903)续议增用在沪悬阁之官机"，启动通厂二期工程之时为准。[3]

　　　（原刊于《近代中国》第29辑，此次收入论文集有所增修）

　　　　　　　　　　　　　作者单位：华东师范大学历史系

---

①　1897年《大生纱厂重订集股章程》，《张謇全集》第三卷，页4、5。

②　欧阳辅主编《刘忠诚公遗集》，（台北）《近代史料丛刊》第251种，页4477—4482。

③　见张謇研究中心、南通市图书馆编《张謇全集》第三卷，页88、140。

张之洞是张謇投身实业的驱动者

高广丰

张之洞与张謇都为中国民族工业的发展作出了不朽的贡献。新中国成立之初，毛泽东就对张謇的侄子、时任南通大生企业董事长的张敬礼等人说："讲到中国民族工业，有四个人不能忘记：中国最早有民族重工业，不能忘记湖北张之洞；最早有民族轻工业，不能忘记南通张謇；最早有民族化学工业，不能忘记南京范旭东；最早有民族航运业，不能忘记四川卢作孚。"① 而在毛泽东称为"不能忘记"的四个人中，张之洞与张謇又有着很特殊的关系。可以说，张之洞是张謇投身实业的驱动者。

一

张謇(1853—1926)，字季直，号啬庵，祖籍通州，出生于江苏海门常乐镇一个务农兼营小商的家庭。张謇自幼在父母的督促下，一边读书，一边从事农业生产和其他"贱役"。张謇因为是三代内没有人取得过秀才以上功名的"冷籍"而不能参加科举考试，如需应考，必须请人"连环担保"，支付保人和保人的保人一笔相当昂贵的费用。于是在一位老师的安排下，张謇冒如皋籍张氏考中秀才。然而其后，张謇一家遭到了该张氏无休止的勒索，家境困窘至极，于是不能不自谋生路。张謇历经十年游幕生涯和十年经营乡里，从事过书吏、军事、水利、农桑、教育、著述等许多行当的磨炼。光绪二十年

---

① 穆炬《毛泽东主席谈张謇——访张敬礼先生追记》，《江海晚报》1993 年 12 月 24 日。

（1894），41 岁的张謇经过无数次的场屋蹉跌，终于大魁天下，"钦点翰林院修撰"。然而，同年九月又因父丧返乡守制。其后，张謇在家乡从创办大生纱厂开始，将实业逐渐扩展到农业、交通运输、机械、冶铁、食油、面粉、制盐、渔业、蚕桑染织、印刷、酿酒、玻璃、制皂、房地产等行业和家乡以外的不少地方，建成了 20 多个企业。在发展企业初见成效后，他从建立我国第一所民办师范——通州师范开始，又努力在家乡和其他各地兴办大、中、小、幼、特、职等各类新式学校 370 余所，以及包括博物苑、气象台、影戏制造、医院、体育场等在内的各种社会事业，在家乡通、海地区率先进行了我国早期现代化的实践。胡适说："他独立开辟了无数新路，做了三十年开路先锋，养活了几百万人，造福一方，而影响及于全国。"[1] 这个评价张謇确实当之无愧。张謇是清末民初最有影响力的人物之一，他的事业对中国历史的发展产生了直接影响。

一向把通过科举入仕视为正途，因而为此奋斗了大半辈子终于攀登上科举最高峰的张謇，却弃官从商，走上了实业救国的道路。其原因是多方面的，并且已有许多学者论及。但是，从张謇投身实业的过程来看，我们不能不认为，正是张之洞首先驱动张謇走上了这条道路。关于这段历史，张謇的《承办通州纱厂节略》等文章和张季直先生事业史编纂处所编的《大生纺织公司年鉴》都说得非常清楚。

第一，张之洞是最早要张謇"招商设立机厂"的人。张謇在《承办通州纱厂节略》一开头追述大生纺织公司的创办时说："自光绪二十一年中日定约，有日人得用机器在中国内地各州县城乡市镇制造土货之条。九月间，前署南洋大臣张，分属苏州、镇江、通州在籍京官，各就所在地方，招商设立机厂，制造土货，为抵制外人之计。通州产棉最王而良，謇因议设纱厂。"其后，张謇即"招商历两月余"，形成了最早的通沪六董。"十二月率同到省，开折请于署大臣张核定办

---

① 张孝若《南通张季直先生传记》，中华书局，1930 年，页 3。

法"，随至通州，邀通州知州和海门同知"监订合同，会详立案"。① 二十八日(1896 年 2 月 11 日)张之洞即上奏朝廷派张謇在通州办厂。"明年二月，奉朱批：知道了，钦此！"② 至此，完备了张謇"奉旨办厂"的一切手续。

第二，在办厂资金无法筹集的情况下，张之洞为张謇找到了一条出路。在张之洞奏派张謇办厂后不久，两江总督刘坤一回任，张之洞即返湖广总督任上。三月，张謇就开始"与两江总督刘岘庄坤一议兴通州纱厂"③，而不再是已经返归武昌的张之洞了。此时要"议"的也已经不是办不办的问题(因为这个问题早经张之洞解决，并且张謇已经招商数月)，而是如何解决集资中出现的几乎无法解决的困难。此时张謇正焦头烂额，深感难以为继。光绪二十二年(1896)二三月间，张謇为此致函已经调回武昌的张之洞。次年三月，张謇又专程前往武昌拜访张之洞，寻求支持。七月，张之洞给走投无路的张謇找到了一条新的出路。在此之前，已经有人促成将原先由张之洞为湖北南纱局订购的堆放在上海杨树浦江边的 40800 纱锭"官机"作价 50 万两股金加入张謇筹办的纱厂，这样张謇只需再招 50 万两商股，即可办成一个"官商合办"的企业。但是，由于长期形成的官府诚信的缺失，"官商合办"的性质吓退了投资的商人，张謇根本无法筹满 50 万两商股。这时，张之洞在得到两江总督刘坤一的同意后，决定将"官机"由张謇与盛宣怀对半平分"合领分办"，张謇的纱厂性质遂转变成能够为投资商接受的"绅领商办"，而且张謇可以因此少筹 25 万两股金。虽然此后又有很多周折，张謇不能不再次向张之洞等人求援，也尽管张之洞此举不过是空头人情而已，但是张之洞的这一步棋确实帮助张謇打开了筹办纱厂的僵局。张謇深感张之洞是支持他办厂的，

---

①② 张季直先生事业史编纂处编，张謇研究中心等校注《大生纺织公司年鉴(1895—1947)》，江苏人民出版社，1998 年，页 5—6。

③ 张謇《啬翁自订年谱》，光绪二十二年，张謇研究中心、南通市图书馆编《张謇全集》卷六，江苏古籍出版社，1994 年，页 394。

所以直到光绪二十四年（1898）底，张謇仍致函张之洞，痛陈大生"决踵见肘之势"，请与盛宣怀通意，"力为维持，暂资挹注"。①

　　第三，张之洞在武昌的实业、教育业绩有力鼓舞了张謇。光绪二十三年（1897）三月，张謇参观了张之洞所办的湖北炼铁厂、湖北枪炮厂等实业，大开眼界，感叹"于此见西人学艺之精，南皮要是可人"②，找到了学习的榜样。正是在武昌，当张謇知道总理衙门振兴商务公牍大意为"官助商本，抵制外洋"时，他持的是悲观态度，认为"顾中国之官专与商人诘难以为能，何可冀有此日也"。③但同时，因为他亲眼目睹了张之洞的壮举，所以不久之后，他在回答好友周家禄问及张之洞旨趣时就说"今天下大官贵人能知言可与言者，无如南皮"④，显然他把张之洞与"专与商人诘难以为能"的"中国之官"区别了开来，因而不是"何可冀有此日"，而是可以寄予希望的。这就为他自己在办厂过程中一再求助已经不是两江总督的张之洞的行为作了注脚。

二

　　张謇在张之洞嘱他在通州办厂之前是否已经决定实业救国，或者已经形成了实业救国的思想呢？已往的论者都给予了肯定的回答，其根据便是收录在《张季子九录》和《张謇全集》中的《代鄂督条陈立国自强疏》，说那是张謇于《马关条约》签订后，为张之洞起草的疏稿。疏稿内容大体与张之洞于光绪二十一年（1895）闰五月二十七日所上的《吁请修备储才折》基本相同。一般认为，在这篇疏稿中，张謇比较系统地阐明了自己的救亡主张，是张謇实业救国思想形成的标志。但是，也有人曾从文句和内容上指出过该文存在的矛盾；甚至有人指出

---

① 张謇《致两湖督部张之洞函》，《张謇全集》卷三，江苏古籍出版社，1994 年，页 8。

②③ 光绪二十三年（1897）三月二十一日日记，《张謇全集》卷六，页 391。

④ 光绪二十三年（1897）六月三日日记，《张謇全集》卷六，页 394。

文中的激烈言论同张謇起初不敢奉命办厂的实际表现是矛盾的，但又普遍认为这种矛盾只是反映了纸上谈兵和亲身实践并非总是一致的现实。

近年都樾发表的《〈吁请修备储才折〉作者考证》①一文，用缜密的考证推翻了这篇重要历史文献的作者是张謇的公论，认定疏稿是由沈瑜庆、郑孝胥先后执笔，经张之洞亲自删改而成的。这样，也就失去了当时"张謇实业救国思想形成的标志"。仔细查阅张謇的同期其他文字，确也并未发现能够表达张謇实业救国思想的内容，这篇文章确实显得过于突兀了。可惜在此之前并未有人对《吁请修备储才折》亦即《代鄂督条陈立国自强疏》的作者进行过认真考证，包括笔者本人在内，不免人云亦云。根据都樾的新观点，人们已经发现的此篇疏稿中反映出的矛盾也就迎刃而解了。

张謇在光绪二十四年（1898）十一月十四日的《致两湖督部张之洞函》的开头第一句即是"謇荷昄睐，乙未之岁令即通州设立纱厂以开风气而保利权"②。"昄睐"一词见于《古诗十九首》之十六，诗云"昄睐以适意，引领遥相睎"，张謇用于此，是很值得玩味的。《啬翁自订年谱》中说到自己于光绪二十二年（1896）三月"与两江总督刘岘庄坤一议兴通州纱厂"时，接着说"先是南皮以中日马关约有许日人内地设工厂语，谋自设厂，江南北苏州、通州各一。……通任余，……此殆南皮于学会求实地进行之法。……踟蹰累日，应焉"。③ 张謇明确指出"谋自设厂"并"通任余"的正是张之洞，尤其值得注意的是他描述当时自己的态度却是"踟蹰累日，应焉"，即是说张謇此时还远没有下定由自己来走实业救国道路的决心，要不是张之洞的奏派，他还绝无"下海"打算。他解释其原因是"余自审寒士，初未敢应。既念书生为世轻久矣，病在空言，在负气，故世轻书生，书生亦轻世"，

──────────

①　《张謇与海门──早期现代化思想与实践（第五届张謇国际学术研讨会论文集）》，南京大学出版社，2010年，页746。

②　张謇《致两湖督部张之洞函》，《张謇全集》卷三，页8。

③　张謇《厂约》，《张謇全集》卷三，页17。

而"秉政者既闇蔽不足与谋，拥资者又乖隔不能与合"，"然固不能与政府隔，不能不与拥资者谋"。① 可见他对自己作为一介书生而去创办实业，既心有不甘，也缺乏信心。所以经过激烈的思想斗争，才终于"应焉"，而决定由自己担任"通官商之邮"的角色。② 这是张謇自己直到晚年都并不讳言的当时心态。张謇又多次说到张之洞对于创办大生纱厂的作用，他说过不少类似于"南皮督部既奏以下走经理其事，不自量度，冒昧肩承"③，"前因广雅、新宁之属，创设通厂"④ 的话，话中多少带着某些被动的意味。张謇当时确实并未达到以状元的身份主动去通过创办实业来挽救中国命运的认识水平，张謇认为"兴实业则必与富人为缘，而适违素守"，以后"又反复推究，方决定捐弃所恃，舍身喂虎"，奉旨办厂。然而仍"认定吾为中国大计而贬，不为个人私利而贬，庶愿可达而守不丧"⑤，坚持"言商仍向儒"。

　　而张之洞却不同，他从出任封疆大吏开始便大力从事洋务活动，先在广东设立枪弹厂、铁厂、枪炮厂、铸钱厂、机器织布局、矿务局；调到武昌后，他将在广东向洋人订购的机器移设湖北，建立了不少堪称中国第一的近代化企业。例如建成于光绪二十年(1894)的汉阳铁厂，共有铸铁、打铁、机器、造钢轨、熟炼铁等6个大厂、4个小厂、2个钢炉、3000工人、40个外国技师。而更在十年之前的光绪十年(1884)马江之役败于法人以后，张之洞便大声疾呼"及今不图，更将何待"⑥。其幕僚辜鸿铭说"其意以为非效西法图富强无以保中国，无以保中国即无以保名教"⑦。张之洞的"中体西用""以工立国"的思想早在那时即已形成。况且对于张之洞来说，创办实业，发

　　①② 张謇《啬翁自订年谱》，《张謇全集》卷六，页855。

　　③ 张謇《厂约》，《张謇全集》卷三，页17。

　　④ 张謇《为纱厂致盛杏荪函》，《张謇全集》卷三，页6。

　　⑤ 张謇《大生纱厂股东会宣言书》，《张謇全集》卷三，页115。

　　⑥ 张之洞《筹议海防要策折》，《张文襄公全集》第十一卷，中国书店，1990年，页35。

　　⑦ 辜鸿铭《张文襄公幕府纪闻》，山西古籍出版社，1995年，页17—18。

展经济，正可作为封疆大吏的政绩，并不存在张謇所顾忌的从居于四民之首的封建士大夫"贬"向被视为末业的商人队伍的问题。所以，张之洞能够很自然地嘱张謇办厂，而张謇却不能不"踟蹰累日"方可"应焉"。

　　那么，张之洞又为什么偏偏要在通州找张謇办厂呢？其一，通州有办厂的充足而又优质的原料。通州的地理位置很适宜于种植棉花，产量高，而且质量好，很早就盛销于东南沿海地区。"张之洞很早也注意到了通州的棉花。他于督粤期间曾在光绪十四年（1888）筹划在广东创设织布纺纱官局，其所拟议的原料来源即已列入通州棉花。"[①] 他在奏派张謇办厂的奏片中说"通州、海门为产棉最盛之区，西人考究植物，推为中国之冠，各地纱厂无不资之"，再加上"通海近年所产蚕茧亦渐向旺"，[②] 这些当然更可视为与张謇商量后得出的一致结论。其二，张謇是张之洞一向十分看好的人才。早在张之洞出任山西巡抚的第二年，即光绪八年（1882）朝鲜发生变乱，日本趁机觊觎朝鲜，张謇作为吴长庆的幕僚，在战前坚决主张出兵朝鲜，镇压乱党，抗衡日本；在战斗中，正如主将吴长庆所评价的，"赴机敏决，运筹帷幄，折冲樽俎，其功自在野战攻城之上"[③]，兵变敉平后又以《朝鲜善后六策》提出了对朝鲜问题根本性的解决办法。这个 29 岁的处于游幕生涯的秀才，由此展现出很高的政治、军事、外交才能而名动天下，成为高官们争相延揽的对象。张之洞也致书征聘张謇，然而被张謇婉言谢绝了。吴长庆去世后，升任署理两广总督的张之洞便又一次延请张謇入幕，甚至志在必得，给张謇寄了聘银 40 两，而张謇又予以婉谢。这一次张之洞署理两江总督，做了正在家乡守制的张謇的父母官。而且，中日甲午开战时，张謇和张之洞都站到了主战一边。张之洞经过长期考察，认为张謇"学识素优，博通经济，实心任

---

　　① 　章开沅《张謇传》，中国工商联合出版社，2000 年，页 75。

　　② 　张季直先生事业史编纂处编，张謇研究中心等校注《大生纺织公司年鉴（1895—1947）》，页 6。

　　③ 　张謇《为吴长庆拟致张树声函》，《张謇全集》卷一，页 11。

事，允洽乡评"①。所以，接着张之洞便奏派张謇总办通海团练，而
张謇则以守制之身而能欣然受命。张謇说："今明公觥觥以义见督，
謇不肖，不敢以礼自处也"，"寇在门庭，古人乃有变礼"。张謇还由
衷地对张之洞说："闻公移督，重为民幸。度公宏规远略，将有以造
于吾民也。"② 在办理通海团练过程中，张謇表现出一贯的认真负责
态度和严谨细密作风。接着他们两人就开始有了频繁的接触，有张謇
"访张之洞，作尽日长谈"，也有"张之洞回访，留谈商务"，张謇向
张之洞辞行时，又"久谈，留饭"，③ 当然更多的是互相致函。张之
洞没有看错人，张謇也确实没有辜负张之洞的期望，"自计既决，遂
无反顾"④。

<h1 style="text-align:center">三</h1>

　　但是，长期以来人们对张之洞在张謇投身实业中所起的作用说得
很不到位。究其原因，可能与 1930 年出版的张孝若的《南通张季直先
生传记》和 1931 年出版的《张季子九录》有关。"这两部巨著不仅成为
后人研究张謇和大生集团的重要文献，而且也是研究近代中国社会经
济曲折发展过程和经验教训不可或缺的宝贵资料"⑤，张孝若的确功
不可没。但另一方面，也正因这两部巨著的"重要"和"宝贵"，一
旦出现偏颇就会产生不可估量的影响力。张孝若在《南通张季直先生
传记》中说，"我父先前没有翁公，成名没有这样大；后来没有刘公，
成事没这样快"⑥，在充分肯定翁同龢和刘坤一的同时，显然忽略了
张之洞在张謇"成事"中的作用。《张季子九录》收录了那篇其实并非

①　张之洞《留张謇沈云沛办通海等属团练片》，《张文襄公全集》第三十六卷，页 31。
②　张謇《致张之洞函》，《张謇全集》卷一，页 41。
③　光绪二十一年(1895)七月二日、七月七日日记，《张謇全集》卷六，页 373。
④　张謇研究中心、南通市图书馆编《张謇全集》，页 115。
⑤　严学熙《序》，《大生纺织公司年鉴》，序文页 6。
⑥　张孝若《南通张季直先生传记》，中华书局，1930 年，页 83。

张謇所作的《代鄂督条陈立国自强疏》，从而大大提前了张謇思想演变的时间，也就相应淡化了张之洞的作用。

其实更重要的是反映了张謇研究中的一种倾向。因为张謇的历史功绩和历史地位，从而在评价与张謇同时代的人物和与张謇交往的人物时，往往出现以张謇的是非为是非的现象。

我们知道，尽管光绪二十一年（1895）及以后几年，张謇与张之洞有过非常密切的接触，张謇对张之洞有过很好的评价，特别是对自己创办实业中张之洞的作用有过很客观的叙述，但张謇对张之洞一向是有看法的。张謇与张之洞的关系，与翁同龢完全不同。翁同龢是最早赏识并一意提携张謇，最终使得张謇状元及第的人。接着在帝后两党斗争和维新运动中，两人始终志同道合。所以即使在翁同龢被开缺回籍后，两人仍然密切交往。甚至在翁同龢逝世二十年的 1924 年，张謇还在南通长江边的马鞍山上建了一座虞楼，以便隔江眺望有着恩师墓葬的常熟虞山。而根据王玉良的研究，张之洞又恰恰与翁同龢不睦。①

张謇与张之洞的关系，与刘坤一也不同。刘坤一于光绪二十二年（1896）回任两江，光绪二十九年（1903）去世，在这七年时间里，刘坤一是张謇在创办大生纱厂和通海垦牧公司的具体过程中多次求助过的人，刘坤一也的确为张謇解决了不少实际问题。而张之洞署理两江时间不长，前后两次不过一年稍多。他对张謇投身实业的最大功劳是起了驱动作用，为张謇办完了办厂的合法手续。因而刘坤一的作用似乎足以掩盖张之洞的作用。

至于张謇对张之洞的看法，拙文《张謇心目中的张之洞》②已有详述。光绪九年（1884），当"云阁（文廷式）来谈，说南皮方回避不与试时告人曰：'即不翰林亦足千古，但非翰林不能耸动一时。'"张謇对

① 王玉良《张之洞与翁同龢的关系》，见《张之洞研究》（纪念张之洞逝世 100 周年）2010 年总第 8—9 期。

② 见《张謇的交往世界》，中国文史出版社，2011 年。

张之洞的"以功名耸动一时"的"务外"志趣非常不满，认为"以功名耸动一时，便是务外。为人少日志趣如此，成就有限矣"，此时的张之洞正开始由清流派向洋务派转变，而张謇却认为张之洞已"声名日戚"。十年以后，投身实业的实践使张謇得出了张之洞是"能知言可与言"的"大官贵人"的新结论，但同时又认为"南皮有五气：少爷气、美人气、秀才气、大贾气、婢妪气"即"骄、娇、迂、官、小"五气，"南皮是反君子，为其费而不惠，怨而不劳，贪而不欲，骄而不泰，猛而不威"，他"好谀不近情"，则是"大官贵人之通病"。后来在立宪运动中，张謇对张之洞的"其气殊怯"十分不满，当听说张之洞提出的"民间有义务无权利"的"有限制宪法之说"后，就完全无法容忍了。他秘密致函赵凤昌说："言南皮创为有限制宪法之说，民间有义务无权利，讥其毒民，后必不昌。岂真有此说耶？公有所闻否？此老发端既不勇，而以大学章程例之，正恐学术杀人之事不免。公与之有休戚之谊，不可不尽言。"接着张謇就"学术杀人"大发"昔人言以嗜欲杀身，以货财杀子孙，以学术杀天下后世之人，士君子不可不有此罪孽"的议论。更有意思的是张謇在信中还以翁同龢的"病榻所谈"反衬张之洞的顽固态度，又嘱赵凤昌"印书（宣传立宪的书）必望速成、速布、速进"，表达了坚决推进立宪和对张之洞无法容忍的立场。此前一日，他在给赵凤昌的另一信中还特别提及翁同龢对于立宪的态度："老人极赞，亦以非此不可救亡也。"显然借此表示对张之洞的批评。至此，张謇在政治上与张之洞分道扬镳。其后张之洞逝世，张謇没有在日记上留下片言只语；一生中为许多人写过挽联，甚至常常乐意为他人代写挽联的张謇，此时却保持了沉默。民国十二年（1923），张之洞铜像筹备处请张謇捐资，他自称"敝处历丁灾歉，所营教育、慈善、实业苦难维持"，因而分文未捐，"捐册奉还，乞赐曲宥"。而第二年，他就慨然独资建了一座怀念翁同龢的虞楼。两相对照，其爱憎之强烈，竟至于此！

在这种情况下，许多人在赞颂张謇的同时，便不会去赞颂张謇后来很不喜欢的张之洞，更忽视了张之洞在张謇投身实业中的驱动者地位；他们宁愿相信《吁请修备储才折》亦即《代鄂督条陈立国自强疏》的作者确是张謇，因为这可以证明张謇的思想发展水平至少可与张之洞比肩，甚至张之洞还得有赖于张謇来系统地阐述自强立国的思想和策略。因为张謇在历史上创造的堪称英雄的伟业，因而也就掩盖了张之洞这个驱动者的光辉，同样也掩盖了刘坤一这个支持者的光辉。其实这是不公允的。张謇不是先知先觉者，连张謇都说自己"生平万事居人后"[①]，而他的可贵，恰在于他起步并非一定最早，而一旦认准目标以后，便坚忍不拔、强毅力行，可以干出一番常人难以干出的事业。

（原刊于高广丰《两不厌斋文稿》）
作者单位：海门张謇研究会

---

① 张謇《戊戌正月十八日儿子怡祖生志喜》，《张謇全集》卷五下，页107。

论刘坤一与大生纱厂的创立

崔运武

大生纱厂是在甲午战后清政府转变产业政策伊始，由近代著名的民族资本家张謇创办的江南地区较早的近代私人资本主义企业。张謇在创立过程中的艰辛，已为人们所熟知，但是，倘若提到那时清政府在江南地区的当政者——两江总督刘坤一与该厂创立的关系，可能人们就知之甚少了。其实，刘坤一在该厂的创立过程中，是根据清政府"恤商惠工"的新产业政策，对之以自己的方式予以"调护"的。如果我们将上述过程冷静地放在甲午之后的历史大势及客观情况中进行考察，就会发现刘坤一的"调护"在大生纱厂的创立中不无促进作用，而且，通过这种考察还能从一个特定的视角，审视甲午战后清政府与私人资本主义间的相互关系，以及决定这些关系的多种矛盾因素及一定的走向。

一

为了考察刘坤一对张謇创立大生纱厂的"调护"，有必要首先对甲午战后清政府产业政策的转换，以及刘坤一这时的基本认识进行阐述。

众所周知，甲午战争之前，清政府在近代实业方面，采取的是通过官督商办、官商合办等方式，对轮运、纺织和主要的矿业等重要行业由国家直接控制的政策，即实际上采取的是国家资本主义的产业政策。无庸讳言，这一政策的实施，对一个继起的近代化国家来说有其必然，它在一定的时期中有着不可替代的积极意义。这一阶段若离开清政府的支持，许多大型的竞争型企业都难以创设或难以维持。但是，随着历史的发展，这种产业政策却到了必须改弦更张的地步。这是因为：

其一，这一企业政策模式中封建主义的官与资本主义的商的内在矛盾，构成了近代企业难以进一步发展的障碍。这其中，且不说那些垄断性的专利权，对民营近代企业创立的限制，所形成的整个近代实业发展的极度不足，就是在那些已设立的国家资本主义的企业中，由于清政府的扶持与控制互为表里，因而封建官府的横加干涉与管理的腐败愈演愈烈。如随意安插人员领取干薪，随意调拨款项和剥夺商股等，严重侵犯了商人的利益，引起了强烈的不满和反抗。特别是管理上的混乱与腐败，已使这些企业举步维艰。

其二，甲午战后残破的国家财政已难以维持原有的产业政策。甲午战前清政府产业政策的一个重要内容，就是给近代实业以相当数量的资金扶持，即国家财政予以负担，这当然要求国家财政有较好的状况。但实际上，自太平天国起义发生后，为了镇压太平军和其他少数民族起义，及应付其后的边疆危机和维持日益膨胀的官僚机构，清政府的财政就一直处于艰难之中，而在稍许好转后，皇室又大兴土木，以致甲午战争爆发后，为了支付庞大的战争开支，捉襟见肘的清政府向商人乞贷了"逾千万之数"，才"淘于军兴用款不无少补"①。但很快，战争之后的巨额对日赔款，又使清政府陷入了空前的财政危机之中。这样，不仅难以维持原有的企业，更难以面对必须大力发展近代实业以求富救亡的这一巨大的历史需求，因而寻求一种新的产业政策来大量发展近代实业已迫在眉睫。

其三，《马关条约》的签订，确认了外国在华的设厂权，清政府实际上失去了对产业的控制。这样，面对即将到来的列强在华设厂，以及洋货进口数量和品种的增加，若仍一味实行大企业的官办官督，其结果必然是作茧自缚，即不能禁止外国的经济侵略，反而限制了本国

---

① 王先谦《东华续录》，光绪朝，卷一二六，上海集成图书公司，1909年。

近代实业的发展。

　　这就是说，当历史的车轮转到甲午战争结束之际，清政府原有的产业政策已难以为继，它必须而且只能做的是开放厂禁，利用民间资本创办民营近代实业求富，从而维系自己在近代世界中的地位。正是在这一历史态势下，1895 年 7 月 15 日，深受民族危机刺激的光绪皇帝在"叠据中外臣工条陈时务"要求变革的促进下，在对这些条陈"详加披览后"，提出了中国今后的出路，是"以筹饷练兵为急务，以恤商惠工为本源"。① 即今后的急务，是以筹饷练兵达到自强，而这种自强，必须放在"恤商惠工"的基础上，而所谓"恤商惠工"，就是要体恤扶持商人办实业。这表明，清政府的产业政策发生了历史性的转换，已从国家资本主义直接控制企业，转而允许并扶持民营企业，即实际上鼓励私人资本主义的发展。不仅如此，为了贯彻这一新的产业政策，同年，光绪皇帝采纳了御史王鹏运的意见，为了"官商一气，力顾利权"，决定"沿海各省会应各设商务局一所"，要求是官为设局，一切仍听商办，但"责令督抚专政"，商董们议定"补救整顿之法"后，要"禀督抚而行之，事关重大者，督抚即行具奏。"② 这就是新产业政策的运作方式。

　　显然，清政府这在一定程度上体认到了近代经济领域中的客观需求，并适时出台的新产业政策及运作模式，把继起的近代化国家在经济发展中政府所需发挥的职能，基本上放到了地方政府，这虽然不乏清政府在国家财政上的无奈，乃至于将发展商务的职责推到地方的因素，但更主要的还是在全国范围内倡导民营近代实业这一新产业政策在组织管理上的要求。这其中，能否将发展私人资本主义的可能转为现实，则主要取决于一个地区地方督抚的认识和魄力、地方财政状况，以及该地绅商的思想状况和财富的多少等多种因素。从是否推行及在多大程度上推行新产业政策的角度看，地方督抚处于十分关键的

---

①　朱寿朋《光绪朝东华录》，中华书局，1960 年，页 3631。
②　王先谦《东华续录》，光绪朝，卷一二八。

地位。

就那时整个社会条件看，素来商务发达的江南地区，无疑是新产业政策能取得一定实效的地区之一。洋务运动兴起后，以上海为龙头，更一直是近代工商业发展的前沿之地，绅商们较其他地区更有财力和近代投资意识。当然有不利因素，即江南历来又是清王朝赋税最重的地区，特别是这时要归还战争中的息借商款和承担相当部分的巨额对日赔款，地方财政空前窘迫与危机。在这有利与不利交织的状况下，当政者刘坤一又如何呢？作为洋务派的后期代表之一，刘坤一一直对近代实业有兴趣并做过一定实践，这样，待光绪皇帝有关新产业政策的谕令下达后，他即在奏章中明确提出说："若复狃于官督商办之说，无事不由官总其成，官有权而商无权，势不至本集自商而利散于官不止。招股之事叠出，从未取信于人。即招商、织布等局，成效可见，究之经理归官，利又无几，于商情终形隔膜。今铁路若归官办，或由官督，必从招股入手。先声既坏，将何求以广招徕？"[①] 这虽然倒不一定是明确意识到以往产业政策的内在矛盾，但尖锐的指责却抓住了官督商办模式的弊端，表明他对新产业政策有较深的理解和认同，并开始谋求新的操作方法。这样，在从甲午钦差大臣回返两江任后不久，他即根据江南地区的财政状况和民营近代企业的发展要求，提出了一个发展江南商务的地方政府的新政务模式，对自己如何推行新产业政策进行了定位，此即官在这一过程中的"应尽之责"，就是"盖商民之情难于谋始，不得不官为调护，以图厥成"。[②] 就是说，要通过官的"调护"，帮助商资商办的民营近代企业创立。

可以说，正是在上述新的产业政策出台后的历史需求和氛围中，依据对这一政策的理解与认同，刘坤一开始了向江南地区推行光绪皇帝"恤商惠工"的政令，对以张謇的大生纱厂为代表的一批近代民营

---

　　① 　刘坤一《请设铁路公司借款开办折》，光绪廿一年六月五日，中国科学院历史研究第三所主编《刘坤一遗集》（二），中华书局，1959 年，页 883。

　　② 　刘坤一《息借商款移作公司股份片》，光绪廿二年六月廿八日，《刘坤一遗集》（二），页 934。

企业进行了他设定的"调护"。

二

接下来，对刘坤一"调护"张謇创立大生纱厂的过程进行较具体的考察。

江苏的通州地区（今江苏南通地区）素为棉花产区，但本地却无近代的纺纱业。显然，若能在当地设厂纺纱并充分利用长江运输的便利，将是极有经济价值的。于是，1895年冬，颇有眼光且有开拓胆略的署两江总督张之洞决定在此设厂。根据光绪皇帝"官为设局，一切仍听商办"的谕令，委派了时在家乡通州的在籍翰林院编修张謇筹办，定名为大生纱厂，并奏报朝廷。无疑，这是一个结合实际的开拓之举，且可以说就是新产业政策的产物，因此，对新产业政策颇有认识的刘坤一对此十分称赞。从1896年初返两江任伊始，他就与张謇商议如何兴办的具体问题，并要求尽快将纱厂建成。

按议定，大生纱厂为商办，资金来源为在通州、上海两地各招股30万两，总计为60万两。但到了1896年10月，在通州，由于当地风气未开和商人财力有限，入股者寥寥；在上海，因纱业已连年不景气及以往官督商办的恶劣影响，也难以招股。这样，整个招股几无进展，纯粹商资商办已不可能，张謇即向刘坤一求援。恰在此时，原先由张之洞为湖北南纱局订购的"官机"40800枚纱锭，已估价97万余两转到南洋经费下，而这批"官机"堆放在江边码头已整3年，"锈烂者十之三四"，[①] 刘坤一正急令上海商务道台桂嵩庆贱价出卖。如此，双方一拍即合，于11月达成协议，把"官机"作价50万两作为大生纱厂的股金，另招商款50万两，共100万两开办纱厂，大生纱厂也相应地改为某种形式的官商合办。因而，张謇的筹办因获得了

---

① 张謇《承办通州纱厂节略》，张怡祖编《张季子九录·实业录》卷一，文海出版社，1930年，页17。

官股而解决了部分资金，并因有了现成的设备而使工厂的设立进程大大迈进了一步。

然而，张謇招收 50 万两商股仍无进展，深感难以为继，于 1897年年中再次向刘坤一求援。这时的刘坤一，"既虑外人暗夺利权，又恐机器久搁锈损"，对"通厂之设，急盼有成"①。他深知"商股寥寥"以及张謇本人靠状元名望办厂而并无财力支撑的实况，觉得或许请有财力的人接办才有出路，故一度瞩目于这时控制了轮、电、铁路，并接办了汉阳铁厂和大冶铁矿的盛宣怀。但张謇办厂业经张之洞奏明，且张謇本人仍在积极努力，刘坤一因之要求张謇到南京面商纱厂出路。张謇抵宁后，经与桂嵩庆、盛宣怀多次筹商，议定了"绅领商办"的方案，即将作价 50 万两的"官机"对半平分，由张謇和盛宣怀"合领分办"，在通州和上海各设一厂，这样，大生纱厂可以减少筹集股金 25 万两，在一定程度上缓解了资金的紧缺。刘坤一认可了这一"绅领商办"的方案，乐观地认为如此大生纱厂"厂务便可定局，舍此别无办法"。为了促其成，他还令洋务局拨银 1 万两，海州分局拨银 1 万两，令桂嵩庆提钱 3 万串，统交张謇使用，同时根据张謇的要求，分电向两淮盐务督销局等处商借款项。

刘坤一上述拨款借贷对开办一个 20400 枚纱锭，需招股 25 万两的纱厂来说，是远远不够的。因此，到了 1898 年初，随着兴建厂房，张謇的资金又陷入危机，不得不第三次求助于刘坤一。此次刘坤一的"调护"只是令属下拨款并"分途电催"，即只是下行政命令而已。不过，从张复刘的函中称"月初在省，公私获赐甚厚"② 来看，当是不无收获的。但是，大生纱厂的创办可谓艰难至极，至该年底，就在厂房即将建成，机器装置过半的关键时刻，由于各项开支激增，特别是修补锈蚀的机器花费"七万有奇"，结果不仅不能正式开工，连日常

---

①　刘坤一《复江蓉舫》，光绪廿三年五月廿七日，《刘坤一遗集》（五），页 2196。

②　张謇《为纱厂致南洋刘督部函》，光绪廿四年戊戌，《张季子九录·实业录》卷一，页 11。

用度也难以为继了。本来在"绅领商办"之际答应代筹资金6万两的桂嵩庆和允诺"助筹新活股本"的盛宣怀均不践言，倡设纱厂的张之洞亦避而不应，走投无路的张謇只得把希望寄托在刘坤一身上，在14天内发了5封求助函[①]。然刘坤一的反应较年初又退一步，张謇说是："新宁委厂不顾"[②]。这时，张謇已是刘坤一委任的江南商务局总办，他在信函中对刘坤一予以尖锐指责，并以辞厂辞局务表示抗议。在此态势下，刘坤一一面对张謇"答委蛇慰留"，一面饬通州知州同知协募，最终集款4万余元，让张謇暂渡了难关。

　　1899年4月23日，大生纱厂正式开车。此后，经过张謇持续不断的艰苦努力，加之所纺之纱在通、海地区畅销，工厂终于站稳了脚跟，给经济落后的长江北岸注入了一股新机。对此，开拓者张謇自然充满了胜利的欢悦，而"调护"者刘坤一也由此自感履行了光绪皇帝"恤商惠工"的谕令而自得。

<h1 style="text-align:center">三</h1>

　　通过上述的考察，似不难发现：

　　第一，刘坤一对张謇创立大生纱厂的"调护"，基本倾向是扶持。这种扶持除了委派张謇为该厂的创办者并为之倡外，最为重要而直接的就是给予一定数量的资金借贷资助。虽然在"调护"过程中，他对张謇的要求并非时时有求必应和应如所求，但基本上是在张謇的推动下给予了一定的支持，并将这种支持贯穿于大生纱厂创立的几乎全过程中，之所以如此，一个关键就是他对新产业政策的认同，是他自甲午以来整个思想发展的必然。

　　与此相应，必须提及的是，有这样一种看法，即从研究张謇入

――――――――――

　　①　见张謇《柳西草堂日记》，光绪廿四年十一月，台湾近代史丛刊三编影印本。"新宁"指刘坤一，因刘为湖南新宁人。

　　②　见张謇《柳西草堂日记》，光绪廿四年十一月，台湾近代史丛刊三编影印本。

手，在展示了张在创办大生纱厂的曲折与艰难后，认为刘坤一将"官机"折价作官款转入大生纱厂乃至其后将这些机器交张、盛两人"合领分办"，是急欲将机器出手，是空头人情，刘将破烂的机器推销出去后便撒手不管了，等等。但从上述的考察中不难发现刘将"官机"交张謇有推销积压之意，但应该说这不是问题的全部，必须注意到，这批机器以官股转入大生纱厂对张謇来说，不仅可以少筹股金 25 万两，而且客观上等于借贷到了一笔价值 25 万两的设备，这实际上等于两江从财政中拨款购机支持张謇办厂了。诚然，张謇为修这批机器花去了 7 万余两，但这是承担张之洞官僚主义造成的损失。所以，将"官机"折价交张謇办厂，正体现了刘坤一对大生纱厂的特殊形式的扶持资助。至于所说的撒手不管，显然与实际有出入。

因此可以说，刘坤一所称的"大生厂事，时刻在怀，唯望即日告成，于官于民均有益"①并非虚言。正因为此，张謇与他才有了交谊，才会在戊戌到庚子这一动荡时期不断向他献计献策，助他渡过了一个个政治难关。张謇之子对此事的评论是："兴办纱厂，虽然是和张公之洞开其端绪，然而竭力的促成，全仗着刘公推心置腹。"② 这虽不免过誉，却也不无道理，它表明，清政府的新产业政策在一些地区，特别是某些重要的商务之区，通过地方督抚在一定程度上得到了实施。

第二，刘坤一对大生纱厂创立的"调护"，虽然在对企业予以资金的帮助上，与甲午之前清政府对官督商办等近代企业的做法有相似之处，但实际却有着明显的差别，反映着新的矛盾及其走向，这至少可从下述两方面看出：

其一，如前所述，大生纱厂是作为纯粹的民间私人资本主义企业开始筹办的，只是由于招股无着，才不得不接受了价值 25 万两的机器作为官股，改为官商合资的"绅领商办"。但必须注意的是，由于

---

① 刘坤一《复张季直》，光绪廿四年三月初五日，《刘坤一遗集》（五），页 2220。
② 张孝若《南通张季直先生传记》，中华书局，1930 年，页 83。

这时的刘坤一已较清醒地认识到了以往官对近代企业干预的种种弊端，所以他在对该厂注入了 25 万两巨款后，虽然此作为官股已占了该厂资金总额的一半，但他没有去谋求对企业在人事和经营管理上的控制权，只是到期领取"官利"而已。概而言之，在"绅领"后，注重和施行的是"商办"，大生纱厂从创立起，就不存在官商双方在企业内部"共事"的关系，注定了以后也只能靠内部积累，来实现资本主义性质的扩大再生产，而不是靠超经济的官府权势来求得发展；而就张謇而论，作为该厂的最高当权者，虽然他在创办开始曾一度具有官的身份——江南商务局总办，但在大生纱厂正式开工前就已辞职，而是以商的身份，代表商股的利益来完成筹办和经营的，官股在企业中并没有实际掌权的代理人。这表明，大生纱厂虽然与纯粹商股商办的私人资本主义还有所不同，但它从创立起就与以往的官商合办、官督商办企业有本质的差异，它是在特定条件下形成的官商合股，但基本上却是民间企业的近代纺纱厂。而这种情况的出现，正在相当程度上与刘坤一将它视为民间企业，只是在它"难于谋始"后进行"调护"，而不是谋求控制有关。刘坤一的这一"调护"，与甲午之前清政府的那种既扶持又控制乃至横加干涉的对近代企业的做法有明显的不同。

其二，刘坤一以资金为内容的对大生纱厂创立的"调护"，与上面曾提到的甲午之前李鸿章奏拨大批款项资助招商局、织布局等相较，是极有限的。之所以如此，就社会环境而论是整个国家的财政不足，以及素有财富之区称谓的江南较之以往是危机万分。而就需扶持的对象而言，是民间私人资本主义企业而非以往的官方的国家资本主义企业，即他不能也不必给予数目巨大的自始至终的资金扶持。此外，实际上随着清政府新产业政策的出台，众多的近代民营企业已开始兴办，这在江南地区尤其如此，所以刘坤一需要去"调护"的，也就不只是大生纱厂，这时他还在资金上扶持了苏州丝厂、苏纶纱厂、苏经丝厂、无锡纱厂等，从而加剧了本来就有限的资金的分割，注定了投入每一个厂扶持资金的有限。

　　上面的分析，可见刘坤一对大生纱厂"调护"这一模式的基本倾向与内涵，与那时历史发展的总体趋势的一致性，因而对大生纱厂的创立起了一定的促进作用。然而，同样不可忽略的是，恰恰是这一"调护"模式所给定的对民营企业有时间和数量限制的支持，又与历史发展的另一个客观需求有相当的距离。

　　历史的发展是这样的错综复杂。当清政府终于开禁让私人大办近代实业并予以鼓励之际，历史却没有完全提供必需的条件，其中比较明显而重要的就是资金。这里，不仅国穷与民贫是互为表里的，民间资金十分不足，而且由于社会认识的欠缺，特别是以前官督商办等企业中封建专制造成的恶劣影响，使得那为数不多的社会剩余资金的招徕十分困难，民间集资办近代实业就不得不步履维艰，大生纱厂的创办就是鲜明的例证。这也就意味着，像大生纱厂一类的民间企业在其创立乃至运转中，需要相当数量的政府借贷扶持，即中国的私人投资者仍如甲午战前一样，虽然不愿受政府的控制和剥夺，但当他们面临外资压迫、封建体制、传统经济以及传统意识等的阻碍时，却希望得到官府的扶持，从而在甲午之后民族危机空前加深的岁月中，诸多创立中的民间近代实业反而以资金等为纽带，使清政府难以放手了。但是，财政残破的清中央政府和地方政府并不能满足这一历史需求，如上面分析的，刘坤一对大生纱厂创立的"调护"，在基本趋向上就不包含应张謇不断的需求去解决大批资金的努力，等等，因之与客观的历史需求构成了矛盾，产生了距离。

　　此外还必须指出，刘坤一对大生纱厂创立的"调护"，在去除了官方对民营近代企业的控制与横加干涉的同时，却也包含着能为官方无视这一类企业发展需求开脱的内容。因为这一"调护"的施行有一个重要的前提，即官对发展私人资本主义企业有十分清醒而深刻的认识。然而恰恰在这一点上，这时的情况不容乐观，即便是刘坤一，尽管他是较早有所认识之人，但显然也缺乏历史发展所需的那种对民间企业的发展相应的热情与持续不断地关怀，这在他对大生纱厂创立的"调护"中有明显的反映。至于他的属下所为，就更令人难以容忍了，如通州知州汪树堂就是极鲜明的一例：开始时汪对大生纱厂的筹办不闻不问，当刘坤一应张謇的要求令他提拨一些地方公款以救燃眉之急后，因认定这触犯了通州地方官吏的利益，虽不敢与刘坤一对抗，却设法与张謇作难，故意令"签役四出"，使之丑化成强征苛捐的模样，引起当地民众的极大不满与疑虑，使张謇不得不请求停止这种有害无益的"劝募"，甚而，又偏偏指定挪用津贴本地秀才、举人应试的费用积存 1 万元，结果引起了当地 300 多秀才的反对，不仅联名呈抗议，而且还准备在明伦堂召开大会。这样，人为地加剧了大生纱厂这一近代企业与传统社会和文化的对立。

总之，刘坤一对大生纱厂创立的"调护"，有符合历史趋势的一面，对大生纱厂的创立有一定的促进作用，但是这一"调护"以致清政府的新产业政策又与客观历史需求有距离，加之人为因素，使大生纱厂的创立在艰难中更见艰难。推而论之，唯其如此，中国近代私人资本主义的发展，才走上了一条艰辛而漫长的历程。

（原刊于《江海学刊》1995 年第 3 期）
作者单位：云南大学

比较篇

张之洞与张謇

冯祖贻

毛泽东曾说过："讲到重工业不能忘记张之洞，讲到轻工业不能忘记张謇。"① 张之洞与张謇同为中国兴办近代企业的先进，在中国近代化进程中都占有重要地位。两人有不算平泛的交往，政治观点却有同有异，办厂的方针方法更有较大差别。对两人作一点对比研究，可加深我们对中国近代化过程的了解。

一

还在张謇以秀才身份随吴长庆赴朝平息"壬午事变"时（1882年），张之洞便因张謇所写《朝鲜善后六策》等文章而注意到他了。张之洞在山西巡抚任上，一向关注时政，对李鸿章办理对外交际颇为不满，故对张謇主张对日应持较强硬态度不会不重视。1884年，吴长庆病逝，张謇在庆军中已无所作为，刚调任两广总督的张之洞遂两次托人邀张謇入幕，张謇因决定来年赴顺天乡试而婉辞②。这就是张謇后来回忆的"山西之辟，粤东之招"③ 的由来。

张之洞与张謇的正式结识则在十年之后的1895年。张謇前一年

---

① 毛泽东除提到张之洞、张謇外，还说"讲到化学工业不能忘记范旭东，讲到交通运输业不能忘记卢作孚。"转见《纵横》1984年第3期。

② 当时打算罗致张謇的封建大吏很多，如直督李鸿章、两江曾国荃，较早还有两广张树声。张树声在署理直督时支持庆军赴朝，张謇对之很有好感。之后张之洞才接任两广总督。张謇当时有"南不拜张，北不拜李"之美誉，其中的"张"似不专指张之洞。

③ 张謇《致南皮函》，张怡祖编《张季子九录·文录》卷十一，文海出版社，1930年。

已中状元，正式参与翁同龢为首的帝党行列，甲午战争爆发时，以主战著称，曾单衔上书参劾李鸿章，声名大震，但因父丧回籍，守制在通州老家。这时的张之洞在两湖任上已兴办了一系列近代企业，成为洋务健将。1895年，两江总督刘坤一奉命率兵驻守山海关，遗职命张之洞暂署，为防止日军侵扰，朝廷命沿海各省兴办团练，张之洞想起了张謇，命他"总办通海团练"。《马关条约》签订，各地团练解散，为办理善后，张謇特去南京，两人终于见了面。

张之洞对张謇备极尊重。据《张謇日记》和张謇《自订年谱》载，这一年六月至七月，两人会面三次，每次均作长谈。七月，张謇回通州，仍书信不断，所谈均是"商务"①，此外，张謇为张之洞写了《条陈立国自强疏》②。

从《条陈立国自强疏》中，不难发现两人旨趣的相同。

第一，对《马关条约》造成的危害都有较清醒的认识。其一，赔款巨大，必然加重人民负担，"必由民贫而生内乱"。其二，"向来洋商不准于内地开机器制造土货、设立行栈，此小民一线生机……今通商新约，一旦尽撤藩篱，喧宾夺主，西洋各国援例尽沾"，必然造成"民怨而开外衅"。结论是，内乱外患加重，中国被"逐渐吞噬，计日可待"。这就是张之洞为什么要将湖北洋务搬到江南，命张謇办厂的原因，也是张謇愿意领命的原因。

第二，《疏》文中，练陆军、治海军、设枪炮厂三点建议显系张之洞的主意。因为"练陆军"明确指出应在江南练万人，向德国聘洋将，"悉照西法操练"，这便是年底江南自强军成立的张本；设枪炮厂更详述各省设厂意义，并以湖北为例，缕缕细说应造何枪、何炮，何种最优。倘无湖北经验，岂能谈得如此透彻?! 张謇并无这方面的知识，显系同意张之洞的意见。张謇后来主张"棉铁主义"，也很难说

---

① 张謇《张謇日记》，光绪二十一年乙未六月、七月、八月诸条。

② 《条陈立国自强疏》原名为《代鄂督条陈立国自强疏》，载张怡祖编《张季子九录·政闻录》卷一。张謇写的《条陈立国自强疏》，张之洞以《吁请修备储才折》为名发出，收于《张文襄公全集·奏议三十三》，中国书店，1990年。

与此无关。

第三，讲求商务、工务、办铁路，两人意见一致。《疏》文对清政府历来"但有征商之政而少护商之法"的批评；设立商务局、工政局的建议；"集巨资多股设一大公司者"应予奖励方案的提出；上海至南京、杭州铁路计划的陈述及"富国之本在工"这一思想的完整提出，既包含了张之洞多年从事洋务的经验总结，又体现了张謇的观察与体认。

第四，在广开学堂和派游历人员上，两人认识也是一致的。《疏》文广泛涉及开办学堂和派游历人员的指导思想（"立国由于人才，人才出于立学"，"不知外洋各国之所长，遂不知外洋各国之所短"）以及具体办法。其中不少为张之洞早就申明过的和已在湖北、江苏实践过的；从张謇毕生重视办学活动看，在他执笔写文章时，也是完全同意张之洞的意见的。

众所周知，清代督抚大员请人代拟奏稿，必定亲授内容，密切磋商，字斟句酌后才发出。张謇集子中所载稿本与张之洞集子中正式发出的奏稿，两相比勘，鲜少更动，这篇奏稿既是两人合作的产物，又是两人的一次"心迹交流"。张之洞办工厂、建学校、派遣游历人员及练兵、建兵工厂等方面的主张和经验必定给张謇很大启发。有张謇的研究者认为，《条陈立国自强疏》是张謇实业救国思想形成的标志①。这一意见如成立，那么张謇的实业救国思想显然与张之洞的启示有关。

张之洞不仅以自己的实践和思想启发了张謇走上实业救国之路，而且在具体行动上，将张謇推上了兴办实业的舞台。

这年七月，张之洞在江苏筹办商务局，先定三地：上海、南京、苏州，年底扩大到通州。张之洞认为："通州海门为产棉最盛之区，西人考查植物，推为中国之冠，各处纱厂无不资之……近日洋纱内灌，通海乡人利其匀细，转相购买，参织土布，每年消耗四十余万

---

① 参见章开沅《开拓者的足迹——张謇传略》，中华书局，1986 年，页 47。

金，若不亟就该处兴办纱厂，则民间此项漏卮无从而塞。"张之洞还认为张謇是办厂最恰当人选："查通州在籍绅士前翰林院修撰张謇向来讲求时务，情形较熟，当经函商，力筹护持小民生计，杜塞外洋漏卮之策，属其邀集绅商，剀切劝导，厚集股本，就地设立纱丝厂，以副朝廷自保利权之至计。"① 对此，张謇是这样讲的："先是南皮以中日马关约，有许日人内地设工厂语，谋自设厂，江南北苏州、通州各一，苏任陆凤石润庠，通任余，各设公司，集资提倡，此殆南皮于学会，求实地进行之法。"② 张謇就是按张之洞意见，"实地进行"，从开办大生纱厂入手，一步步走下去，终成中国近代实业又一开拓者。

张謇对张之洞的政治活动也多有支持。1895 年 10 月，张之洞亲信梁鼎芬发来电报，声言将在上海开强学会，指名"南皮主之"，要张謇列名为发起人，张謇欣然同意③。上海强学会是由维新派人士（康有为等）、洋务派幕僚（梁鼎芬、汪康年）和部分帝党官员组成。三派意见并不完全一致，张謇的参与，更大程度上是出于帝党立场。

张謇与张之洞也有意见不尽一致之时。如，通州、海门一带花布商多年被地方官层层剥削，张謇比较知情，力倡由花布商议定捐税数目，每年递解，这样"国家无须克剥小民而坐增二三十万之款"，商民也可减少盘剥之苦。但各级官吏因其减少了中饱机会，纷纷横加阻挠。1896 年张謇亲赴南京与藩司等官员"辩论二十日"。④ 在这件事上，张謇认为张之洞"不自咎其迟回不决之误，且以为绅商之不力"，"通海一时包捐之不成，其根仍在南皮。"⑤ "包捐"一事上的分歧，根源在两人地位不同，张謇出身农家又是在籍绅士，关切与他地位相

① 张之洞《通海设立纱厂请免税厘片》，《张文襄公全集·奏议四十二》。
② 张謇《啬翁自订年谱》，光绪二十二年三月。按："下不可不学，学不可无会，若何实地进行"是张之洞初会张謇时讲的话。张謇特记于《自订年谱》中，可见张謇对此感触之深。
③ 张謇《张謇日记》，光绪二十一年乙未十月十日。
④ 张謇《张謇日记》，光绪二十一年乙未十二月一日。
⑤ 张謇《通海议办认捐本末要略》，《张季子九录·实业录》卷一。

近的地方绅商利益，而张之洞是总督，自然偏向各级司官。

二

张之洞离开南京返任两湖后，张謇与张之洞在办厂问题上虽保持联系，其他方面则较少接触。但从张謇的《日记》《年谱》中仍可看到张謇对张之洞政治态度的评价。

（一）戊戌变法失败，慈禧等顽固派将不利于光绪。对此，张謇说服两江总督刘坤一出面保护光绪，并代刘写了《太后训政保护圣躬疏》，刘在疏文中加上了"伏愿皇太后皇上慈孝相孚，以慰天下臣民尊亲共戴之忱"。张謇读后极感钦佩，认为是"此南皮所不能言"。[①]

（二）这一年九月，张之洞上《劝学篇》，张謇在《年谱》上却写有这样一段话："闻南皮奏上《劝学篇》，意持新旧之平，而何启讥其骑墙，徐桐咎其助新，人尽危矣。"[②] 尽管反映的是人人自危的气氛，但对张之洞上《劝学篇》，又故作不偏不倚之态是有微言的。

（三）1900 年八国联军攻陷北京后发生的以刘坤一、张之洞为首的"东南互保"运动，张謇是暗中牵线人之一。张謇的主要任务是说服刘坤一，但对张之洞的响应还是满意的。不久听说张之洞在湖北破获唐才常的自立军，即带信给张之洞，要张之洞效法光武帝刘秀和魏武帝曹操在"军中焚书安反侧"，不要扩大范围，按册追捕。[③] 但张之洞为表明与维新派没有牵连，竟大肆搜捕，对此，张謇很不满。

从以上张謇对张之洞有褒有贬的评议，反映出两人政治分歧的扩大。张謇是由帝党官员通过兴办实业而成为东南资产阶级上层代表的，在政治上、经济上与维新派共同点要多一些；张之洞则不同，他是个老练的洋务官员，早期支持维新不过意在控制，形势一变，他就

①　张謇《啬翁自订年谱》，光绪二十四年八月。

②　张謇《啬翁自订年谱》，光绪二十五年九月。

③　张謇《啬翁自订年谱》，光绪二十六年七月，又见《张謇日记》光绪二十六年庚子七月三十日。

急不可待地向慈禧效忠了。不过两人在维护清政府统治上是一致的，"东南互保"的共同参与就说明了这一问题。

《辛丑条约》签订后，清政府决定推行新政，1901 年特发上谕，向各地督抚征求意见。各地督抚中，清政府最重视刘坤一和张之洞。为此刘坤一特请张謇、沈曾植、汤寿潜就"变通政治"事宜，"各为条议"，寄给张之洞供参考①。张謇应命写成了《变法平议》，张之洞则"断以己意"写成三个奏折：《变通政治人才为先遵旨筹议折》《遵旨筹议变法谨拟整顿中法十二条折》、《遵旨筹议变法谨拟采用西法十一条折》②。今将两人所拟奏折所列举的条目制成对应表，以见异同。

张之洞三折	张謇《变法平议》
崇节俭（整顿中法一）	无
破常格（整顿中法二）	无
无	置议政院（吏部之事）
无	设课吏馆（吏部之事）
无	改外部（吏部之事）
无	分职以专职（吏部之事）
无	省官以益官（吏部之事）
无	设府县议会（吏部之事）
停捐纳（整顿中法三）	停捐纳（吏部之事）
课官重禄（整顿中法四）	优官吏俸禄（吏部之事）
去书吏（整顿中法五）	长官任辟僚属，胥吏必用士人（吏部之事）
无	征地丁图籍（户部之事）

---

①　许同莘、胡钧编《张文襄公年谱》卷四，页 13。

②　张謇的《变法平议》载《张季子九录·政闻录》卷二；张之洞的三折载《张文襄公全集·奏议五十三》《张文襄公全集·奏议五十四》。

张之洞三折	张謇《变法平议》
无	颁权度法式(户部之事)
用银元(采用西法七)	行金镑,改钱法(户部之事)
无	立银行,用钞票(户部之事)
无	行预计(户部之事)
无	订税目(户部之事)
无	改盐法(户部之事)
无	定折漕(户部之事)
行印花税(采用西法八)	行印税而改厘金(户部之事)
修农政(采用西法四)	集公司而兴农业(户部之事)
裁屯卫(整顿中法十)	清屯卫田(户部之事)
筹八旗生计(整顿中法九)	无
无	收僧道税(户部之事)
设文武学堂(兴学育才办法一)	普兴学校(礼部之事)
改选法(整顿中法八)、酌改文科停罢武科(兴学育才办法二、三)	酌变科举(礼部之事)
无	学堂先学画图(礼部之事)
多译东西各国书(采用西法十一)	译书分省设局(礼部之事)
无	权设文部总裁(礼部之事)
奖励游学(兴学育才办法四)	明定学生出身(礼部之事)
广派游历(采用西法一)	派亲贵游历(礼部之事)
简文法(整顿中法十二)	省官府仪卫(礼部之事)
去差役(整顿中法六)	抽制兵衙役练警察部队(兵部之事)
裁绿营(整顿中法十一)	为武科将领设武备外院(兵部之事)
练外国操(采用西法二)	别立毕业生练营(兵部之事)

张之洞三折	张謇《变法平议》
广军费(采用西法三)	无
无	划一制造厂枪炮(兵部之事)
定矿律、路律、商律、交涉刑律(采用西法六)	增现行章程(刑部之事)
恤刑狱(整顿中法七)	增轻罪条目、清监狱(刑部之事)
无	行讼税(刑部之事)
劝工艺(采用西法五)	开工艺院兼博览所、行补助法广助力机、劝集矿路公司(工部之事)
无	讲求河防新法(工部之事)
推行邮政(采用西法九)	无
官收洋药(采用西法十)	无

由上可知，张之洞兴学育才、整顿中法、采用西法三折共 27 条，其中数条因内容相近合并计 25 条。这 25 条，张謇的《变法平议》大多有相近的对应，无对应的只有 6 条。6 条中整顿中法 3 条，其中崇节俭、破常格系老生常谈，只有筹八旗生计较重要；所缺西法 3 条中，广军费、推行邮政较重要，官收洋药不足道。因此张謇真正缺少的应是 3 条。反观张謇所列条文，张之洞三折无对应的竟有 19 条之多，其中重要的有：中央置议政院、改设外部、府县设议会、银行用钞票、国家应作预计(预算)、改税目、行盐法、定折漕等有关国家政治经济大事。显而易见，就内容言，张謇的《变法平议》要比张之洞三折丰富得多。

张謇《变法平议》最突出之处是中央设议政院、府县设议院的建议。张謇反复强调这是变法的第一要事，并置之全文之首。就张謇本意言，议政院并不同于西方国家议会，议员不由民选而由大臣自辟；权能也只限于提出章程分付行政、司法官员"次第举行"，也无监督权，充其量是个咨询机构。府县议会权力较大，有权决定地方税收及财政预算，但人数又只限于 5 人(含议长)。尽管有此缺点，但张謇的思路毕竟向资产阶级议会制前进了一大步，反观张之洞的奏折，对此只字不提，可见其思想已落在了张謇后面。

两人在变法的指导思想上也有差别。虽然两人都力求"新旧相参为用"，但张之洞主张"整顿中法者所以为治之具也，采用西法者所以为富强之谋也"。① 一副"中体西用"的腔调溢于言表。张謇除讲参用新旧外，强调的是"必先更新而后旧可涤者"，表现了敢于先标新而后除旧的勇气，张之洞则主张"欲行新法必先除旧弊"，显得持重有余而进取不足。

张謇《变法平议》对张之洞所写三奏折的具体影响已不清楚。但从居于篇首的"设议政院"未被采纳看，张之洞并不赞成张謇的意见，刘坤一的态度也与张之洞一致。后来刘、张两人会奏，用的就是张之洞的本子，从而被称为"江楚会奏三折"，成为清末新政的基础。

1903 年日俄战争爆发和日胜俄败的结局，以"日因行宪法而获胜，俄因行专制而失败"的生动例子，使中国政局震动，使中国人感悟，立宪运动迅速展开。1904 年 4 月，张之洞为江南制造局迁新址而到南京，在与两江总督魏光焘会商时特约张謇参加，专谈立宪。受张、魏之托，张謇与蒯光典共同起草奏稿，"经七易，磨勘经四五人"。在接触中，张謇看到张之洞"语婉甚而气亦怯，不逮林也"。② 林指的是贵州巡抚林绍年，此语明指张之洞不敢理直气壮地谈立宪，连林绍年也比不上。特别是张之洞还要张謇去探明袁世凯的态度，更暴露了张之洞老于世故、"气怯"的一面。这年 6 月，张謇更得到一个消息："南皮创为有限制宪法之说，民间有义务无权利"，张謇很不以为然，"此老发端既不勇，而以大学章程例之，正恐学术杀人之事不免。"③ 明确批评张之洞在迫不得已情况下谈立宪，像制定大学章程一样，用限制学生的办法限制人民，手段是"学术杀人"。

---

① 张之洞《遵旨筹议变法谨拟整顿中法十二条折》，《张文襄公全集·奏议五十三》。

② 张謇《啬翁自订年谱》，光绪三十年四月。

③ 杨立强等编《张謇存稿》，上海人民出版社，1987 年，页 8。

国内立宪运动走向高潮，张謇已成为国内立宪派代表人物，这时日本留学生中革命风潮迭起波及国内。如果说张之洞在立宪问题上态度暧昧，那么在对待革命上却立场鲜明：1903 年《苏报》案发生，他力主"引渡"章太炎、邹容并加严处；1906 年他派兵镇压萍浏醴起义；1907 年又镇压安庆起义，在革命人民眼中，张之洞已是出卖民族的"汉奸"。张謇虽不赞成革命，但态度却温和得多，留日学生因反对日本政府"取缔规则"纷纷回国，他与上海绅商筹划接待安排，对张之洞用暴力镇压学生更持反对态度，他认为高压政策足以驱使学生走向革命。

三

如果说在诸多国内大政方针上，张之洞与张謇的起点有相当大的一致，随着时间推移，差距日益增大，那么在实业的兴办上也出现了类似情况。

张之洞是张謇走上实业救国道路的领路人，是张之洞曾为张謇提供了办厂机遇，在办厂过程中，又是张之洞将其拟在湖北建官纱局南厂的机器作价，为张謇初步解决了设备和资金来源。1897 年，张謇率大生厂主要干部亲赴武昌，考察湖北新政，其中便包括张之洞兴办的新式工业，张謇对张之洞兴办实业的气魄极为倾倒："于此见西人艺学之精，南皮要是可人。"[①] 大生厂最初办厂方针及管理方法受张之洞所办洋务企业的影响，是毫无疑义的。

大生纱厂办厂过程也可看出两者之间的某种延续关系：最初张謇受命办厂也是"官招商办"，这与张之洞官督商办企业用的是相同口号。后因商股招集困难，"改议通纱厂官商合资，官以久阁沪上之机估值五十万两为本，商集五十万两合之"[②]，但商股投资仍不踊跃，

---

① 张謇《张謇日记》，光绪二十三年丁酉三月二十一日。
② 张謇《啬翁自订年谱》，光绪二十二年十月。

还是得到张之洞、刘坤一首肯，才将"官机"对半平分，由盛宣怀、张謇"合领分办"，张謇得少募集二十五万两商股，这就是大生厂"绅领商办"的由来。可见"绅领商办"是脱胎于官督商办和官商合办的。但大生厂既走上绅领商办之路，便显现了与官督商办、官商合办企业的不同。

首先，张謇在厂中地位，不同于官督商办、官商合办企业中的官方"监督"，事实上，如他自己说是"介官绅之间，兼官商之任，通官商之邮"。作为商务局总理，又是奉命办厂，他是官方代理人。从他二十多年主持厂务，一直独断专行看，官方的身份带来许多特权，故大生厂自建厂起便获得减免厘税的优惠，在通海地区实际上处于垄断地位，远非一般民营企业可比。但作为厂主，他又是商股利益的总代表，曾多方抵制官方过多干预，保证企业的正常运转，张謇的双重身份，使他有较大的活动余地。

其次，洋务企业在利益分成上，最大特色是官息极重。张之洞办的汉阳铁厂 1896 年改为官督商办时便规定每出铁水一吨须还清官垫一两，垫款还清后照抽，张之洞称这是"以为该商局报效之款"[1]，简直是强取。大生厂因有官机折价的官股存在（占全部投资的 56.17%），所以官息极高，达八厘以上，在没有投产前，官息照付。但不同的是，张謇对工厂盈利的分配，除保证官息外，"余利"作了较合理的分配比例[2]，不仅股东得利，各级管理人员也能分润，这有利于加强管理人员的责任心和工厂的凝聚力。

第三，洋务派所办企业如衙门，如汉阳铁厂，"用人、理财、筹划、布置……及一切应办事宜，遵照湖广总督札饬，均由督办一手经理……但随时择要汇报湖广总督查考。"工厂实行准军事管制，"派营

---

① 　张之洞《铁厂招商承办议定章程折》，《张文襄公全集·奏稿四十四》。

② 　张謇在《厂约》中规定，每年余利，除提保险公积外，分十三股，以十股归股东，三股作人事花红。三股中，两股归绅董，一股归各执事，绅董之两股作十成分派，绅董得一成半，杂务、帮董得成半，行厂、银钱董各得二成，余一成提充善举。《厂约》载《张季子九录·实业录》卷一。

勇驻扎弹压"①。大生厂有因袭洋务企业的一面,用了巡丁,但更多的是学了上海外资企业和私人企业的管理经验,因事设人②。张謇手订的《厂约》,明确规定各级董事、执事的职责,与洋务企业因人设事,机构重叠、臃肿是完全不同的。

第四,张謇比较尊重商股利益,在公司法未颁布前,每年必撰一"说略",将工厂情况向股东公布,征求股东意见;公司法颁布后,则依法召开股东会,向股东作汇报,这又是洋务企业名曰官督商办、实则"侵占商业而为官办","挟官以凌商"③ 所不可同日而语的。

以上实例,已足以说明大生厂的"绅领商办"是官督商办走向商办的过渡形式。在清末最后十余年间,它无疑是使企业获得最大生存空间的一种模式。当张之洞的洋务企业赔累不堪,不得不将汉阳铁厂由官办改为官督商办,纱麻四局由官督商办进而交由商人承办时,大生厂却蒸蒸日上,由一个厂接连办了几个分厂,垦牧公司等企业也接连上马,另是一番景象。大生厂的发展,主客观原因有多种,但体制上比较宽松,经营上比较灵活,并日益向民营企业靠拢,应是重要因素。

张之洞与张謇在中国近代化道路上的位置,仿佛是一个时期的结束和另一个时期的开始。从六十年代开始的洋务运动,张之洞是殿军;而民营企业虽不始于张謇,但办得像大生厂那样形成规模和集团的,当首推大生。张之洞与张謇的地位都是不可替代的,他们开创的业绩,应受到后人景仰。

两人在中国近代化过程中的不同位置,除了时间上的差异(张之洞洋务活动如从 1881 年督晋算起要比张謇早十几年)、行业上的差异(张之洞的近代企业以钢铁为中心,张謇则以棉纺为中心)外,还与两人出身、经历与背景不同有关。张之洞出身于官宦世家,早中甲第,

————————

①　张之洞《铁厂招商承办议定章程折》,《张文襄公全集·奏稿四十四》。

②　张謇《纱工说明书后序》,载《张啬庵(謇)实业文钞》卷一。

③　经元善《中国创兴纺织原始记》,虞和平编《经元善集》,华中师大出版社,1988 年,页 289。

官场顺遂，张謇曾说他有"少爷气、美人气、秀才气、大贾气、婢妪气"①，话虽刻薄，但官气、骄气、娇气在张之洞身上都有明显体现却是事实。经元善亦曾批评张之洞"有畛域之见"，"有阶级之见"，湖北"官气之浓甚于沪，最是商情所大忌"。② 张謇则不同，他出身农家，少年务农，长期当幕僚，科场更不顺利，家乡通州又地接资本主义发展中心上海，耳濡目染，所以很早便为工商者立言，以致随时代前进，由翰林公走向兴办实业道路，成为资产阶级代表，投身立宪。直至辛亥革命爆发，他向清廷作"最后之忠告"后，转向革命。张謇一生体现了由封建士人向资产阶级转化的轨迹。张之洞虽以懂洋务著称，一度也支持维新运动，但当维新派受挫，"复由新而返旧"③，加以他与清王朝关系，直至晚年，还站在清政府立场上，压制铁路商办要求，以粤汉铁路督办大臣身份出卖路权，因此终其一生，张之洞一直是洋务派官吏、清王朝的忠臣。

无论是张之洞的洋务企业或是张謇的大生集团，最终的命运都是不妙的。张之洞的汉阳铁厂交由盛宣怀按官督商办形式接管后，盛除了中饱私囊，又勾结日本财团，将铁厂合并于汉冶萍公司，终将这个曾号称东亚第一的钢铁企业拱手让给日本财阀，完全违背了张之洞办厂的初衷。大生集团虽有过一段黄金岁月，但为时不久便负债累累，张謇虽一再抵制日资的鲸吞，但到二十世纪二十年代，也不得不被江浙财团所接收。江浙财团的后台也是外国资本主义，这也是张謇始料不及的。形势比人强，在旧中国，即使如张之洞、张謇这样的强人，如不同帝国主义同流合污，就会败下阵来，这就是中国近代化历程告诉我们的结论。

（原刊于《贵州社会科学》1997 年第 6 期）

作者单位：贵州省社科院

---

① 张謇《复彦升问某公旨趣书》，《张季子九录·文录》卷十一。
② 经元善《上楚督南皮张制府书》，《经元善集》，页 236。
③ 《张文襄公大事记》。

张謇心目中的张之洞

高广丰

张之洞逝世百年了。对张之洞这样一位我国近代史上的重要人物，百年来，褒贬不一，盖棺而难以定论。了解一下与张之洞同时代而且有过很多交往的张謇的看法，应该是有意义的。

一

早年，张謇曾经认为张之洞是个念旧爱才的"贤者"，同时又不满于他的"以功名耸动一时"的"务外"志趣。

无论从年龄还是资历上说，张謇都是张之洞的晚辈。张之洞生于道光十七年(1837)，比张謇长 17 岁。同治二年(1863)，26 岁的张之洞即考中一甲第三名进士(探花)，而张謇的崭露头角，则是在光绪八年(1882)的"壬午之役"。那时，张謇作为吴长庆的幕僚，在战前坚决主张出兵朝鲜，镇压乱党，抗衡日本；在战斗中，正如主将吴长庆所评价的，"赴机敏决，运筹帷幄，折冲尊俎，其功自在野战攻城之上"[①]；兵变敉平后又以《朝鲜善后六策》提出了对朝鲜问题根本性的解决办法。这个 29 岁的处于游幕生涯的秀才，由此展现出很高的政治、军事、外交才能而名动天下，成为高官们争相延揽的对象。其中就有在此前一年已从"前清流"中脱颖而出做了山西巡抚的张之洞。

是年，张之洞致书征聘张謇，张謇婉言予以谢绝，此时张謇仍在

---

① 李明勋、尤世玮主编《张謇全集》2，上海辞书出版社，2012 年，页 19。

对他有知遇之恩的吴长庆幕中。在吴长庆的部将李某应张之洞之聘去往山西时，张謇在赠序中说："今上七年，南皮张公以礼部侍郎巡抚山西。又明年求将于吴公，公以将军荐。夫张公，贤者也，其交于吴公至笃也。笃其交者信其人，信其人必推而及其所称举。张公其必为将军重哉！"① 在张謇看来，张之洞"其交于吴公至笃"，"笃其交者信其人"，这才有"求将"之举。而吴长庆是位贤者，与吴相交"至笃"的张之洞，当然亦可视为贤者。而"求将"之"求"，自然是爱才的表现。因为同时张之洞又来求张謇，张謇当然不能明说张之洞爱自己有才之意，但一个"求"字的潜台词是很明显的。这种认识，张謇直到光绪二十一年(1895)及其以后仍然没有改变。在张之洞奏派他总办通海团练时，他说："承服明公夙问旧矣。山西之辟，粤东之招，虽以事会不获陪左右贤俊之列，公所勤勤于吴武壮旧人之义，每用三叹以为难能"，"自武壮吴公之殁，深有感于人生知遇之难"②。在吴长庆死后，张謇目睹了一幅尔虞我诈的世情图，看穿了袁世凯之流的许多势利小人。所以他对张之洞一贯的念吴长庆之旧好，是很有好感的。这也正是他与张之洞在光绪二十一年(1895)及其后几年密切交往的情感基础。

光绪十年(1884)闰五月，吴长庆去世，七月，已经升任署理两广总督的张之洞便迫不及待地嘱蔡金章延请张謇入幕。在张謇婉谢之后，八月，张之洞又托李鸿章帮忙，李嘱袁保龄出面相邀，袁又趁机"并述北洋意"③。此次张之洞爱才心切，志在必得，还给张謇寄了聘银四十两。对于张之洞和李鸿章的相邀，张謇却一概婉谢。这件事后来被演绎成张謇"南不拜张北不投李"的豪语。对此，管劲丞在五十年前就认为"主要是地和人不中他的意"，"李鸿章对吴长庆(压制打击)那一手，在对吴怀有知遇之感的他是深切痛恨的，为此再也不愿

---

① 李明勋、尤世玮主编《张謇全集》6，页45。
② 李明勋、尤世玮主编《张謇全集》2，页68。
③ 李明勋、尤世玮主编《张謇全集》8，页1003。

投奔他的幕下"；对张（管误以为张树声），"那是为的广东太远。而他还没有中举，到了南边应考试不方便，而他一心要从科名上爬上去"。管劲丞的说法不无道理。光绪十一年四月二十六日（1885 年 6 月 10日）张謇《致函邱履平》说："弟于南皮之招，已由漱兰年丈（即黄体芳）婉为致谢。袁子翁（即袁保龄）为送之四十金，顷亦送还。此行就京兆试……到京拟便杜门谢客，钻我故纸。"① 这可以作为管说的注脚。然而，这也许还不是主要原因。

值得注意的是，同年七月二十二日（8 月 3 日）张謇日记的记载："云阁（文廷式）来谈，说南皮方回避不与试时告人曰：'即不翰林亦足千古，但非翰林不能耸动一时。'以功名耸动一时，便是务外。为人少日志趣如此，成就有限矣。声名日戚何怪焉！"② 张之洞的"回避不与试"，是在咸丰九年（1859）。是年，22 岁的张之洞将赴会试，因族兄张之万为同考官，循例"回避不与试"。张謇以儒家"学者为己"的注重内省修己的标准来评论张之洞的那段高论，认为他"为人少日志趣如此，成就有限矣"，同时联系到他"声名日戚"的情况，以为"何怪焉"。在"壬午之役"之前，张謇也许未必十分注意张之洞。但在"壬午之役"之后，张謇则一定十分注意张之洞，张之洞那时曾经坚决支持吴长庆和张謇的对日政策建议。然而，注意几年的结果，发现官越做越大的张之洞竟是"声名日戚"。这应该是张謇终究不肯入张之洞之幕的主要原因。张謇对于入谁的幕是很看重的。他入孙云锦幕，除了感于孙的恩德，更重要的是在他看来孙是一个难得的好官。他入吴长庆幕，除了孙的举荐，吴的优礼有加，更重要的是在他看来吴是一个仗义疏财又礼贤下士的儒将，深受清议好评。张謇从张之洞的平日志趣，看出了他与孙、吴的差异。

---

① 李明勋、尤世玮主编《张謇全集》2，页 29。
② 李明勋、尤世玮主编《张謇全集》8，页 227。

二

在经营通州的早期，张謇认为张之洞是最"能知言可与言"的"大官贵人"，但不满于却又能理解他的"反君子"之行。

自光绪十年(1884)张謇不入张之洞之幕以后十一年，两张没有交往。其间张謇历尽坎坷，终于于光绪二十年(1894)大魁天下。而张之洞则由两广而湖广，成了很有作为的封疆大吏。张之洞力主抗法，重视国防，办理洋务，创办实业，兴办教育等一系列壮举表现出的忠君爱国情怀很让张謇钦佩。其时正值中日甲午开战，张謇和张之洞都站到了主战一边。不久，张謇因父丧回乡守制，而张之洞随之署理两江总督，成了张謇的父母官。共同的抗日志向使他们开始合作，首先是张之洞奏派张謇总办通海团练，张謇则以守制之身欣然受命。张謇说，"今明公觥觥以义见督，謇不肖，不敢以礼自处也"，"寇在门庭，古人乃有变礼"。张謇由衷地对张之洞说："闻公移督，重为民幸。度公宏规远略，将有以造于吾民也。"[1] 次年，丧权辱国的《马关条约》的签订，他们都意识到了国家的危亡，于是互相视为同道，交往密切。张之洞多次邀张謇商讨政务，张謇遇事亦总是告诉张之洞，请他设法解决。针对《马关条约》，张謇为张之洞起草了《条陈立国自强疏》。这是两人形成的关于当时形势和应对策略的共识。

有人根据张謇日记作过统计，仅光绪二十一年(1895)一年中，张謇与张之洞的交往就达 14 次之多。我们看到，是年六七月间，张謇日记中就有"谒南皮尚书，久谈"，"至江宁诣南皮，论下不可无学，学不可无会，若何实地实行"，"留谈商务"，"久谈，留饭"，"留谈商务，归有筹辟海门滨海荒滩之议"[2] 等许多与张之洞交往的记载。由此我们也可以看出，后来从海门沿海开始的苏北大规模移民垦荒的伟

---

① 李明勋、尤世玮主编《张謇全集》2，页 68—69。
② 李明勋、尤世玮主编《张謇全集》8，页 391、392、1010。

业正是其间两人商谈的直接结果。

由于《马关条约》中"有日人得用机器在中国内地各州县城乡市镇制造土货之条",光绪二十一年(1895)九月,张之洞"分属苏州、镇江、通州在籍京官,各就所在地方,招商设立机厂,制造土货,为抵制外人之计"①,张謇遂决定开办纱厂。年底,张之洞奏派张謇在通州设立商务局,并开办工厂。可见张之洞是张謇投身实业救国的当之无愧的驱动者。此外,张之洞还为张謇提供了现存的机器设备,尽管这些设备的锈损已经相当严重。在创办实业过程中,张謇多次拜访或致函张之洞。直到张之洞回任湖广总督后,张謇又于光绪二十三年(1897)三月亲去武昌拜访张之洞,"说通厂事";次年十一月十四日(1898年11月26日)还致函求助于张之洞,痛陈大生"决踵见肘之势",请与盛宣怀通意,"力为维持,暂资抱注"②。

光绪二十一年(1895),张之洞奉清廷命为改革腐败的税收,改通海一带名目繁多的厘捐为产地统捐。由于藩司和厘捐总局的把持,贪官污吏使厘捐"数浮于旧者几及六成,商民大哗"③。七月直至年底,张謇一而再、再而三地致函或亲访张之洞,申明"统捐利病","通海不可增厘捐理由",拟自行认捐。十一月,张之洞致电张謇"论包捐","属查淞沪花包数"④,企图借以确定认捐数。此事功败垂成,张謇痛恨藩司和厘捐总局的破坏,同时当然亦不免责怪张之洞"迟回不决之误"⑤。

仅以上几项,并联系光绪二十三年三月二十一日(1897年4月11日),张謇在武昌参观铁厂和枪炮厂,感叹"南皮要是可人"⑥,已足可证明同年六月三日张謇对周家禄所说的"今天下大官贵人能知言可

① 李明勋、尤世玮主编《张謇全集》4,页27。
② 李明勋、尤世玮主编《张謇全集》2,页93。
③ 李明勋、尤世玮主编《张謇全集》4,页21。
④ 李明勋、尤世玮主编《张謇全集》8,页397。
⑤ 李明勋、尤世玮主编《张謇全集》4,页22。
⑥ 李明勋、尤世玮主编《张謇全集》8,页422。

与言者，无如南皮"，确是肺腑之言。然而，也正是在此同时，张謇又向周家禄坦陈了自己对张之洞为人的看法："南皮有五气：少爷气、美人气、秀才气、大贾气、婢妪气"，"南皮是反君子，为其费而不惠，怨而不劳，贪而不欲，骄而不泰，猛而不威"，至于他的"好谀不近情，则大官贵人之通病不足怪"①。从儒家标准出发，张謇显然对张之洞有许多不满之处。光绪二十八年（1902）张之洞再次移督两江时，张謇的这种不满便益加强烈起来。是年十月间，张之洞邀张謇与沙元炳"往议学校"，首次拜访，因张之洞午寝未遇，约隔五日晤；五日后再访，因张之洞"时已初仍未起也"而未晤；次日"谒南皮，仍直其寝"②，于是又推迟一日。次年二月，又遭遇了"谒南皮，直其寝"③ 的尴尬事。张謇在日记中的记述，不满之情溢于字里行间。而这正反映了当时官场的腐败和张謇对官场的厌恶。然而在张謇看来，在"中国之官专与商人诘难以为能"的官场上，张之洞确算得上是一个很开明、很能办实事而且卓有成效的人。张謇以大节视人，是十分公允的态度。

三

在立宪运动中，张謇不满于张之洞的"其气殊怯"，尤其不能容忍张之洞的"民间有义务无权利"的"有限制宪法之说"。

张謇在晚年总结一生大事时认为皆"莫大于立宪之成毁"。可以看出张謇对立宪的热诚态度和追求精神。他从光绪二十七年（1901）写的《变法平议》中首次提出"设议政院""设府县议会"，开始了政治体制改革的探索，到光绪二十九年（1903）东游日本进行考察，形成了立宪意识。从张謇来说，第一，他在投身实业的过程中逐渐认识到"商

① 李明勋、尤世玮主编《张謇全集》8，页428。
② 李明勋、尤世玮主编《张謇全集》8，页528。
③ 李明勋、尤世玮主编《张謇全集》8，页533。

之视官，政猛于虎"，政府"但有征商之政，少有护商之法"，从而深感商民参政与限政的迫切与重要；第二，他在发展实业的过程中希望有一个安定的环境，他说："是时革命之说甚盛，事变亦屡见。"他认为"革命有圣贤、权奸、盗贼之异"，而"圣贤旷世不可得，权奸今亦无其人"，必致"盗贼为之"，再加上"今世尤有外交之关系"，所以"不若立宪，可以安上安下，国犹可国"。于是，张謇以无比的热忱投入立宪运动，并且成了这一运动的首领。

立宪很快成了一股潮流。面对主张激烈的革命论者的日益蔓延之势，清政府也想利用立宪之说，以消除在他们看来极为可怕的革命灾祸。所以当慈禧太后看到张謇等人组织编辑出版的宣传立宪的著作后，也说："日本有宪法，于国家甚好。"弄得"枢臣相顾，不知所对，唯唯而已"①。于是，"立宪"二字很快成了士大夫们的口头禅。然而，说归说，慈禧的心思是摸不透的。立宪毕竟是把双刃剑，它不能不使清廷处于两难的境地：为消除革命，维护专制，必须立宪；而实行立宪，必须结束专制，放权于民众。尤为要命的是，能否消除革命，尚属未知；而当下实行立宪首先便得放弃专制。这对清廷及其权势官员来说，确是十分痛苦的抉择。

张之洞就是属于这一类人。精于政治，一味揣摩慈禧心思的张之洞自然是首鼠两端、疑虑重重的。许多人认为张之洞是反对立宪的，胡钧的《张文襄公年谱》卷六说："丙午（1906）六月，考察大臣归国，行抵上海，以立宪事征公意见，公电复云：立宪事关重大……此时实不敢妄参末议。七月，有旨以载泽等陈奏，各国富强，由于实行宪法，立即宣布中外，预备立宪，从厘定官制入手……议既定乃举大纲电询各督抚。公电致张筱帆云：……鄙人断断不敢附和。"于是有人找出光绪三十三年八月初七（1907年9月14日）的《张之洞入京奏对大略》予以驳斥：当慈禧说到"立宪事我亦以为然，现在已派汪大燮、达寿、于式枚三人出洋考察，刻下正在预备，必要实行"时，张之洞

---

① 李明勋、尤世玮主编《张謇全集》8，页1020。

说，"立宪实行，愈速愈妙，预备两字，实在误国。……臣愚以为，万万不能不速立宪者也"（孔祥吉《晚清佚闻丛考——以戊戌变法为中心·张之洞劝慈禧速行立宪》）。其实这只能说明当时张之洞首鼠两端、疑虑重重的态度，并不能说明他反对或者支持立宪的明确立场，因为清廷的所谓立宪本身即与张謇等立宪派的主张和目的大相径庭甚至南辕北辙。

张謇在领导立宪运动的过程中十分注意各地封疆大吏的态度，力求取得他们的支持，其中当然包括张之洞。光绪二十九年（1903），他两次致函张之洞的前幕僚赵凤昌加以询问。次年三月二十三日（1904年5月8日），张謇与两江总督魏光焘及自言自京师返鄂途经江宁的张之洞议商奏请朝廷立宪事，确定由张謇与劒光典代为起草奏稿。五天后，张之洞复议立宪时，张謇发现他"其论亦明，其气殊怯"。于是，到四月奏稿"经七易磨勘，经四五人，语婉甚而气亦怯"①，张謇对此奏稿显然极为不满。五月，"以请立宪故，南皮再三嘱先商北洋"，张謇自然认为这也是张之洞气怯的表现。而当袁世凯认为立宪"尚须缓以俟时"时，张之洞、魏光焘也终于没有将那个"语婉甚而气亦怯"的奏稿出手。六月，倒是慈禧说出了"日本有宪法，于国家甚好"的话。至此，问题的关键便已不在于口头上是否表示立宪，而在于实质上立什么宪了。不久，便传出了张之洞的"有限制宪法之说"。张謇闻此，反应十分强烈，他于六月一日秘密致函赵凤昌："言南皮创为有限制宪法之说，民间有义务无权利，讥其毒民，后必不昌。岂真有此说耶？公有所闻否？此老发端既不勇，而以大学章程例之，正恐学术杀人之事不免。公与之有休戚之谊，不可不尽言。"接着张謇就"学术杀人"大发"昔人言以嗜欲杀身，以货财杀子孙，以学术杀天下后世之人，士君子不可有此罪孽"的议论，信中还以翁同龢的"病榻所谈"反衬张之洞的顽固态度，又嘱赵凤昌"印书必望速

---

①　李明勋、尤世玮主编《张謇全集》8，页1020。

成、速布、速进"，表达了坚决推进立宪和对张之洞无法容忍的立场①。此前一日，他在给赵凤昌的信中还特别提及翁同龢对于立宪的态度："老人极赞，亦以非此不可救亡也。"② 显然借此表示对张之洞的批评。如果说，在是否奏请立宪的问题上，张之洞仅仅"其气殊怯"，张謇仍不过不满而已；而到了"创为有限制宪法之说"主张，"民间有义务无权利"，则完全以抽象的肯定来具体地从根本上否定立宪的本质，借以维护垂死的专制的封建帝制，这是张謇愤怒至极而绝不能容忍的。至此，张謇与张之洞终于分道扬镳。其后张之洞逝世，张謇没有在日记上留下只言片语；一生中为许多人写过挽联，甚至常常乐意为他人代写挽联的张謇，此时却保持了沉默。

　　以上从时间顺序上分三个阶段概述了张謇对张之洞的看法。我们可以发现，张謇早年大抵主要从个人道德的角度去看待张之洞；到了把全部精力投入实业与教育，以挽救日趋危亡的国家时，张謇则主要从忠君爱国的事功方面看好张之洞，不再拘泥于他的个人道德；为了改革封建专制而投身立宪运动时，张謇已经主要从政治态度方面去看待张之洞，不再注意对社会影响而言比政治态度小得多的个人道德。这三个阶段，反映了张謇知人论世标准不断修正、知人论世能力不断提高的过程，并且从一个侧面反映了张謇从封建士子转变成新兴资产阶级一员的过程。

（原刊于《张謇的交往世界》）

作者单位：海门张謇研究会

---

① 李明勋、尤世玮主编《张謇全集》2，页133。

② 李明勋、尤世玮主编《张謇全集》2，页132。

张謇与张之洞实业道路比较论

何剑明

张謇与张之洞是我国晚清政治、经济舞台上举足轻重的角色，而且两人关系密切。他们出于对国家和民族命运的思考，走上了兴办实业的共同道路。在我国民族工业阔步走向世界、各类企业又步入调整重构的今天，比较并研究他们的实业实践，具有不同寻常的历史价值和现实意义。本文主要从时代特点、企业属性、实业性质、成败原因以及效果评价等方面对他们兴办实业的不同点略作比较。

一

张之洞与张謇的实业活动，是在不同历史条件下产生的。前者在洋务运动的浪潮中应运而生，后者则是清末维新条件下的产物。早在中法战争中，张之洞身负统筹战局职责。战争期间所购外洋军火，"良粗不齐，且损重费，甚至居奇抑勒，借口宣战，停运截留，种种为难，令人气沮".[①] 张之洞觉得仰人鼻息终非长策，战争结束后，决心创办自己的军工企业，并以整顿改造广州机器局为开端。

同治十二年(1873)，两广总督瑞麟创办了广东最早的洋务企业广州机器局，但因管理不善，贪污浪费现象十分严重。1885年，张之洞奉旨查办整顿，改称制造东局，不久便显起色。1886年，张之洞在广州城北石井墟购31亩创办了枪弹厂，生产毛瑟、马梯尼等型号枪弹；又奏请黄荔丹任造船厂总办，打造兵船。石井枪弹厂亦称作制

---

① 张之洞《张文襄公全集》卷十一，1928年刊本，奏议十一。

造西局。创设石井枪弹厂，因为经费所限，"故仅得小试其端"。随着
广东海防地位日显重要，张之洞开始筹设新的枪炮厂。1889 年，清
廷调署湖广，经与海军衙门协商，原粤省所订德国机器运抵湖北，另
建湖北枪炮厂。1892 年，湖北枪炮厂在大别山北麓开建，1893 年 6
月建成。1896 年六七月间，添设的炮架、炮弹、枪弹等厂修建完毕。
1897 年，又设钢药厂，此后规模日益扩大，"枪炮厂内分厂林立，厂
各有名，非枪炮二字所能包括"。① 1890 年，张之洞在武昌文昌门外
设湖北织布官局，1892 年正式开工，"布机一千张，内有提花机一千
张，有一千二百匹马力之压力。"后又增设湖北纺纱局，纱厂"既能
辅佐布局之不逮，兼可协助铁厂之需要。"② 除此以外，张之洞还先
后兴办了白沙洲造纸厂、湖北针钉厂、武昌制革厂、湖北毡呢厂、湖
北官砖厂等一系列近代工业，成为我国近代工业发展的滥觞。

　　洋务，始终是张之洞活动的一面旗帜。1883 年 5 月，张之洞在
山西设立洋务局，又设置各种实业机构，洋务大旗初张。移督两广
后，尤其是中法战争结束后，才真正大张洋务旗鼓。1887 年 5 月，
他改设"办理洋务处"，"督饬各衙门讲求洋务，练习人才"。③ 并在
这个机构下广罗洋务人才，如任用驻美翻译官蔡锡勇为幕僚，奏请熟
悉西方情况的瑞璋来粤兼办洋务。张之洞在两广和湖广兴办的一系列
实业，都是蔡锡勇直接操持的。在总督湖广、暂署两江的近二十年
间，张之洞更高扬洋务大旗，全面展开洋务事业。在西方列强支持
下，从创实业到练新军、兴文教，造成了一种耸动朝野视听的新鲜格
局。他的惨淡经营，时称"湖北新政"，一时全面推而广之。清末社
会一度被抹上了崭新的色彩，谓为"同光新政"。"同光新政"，其实
是洋务运动的代名词。

　　正值西方列强对中国瓜分豆剖加紧侵略之时，张謇出现在清末的

政治和经济舞台上。当时，维新变法渐起呼声。他谓"爱国救国之挚，注意提倡国货，振工商而挽权利，尤佩远谋……若徒空言抵制抵制，则彼一物而我无物，抵且不能，制于何有？"① 遂以创办大生纱厂为契机，走上了实业救国的漫漫长途。自 1899 年至 20 世纪 20 年代，共建成大生一、二、三、八 4 个纱厂，纱锭 16 万多枚，资本总额达白银 708.4 万两，固定资产 919.1 万两。早在大生一厂根基稳固不久，张謇就着手开辟棉花生产基地，自 1900 年至 1920 年间，先后创办了 20 个盐垦公司，占地 413.5 万亩，资本达 1621.2 万元，其中已垦地达到 98 万亩，可产棉 11.6 万担。他还创办了轮船公司、榨油厂、铁厂、冶厂等实业。在南通以外，他于 1904 年与许鼎霖合办镇江开成笔铅罐厂，1905 年帮助郭鸿仪创办了镇江大照电灯厂，1907 年又与许鼎霖合办耀徐玻璃公司。是年，还参加投资苏省铁路公司，帮助江西官绅创办江西瓷业公司。此外，汉冶萍公司、中国银行、交通银行、商务印书馆等也曾得到张謇的鼎力赞助。

张謇和张之洞都是在中华民族危机逐渐加深的关键时刻走上实业之路的。他们的出发点都是实业救国。张之洞兴办洋务是"师夷长技以制夷"的冲击反应，并以奏弹国家大政的封疆大吏的身份介入实业；而张謇则是以初入政局的维新人士的角色发出实业的呼声。前者属于洋务范畴，后者则是维新政治及民国初期的实业活动，亦是一种"村落主义"的社区实践。从实业本身来看，两人的活动有显见的渊源关系，某些企业的兴办，可以说是一脉相承。譬如张之洞原拟建南北纱厂，但最后仅完成北纱厂，南纱厂设备已运抵武昌，固定资金不到位，未能兴建厂房，长期日晒雨淋。1895 年，暂署两江总督的张之洞将武昌的机器连同搁存在沪上的纺机廉价卖给苏州商务局，初由陆润庠接管，因需款巨大，陆润庠不受，便由张謇集股接办。张謇和盛宣怀利用这批纺纱机器，分别在上海和通州各设一家纺纱厂。张之洞的事业由张謇来续办，这一事件看似巧合，实际上反映了一种内在

① 张怡祖编《张季子九录·实业录》，中华书局，1931 年。

的必然。正是这群当权政要和地方绅士们，用痛苦的实业实践，开拓并且验证着从洋务到维新这样一条蜿蜒曲折的晚清社会发展之路。

二

张之洞与张謇的实业活动，有着明显不同的企业特征。张之洞在洋务旗帜下，以大机器工业为基础，以重工业为主导，掀起了19世纪末由当权政要主持的大实业浪潮。

实业活动是张之洞洋务"新政"的基础。考察其实业之路，实是开创了我国近代重工业发展之先河。我国实际意义上的大机器生产，正是在张之洞的实业阶段形成了规模。张之洞之所以选择重工业道路，与他的仕途经历有着密切的联系。他身为军事统帅，在和外国军队打交道的过程中，深知"船坚利炮"的威力。他身为封疆大吏，又熟知国情省况。在治晋兴革期间，洋铁充斥各省，而土铁尚沿旧例，不准出海。光绪九年（1883），张之洞与奉使到山西的张佩纶商谈，认为"购洋铁非计，宜于晋省炼铁成条，供洋局之用"。[①] 由于张佩纶的努力，总理衙门议于山西设局炼铁，这是张之洞后来在广东和湖北兴建炼铁厂的萌芽。中法战争后，张之洞对向洋人购买军火心存焦虑，他认为，"环地球诸国，无不以船炮为强国之计"，提出雇匠购器、设厂自造枪炮军火的计划。建造近代化的军事企业，钢铁是基础，"举凡武器所资，枪炮军械轮船炮台火车电线等项，以及民间日用农家工作之所需，无一不取资于铁"。[②] 1889年4月，张之洞致电驻英公使刘瑞芬，与英国谐塞德公司铁厂订定熔铁大炉，并拟定在广州凤凰岗建厂。炼铁设备尚未购回，张之洞调任湖广总督。他以修建卢汉铁路需钢轨为由，得允将钢铁厂设备运往湖北。在督办洋务的大吏中，张之洞对钢铁工业的重视独拔头筹，他以总督之尊，掌管铁厂

---

① 吴剑杰《张之洞年谱长编》上，上海交通大学出版社，2009年，页112。
② 张之洞《张文襄公全集》，1928年刊本，奏议34。

事务。汉阳铁厂，是为洋务派后期最大的企业。张之洞以"铁"为本，以"重"为主，在实业的多个领域均有非凡建树。他修建卢汉铁路，筹办江浙铁路，又有设置电报电话之举。铁路、枪炮离不开铁，因之他十分重视采矿业。出任湖广总督未及一月，便派员分赴湖南、湖北各县，及川、黔、陕诸省查勘铁矿，并对各矿产量、煎炼方法、销售价值、运输销售情况等，逐一绘图禀复。又延请英德矿师化验矿石，继有大冶、萍乡等矿业兴建于世。

与张之洞不同的是，张謇则是在"地方自治"的旗帜下，以轻纺工业为主导，把大机器工业与手工生产有机结合在一起，走上了以地方绅士身份兴办实业的道路。

张謇也曾主张"棉铁主义"，但他对钢铁的时代感远不及张之洞，在实践上，只有小小的资生铁厂，显得微不足道。马鞍山矿业的开发，也不可与张之洞在湖北的业绩同日而语。他之所以在"棉"字上做足文章，并由此开创一条中国轻纺工业的实业新途，是因为甲午战后帝国主义对中国的经济侵略变本加厉，而在外国商品中，洋纱所占比重最大。仅4年间，洋纱每年从华北四口输入约31.5万担，从长江中上游七口输入约21.2万担，分别占华北、华中两大市场的93.7％和86.4％。张謇家乡南通，是地处长江下游的重要港口，他自小便强烈地感受到帝国主义的经济侵略。既然棉纺织业是当时受害最甚的工业部门之一，关系到国计民生，而通州又是我国的传统产棉区，"为通州民生计，亦即为中国利源计"，张謇决定依托农民手工生产，在通州设立纱厂。又因为"通州之棉，力韧丝长，冠绝亚洲，为日厂所必须"[①]，这进一步坚定了张謇经略棉业的决心。

张謇投身棉纺织业，也是张之洞直接推动的结果。张之洞在重工业领域卓有成绩，在轻工业方面，也有别开生面之举。他也很早注意到了通州的棉花。在督粤期间曾筹划创设布纺纱官局，其原料来源已列入通州棉花。调任湖广总督后，即在武昌设立织布、纺纱等官局。

---

① 张怡祖编《张季子九录·实业录》。

甲午战争后，为解决财政困难，他再次倡导发展近代工业，他不仅直接促使张謇投身实业，而且还为其提供了现存机器设备。

与张之洞倡导的"洋务"有别，张謇是在"村落主义"即地方自治的旗帜下面经营轻纺工业的。"窃謇抱村落主义，经营地方自治，如实业、教育、水利、交通、慈善、公益诸端"①，自治需要雄厚的资本，因此，他把实业看作地方自治的根本。张之洞在经营重工业的同时，其实业范围并不围于冶铁采矿，还涉及织布、电报、电话等行业。张謇也在经营轻纺工业的过程中，形成了自身的实业系统，他的经营领域以大生纱厂为轴心，涉及制盐业、酿酒业、印刷业、冶铁业、运输业、房地产业、染织业、垦牧业等方方面面，这些企业，均直接或间接为大生纱厂服务，形成自身补给循环体系。如通海垦牧公司是大生纱厂的原料基地；广生油厂利用纱厂轧花棉籽产油；大隆皂厂又利用油厂下脚料制造皂烛；大兴面厂利用纱厂剩余动力磨粉，供纱厂工人食用和浆纱；资生铁厂则为纱厂修配机件而设；泽生水利公司、大中通运公司、大达轮步公司、外江三轮公司、船闸公司主要解决纱厂运输问题；染织考工所实际上就是大生纱厂向纺、织、染全能发展的研究室和实验室；懋生房地产公司则为大生纱厂职工提供宿舍并收取房租。如此筹划，比张之洞的实业系统更为周密。从初始的近20个企业单位到辛亥革命前夕的大生资本集团，都是张之洞零碎而分散的实业体系不可比及的。

三

从实业的性质来看，张之洞以国家政要的身份参与洋务，"新式"招牌下的官营体制，掩饰不了浓重的封建色彩，这使张之洞终于没有成为新兴的资产阶级工业家，而仅仅是清朝的张文襄公而已。

无疑，张之洞的大机器生产，几乎达到"近代化"的水准，就规

---

① 李明勋、尤世玮主编《张謇全集》1，页523。

模、设备水平而言，甚至能与外国企业一争长短。如汉阳铁厂利用的高炉和贝色麻炼钢炉，其技术性能连日本尚不能望其项背。但是，就其经营而言，虽然有官商合办或官督商办，却始终没有摆脱封建衙门方式，"近代化"仅是标签而已。时人评价说"官督商办之工业几乎无不失败，即其变相之商办工厂，因官习未除而百弊丛生，鲜克生利"。[①]

在近代资本主义企业中，出于对利润最大限度的追求，生产与管理成为一门高度艺术化了的科学。而在张之洞的企业中，属下均为封建官吏，根本不懂利润规律、价值法则，不是用经济手段管理经济，而是以封建政令指挥生产。不用说在机器采购、厂址选择方面的臆断盲目，仅在建后的管理中，反科学的指挥十分盛行。为什么会出现这种情形？张之洞说过，铁厂乃"奉旨饬办"（《张文襄公全集》，1928年刊本，奏议34），一语道破其创办性质。既为御用，知县、道员等职衔者充斥厂局要津，官场中的排场应酬、裙带之风，贪污贿赂等积习迅速弥漫，严重侵蚀着新兴实业的肌体。李鸿章曾给官办企业号脉，谓主事者"大率纨绔居多，其人本不知稼穑之艰，焉知大体，惟好为排场，任其挥霍"，张之洞的企业正是这样。而最大的困难是派来大批无用的人做监督，这些人都管叫坐办公桌的人，因为他们坐在桌旁，无所事事。更有大批官局委派的督办、总办、提调人员，把企业当作肥肉，滥耗公费。张之洞家中的塾师出任针钉厂总办不久，即亏空公款5万多两。资金流失速度和数量都十分惊人。汉阳铁厂兴建费用500万两白银，但真正用在机炉、厂址建设上的，只有200多万两，"余皆系浮费，于公司毫无利益。"[②]

兴办实业，资金来源是十分重要的。张之洞虽然探索过官督商办、官商合办等模式，但首先是封建官僚的他又十分惧怕新兴资产阶级政治上的控制，他多次重申，商民求利固可，求权万万不可，"盖

---

①　孙毓堂编《中国近代工业史资料》第一辑，中华书局，1962年，页5。

②　徐珂《清稗类钞》(第17册)，中华书局，1986年，页12。

国家所宜与商民公之者利，所不能听商民专之者权。"① 利与权往往是一个统一体，在"利""权"两分的情况下，商民哪肯响应，因此，尽管张之洞多次招纳商股，但商民几乎无有应者；即便有商股加入，又因官权过多而中途抽股而去。

在官办企业中，也大量雇佣工人，但是，工人和厂主的关系并非真正的资本主义雇佣关系。工人虽是被雇佣，却无法在自由的形式下出卖劳动力，他们虽有"商品"的外观，却不免保有"贡品"的实质，皮鞭、棍棒、刑罚、军队驻扎管制，是张之洞榨取剩余劳动的主要手段。在其"中学为体，西学为用"宗旨指导下，他的官办或官督商办企业成了怪诞的混合体——技术、设备是现代化的，经济体制则是封建衙门式的，从西方引入的先进生产技术无法施展其威力。张之洞事业的悲剧说明，病入膏肓的封建官僚政治不根除，在中国建立近代化大机器工业只能是无法实现的乌托邦。②

与张之洞的官办实业相比，张謇以民族资本家的形象出现在中国近代实业的舞台上，其商办实业遵循着资本运行规律，诸项事业从形式到内容都实现了真正意义上的近代化。

由于张之洞是奉旨饬办，因而只能是封建衙门式的企业管理，张謇则是在"我民日贫，国于何赖"的形势下"寸心不死，稍有知觉"③，凭着强烈的爱国意识，力图挣脱自然经济的桎梏，发展资本主义的商品经济，以实业救国。同样是学习外国的大机器生产，张之洞求的是"形似"，张謇则求"形神兼备"，虽然传统的东西不时束缚着他及其事业，他还是极大限度地获得了成功，尤其是在企业管理方面，绝非张之洞所能比及。与张之洞的主观性、盲目性乃至反科学性相比，张謇对于大生纱厂的经营，可谓殚精竭虑。他在瞬息万变的市场中，"察世情，观物情"，又要求进出货董"察岁收，权市价"，通

---

①　张之洞《张文襄公全集》，1928 年刊本，奏议 68。

②　冯天瑜《张之洞评传》，河南教育出版社，1985 年，页 138。

③　张怡祖编《张季子九录·实业录》。

过对海通市场的调查，得出"通州地方销纱之总数，本厂所出裁当十分之五六"① 的结论，又利用自己的特殊身份，轻易的将外地资本挤出了通海地区，并通过清政府得到了百里之内专利 20 年的特权，首先实现了以控制通海市场为目的的发展策略。这种从一开始就以市场为出发点的经营方略，是资本主义化了的经济模式。企业经营管理的有效与否，取决于有没有完备的组织系统。1899 年，张謇在《厂约》中明确地把厂内事物按其特点进行分类，并归纳为四个子系统，即供销经营、生产加工、财会文牍、总务后勤，四个部门各设一董，进出货处(供销)和总务后勤增设帮董，由张謇自任总理，总管一切。

张謇还通过严格的规章制度实现目标管理，他亲手制定的《厂约》以及由各董草拟、张謇修订的《厂章》，是大生纱厂范围内的治厂法规。《厂约》对经营管理人员发生作用，《厂章》则对工人有约束力。前者 6 条，后者 194 条。如此完整的规章制度，在我国首开企业管理先河，为推行先进的经营思想，增强企业的竞争能力，起到了重要的保障作用。张謇认为，"艰苦奋励，则虽败可成；侈怠任私，则虽成可败"。此识是否明察张之洞诸人兴办洋务之弊端，也未可知。因此，须"绳之以大义，执事百工与有责矣"。

在用人方面，张謇与张之洞更是大相径庭。张之洞办厂，"每出一差，委员必十位、八位，爵秩相等，并驾齐驱，以至事权不一，互相观望，仰窥帅意"②。而张謇则"必审知其所以之能力与所居之地位而任之于事"，"用人之标准，当视办事之范围"③。他挑选管理人员，一般"由董协同慎举熟手及性情勤谨、声名素好之人。除一二真知灼见共信不疑之人无须保荐外，皆须取保荐书，如有私弊亏空，惟各董向原保荐人追理"④。对于高级管理人才的选定，更为谨慎、严格。进口货董沈敬夫、厂工董高立卿以及徐翔林、蒋书箴等人，都是

---

① 李明勋、尤世玮主编《张謇全集》5，页 307。
② 盛档，钟天纬《致盛宣怀函》，光绪十六年十二月二十九日。
③ 李明勋、尤世玮主编《张謇全集》1，页 254。
④ 李明勋、尤世玮主编《张謇全集》5，页 7。

张謇至交朋友，均为张謇初期事业立下了汗马之功。这类人才，是张之洞企业里难以觅见的。

此外，张謇在原料供应、生产加工、产品销售等环节上，都在很大程度上走上了良性循环的市场道路，并使张謇的事业扩及到了教育、慈善诸方面，出现了社会化大生产的系统，丰富了经营思想，成为执东西实业之牛耳的工业巨匠，被称为"中国的洛克菲勒"。①

四

张之洞与张謇兴办实业的道路，还有诸多不同，比如，张之洞以封疆大吏的身份倡办洋务，虽历经坎坷，但人们仍然能感受到其呼风唤雨、叱咤神州的相对顺境；而张謇却每每如履薄冰。张之洞的资金来源，或政府、或外贷，基本上有保证；张謇则捉襟见肘，终至负载累累，难以为继。他曾向日本资本家涩泽荣一提出大借款的请求，涩泽派驹井德三来南通商谈，高唱"工业日本、农业中国"的论调，张謇无奈附和，却仍没有借成，转而求助于美国资本家，也碰壁而返，以至到了卖字筹款的境地。

作为同一时代的实业大家，张謇与张之洞同出于爱国初衷，由于历史的原因和个人局限，又同归于一时的失败。但是，在他们"失败"的背后，我们却发现了他们巨大的成功。张之洞发展我国重工业的创举，堪称千秋伟业。在近代中国，离开重工业去奢谈近代化是无助的。可以说，近代化首先是重工业的近代化。然而，重工业不是一般的部门，在晚清社会，像冶金、煤炭、钢铁等行业，没有官僚身份背景便无能为力，缺乏远见卓识的政界人士更不能涉猎经营，除非张之洞这样类型的政坛要员不能当此重任。大凡企业都是要讲赢利的，但张之洞的事业似乎不能以盈亏论英雄，在很大程度上，是他启动了古中国这艘航母的工业航程。尽管没有在经济效益方面获得成功，但

---

① 严学熙《论张謇》，江苏人民出版社，1993年，页376—377。

在政治上的效益却是不可估量的。就在今天现代化建设的实践中，重工业依然举足轻重。在国营企业的改革中，我们更能从正面抑或反面、经验与教训、历史与现实结合的角度看出太多的端倪，看到初始阶段留给我们的启示。在这个意义上，张之洞在具有近代性的同时，也具有了现实性与当代性。对于张謇的成功，与其说是近代的，不如说是当代的。在我国民族工业的实践进程中，从来没有像今天这样会让人不由自主地想到张謇。如今，民营企业的蒸蒸日上，有谁会说不是张謇事业在继续？张之洞与张謇先"洋务"、后"民族"的尝试，正是我国近代工业发展道路的生动写照。他们的成功也好，失败也罢，历史不会以成败论英雄。1953年，毛泽东曾对黄炎培说过："谈到中国民族工业，我们不要忘记四个人：重工业不要忘记张之洞，轻纺工业不要忘记张謇……"[①] 历史将会永远记住他们的丰功伟绩。

（原刊于《江苏教育学院学报》2002年第3期）

作者单位：江苏教育学院历史系

---

① 陈有清《张謇》，江苏古籍出版社，1988年，页98。

张謇与张之洞城市化实践之比较

凌振荣

张謇和张之洞是中国近代史上两个重要人物，他们对中国的民族工业作了重大贡献，对南通和武汉的近代城市化起了主要作用。张之洞后半生有近二十年的时间，主要是经营武汉。张謇则规划建设了近代南通，所用时间为二十多年。在中国近代经济史和城市建设史上，南通和武汉都占有重要地位。在中国城市化快速发展的今天，将张謇和张之洞城市化实践进行比较研究，对我们今天的城市化建设有重要意义。

一、南通和武汉城市化之概况

1895 年张謇在唐家闸创办大生纱厂，从而开启了南通工业化、城市化的历程。首先，第二、第三产业的兴旺。在唐家闸，因第二产业的发达带动了第三产业的兴起和发展。工厂原料购进和成品外运，工人和垦农需要大量的粮食，促进了运输业、粮食业的蓬勃兴起。较大的碾米厂、油坊有十几家，大、小粮行、粮店有七、八十家。[①] 其他如饭店、旅社、浴室、照相馆、戏院等也应运而生。唐家闸原来仅是个十几家住户的渡口，由于工商业的兴起，1909 年人口达到26252 人。[②]

其次，城市景观建设的推进。新建的工业、商业和住宅建筑，使

① 翁启声、贾桂林、丁锡通《忆昔唐家闸繁华时》，《南通日报》2003 年 6 月 25日(1)。

② 范铠、张謇《南通县图志》第一卷，1914 年，页 14。

唐家闸成为地跨通扬运河的工业大镇。河东街、河西街是临河两条主要大街，工厂大都建在河西，大街外侧是码头，内侧是临街的"连家店"（即前店后舍），再向里是工厂。临街商店为二层楼，大多是欧式建筑，还有纱厂高大的钟楼。为解决万余工人的住房，唐家闸建设了9个工房。街道为块石铺设，马路四通八达。在南通城，张謇在南城门外和桃坞路一带规划建设了新城区。南通师范到更俗剧场的马路，是一条具有资本主义特色的道路，沿路除了文化体育、教育医疗、商贸金融等机构外，还有别墅、公园、戏院、旅馆，以及各种商店相间其中。1912—1921年《海关十年报告》（英国）说，"通州与中国内地城市不同，除了街道比较狭窄外，一切都像上海的公共租界。市内有各种商店，西式楼房到处可见。"

再次，城市人口的大量增加。南通城人口1895年前约为30000人；1909年为52789人，[1] 连同唐家闸镇等人口，南通城市人口为96169人；[2] 1920年，南通城市人口为166277人。[3]

随着西方工业文明的传入，南通城市发生了巨大变化。新材料、新技术的应用，城市的布局、建筑、街道、交通、运输、通讯发生了全面改观，人们的思想观念开始转变。新式学校和新文化设施陆续建立，使新文化、新思想和新观念得到广为传播。

张之洞于1889年督鄂，翌年即大规模地兴办工厂，汉阳铁厂、湖北枪炮厂、大冶铁矿、湖北织布局等同时兴建。武汉的工业化带动了城市化、近代化。第一，二、三产业的迅速发展。张之洞督粤时已向外国订购枪炮厂和纺织厂机器，他调鄂后即把这些设备移往武汉，加快了武汉的工业化步伐。同时，张之洞亦倡导和扶持私人兴办企业。工业的发展又促进了交通、航运、仓储、饮食、旅馆等行业的发展。

第二，城市景观的建设。工业景观：汉阳铁厂包括炼铁、熟铁、钢轨、钢材等大小10座工厂。"厂地东西三里余，南北大半里"。同

---

① 范铠、张謇《南通县图志》第一卷，武进孟森校本，1925年，页12。

②③ 邵建、乔显曾《南通市志》上册，上海社会科学院出版社，2000年，页199。

时，张之洞推广新式教育，学校建筑大量出现。市政建设出现新面貌，"修筑了阅马场至洪山、武胜门至沙湖等马路，还同时规划、拓宽了城内其他道路。1907年2月，张之洞在汉口城墙旧址上建设了一条上起硚口下迄江汉路的标准近代化马路——后城马路（即今中山大道一段），成为汉口交通的主干道。至此武汉城内的交通状况大为改善。"① 另还修建了武昌沿江堤防系统和汉口后湖长堤，抵御了水患，扩大了城区面积。

第三，城市人口的大量增加。武汉开埠前，"1853年（咸丰三年），汉口镇人口约10万人稍低，汉阳和武昌在10万人左右。武汉三镇有户人口约20万人。"1888年，"汉口市区有18万人，较之开埠前翻了一番。"1911年，"夏口厅为59万人，武昌地区为182345人。"武汉总人口为80多万人。②

第四，城市文化的地域扩散。工业文明不可避免地对人们思想观念发生影响，促使其向近代转化。城市文明包括街道布局、西式建筑、柏油马路、给排水、邮政通讯、电灯电话等，以及汽车、轮船等近代运输工具，无疑对人们产生了巨大的吸引力和影响力。"大到城市布局，建筑风情，小到家用针线、西装、西餐，都成为不同社会层追逐的时尚。"③

"开埠以后汉口市场虽有发展，但比较缓慢。它的真正崛起是在晚清重臣张之洞任湖广总督以后（1889—1907年）。"当时汉口"夙超天津、广东，今直位于中国要港之二，将进而摩上海之垒，使视察者艳称之为东洋芝加哥"④。这是对汉口城市建设的赞扬，也是对张之洞的客观评价。

---

① 邓正兵、欧阳君《试论武汉的早期现代化》，《江汉大学学报》2005年第1期，页14。

② 皮明庥《近代武汉城市人口发展轨迹》，《江汉论坛》1995年第4期，页53。

③ 邓正兵、欧阳君《试论武汉的早期现代化》，页12。

④ 周群《汉口市场发展进程中晚清湖广督府的作用》，《湖北社会科学》2004第2期，页42。

二、张謇和张之洞城市化实践之相同处

（一）都以工业化带动城市化

"工业化、城市化是人类文明演变进程中在近代的孪生骄子。前者是后者的基础，后者是前者的物化。"① 南通和武汉的城市化、近代化，是由于张謇和张之洞发展近代工业，以工业化带动了城市化。

1895年，张謇奉两江总督张之洞之命，"总理通海一带商务"。根据南通盛产良棉，张謇决定创办大生纱厂。他在唐家闸陆续建立了"五厂(纱、铁、油、面、茧)、四司(大生轮船公司、大达内河轮船公司、泽生水利公司、懋生房地产公司)、三校(纺织专门学校、敬孺中学、大生第一纪念小学)和一院(大生纱厂职司医院)"。在港闸河出江口的天生港，张謇设海关、建钟楼、筑码头、通航运，建电厂、火柴厂等，使天生港成为苏北的重要港口。张謇的经营使唐家闸、天生港成为南通的工业区。

1904年张謇在崇明外沙建了大生分厂。张謇曾有设立九个纱厂的计划，除大生纱厂和大生分厂外，最后仅在海门办了大生三厂、在城南办了大生八厂。张謇在沿海办了十几个垦牧公司，这些纱厂和公司驻地都形成了市镇。由于张謇的全面经营，"在民元前后，南通已从长江北岸的一个偏僻、闭塞的封建州城一跃而成为长江三角洲地区及江苏境内仅次于上海的第二大工业城市，其影响令全国瞩目"②。

1889年张之洞参加讨论津通铁路建设，因提议先修建卢汉铁路而调任湖广总督。他在湖北大办实业，使武汉近代工业从无到有，由

---

① 皮明庥《洋务运动与中国城市化、城市近代化》，《文史哲》1992年第5期，页1。

② 虞晓波《比较与审视——"南通模式"与"无锡模式"研究》，安徽教育出版社，2001年，页56—57。

弱到强。先后创办汉阳铁厂、湖北枪炮厂、大冶铁矿，以及布、纱、丝、麻四局等近代大型企业。"此外，张之洞在汉还兴办了白沙洲造纸厂、汉阳赫山针钉厂、武昌毡呢厂等一批中小型工厂。这种大型企业与中小型企业俱备，重点工业与一般工业并举的情况，使武汉近代工业体系相对完备。"①

"除此之外，张之洞还大力倡导、鼓励、扶持私营企业的创办。据统计，从 1895 年到 1911 年辛亥革命前夕，武汉创办的近代私人资本企业 122 家，其中 73 家是在张之洞督鄂期间倡导创办的，占总数的 60％"。② "据统计，至 1911 年，武汉有较大型的官办、民办企业 28 家，资本额达 1724 万元，在全国各大城市中仅次于上海，位居第二位，成为中国内地最大的工业城市。"③

（二）都注重经济整体推进和社会全面发展

在工业化、城市化进程中，张謇和张之洞都注重经济整体推进和社会全面发展。张謇重点发展纺织业，以此带动相关企业和事业发展。唐家闸大生纱厂建立后，为纱厂服务的交通、航运、水利、机械、粮食、电业、市政、房产等方面的企事业都陆续建立，形成以纺织业为核心的产业链。市政设施如邮政、电话、电报、公交等相继开办。在南通城的西北和南面 12 里地方，张謇利用地理和自然环境优势，建成了天生港镇和狼山镇。

为建立稳固的供棉基地，1901 年张謇在黄海边规划建设了通海垦牧公司，以后又陆续建立了十几个垦牧公司。在张謇的带动下，江苏沿海从吕四到连云港掀起开荒的热潮，先后建立了四十几个垦牧公司。这些近代农业公司的建立，不但使工厂有了稳定的粮棉供应基地，而且公司的所在地都建成了新市镇，带动了沿海经济发展和社会进步。

---

① ② 邓正兵、欧阳君《试论武汉的早期现代化》，页 13。

③ 冯天瑜、陈锋《武汉近代化进程研究》，武汉大学出版社，2002 年，页 14。

张謇在继承传统文化基础上，建设了一批新的机构。一是普及教育。从师范教育、普通教育、职业教育到高等教育，形成一个完整的教育体系。二是文化建设。有博物苑、图书馆、伶工学社、更俗剧场、公共体育场、气象台、五公园等。三是发展慈善。有育婴堂、栖留所、济良所、残废院、养老院、贫民工厂等。四是保护文化遗产。重建纪念文天祥的渡海亭，修建曹顶墓和祠堂、光孝塔和寺院等。

张之洞督鄂实行以工业为主导、农业为基础、交通为枢纽的方针。轻重工业并举，官办民办并举，大中小并举，构建了完整的工业体系。武汉民族资本主义的迅速发展，为社会提供了大量的生活日用品。张之洞还十分重视湖北的农业，采取了一系列改良农业的措施，如：推广新棉种，传授新技艺，倡行新耕作方法和技术等等。

武汉工业发展，增加了商品的流动量。张之洞于"1897 年设立鄂湘善后轮船局，随后相继成立 10 家小型轮船公司。到 1906 年建成电报局及分局 38 家，邮政局及代办 300 余处。交通、通讯的发展，使湖北交通、通讯事业进入了帆、轮、轨、电并行的阶段"①。张之洞在湖北大兴教育，其内容涵盖了普通教育、军事教育、实业教育、师范教育等，使湖北的教育在全国处于领先地位。

（三）都注重城市的规划建设

张謇和张之洞都重视城市的规划建设。城市建设必须要有规划，而规划的基础是测绘。张謇说："建设之先须规划，规划之先须测绘，此其大较也。""建设之规划求其当，规划之测绘求其详。"② 他十分重视规划和测绘工作，1900 年派人测绘沿海滩涂，规划和建设了通海垦牧公司。为全面规划建设南通，1906 年，张謇在南通师范附设

---

① 周群《张之洞督鄂时期汉口市场的发展及其原因》，《湖北行政学院学报》2003年第 3 期，页 83。

② 张謇研究中心、南通市图书馆编《张謇全集》第一卷，江苏古籍出版社，1994年，页 481。

了测绘科，培养测绘人才。首批毕业生 43 人，除少数人升入工科继续学习外，大多数人分配到通州测绘局。1908—1911 年张謇亲自领导对南通全境 7435 方里进行大测绘，测图 791 幅，制图 865 幅，其比例有 1：5000 到 1：250000 六种。①

1912 年成立的路工处是南通市政机构，负责道路、桥梁、公共建筑、市政工程的规划建设。张謇不仅规划建设了南通城市的城闸路、城港路、城山路、港闸路，以及城、镇内的街道、建筑设施等，还规划建设了南通全县公路、水利，筑路建桥、疏浚河道、修建闸涵，促进了全县经济的发展。

张之洞建设武汉也是从测绘和规划入手的。1900 年张之洞仿岳州自开通商口岸，清查官荒土地和收买民地 3 万余亩，"雇英国工程师斯美利在武胜门外，直到青山、滨江一带丈量土地，并将建筑码头、填筑驳岸、兴修马路等工程进行详细勘估，绘制地图。1905 年设立汉口汉镇马路工程局，它是晚清湖广督府进行市政建设的专门机构，它的成立标志着汉口商埠建设计划正式起动"②。"京汉铁路通车后，在原汉口堡基上主持修建了后城马路，并由此沿途修建了十几条通入旧市区的马路。1906 年又通令夏口厅及江夏、汉阳二县出示拓宽街道，规定新建房屋须自原线退后 3 尺。1907 年汉口市内城墙被拆除，街区得到进一步拓展，主要街道宽 12—17 米，为砖渣泥结碎石路面。"③在张之洞的经营下，汉口的城市面貌发生很大变化，地窄人多，街道狭小的状况有了改善。"具有现代意义的电报、电话、自来水、电灯、汽船轮渡等相继出现，下水道亦列入城建规划。"④

（四）都是个人起主要作用

南通和武汉的建设有一个共同的特点，都是个人起主要作用。如

①　费范九编《南通地方自治十九年之成绩》，南通张謇研究中心、南通博物苑重印，2003 年，页 196—197。

②③　周群《汉口市场发展进程中晚清湖广督府的作用》，页 43。

④　周群《汉口市场发展进程中晚清湖广督府的作用》，页 43—44。

果没有张謇和张之洞，南通和武汉在工业、城市建设方面的重大决策、组织和协调等都难以进行。张謇创办大生纱厂前，南通没有一座近代工厂。张謇以其爱国自强和艰苦奋斗的精神，以其智慧、才能和毅力，以其社会地位和影响力，成功经营了南通，张謇为南通近代城市的形成作出了巨大贡献，没有张謇就没有南通的工业化、城市化。

但张謇自己发现了这种个人起主要作用的弊端，他说："南通事业由其个人主持，较有系统，维持久较难，不若无锡之能人自为战，可以永兴不败。"① 事物的发展也证明了这一点。1926 年张謇逝世，当时南通的经济不景气，加上大生企业在南通具有垄断性，大生集团没能闯过这一关，南通开始走向衰落。

张之洞督鄂前，武汉的民族工业仍是一片空白。为加快武汉的工业步伐，他呈请清政府将其原在广东订购的枪炮厂、纺织厂机器改运湖北。1890 年建设汉阳铁厂、湖北枪炮厂、大冶铁矿，以及湖北织布局、纺纱局、缫丝局和制麻局。真可谓决心大，气魄大，规模大。如此大规模的建设，只有张之洞能做到。以后，他又兴办了其他中小企业，形成完整的工业体系。

人们颂扬张之洞在武汉"18 年经营居功至伟"的同时，也指出了令人担心的问题。"一旦张之洞的影响削弱以至消失，就会出现人存政兴，人亡政息的现象。这种过分依赖当政者个人作为的早期现代化模式，也为武汉此后早期现代化的坎坷发展埋下伏笔。"② 不久这些企业因经费问题运行碰到很大困难，加上这些官办企业内驱力不够，于是不得不由官办改为商办。而湖北新政中兴办的民族资本主义企业，"在张之洞离鄂之后，这些企业就没有获得更大的发展，有的甚至破产倒闭"③。

南通和武汉这种"个人作为"的情况，是中国早期近代化的固有现象。在半封建半殖民地中国，帝国主义不希望殖民地国家建立民族

---

①　虞晓波《比较与审视——"南通模式"与"无锡模式"研究》，页 248—249。
②③　邓正兵、欧阳君《试论武汉的早期现代化》，页 15。

工业。因此，中国进入近代社会后，民族工业的起步是非常艰难的。中国民族工业的初创阶段，首先要靠有爱国心、有胆识、有责任心的士大夫，如果这些个人不作为，民族工业是难以建立和发展的。当然，其弊端也是在所难免的。

三、张謇和张之洞城市化实践之不同处

（一）家庭出身、社会地位不同。张謇为一般的幕僚，张之洞为封疆大吏。

张謇（1853—1926 年）出生在江苏海门常乐镇一个农商兼作的小户人家。1869 年，16 岁的张謇因冒籍参加科举考试，受到族人的敲诈并被拘于如皋学官。1874 年，张謇赴江宁任孙云锦的幕僚。1876 年，入庆军吴长庆府为幕宾。1882 年朝鲜发生"壬午兵变"，张謇随吴长庆赴朝鲜平定乱事。不久，吴长庆病故。1887 年，张謇再入孙云锦幕府并随往开封，因其治河建议没被采纳而辞职回乡。1888 年，张謇任江苏赣榆选青书院院长。1893 年任崇明瀛洲书院院长。张謇在工作期间曾多次应试，终于 1894 年通过会试、殿试荣登榜首，授翰林院修撰。翌年，张謇辞官回乡，走上了实业救国教育救国的道路。曲折的科举道路，长期的幕府和院长生涯，使张謇对社会有了比常人更深刻的认识，也使他具有了处理各种复杂事务的能力。

张之洞（1837—1909 年）出生在一个官宦世家，其上四代均为清朝官吏，高祖、曾祖和祖父均为知县，其父张瑛官至贵州兴义知府。与同时代多数学子相比，张之洞的科举之途则更为顺利。他 13 岁考上秀才，15 岁参加顺天府乡试，中试第一名举人。1863 年，他 26 岁经会试、殿试，为一甲第三名，赐进士及第，并授予翰林院编修。1867 年他任浙江省乡试副考官，同年任湖北学政。1873 年他出任四川省乡试副考官，随被授为四川学政，到 1876 年任满返京。1881 年出任山西巡抚，从此开始久任封疆大吏的政治生涯。因主张援越抗

法，1884 年调任两广总督，指挥并取得了抗法战争的胜利。他开发海南，启动广东近代企业。1889 年 8 月，他因建议修筑卢汉铁路而被调任湖广总督，直至 1907 年离任，其间曾于 1895 年、1902 年两度暂署两江总督。张之洞为湖北的发展作出了卓越贡献。

张之洞督鄂前，已有 20 多年学政、督抚的历练，积累了丰富的从政经验和处理各种疑难问题的能力。显赫的社会地位，丰富的官场经验和务实的办事作风，使他到了荆楚大地，办了许多人想办而不敢办，敢办而办不成的大事。

（二）建设资金的来源不同。张謇用的是民间资金，张之洞用的是国家资金。

张謇的人生经历和社会地位，决定了他的办厂资金只能来自民间。张謇创办大生纱厂，碰到最大的困难是资金筹集。他采用股份制的形式，在通沪两地招商认股，筹集资金。从 1895 年到 1899 年近五年时间里，张謇一直为资金筹措而奔波。招商款从 60 万，变为 50 万。后为减轻招商的压力，在江鄂督的关照下，张謇与盛宣怀将官机分领，张謇领官机为 25 万，招商股也变为 25 万。办厂的形式由商办，变为官商合办，最后到绅领商办。为筹集资金，张謇称自己是"忍侮蒙讥，伍生平不伍之人，道生平不道之事"①。后张謇为铭记这段辛酸史，命人作讽刺画《厂徽图》四幅挂在大生纱厂公司厅。

张之洞在武汉的企业都是官办或官商合办，其资金主要来自国家。"据统计，从 1890 年到 1898 年，晚清湖广督府共投资白银 900 余万两用于其工业体系的建设。在湖北新政的中后期，为了解决早期新政暴露出的人才不足这个根本的缺陷，从 1901 年到 1911 年的 10 年中，共用于教育的投资达 1500 万两左右，为同期工业投资的 5 倍到 10 倍。"② 张之洞从政经验丰富，善于理财。他靠权威、信誉和关

---

① 张謇研究中心、南通市图书馆编《张謇全集》第三卷，页 8。
② 周群《汉口市场发展进程中晚清湖广督府的作用》，页 42。

系，达到多方筹资来发展事业，但主要还是国家资金。这是张之洞督鄂后能大规模进行工业建设的主要原因。

大生纱厂创办成功后，张謇的威望和信誉有了提升，社会地位也随之提高，但资金来源的渠道并没有改变，只是筹资也比以前容易了。另外，在同一渠道内多了一个张謇兄弟的捐资。为了地方事业的发展，张謇一方面继续筹资兴办实业，另一方面他们兄弟俩大量捐资。据统计，张謇与叔兄每年负担地方教育、慈善和公益费85080元。二十余年，"謇自用于地方，及他处教育慈善公益可记者，一百五十余万外，合叔兄所用已二百余万；謇单独负债，又八九十余万元"。① 张謇兄弟几乎将所有投股红利用于地方事业，其奉献精神是令人敬佩的。

（三）发展工业的重点不同。张謇以纺织业为龙头，张之洞以重工业为主导。

张謇从办纱厂起步，以纺织业为龙头带动相关企业，从而形成南通的工业体系。纺织业投资少，见效快，效益高。张謇创办大生纱厂后，相继办了其他各类工厂，以及航运、交通、房产、水利、盐业、垦牧等方面的企业。大生纱厂创办成功后，张謇又办了大生分厂、大生三厂和大生八厂。这些地方均以纱厂为核心，兴办了相关的企事业，形成了规模不等的市镇。

张之洞督鄂，以重工业为主导，轻重工业并举。他非常强调钢铁工业的强国富民作用，他说："举凡武备所资枪炮、军械、轮船、炮台、火车、电线等项，以及民间日用、农家工作之所需，无一不取资于铁。"② 为抵御外国商品的输入，他主张："必须自行设厂，购置机器，用洋法精炼，始足杜外铁之来。"③ 他对关系到国计民生的轻工

---

① 张謇研究中心、南通市图书馆编《张謇全集》第三卷，页111—112。

② 苑书义、孙华峰、李秉新《张之洞全集》，河北人民出版社，1998年，页704。

③ 苑书义、孙华峰、李秉新《张之洞全集》，页705。

业也十分重视，他说："棉布本为中国自有之利，自有洋布、洋纱反为外洋独擅其利。耕织交病，民生日蹙，再过十年，何堪设想？今既不能禁其不来，惟有购备机器纺花织布，自扩其工商之利，以保利权。"[1]

尽管张謇和张之洞的人生经历、社会地位不同，但他们忧国忧民的思想是一致的。他们都想通过工业化、城市化，达到强国富民的目的。张謇的社会地位和筹资能力不能同张之洞相比。因此，他先办纱厂，以此带动各类工厂建设。他想通过经营南通，创出一条"实业救国教育救国"的道路，进而达到"造福于一方，而影响及于全国"。张之洞作为封疆大吏，考虑更多的是如何巩固清朝统治，即抵御外侵、镇压内乱，因而，他是站在清朝政府和国家全局的角度来考虑问题。钢铁工业是基础工业，它关系到国家轻工业和军事工业的发展，关系到国防的巩固。所以，张之洞将其放在重中之重的位置，这是具有战略眼光的举措。虽然张之洞位高权重，但作为一方诸侯来办一国之事，其困难之多也是可以想象的。张之洞最令人敬佩的也在于此。

（四）规划建设城市的形式不同。张謇创建了"一城三镇"，张之洞则在武汉三镇基础上进行规划建设。

建于后周显德五年(958)的南通城，是一座方形的城廓，到清朝末年基本没有变化。张謇的经营使南通城发生了根本改变。如前所述，张謇首先在城北12里的唐家闸建立大生纱厂等企业，并把唐家闸建设成为工业镇。在南通城西北12里的天生港，是连接唐家闸的天然良港，张謇在此筑码头、建海关、兴办火柴厂、电厂等，使其成为以港口为特点的市镇。在南通南城门外和桃坞路，张謇建成了近代文教商贸金融区，从而形成了与旧城连接的新城区。在南通城南12里的五山，张謇建别墅、修寺庙，沿山开河，保护山林，并植树造林，保护生态，使狼山成为风景旅游镇。从而，奠定了南通近代一城三镇的

---

① 苑书义、孙华峰、李秉新《张之洞全集》，页685。

城市格局。

南通近代城市一城三镇的格局，是中国近代城市建设史上的一个创举。他打破了南通城市的方形城廓，充分利用和发挥自然地理的优势，形成了一个布局科学、分工合理、功能明确、优势互补的近代新型城市。这是张謇对中国近代城市建设的重要贡献。

武汉三镇历史悠久，在三国、汉末和明末前，武昌、汉阳及汉口三镇已分别形成。张之洞督鄂后，在汉阳龟山下兴建汉阳铁厂、湖北兵工厂等近 20 座工厂，使汉阳成为重工业区。与此同时，张之洞在武昌城门外，先后兴建了布、纱、丝、麻四局，以及制革、毡呢等工厂。张之洞还创办了一系列近代学校，有实业教育、普通教育、师范教育、军事教育等，使武昌成为行政、文教和风景区。在汉口，张之洞兴建了 34 华里的后湖长堤，设立汉镇马路局，下令拓宽城市街道，拆除汉口市内城墙。京汉铁路通车，进一步奠定了汉口为全国商贸中心的地位。张之洞为武汉近代城市建设和发展，倾注了全部心血，功勋卓著。

（五）南通与武汉的商贸条件不同。南通没有开埠，武汉是开埠城市。

南通位于长江入海口的北岸，它由长江中的泥沙冲击而成。南通偏处东南一隅，是一个偏僻闭塞之地。五代时因盐业发达在此设立静海军，后周显德五年(958)设通州并建城。南通所属的位于长江入海口的海门和崇明外沙仅有一、二百年历史。因开发较迟，经济上很不发达。南通的地理位置和经济状况，决定了不能成为开埠城市。张謇曾奏请清廷在通州天生港自开商埠，但清朝政府没有批准。[1] 南通经济的发展又少了一个引擎。

武汉地处长江中游，素有"九省通衢"之称，区位优势明显。早在 1861 年就签订了《英国汉口租地条约》，划订汉口英租界。以后，

---

① 虞晓波《比较与审视——"南通模式"与"无锡模式"研究》，页 52。

德、法、俄、日也相继在汉口划定了租界。"列强进入武汉无非是为了加强对中国经济的控制和掠夺，但也从客观上促进了武汉社会和城市文明的转型，并促使武汉走上了早期现代化的道路。"① 汉口开埠后，由封建型市镇成为国际商港城市，其进出口货物总值仅次于上海，成为中国第二大对外商业中心。西方的工业文明进入武汉，城市建设开始走向近代化，人们的思想观念发生变化。西方城市建设的理念和建筑技术，对武汉城市建设产生了直接影响。

1900 年张之洞在武胜门外，青山、滨江一带仿岳州自开通商口岸。这种主动对外开放，有利于促进中国商业贸易发展，有利于中国进出口贸易增长和关税增收。同时，也有利于推动武汉经济的发展。

武昌自元、明、清以来，就是湖广行中书省、湖广布政使司、湖广总督署所在地；汉阳为汉阳府治和汉阳县治。在行政建置上，武昌和汉阳高于南通。1899 年汉口镇改为夏口厅，行政建置为县级。但汉口早在明末前就是中国四大名镇之一，其知名度高于南通。因此，1861 年英国等帝国主义相继在此设立租界。1906 年京汉铁路通车，更增强了武汉的交通枢纽地位。

因为武汉独特的区位优势，所以在"张之洞督鄂时期汉口市场上有三股最重要的经济力量：外国资本主义势力、晚清湖广督府、武汉近代民族工商业阶层，他们是汉口市场上最重要的市场主体。"② 在同时期全国有这三股经济力量的城市屈指可数。因此，武汉近代城市才会迅速崛起，成为商业都会城市。南通在这方面无法同武汉相比，当时南通仅形成张謇为代表的民族工商业阶层这股经济力量，这是南通地理上的劣势变为经济建设上劣势的体现。

在中国近代工业化、城市化过程中，张謇和张之洞分别成功经营了南通与武汉。他们为何能取得这样伟大的成就？这是因为他们是中国科举制宝塔尖上的人物，具有超人的智慧。尽管两人出身不同，社

---

① 邓正兵、欧阳君《试论武汉的早期现代化》，页 11。
② 周群《汉口市场发展进程中晚清湖广督府的作用》，页 42。

会地位不一样，但他们具有强烈的爱国主义思想和强国富民责任感；他们有丰富的经历，能根据客观情况，创造性地进行工业化和城市化建设；他们有比较全面、系统和协调的发展观，统筹兼顾，推动经济和社会事业的发展。尽管他们的条件不一样，但他们规划建设的南通和武汉，都成为中国近代城市的典范。张謇和张之洞的城市化思想和实践，对我们当今全国的城市化建设仍有重要意义。

（原刊于《南通大学学报》2007 年第 4 期）

作者单位：南通博物苑

张之洞与张謇企业战略管理思想比较

李福英

在中国早期现代化进程中，张之洞与张謇都以办实业、兴教育、创建现代城市而著称于世。本文试图就两者在创办与经营早期现代工业企业所体现的战略管理思想进行比较。

一、战略计划

总体说，张之洞与张謇创设新式企业采用的是纵向一体化、横向一体化和多元化战略。战略制定和执行关乎企业成败，早期的洋务派创办企业，很少从原料、生产和销售市场的相关性来进行战略分析，从而导致多数企业成本过高，经济效益差而未能持续发展。张之洞可谓是最早在创建企业之前，对机器、原材料、生产、运输以及配套产业的支持等各个环节做过周密战略计划的人。纵观他所创办的几个大型现代企业，汉阳炼铁厂即亚洲第一家大型钢铁联合企业，其中包括从铁矿开采运送、挖煤、煤的铁道以及轮船、码头、烧制耐火砖、炼钢铁、轧钢轨到制造铁钉铁针等，形成了从原材料开采、动力供应到成品生产等纵向一体化的战略体系。由于认识到扩大生产规模与协作的作用，他所创办的湖北布、纱、丝、麻四局，也是纺纱、织布齐全的中国第一个现代纺织工业体系，这种集团化经营可以降低成本、资源共享，在中国纺织史上的开拓之功，实不可没。特别在当时，行业、地区间分工尚不科学合理的情况下，张之洞一体化战略思想的实施，对于企业形成竞争优势至关重要。

张謇企业战略管理实践始于创办大生纱厂，他在创办过程中，与张之洞一样，深感市场不成熟、产业不配套对企业发展的障碍，于是以极大的气魄进行纵向一体化、横向一体化的战略计划。在大生集团发展过程中，张謇等增设大生二厂、三厂、八厂，实行同一部门的横向发展；并以纵向一体化发展为主，向上、下游产业全方位扩展。大生纱厂开工不久，即加皮带制粉，不使纱机空余，后遂建立大兴面粉厂；为降低成本，利不外溢，将生产废料（棉籽）转化为新的生产要素，又建立起广生榨油厂和大隆皂厂；为解决设备制造和维修问题，便创设铁（工）厂；为解决新式棉纺工业对动力的需要，还建立了电力工业和轮船公司；为扩大原料来源与改良棉质，创立了通海垦牧公司；此外还与人合办渔业、酿造公司、印书局、银行、面厂、房地产公司、染织考工所，使企业集团的效率得到很大的提高，构筑起一个大工业—大农业—大商业的近代经营战略体系。至 1921 年，大生系统已形成一个庞大企业资本集团，对企业与生产要素的优化配置，已超越了企业内部管理的范畴，体现了张謇领先于行业和全国的战略眼光。

以上可见，张之洞与张謇对中国早期现代企业所制定的战略计划和前瞻理念，不乏相似之处，两者均注重产业群体的全面扩展，即是说，向企业垄断和企业联合的方向发展。但张之洞将冶金、矿业、军工、纺织等行业联成一气，采用的显然是不相关多元化战略，而张謇的大生集团却是相关多元化战略，是一种垂直联合。后者经营中更利于通过内部协调配合，高效使用技术力量与资本而发挥其效能。了解产业环境与公司的资源，是制定有效战略过程中的两个主要因素。应当说，两者战略计划的制定是建立在内外环境的分析基础上的。张之洞在筹建布、纱、丝、麻四局时，对市场需求与竞争对手作了深入的调查与分析，当时华中地区，现代纺织工业还是一片空白，市场需求靠个体手工业经营的棉、麻、丝以及国外进口的洋纱、洋布来满足，故市场需求甚大。张謇的大生集团的建立也是缘于南通生产优质棉，而传统家庭纺织业已不能满足市场对纱、布的需要。

然而，由于受到环境、身份等方面的制约，张之洞与张謇的现代企业战略计划又同中有异。从战略目标来考虑，二张都深知工业是国民经济的命脉，故工业化、产业化是构成其战略管理思想的基础。1895 年，受甲午战败的刺激，张之洞在《吁请修备储才折》中提出了"宜讲求工政"的主张，体认到中国要强国富民，必须"以工利国"，惟有发展近代工业，才是"养民之大经，富国之妙术"①。主张"实业救国"的张謇，在具体发展实业过程中，也强调将工业置于首位。两者不同的是，张之洞的战略管理是以重工业为中心，而张謇则以轻工业为重心。不过，两人皆主张农工商钩贯，相互促进。张之洞在《开设缫丝局片》中即指出将农工商之事"贯通讲求，始能阜民兴利"②。湖北织布局创设后，他即尝试从美国购回棉种，由各州县试种，收成后再由政府收购。张謇更是倾其一生关心棉花种植事业和垦荒事业的发展，认为"惟是实业以农为本"③。

　　由于二人的个人经历和身份的不同，所制定的战略及实施战略的思想也存在差异。张之洞作为进士及第的封疆大吏，是晚清洋务运动的殿军，而张謇则凭借状元加大生业主的绅商身份来经营企业，被梁启超称为"崛起于新旧两界线之中心的过渡时代之英雄"。张之洞属于"洋务派"的官僚，在他身上更多地体现出过渡时代的转型特质，儒家心态与现代追求的矛盾纠缠，深深根植于他的战略管理思想中。换言之，其战略管理思想没有能够超越其在《劝学篇》中所阐发的"中体西用"的局限。严格意义上来说，张之洞不是现代意义上的企业家，只是封建营垒中颇具改革和创新精神的官员。他的战略管理方向和目标中，追求企业经济效益的内在动力，主要服从于巩固清廷朝纲，尚停留在当下"自强""求富"的政治实践需要的层面，并把工业活动视作获得更大政治成功的工具。而张謇则放弃仕途，把人生坐

---

　　①　张之洞《张文襄公全集·吁请修备储才折》卷三十七，北平文华斋，1928 年，页 16。

　　②　苑书义等主编《张之洞全集》第 2 册，河北人民出版社，1998 年，页 942。

　　③　张謇《致齐耀琳函》，张謇研究中心、南通市图书馆编《张謇全集》第二卷，江苏古籍出版社，1994 年，页 373。

标转向工业经营，他虽说也关注和介入政治，但基本上是一个企业家，故将谋求利润最大化作为企业集团经营的基本目标，尽管他身上也体现出传统文化与近代思想的冲突。因此，张之洞与张謇创办和经营的企业形式便不同。张之洞创办的企业大多均为官办企业，在甲午战败财力枯竭时才不得不服从户部的命令实行官督商办。企业经营权与所有权没有分开，企业资本的性质属于官僚资本。而张謇所经营的大生资本集团属于民办企业，实行经营权与所有权分开，企业资本性质从一开始便属于民族资本。

张之洞以《劝学篇》那样集洋务派思想大成的系统著作而享誉盛名，而张謇倡扬的"实业救国""棉铁主义""开放主义"的主张，对于企业战略具有更实际的现实指导性。其指归不仅仅停留于为企业谋求最大利润、为股东谋求最大投资回报，更重要的是"借各股东资本之力，以成鄙人建设一新世界雏形之志，以雪中国地方不能自治之耻"①。即具有远超越工业本身的战略意义。倘若说，张之洞的企业战略管理思想，是服从于"武汉新政"的总体战略目标的需要的话，那么，张謇的企业战略管理的终极目标也是为实现其南通的"地方自治"和"建设一新世界雏形"的理想。两者可谓异曲同工。即便在当今中国企业处于工业经济向知识经济转型的时代，其企业的集团化经营仍具有可资借鉴的价值内涵。

二、战略执行

毋庸讳言，由于清末的社会政治制度及经济发展水平的限制，加上对"中体西用"思想的执着践履，张之洞的思维范式、知识结构、管理风格都显然适应不了现代大型企业战略管理的要求，其战略执行过程中，存在着非经济因素驾驭经济运动的缺陷，即出现了诸多违反

---

① 张謇《垦牧公司第一次股东会演说公司成立之历史》，《张謇全集》第三卷，页387。

科学管理原则与客观经济规律的弊端。他是创业的枭雄，而非治业的能臣。而张謇的人生跨度，迈越清末到民国时期，由于国内资本主义因素的滋长，他能更自觉地接受西方的管理科学。他的管理思想尽管仍带有封建的"胎记"，但他是民国初年最早向企业界推荐美国泰勒的《科学管理原理》、并自觉地将泰勒的科学管理原理运用于企业管理实践的人，使其战略实施的管理方法与原则大致能够适应当时企业集团这种特有的社会经济组织形态。他认为"工战之动力"包括机械与劳动两个主要因素，其中劳动者以"值得值（工钱）"为其天职，同时又具有"惰图逸"的"劣性"。为了协调管理者与被管理者之间的矛盾，"佣主"应研究"工场管理"，在实施管理过程中，"必有法，法之必依学理也明甚"①，因而应该加以探求。这充分体现了张謇站在资本家立场上研究科学管理的动机。下面不妨从四个方面探讨张之洞与张謇在战略执行过程中管理方法的差别。

　　1. 成本管理。战略是一个多维过程，可行的战略不能不考虑执行的实践性。张之洞受"中体西用"思想以及知识构成的局限，经营工业喜用官僚式的控制，而非科学的企业管理方法。对企业的成本控制往往凭主观愿望行事。如汉阳炼铁厂的筹建中，事先并没有勘定足量、优质、适用的煤和铁矿资源，单凭"以中国之大，何所不有"②的主观意测，先购机器，后找矿，这显然是违背现代企业战略管理原则的。结果，等英商的贝色麻炼钢炉运到，才发现准备投料的大冶铁矿石含磷过高，而备置的贝色麻炉无法清除如此数量的磷成分，惟有改用碱法马丁炼钢炉，才能炼出适于制造铁轨的钢材。如此一来，势必造成巨大的资源损失。煤矿供应是建钢厂必须考虑的问题。张之洞在广东时，便有创办钢厂的雄心，而煤在何处，他未作周密计议。到湖北后四处踏勘，选定大冶王三石、江夏马鞍山两处开

<hr>

①　许康《中国管理科学化的历程》，湖南科学技术出版社，2001年，页83。

②　刘金林《汉冶萍历史续编》，湖北师范学院矿冶文化研究中心，2010年，页173。

掘，均未开采到适宜于炼焦之用的煤。为解炼铁厂燃眉之急，只能舍近求远，购买开平之煤，或进口焦炭。汉阳炼铁厂终因原材料供应成本太高，无利可图而经营失败。在成本管理方面，张謇较之张之洞更有"观察世界的眼光"，加之深得泰勒科学管理思想的精蕴，他早就注意到："各工厂制造之货，非减轻成本，不足以敌外国进口之货。"① 因为外货价格低廉，市场占有率本来就高，惟其降低成本，提高利润，企业才具有竞争力。基于以上考虑，他要求相关部门要做到：(1)成本计算制。每天要出报表分送给经理室和主管人员。在表上要注名原料、产品的市场价格、营业的盈亏、工作的效率，便于对成本及时监控。(2)领用和消耗的定量分析。每一个部门对当天要使用的人力、原材料、燃料都要造好计划领料，晚上统计实际消耗的数据。(3)节约开支。从办厂开始就"力求撙节"。(4)改进机器设备生产技术，通过提高效率降低成本。

2. 人力资源管理。近代资本主义企业的管理，已经发展成为严格的高度艺术化的科学。但是，张之洞疏于近代企业的管理科学，反应在人力资源管理方面，尽管他为官清廉，不营私利，一生笃信"修己以安人"，"其身正，不令而行"的先儒教诲，但在人力资源管理实践中，却无法遏制官场的裙带之风及营私舞弊、排场应酬等恶习。为了巩固自己的权位，在企业管理中他也难免招纳败事的亲信。塾师黄厚成仅凭曾教过其子，便被张委任为湖北针钉厂总办，终因经营无方，贪污公司资金导致巨大亏空。而汉阳铁厂"每出一差，委员必十位、八位，爵秩相等，并驾齐驱，以致事权不一，互相观望，仰窥帅意"②，且管理人员"终日酣嬉，所费者又不知凡几"。据统计，张之洞创办汉阳铁厂共耗费银两五百余万，但真正用于实处的不到一半，"余皆系浮费，于公司毫无利益"③。

---

① 张怡祖编《张季子九录·实业录》卷五，《近代中国史料丛刊续辑》，文海出版社，1983 年，页 16。

② 《盛宣怀档案·钟天纬致盛宣怀函》，盛档：069926。

③ 徐珂《清稗类钞》第 17 册，中华书局，1984 年，页 12。

相对而言，张謇的管理决策较为先进，他将泰勒合理用人的原则运用于人力资源管理实践，实行岗位责任制，为使"责任专"，他强调管理者各司其职，分工负责，层层管束。张謇反复申言"有官而无事者存其官，而不必置其人；有事而人多者减其人，以适当于事"。他用人重才学、品行，而"不问贵贱，不问年龄，不问所操何业，不问男女"①。借用张謇自己的话说"无论教育实业，不但打破地方观念，并且打破国家界限"②。而公司的治理结构也包括报酬同工作成果相适用的激励制度。"工价以手艺优劣、工作勤惰为差等。""随时查考机匠勤惰精粗，秉公登记，为年终花红之高下。"通海垦牧公司即建立以"总理制"和"分工负责制"为特征的分权管理模式。公司设总理(由张謇兼任)、常驻经理、工程经理、垦务经理、牧务经理、农学堂经理、银钱总账、帮司各一人。这样，他们便能有效地履行职责，战略经营单位经理只承担一种职能，他们平时各负其责，具有相关事务的决策权，遇到有关全局之事，则聚集在一起统筹商议。张謇这种因事设人，机构精干，权力下放的企业组织原则，自然有利于形成严格的人力资源管理规范③。

一体化战略的成功，有赖于智力劳动特别是自然科学的发展。二张都重视创办新式教育。张之洞是近代教育体系的奠基人，在全国性的教育改革中颇多建树，其影响超过了张謇。张謇的教育改革只是区域性的，但"举办教育的种类及功能上超越了张之洞"④。二张都创办了各类新式学堂，以张之洞在湖北创办的新式学堂为例，毕业生大多步入政界，远涉东洋或当教师，其中不少成为"人才维国势"的开风气的人物，但为企业直接输送的人才并不多。而张謇在南通则依靠企业自身的力量，投资创办了南通农校、纺织学校、商业学校等实业

① 张孝若《南通张季直先生传记》，中华书局，1930年，页373。

② 张怡祖编《张季子九录·教育录》，中华书局，1931年，页4。

③ 姚谦调查整理，张謇研究中心、南京大学海外教育学院编《张謇农垦事业调查》，江苏人民出版社，2000年。

④ 章开沅《中国早期现代化的开拓者》，中国社会科学出版社，2003年，页264。

机构，直接为大生集团培养了不少中级技术人员，克服了国内劳动市场的缺陷，使战略管理目标得以顺利地实现。

3. 营销管理。张之洞的洋务企业战略实施的根本动机，虽是为了支撑君主专制政体的危梁，但在他的具体战略执行中，不能不考虑经济效益。在筹建四局之初，张之洞就指出设局的原因是由于"中国棉纱销量最广，利亦最厚"①，四局的实际生产都是根据市场需求的状况来确定。"惟花布、面巾二种因销不旺，已暂行停织矣。"② 而"纺纱部分已改为昼夜开工，因（市场上）对纱的需要量很大"③。张之洞这种根据市场需求情况，销路不好就停产、销路畅旺就昼夜生产的营销管理方式，顺应了大工业发展规律的必然，也体现了张之洞确保销售和赢利的正确意图。但是，张之洞时而又显示出其价值观和逻辑推理的混乱性，如建立汉阳铁厂时，原本考虑市场内需，即洋务造船制器企业与修筑铁路高潮的来临，使钢铁的需求甚为迫切，从对外贸易来看，则可以"辟利源""杜外耗"，这种对市场的形式的预测是非常正确的，然而他同时又声称"此事本为炼铁使用，塞漏卮以图自强，原非为牟利起见"。以上足见他在战略执行中的随意性。

为了提高利润率，张謇于市场销售，似乎更注重对价格与原料质量的控制，建立起较合理的产销市场体系。他主张"利在速售"，根据顾客需求的变化，价格"有时而减，有时而平"，借此加快资金周转。为了保证储品质量，减少损耗和资金积压，尽量减少原料库存的数量和时间。这样，便保证了产品的销售利润，使之具有低成本优势。可谓"察岁收，权市价，审栈厂磅秤之出入，较花衣干湿之盈亏"。

4. 财务管理方面。在中国早期的现代化过程中，张之洞建立的工业现代化模式带有其浓厚的个人色彩和地区特色，且强调封建性的官办、官资、官权。正因为对官权的依赖，他所办企业并不是自主经

---

① 汪敬虞《中国近代工业史资料》第 2 辑下册，科学出版社，1957 年，页 192。
② 《关册 1893 年分册·汉口》。
③ 《捷报》1894 年 2 月 23 日。

营、财务独立核算的实体，各企业经理对本单位的制造、销售、财务和工程人员也没有行政控制权。张之洞主张轻重工业之间资金"自相挹注"，利用企业内部的积累资金互为调剂，这无疑具有现代性。然而，他运用行政手段动用盈利的织布局的收股票银拨充连年亏损的铁厂使用，使资金的挹注变为股本的挪用，则明显违拗了近代企业发展的经济规律。加上各企业财务不能独立，产业间的会计结账制度复杂而凌乱，并受到高率的贷款和官僚政治浪费的困扰，这必然对其发展产生负面影响。铁厂后来巨额亏蚀，绝非四局赢余所能弥补，织布官局也耗尽了经营资本而停产。"自相挹注"成为"自相拖累"。张謇的"南通模式"是民办的，他采取的是集团化管理的方式，并提出了"讲求实效"的"经理制"的管理思路，各企业经理对本单位的制造、销售、财务和工程人员拥有绝对的行政控制权。"而总管理处变更综揽出入为总稽核，（大生）三（个）厂对外各自负责，经济各自策画"，只需将经营情况及时汇报总处，而总处则将各厂情况通报各厂，"俾各因比较而求进取"①。不待说，这种权力下放，各分公司财务独立核算的管理模式，更有利于企业间调剂盈亏，也是现代企业集团相对理想的管理范式。张謇的大生资本集团中，纺织系统与垦牧系统也长期互相挹注，共生共荣，非常有利于整个集团的发展与利润的稳定。

三、战略实施结果之比较

无论是张之洞或是张謇，其战略管理思想对中国早期的现代化建设筚路蓝缕的开创之功，都不容抹煞。二张都相对完整地建立了近代工业体系，致使中国工业产业化、集团化乘运崛起。毛主席说："讲重工业，不能忘记张之洞，讲轻工业，不能忘记张謇……"② 此之

---

①　李明勋、尤世玮主编《张謇全集》4，上海辞书出版社，2012年，页571。
②　张季直先生事业史编纂处编《大生纺织公司年鉴》，江苏人民出版社，1998年，页407。

谓也。

汉阳铁厂的筹办与投产，直接催生了一批包括近代采矿、交通运输、机器制砖等新兴产业的萌芽和发展。汉阳铁厂不但开了中国近代钢铁工业的先河，而且使外国人刮目相看："地球东半面，亚洲之印度、南洋、东洋诸国均无铁厂，止中国新创铁厂一处。"[①] 而张之洞创办的纺纱、织布、缫丝、制麻四局与汉阳铁厂一起，形成了湖北较完整的近代工业体系。其中纺织厂的纱锭数量曾一度占全国华商总锭数的30％[②]。缫丝厂为中国内陆腹地工厂之冠。制麻厂则为"吾国机器制麻业之滥觞"[③]。使湖北的棉、丝、麻的产区与加工突破了自然经济的藩篱，逐步向资本主义的商品生产过渡。

然而，张之洞的战略管理思想毕竟笼罩着封建主义的阴霾，对官办企业的顽固维护，及管理的随意性和陋规，终致汉阳铁厂造成巨额亏损而中道夭折，自开炉到1895年交商承办前，仅生产生铁5600余吨。熟铁110吨，生产贝色麻钢料940余吨，马丁钢料450余吨[④]。以现代企业集团经营的要求来析察，其巨额投资与生产规模极不匹配。而布、纱、丝、麻四局也因铁厂的拖累，及民营企业的冲击，遂于1902年结束其官办历史。

上述结果的出现，既源于其"中体"对"西用"的制约，即封建的所有制对近代的生产资料和交换手段的束缚，使他左右受掣，举步维艰。又由于张之洞对科学管理、价值规律、经济管理原理的疏虞，他所创办的实业，最终都走向自己战略管理目标的反面。

而张謇的大生集团则代表了中国产业民营化的主流，他所创造的大生战略集团管理模式，形成了与中国近代企业制度演变进程相适应的现代属性。它主要表现为：吸纳外来先进的科学技术和管理方法，并结合中国企业管理实践，将创新、进取精神与务实精神相结合，使

① 张之洞《张文襄公全集·奏议三十九》卷十八，北平文华斋，1928年，页35。
② 朱剑农《裕大华纺织资本集团史料》，湖北人民出版社，1984年，页3。
③ 杨大金《现代中国实业志》(上册)，商务印书馆出版社，1931年，页200。
④ 汪敬虞《中国近代工业史资料》第2辑下册，科学出版社，1957年，页796。

大生企业集团在科学管理方法、企业制度特征上与同时代企业相比，都凸显出自己的特色。大生集团在战略执行过程中所体现的产权关系、经营管理体制和利润分配制度创新，堪称清末民初民营股份制企业制度的典范。

对照张之洞创办的官办企业，在吸收私人资本方面的努力收效甚微①。主要源于张之洞的企业是官资、官办，强调官权而忽视商权，与商人投资者的合作缺乏诚意，且低估了商人的能力，没能得到商人的足够支持，湖北汉阳铁厂、织布局、纺纱局皆因资金缺乏难以扩充，以及官僚政治的浪费而耗尽经营资本而停工，致使其无法成功地完成战略目标。张謇则不同，他的私营企业能充分利用社会资源，吸收外部巨额存款，作为运作资本，"掌握现金何止二三千万"②，可谓资本雄厚，连年获利。此外，他还能引入政府资本而又摆脱政府的控制，摒弃衙门式的管理作风，创造了中国近代工业发展的一种独特模式，形成了官为扶持、商为经营却又超越官督商办制度的经营特点。以上正是他早期企业战略管理目标能够顺利实施并取得成功的重要因素。

当然，由于中国传统文化与西方工业文明所产生的激烈碰撞，大生企业在管理方法、制度特征上免不了带有新、旧交替时代留下的印记。当利益主体的多元性和多层次性及管理内容的复杂性大大增加时，同样出现类似张之洞的"官办"企业中不按价值规律办事的现象，如后来张謇不惜使企业自身建设受到影响，抽出资金来支持整个南通的建设，即是一例。致使二十世纪二十年代中期大生集团陷入债权人控制的困局，不能不说是难忘的历史教训。

（原刊于《湘潭大学学报》2006 年第 5 期）

作者单位：长沙大学工商管理系

---

① 汪敬虞《中国近代工业史资料》第 2 辑下册，科学出版社，1957 年，页 573—574。

② 洪维清《张謇办实业概况：工商史料》第二册，文史资料出版社，1981 年，页89。

张謇与张之洞教育思想之比较

张廷栖

张謇与张之洞结识于 1895 年。甲午战争爆发后，作为主战派的新科状元张謇因单衔参劾北洋重臣李鸿章而声名大震。接替刘坤一任两江总督的张之洞命守制在通州老家的张謇"总办通海团练"，两人由此开始发生了直接联系。后又因《马关条约》签订而解散团练，张謇为办理善后事宜而赴宁，两人终于见面。张謇对张之洞极为尊重，当年连续三次赴宁与之会面，每次均作长谈。他们有不少共同语言，张之洞办工厂、建学校等主张和经验给张謇很大的启发。张之洞不仅是张謇走上实业救国道路的领路人，也是他走上教育救国之路的引导者。

一

张謇的教育思想中有许多内容与张之洞不约而同，他还不时受到张之洞的启发而充实自己的思想。他们都把兴学育才作为立国强国的重要途径，因而他们的一生都与教育结下了不解之缘。在他们的教育思想中有许多共同特点。

兴学育才，主张师范为先。张之洞于 1902 年向朝廷上书《筹定学堂规模次第兴办折》中认为"师范学堂为教育造端之地，关系至重"①，故应先办师范。他还在 1903 年的癸卯学制中再次强调"宜首先急办师范学堂"。张謇对师范为先，从思想到实践方面，均与张之洞完全一致。他在《师范学校开校演说》中指出："欲雪其耻而不讲求

---

① 苑书义、孙华峰、李秉新编《张之洞全集》第 2 册，河北人民出版社，1998年，页 1489。

学问则无资，欲求学问而不求普及国民之教育则无与，欲求教育普及国民而不求师则无导。故立学校，尤须先从师范始。"① 又说："师范为教育之母"，"兴学之本，惟有师范"，"师范造端教育"，"谋兴教育而立师范"。所以他们都把师范教育作为兴办教育的先务，因此，他们同时创办师范学校。张之洞于1902年5月在武昌创办了湖北第一师范学堂，而张謇也在同年同月于通州创办了全国最早的民立师范学校——通州师范学校。所以张謇说："夫中国之师范学校，自光绪二十八年始，民间之自立师范学校自通州始。"②

　　人才培养目标方面，主张德、智、体全面发展。张之洞认为："考日本教育，总义以德育、智育、体育为三大端，洵可谓体用兼赅，先后有序。"③ 张謇也认为教育以"谋体育、德育、智育之本"④。他在为河海工程测绘养成所起草的章程中提出的教育方针："一、注重学生道德思想，以养成高尚人格。二、注重学生身体之健康，以养成勤勉耐苦之习惯。三、教授河海工程上必需之学理技术，以重实地练习，以养成切实应用之知识。"⑤ 这个教育方针同张之洞的人才培养目标是一致的，都主张德、智、体全面发展，仅在三者排列次序上即智与体的位置稍有不同。

　　办学次序方面，主张循序渐进。张之洞主张办学以师范教育为第一，第二为小学，"小学为培养人才之源"，然后为中学、高等学堂。张謇也认为，"凡事须由根本作起，未设小学，先设大学，是谓无本"⑥，"故立学校须从小学始"⑦。所以他们在办学实践中都先开办

――――――――――

　　① 张謇研究中心、南通市图书馆编《张謇全集》第四卷，江苏古籍出版社，1994年，页24。
　　② 张謇研究中心、南通市图书馆编《张謇全集》第四卷，页16。
　　③ 苑书义、孙华峰、李秉新编《张之洞全集》第2册，页1488。
　　④ 张謇研究中心、南通市图书馆编《张謇全集》第四卷，页35。
　　⑤ 张謇研究中心、南通市图书馆编《张謇全集》第四卷，页123。
　　⑥ 张謇研究中心、南通市图书馆编《张謇全集》第四卷，页111。
　　⑦ 张謇研究中心、南通市图书馆编《张謇全集》第四卷，页24。

小学，尤其张謇严格按此教育规律，渐次递升。

主张男女平等，实施女子教育。张之洞冲破"妇女无才便是德"的封建思想禁锢，在全国最早提出了女子教育。张謇也是妇女解放运动的参加者和支持者，尤其不顾顽固势力的非议和指责，毅然创办了一些女子学校。他在创办通州师范后不久，鉴于"欧美男女平权之义"，萌生了兴办女子师范学校的设想，经过二、三年的筹备于1906年创办了通州女子师范学校，此为全国第一所本科制的女子师范学校。1911年他又根据夫人徐氏生前的愿望设立了张徐私立女子小学。张謇在重视妇女文化教育的同时还注重妇女职业的培训，创办了女工传习所、女子蚕桑讲习所、保姆传习所、发网传习所等职教机构，为她们走上社会自谋生计创造了条件，实实在在为妇女解放作出了有益的贡献。

主张幼儿教育，开创幼教事业。张之洞重视学前教育，在我国最早提出了幼儿教育，并于1903年在武汉创设了省立幼稚园，开创了我国幼儿教育的先河。张謇受到张之洞的影响，也在南通兴办幼稚园。从1913年开始，张謇与其夫人和家属，陆续创办了南通私立第一、二、三幼稚园和女师附属幼稚班等幼教机构。儿童入园年龄为4—7岁，以年龄相同者为一组，分为甲、乙、丙、丁四组，分别进行唱歌、游戏、识字、识数等学前教育。

二

张謇与张之洞在教育思想上不仅有许多共同点，在中国近代教育史上也各有自己的地位。张之洞对近代教育史有如下几点贡献：

首先，张之洞是中国封建科举制度的掘墓人。他主张废科举、兴学校，但废之太促又恐难行，于是主张采取逐步废除的办法。先改革科举内容，开办经济特科，加试实政实学和分场弃取，逐场淘汰。1904年再次提出递减科举，直到1905年会同袁世凯等疆吏会衔上奏，"请立停科举，以广学校。"① 清廷被迫颁发上谕，自 1906 年(丙午)科举考试一律停止。历时 1300 年的封建科举制度终于寿终正寝。旧的教育制度的死亡，同时催促近代新教育的诞生。

张之洞又是近代新教育制度的创建者。早在 1901 年他同刘坤一上了《奏定学堂章程》，即人们习惯称呼的"癸卯学制"，这是中国正式颁布，又在全国推行的第一个系统学制。从此，我国正式步入近代教育。张之洞在废除陈旧的科举制度，建立近代新式教育制度和中国教育内容近代化方面的历史功绩，张謇是无法与之相比的。

张之洞教育业绩遍及全国各地。他办学的地域之广，涉及山西、四川、广东、湖北、江苏、江西、北京、河北、湖南、山东，甚至在日本建立了湖北驻东京铁路学堂。凡是在他任职之地，职权所能，都积极倡导办新式学校，影响十分广泛。而张謇办学的地域仅限于上海、南京和南通等地。

张之洞重视留学教育，使全国形成一股潮流。这是张之洞洋务教育活动的显著特点之一。他在《劝学篇·游学》中写道："出洋一年，胜于读西书五年。"看到留学是培养人才的一大渠道，因而凡他任职所在地，都积极派遣留学生。同时他又认为留学的地方"西洋不如东洋"，由此更重视将学生派往日本去留学。清末以地方督抚的名义向日本派遣留学生，要数张之洞统辖下的湖北地区最早最多。据 1906年初的统计，湖北留日学生即达一千多名。张謇虽也主张留学教育，但直到 1917 年，南通纺织专门学校才有毕业生出国留学，从时间和人数上与张之洞不能相比。

张之洞还奠定了中国近代化的教学内容。他在《奏定学堂章程》中规定初小教授"一、修身，二、读经讲经，三、中国文字，四、算术，五、历史，六、地理，七、格致，八、体操"②。高小加"图画"。中学加外国语、博物、物理、化学、法制及理财。高等学堂分为三类，各类在中学基础上加深加博。师范学堂除习普通学外，加教育学和习字。实业学堂除习普通学科目外，加专业学科目。① 张之洞将中西学融为一体，推动了中国学校教学内容走上近代化的轨道。

然而张之洞是洋务教育思潮的首领，《劝学篇》就是这一思潮的代表作，其核心是"中学为体，西学为用"。它的主要之点在于以旧学为体，以新学为用，不改中学之旧，仅增西学之新。"旧学"者，张之洞指的是"四书""五经"等，"新学"是"西政、西艺、西史"。他的"中体西用"，企图把封建性的"中学"与资本主义的西学，用移花接木办法嫁接在一起。这不仅是不可能的，也暴露了洋务教育思潮的封建性和买办性，名为倡西学，实为保旧学。其本质是维护封建专制统治，反对维新变法。而张謇的教育指导思想与他有着质的不同。张謇的教育思想属于维新教育思潮，比张之洞的洋务教育思潮大大地前进了一步。维新教育思潮的代表康有为、梁启超、张謇等，把教育改革作为实现改变封建专制制度，建立资产阶级政治理想，挽救民族危机的重要手段。与张之洞落后、守旧的教育指导思想相比，张謇的教育指导思想更具有进步性、先进性。前者的教育目的是维护一个没落的旧世界，后者的教育目的是建立一个符合时代潮流的新世界。同时，张謇对教育的作用与地位，对西学的理解要比张之洞深刻得多、透彻得多。张謇的基本教育观与维新教育思潮的基本教育观点是一致的，就是普施教育，以开民智。

三

张謇在中国从旧教育制度向近代教育的转轨过程中，沿着张之洞开辟的道路，进行了许多开创性的探索。张謇在维新教育思潮中又进一步超越了张之洞。

---

① 任印泉、赵俊杰《张之洞教育思想论述》，载《张之洞与中国近代化》，中华书局，1999年，页394。

（一）从教育与实业的关系上确立教育的地位

张謇从甲午战争后走上实业救国、教育救国道路开始，就对教育与实业的关系作了深入的探讨和论述。他认为"实业教育，富强之大本也"①。根据他的实践经验，"数年以来，竭蹶经营，薄有基础，益见实业、教育二事，有至密至亲之关系"②。他把两者形象地比作父母双亲，提出"父教育而母实业"的著名论断。把教育与实业视为相依相靠的密不可分的一对伴侣，没有实业为教育提供经济后盾而大谈办学显然是空谈，相应地，实业依赖教育提供人才和技术，才能健康发展。所以要"以实业辅助教育"，又"以教育改良实业"，"实业与教育迭相为用"。③ 张謇在实践中深深感受到"夫世界今日之竞争，农工商之竞争也；农工商之竞争，学问之竞争也"，因而"苟欲兴工，必先兴学"。④ 他阐明了教育对于发展民族近代工业以至整个国民经济有着深远的战略意义。为此而主张"实业之所至，即教育之所至"⑤。张之洞虽然是中国第一代企业家，又是近代教育的开创者，但就教育与实业的关系却未能达到如此深刻的认识，这是张謇超出前辈张之洞的地方。

（二）对德育首位的思想有了进一步的发挥

张之洞与张謇在培养目标和教育方针中，都把德育放在第一位，德育首位的思想十分明确。当然他们所讲的"德"指的主要是传统的道德，即张謇所指出的"办事待人，却处处要以仁、礼、忠三字为对照标准"⑥。

张謇继张之洞之后，对德育作了进一步的阐述。一是道德对于成

---

① 张謇研究中心、南通市图书馆编《张謇全集》第四卷，页 22。
② 张謇研究中心、南通市图书馆编《张謇全集》第四卷，页 25。
③⑤ 张謇研究中心、南通市图书馆编《张謇全集》第四卷，页 214。
④ 张謇研究中心、南通市图书馆编《张謇全集》第四卷，页 157。
⑥ 张謇研究中心、南通市图书馆编《张謇全集》第四卷，页 47。

就事业的重要作用。他说："中国商人之道德，素不讲求，信用堕落，弊窦丛生，破产停业，层见叠出"，因为"非优美之道德，不足以恢宏信用，扩张营业"①。张謇总结了诸多实业家的兴衰，"乃知勤勉、节俭、任劳、耐苦诸美德，为成功不二法门"②。二是深刻阐述道德和学术的关系。张謇认为"学问是一事，道德又是一事"，不能相互混淆或相互代替。对两者的关系，他又提出"首重道德，次则学术"，"不然学术虽精，必不能信用于人"③。因此，学术固然重要，然而道德更为重要，用他的话说，"学术不可不精，而道德尤不可不讲"④。为此，他鼓励学生走德才兼备的道路，告诫学生"如自度道德学术，俱属优美，又何患其学之无所用哉？"⑤三是指明道德培养之途径。要树立高尚远大的志气，张謇认为"进德之积分，则在不与世界腐败顽劣之人争闲气，而力求与古今上下圣贤豪杰之人争志气"⑥。在生活上应低标准，学术上要有高境界，用他的话说，"吾人之享用，不可较最普通之今人增一毫，吾人之志趣，不可较最高等之古人减一毫也"⑦。他认为往往"所处极低极苦，成就极高极卓"⑧。他讲自己本"一介寒儒，无所凭借……所志既坚，尚勉强有所成就，天下士也可大兴矣！"⑨张謇认为高尚之道德需要在实践中培养，"凡作一事，须专须勤，须有计划，须耐劳苦，须自强力"⑩，而服劳耐苦尤为不可缺之美德。他认为"无徒手空言而可为道德者"⑪，必须在实践中磨炼来提高自身的道德水平。张謇这些道德教育的思想火花，至今还闪烁着光辉，也是张謇超出张之洞的一个重要方面。

---

①③④⑤　张謇研究中心、南通市图书馆编《张謇全集》第四卷，页110。
②　张謇研究中心、南通市图书馆编《张謇全集》第四卷，页112。
⑥　张謇研究中心、南通市图书馆编《张謇全集》第四卷，页47。
⑦　张謇研究中心、南通市图书馆编《张謇全集》第四卷，页114。
⑧　张謇研究中心、南通市图书馆编《张謇全集》第四卷，页45。
⑨　张謇研究中心、南通市图书馆编《张謇全集》第四卷，页113。
⑩　张謇研究中心、南通市图书馆编《张謇全集》第四卷，页175。
⑪　张謇研究中心、南通市图书馆编《张謇全集》第四卷，页98。

（三）普及国民教育，提高国民素质

这是张謇教育思想的重要特色之一，也是与张之洞教育思想的重要区别。人的解放和发展是社会全面进步的必要前提。没有高素质的国民，就不可能建设高度文明的国家。他说："开民智，明公理，舍教育何由？"① "开明智，惟有力行普及教育。"② 所以他得出"教育之道，固因普及"的结论。他还进一步指出："窃维自治之本在兴学，兴学之效在普及。"③ 也就是说，张謇把普及国民教育、提高国民素质又与地方自治联系起来。而张之洞不但没有这样的认识，还极力反对民众自治。他在《劝学篇》中说："知君臣之纲，则民权之说不可行也。""使民权之说一倡，愚民必喜，乱民必作，纲纪不行，大乱四起。"说明张之洞顽固地站在封建统治阶级的立场上吸收西方的近代教育制度。他是地主阶级的教育思想家和活动家，所主张的兴学是封建地主阶级的精英教育，与张謇持两种不同的教育观。

（四）构建近代完整教育体系的模式

张之洞在洋务运动中就开始办洋务学堂，创办了中国最早的新式学堂，其一生建各类学校 60 余所。数量之多，门类之全，制度之系统，在他之前的李鸿章也望尘莫及。然而张謇在这方面与张之洞相比有过之而无不及。从办学数量上来看，张謇所创办的学校要超过张之洞，仅在南通县就有三百多所。而且门类更加齐全，制度更加规范。有学者说他"创办学校各类之全，数量之多，更是我国历史上无人可与之相比的"④。从办学难度来看，张之洞手握重权，掌管一方，筹备办学经费，主要靠地方公款、国家官银，即使自己掏腰包，其钱数仅在 2.7 万两银子。而张謇筹备办学资金十分艰难，不是苦口婆心地

---

① 张謇研究中心、南通市图书馆编《张謇全集》第四卷，页 29。
② 张謇研究中心、南通市图书馆编《张謇全集》第四卷，页 82。
③ 张謇研究中心、南通市图书馆编《张謇全集》第四卷，页 31。
④ 李建求《一个实业家对教育的思考与追求》，《社会科学战线》1999 年第 4 期。

说服股东，就是以自己的薪俸积蓄甚至借债来维持学校的正常教学开支。张謇一生私人出资，包括张氏家族高达 257 万元，借债也有四、五十万元。他还多次公开卖字，以弥补教育、慈善事业的短缺。像他这样痴迷于教育的中国近代教育家，可以说绝无仅有。从办学的层次来看，有其规律性和系统性。张謇的办学主要集中在南通故里，形成了一个较为完整的与当地实业密切结合的教育体系。张謇规划通州农村，每 16 平方里设一初等小学，大约要办五六百所。在广设小学的基础上，张謇除办中学、高等教育外，还根据社会需要，从地方实际出发，兴办了各种类型的学校。纺织工业在南通首先崛起，需要纺织方面的人才，他就办起纺织染传习所、纺织专门学校；纺织事业需要以棉花为原料，他就开垦荒滩，改良棉种，办起了甲、乙两种农业学校，直至农业大学；为南通水刊、保坍工程的需要，在通州师范学校里附设土木工科、测绘科、清丈传习所，在工厂附设镀镍传习所；为发展工商业的需要，创办商业学校和银行专修科；南通地区气候温和湿润，适宜发展养蚕事业，又设立蚕桑传习所；为南通自治所需，陆续开办法政讲习所、巡警教练所、监狱学传习所；设立医院，急需医生又办医学专门学校；为适应地方政治改革对文秘人员的需求，又兴办国文专修科；为充实南通市民的文化生活，培养戏剧人才，又办起全国第一所戏剧学校——伶工学社，同时开中国博物馆事业之先河，建立南通博物苑，又建南通图书馆、更俗剧场等，创设社会教育体系；张謇还念弱念残，创办盲聋学校；为了就业和职业训练，办起发网传习所、保姆传习所、看护养成所、产科传习班等等短期培训班的职业教育，把教育和地方建设融为一体，体现了近代教育的重要特点。张謇在南通一县构建这样完整的教育体系，为全国所首创。"省视学至称南通教育可模范一国。"[1] 这个教育体系是以师范教育为先导，以基础教育为前提，以纺织教育为骨干，从幼儿教育到基础教育再到高等教育，从师范教育到普通国民教育，从职业教育到特殊教

---

[1]　张謇研究中心、南通市图书馆编《张謇全集》第四卷，页 138。

育，从学校教育到社会教育，可以说是多侧面、全方位的教育体系，是一个独创性的近代教育体系。这是继张之洞开创近代教育以来的一个重要发展，不仅造福一方，而且影响全国。即使今天的现代教育，也是在这个教育体系的基础上进行的完善和发展。因此，张謇和张之洞一样，都在中国教育史上写下了辉煌的一页。

　　1862年京师同文馆的建立，揭开了我国近代教育的序幕。从此近代兴学潮流掀起，其势汹涌，锐不可当。虽然最早起来抨击封建科举制度，最早建立中国近代教育制度的不是张謇，而是张之洞。然而在实践近代先进的教育思想等方面，张之洞却远不如张謇。张謇所办学校之多、种类之广、时间之长、个人出资之巨、民间集资之丰，在近代教育史上，恐怕是无人能与之相比的。正如有学者认为：张謇是我国近代化教育的开拓者之一，是位杰出的人民教育家。

（原刊于张廷栖《学习与探索——张謇研究文稿》）

作者单位：南通大学

附　录

张謇"南不拜张，北不投李"考证

丁　涛

　　张謇在大魁天下之前，曾经担任淮军将领吴长庆的幕僚达八年之久。在这八年中，张謇的才干得到了朝野士大夫的青睐。光绪十年（1884），吴长庆去世，张謇成为各地督抚竞相招揽的对象，但张謇厌倦了游幕生涯，决意通过科举考试改变人生命运，因此谢辞了督抚们的招揽。当时遂有"南不拜张，北不投李"的传言。其中的"李"指时任北洋大臣的李鸿章，学术界并无异议，但"张"是指张树声还是张之洞，学术界则有不同论见。

　　张孝若认为"张"指两广总督张树声。他说："光绪十年（1884）七月，张公树声在粤督任内，一面叫蔡提督绥庭请我父去，一面又致电李公转邀，其时李公自己也叫袁观察子九来请我父；我父当时都回谢没有去……当时我父曾有'南不拜张北不投李'的豪语。"[1] 章开沅则认为"张"指两广总督张之洞。他说："两广总督张之洞委托专人延请入幕，并向北洋大臣推荐其聘用，张謇都婉言谢辞了。"注释曰："当时张謇有'南不拜张，北不投李'的说法，提高了他的声望。"[2] 鉴于以上二人在张謇研究领域都颇具影响，前者是张謇之子，后者则是张謇研究专家，故上述两说都常被后人引用。那么，"张"究竟指张树声还是张之洞呢？

　　首先，看张树声和张之洞在1884年的履历。张树声，清末淮军将领，光绪五年（1879）至十年（1884）出任两广总督。"会法越构兵，

---

①　张孝若《南通张季直先生传记》，中华书局，1930年，页47。
②　章开沅《张謇传》，华中师范大学出版社，2015年，页42。

即以法人侵逼状上闻。逮北宁陷，自请解总督职专治军，报可。"① 中法战争爆发后，张树声将法国人侵略的情况上报朝廷，在北宁失陷后，自请解去总督职务而专管军务，得到朝廷允许。查《清史稿》，北宁失陷发生于光绪十年二月，故张树声请辞总督应在当年二、三月间。张之洞则在光绪十年（1884）由山西巡抚改任两广总督。据《张之洞年谱长编》，光绪十年（1884）四月二十八日，张之洞奉上谕署理两广总督，闰五月十六，抵达广州。② 由上可见，光绪十年（1884），张树声和张之洞先后担任两广总督，因此二人皆有在该年以两广总督的身份招揽张謇的可能。

其次，看张謇关于此事的论述。在光绪十年（1884）七月十八日的日记中，张謇云："上孝达制府书，缘制府属绥庭军门函促往粤故，以书婉谢之。"③ "孝达"是张之洞的字，"制府"是对总督的敬称。张謇于该日给张之洞上书，缘由是张之洞让广东陆路提督蔡绥庭聘他到广东，但张謇委婉拒绝。通过《张謇日记》，可见"南不拜张"中的"张"应指张之洞。从光绪二十一年（1895）张謇致张之洞的函电中，也可见此事之端倪。他说："山西之辟，粤东之招，虽以事会不获陪左右贤俊之列，公所勤勤于吴武壮旧人之义，每用三叹以为难能。"④ 张謇在函电中指出，张之洞在任山西巡抚和两广总督时都招揽过他，但皆因事而未能前往。通过张謇函电，可再次印证"南不拜张"之"张"指张之洞。

综上，"南不拜张"之"张"是张之洞无疑。那么，张孝若为何会误认为是张树声呢？笔者认为张孝若为其父立传以《啬公自订年谱》为纲。关于此事，《年谱》中载："粤督属蔡提督见招，并促即往，辞之。"后文续载："闻张总督振轩卒于粤军防务。"⑤ 张謇在

---

① 赵尔巽等撰《清史稿》卷四四七，中华书局，2020年，页8393。
② 吴剑杰《张之洞年谱长编》，上海交通大学出版社，2009年，页117。
③ 李明勋、尤世玮主编《张謇全集》第8册，上海辞书出版社，2012年，页206。
④ 李明勋、尤世玮主编《张謇全集》第2册，页68。
⑤ 李明勋、尤世玮主编《张謇全集》第8册，页1003。

《年谱》中只是粗略记载"粤督属蔡提督见招"，未提及粤督的名姓，在后文中又接着说总督张树声（字振轩）病逝。由于前后文内容连贯，故令张孝若误认为前文的粤督即是张树声。光绪十年（1884）恰是两广总督更替之年，且前后二位总督皆姓张，张孝若对此未加深究，故对"南不拜张"产生误解。鉴于张謇与张孝若的父子关系，后来有些学者对此确信不疑，未加考证而以讹传讹。

（原刊于《江海晚报》2021年3月20日）
作者单位：南通大学张謇研究院

张謇与近代淮南盐业改革研究

丁　涛

张謇，字季直，近代杰出的实业家，在盐业领域也颇具影响，创办同仁泰、大阜、大有晋、大豫等一系列盐业或盐垦公司，还曾出任两淮盐政总理。时人评价曰："其时海内奉为改革盐政之泰斗者，惟南通张季直先生。"[①] 淮南产盐区是中国古代最重要的产盐区之一，但在清末出现产不敷销的窘况。[②] 淮南盐税在国税中占比甚大，在国家财政枯竭之际，盐业改革刻不容缓。张謇积极建言献策，参与淮南盐业改革，并在其中发挥了重要推动作用。本文将对该问题做一些探讨，希望能为近代盐业史研究提供资料和借鉴。[③]

一、管控私盐

清代食盐运销体制采用"引岸制"，要求盐商在指定产盐区采购，

---

①　景本白《四十年来盐务革命之总检讨》，《盐迷专刊》1935 年第 1 期。

②　淮南产盐区对应引岸包括安徽、江西、湖北、湖南等长江沿岸省份。太平天国运动后，长江水路受阻，淮盐运输通道被切断，致使湘、鄂等引岸被川盐、粤盐侵占，淮盐产量锐减。长期减产导致淮南产盐区的生产设施遭到破坏，如亭灶废弃、引潮沟和运盐河道淤塞等，进而导致淮南产盐区产能下降。至 20 世纪初，在历任两江总督的推动下，淮盐引岸基本得以恢复。不过，由于产能下降，此时淮南产盐区出现产不敷销的窘况。

③　张謇参与淮南盐业改革，大致分为致力于食盐增产和计划减产两个阶段。前人已做过一些研究，但多涉及第一阶段，而对第二阶段缺乏探讨，如王红《论张謇对淮南盐政的整顿和改革》(《盐业史研究》1999 年第 1 期)，曾凡英《论张謇的盐业改革实践》(《盐业史研究》2000 年第 4 期)，曾凡英《论张謇的盐业改革实践》(续)，(《盐业史研究》2001 年第 1 期)等。

在指定区域销售，不准跨区贸易。淮南产盐区对应引岸广泛，包括安徽、江西、湖北、湖南等长江沿岸省份。20世纪初，淮南产盐区出现产不敷销的窘况。据端方所言："淮南通泰二十场现在产盐实数每岁约三十六万引，近年鄂、湘、西、皖四岸及本省食岸销数约五十万引以外，以产配销，计不敷盐十余万引。"[①] 淮南产盐区年收盐约三十六万引，缺盐十余万引。提升食盐产量是淮南盐业改革的主要目标。张謇指出："今则枭徒充斥，其所贩之盐，几及官盐之半。"[②] 张謇认为私盐数量接近官盐的一半。因此，只要变私盐为官盐，就足以完成盐额。为了管控私盐，张謇提出以下措施。

（一）提升盐民收入

清代两淮食盐运销体系由盐民、场商、盐务总栈、运商等共同构成。先由盐民将盐按官价交于场商，再由场商将盐送至扬州盐务总栈，最后由运商到盐务总栈缴税领盐，按指定价格销往引岸。清政府令场商以低价收盐，令运商以高价售盐，以征收高额盐税。盐民交盐价与食盐零售价相差甚大，因此，贩卖私盐有利可图。盐民甘于冒险将盐卖于私贩，而不交于场商，致使盐额无法完成。

张謇认为盐民将盐卖于私贩，"推原其始，由于煎丁太苦，不能不藉卖私以自活"[③]，"光绪初年，米价每石四千文上下，今每石七八千至十千；麦价前每石两千余文，今每石四千余文；草价前每石二百余文，今每石三四百至六七百文。他物称是。一切工价因之俱涨，独盐价仍数十年之旧。煎丁劳苦终日，所得曾不足以免饥寒、恤妻子，而欲望其奉功令、顾商资，无是理也"[④]。张謇认为官方所定收盐价

---

① 端方《顾岸销而保盐利折》，《端忠敏公奏稿》，沈云龙主编《近代中国史料丛刊》，文海出版社，页1477。

② 张謇《代某给谏条陈理财疏》，李明勋、尤世玮主编《张謇全集》1，上海辞书出版社，2012年，页62。

③ 张謇《整顿垣章禀场立案文》，《张謇全集》1，页47。

④ 张謇《卫国恤民化枭弭盗均宜变盐法议》，《张謇全集》4，页87。

多年未变，而米、麦、柴草等商品的价格已经翻倍，为了养家糊口，盐民被迫无奈才将盐卖于私贩。因此，张謇主张提升盐民收入。他在同仁泰盐业公司作出如下决议："收盐银圆，除去向来高抬之弊，悉照典价。缴盐者，每桶加赏包米二升。自十一月初一日起，至明年正月三十日止，除包米外，每桶又加赏钱六十文。"① 收盐时，在银圆与铜钱的汇兑中，应按市价，不得抬高汇率。盐民每交一桶盐，加赏二升包米。为鼓励盐民积极交盐，再推出限时优惠政策，在规定期限内交盐，每桶盐加六十文钱。张謇认为通过增加收盐补贴，可以提高盐民交盐的积极性。

不过，张謇增加盐民收入的举措并未起作用。两年后，张謇指出："乃两年以来，为恤丁而费，不独过于前商，而本年收数之短绌，乃反不及前商……其故由于缴垣之价，无论如何补助，必不能及卖私之价。"② 张謇指出两年以来用于体恤煎丁的费用远超前商（即吕四场的前一任场商），而所收到的盐数反而不及前商，原因在于私贩的收盐价肯定高于场商的收盐价，无论如何提高补助都无济于事。因此，张謇通过提高盐民收入来杜绝私盐的办法是失败的。

（二）推行聚集生产

淮南的制盐方式为煎盐，盐民散在斥卤草盛的区域，而无集中的生产场所。张謇指出："煎丁亭舍适于各场负海斥卤而草盛之区，故散。散于陆则滩涂虽不径而可通，散于海则舟舶得乘潮而自便。故散之弊在私难防。"③ 又说："两淮灶户皆系零星散处，故枭贩无从堵截，劫盗因而日多……职博访周询，求变通盐法之计，佥谓盐弊在散，救散莫如聚众之法。"④ 张謇认为分散的生产方式，难以稽查，利于走私，因此，提出将盐民聚集在一起设厂生产的办法。他说：

---

① 张謇《整顿垣章禀场立案文》，《张謇全集》1，页 48。
② 张謇《垣改聚煎呈移盐院运司文》，《张謇全集》1，页 111—112。
③ 张謇《变通通九场盐法议略》，《张謇全集》4，页 78。
④ 张謇《上商部条陈》，《张謇全集》1，页 71。

"伏查江北商务以盐为大宗，近数十年私枭充斥，十倍于前。其故皆由出盐之地，纷歧四散，难于稽查。欲仿纱厂之法，设厂筑灶，雇人聚煎。"[①] 张謇欲借鉴大生纱厂的办法，设厂聚煎。"设厂，则变通中法以聚之：架屋为厂，聚若鑿若盘者于中，雇工日夜更煎，而尽撤向来之灶。"[②] 张謇主张将煎盐灶具聚集于厂中，雇佣工人日夜轮流煎盐，将过去分散的亭灶全部撤销。从理论上讲，变分散生产为聚集生产，可以加强对盐民的监管，既能提高生产效率，又能减少食盐漏私。

张謇很快就将之运用于实践。"因旧法亭场之散漫，易于漏私，难于缉私，故救之以聚。乙巳冬，购二十九总公荡地一千一百余亩，开港、筑墩、削场、造屋一切工程，自丙午正月起，至冬月告竣……预算一年，可得盐二万四千桶。"[③] 张謇自 1905 年冬着手建厂，1906 年冬，聚煎厂完工，预计每年可产盐二万四千桶。不过，聚煎产量远未达到预期，如 1907 年产量仅为 1258.7 桶[④]。产量不足，导致严重亏损。1908 年，聚煎场收款为 2915 两，支出为 12144 两，亏损高达 9229 两[⑤]。至 1910 年，张謇不得不放弃聚煎方式。"照本年雇工自煎，只以成本核计，每引须扯十五千零数十文。出入相抵，不敷甚巨。现定改招煎户二十名，收回租出二十八总草荡，按户派给，以资包煎。"[⑥] 张謇指出聚煎厂入不敷出甚巨，决定改回原来的生产方式，继续招煎丁分散生产。因此，张謇设厂聚煎的方案以失败告终。

① 张謇《为设立盐业公司并筹改良之法呈江督文》，《张謇全集》1，页 55。
② 张謇《变通通九场盐法议略》，《张謇全集》4，页 78。
③ 张謇《同仁泰盐业公司丙午年说略》，《张謇全集》5，页 634。
④ 张謇《同仁泰盐业公司聚煎场第二届帐略》，《张謇全集》5，页 656。
⑤ 张謇《同仁泰盐业公司聚煎场第三届帐略》，《张謇全集》5，页 668—669。
⑥ 张謇《同仁泰盐业公司第八届说略》，《张謇全集》5，页 683。

（三）主张就场征税

从盐民制盐到运商缴税领盐，历经多个流通环节，每个流通环节都会产生漏私。张謇希望通过减少缴税前的流通环节，以减少食盐漏私的渠道，因此提议"就场征税"。所谓"就场征税"，即在食盐出场时就征税。张謇指出："税就场征，则不论何人，皆得为商。人皆商皆税，则枭于何有？无枭则防于何有？此外如运法、销法，一切酌量变更。凡向之私而无税者，皆可有税；向之缉私而多费者，皆可不费。合中国产盐地计之，一出一入，殆可岁得数百万。"① 张謇主张将食盐全部聚集于场商处，在食盐从场商处起运前，先缴盐税。任何人，只要缴税，就可以凭券领盐卖盐。如此，全国的盐都是完税之盐，从根本上杜绝私盐的产生。全国食盐皆纳税，则盐税总额必有所增加。私盐杜绝后，还可省却巨额缉私费。一出一入，每年可增收数百万。张謇是要从根本上变革清代盐政，不仅要变革税收方式，还要变专商引岸制为自由贸易。然而，由于张謇的方案太激进，最终并未被清政府采纳。

张謇的"就场征税"主张也有不足之处。他提出"就场征税"是以"设厂聚制"为前提，如他所说："今欲行征税制，必以围场聚制为先决条件。"② 若无法有效管控盐民交盐的环节，即使实行"就场征税"，也依然无法杜绝私盐。张謇试验"设厂聚煎"已然失败，故其"就场征税"说也难以为继。1912 年 1 月，张謇在《改革全国盐法意见书》中依然坚持"建设之道，唯有设厂聚制而就场征税"③。该年，在与盐务专家景本白商讨之后，张謇对于"就场征税"的态度有所转变。张、景二人"闭门讨论，至三小时，始决定以就场官专卖为过渡，十年后实行就场征税，自由贸易"④。1912 年 8 月，张謇重新

---

① 张謇《代某给谏条陈理财疏》，《张謇全集》1，页 62。
② 张謇《致熊希龄函》，《张謇全集》2，页 424。
③ 张謇《改革全国盐法意见书》，《张謇全集》4，页 203。
④ 景本白《四十年来盐务革命之总检讨》，《盐迷专刊》1935 年第 1 期。

拟定《改革全国盐政计画书》，将"就场征税"修订为"就场官专卖"[1]。1913 年，袁世凯以盐税为抵押向列强借款，英国人丁恩出任盐务稽核所会办，负责盐政改革。丁恩提出就场征税、自由贸易、统一税率等主张。张謇极力反对丁恩的就场征税方案，指出："征税制产无定额，收无定人，其在成本过高之场，官既不收，商又不运，非售于私贩不能生活，虽有场警亦属无益，其势逆。"[2] 张謇指出，如果实行就场征税，各盐场的产量将不作限制，商人可自主选择盐场购盐，那么生产成本较高的盐场将会难以生存，致使那些场商不得不将盐售于私贩。张謇本来主张通过"就场征税"抑制私盐，如今却认为"就场征税"能够滋生私盐。张謇此时的观点，已经推翻了自己过去的主张。所以，张謇关于"就场征税"并未形成一以贯之的认识，前后有抵牾之处。

由上可见，张謇已认识到私盐泛滥是导致淮南产盐区产不敷销的主要原因。不过，私盐泛滥主要是因清政府的统治力下降所造成的，非张謇一人之力所能改变。张謇所推行或提出的增加盐民收入、设厂聚煎、就场征税等方案，均无助于私盐问题的解决。

二、改革生产技术

改革生产技术、提高生产效率，是促进完成淮南盐额的另一条重要途径。张謇以同仁泰盐业公司为试点，试行了多种改革方案，虽然屡遭挫折，但他为中国盐业改革所进行的探索是具有意义的。

（一）变革煎盐燃料

淮南制盐方式为煎盐，因此燃料为重要的生产资料。淮南煎盐燃料向以茅苇为主，每一盐场都有配套的草荡地，专门蓄草供煎，不许

---

[1]　张謇《改革全国盐政计画书》，《张謇全集》4，页 212。
[2]　张謇《致熊希龄函》，《张謇全集》2，页 424。

开垦。不过，茅草价格在晚清有所上涨，为煎盐带来不利影响。张謇指出："商垣每年向草户定草，每石给例价二百文，裁及常市平价三分之二。盖发草往往迟至数月或半年以后，商垣预给二百文，隐兼此数月半年之息计之，数已不止二百。而草户则于煎丁发草时，克减斤重，为抵制取偿之地。名为一石，折至七八十斤以为通常。"① 草价由官方指定，每石二百文。然而，官方指定草价远低于市价，约为市价的三分之二，故草户给煎丁发草时，往往克减斤重，以弥补差价，一石草通常只给七八十斤。因此，煎草价格，名义上为二百文每石，但实际上与市价相近。草价昂贵，是影响淮南盐业增产的重要因素。

张謇考察各地煎盐燃料，提出以煤易草的方案。他说："通九场之煎用茅苇，浙萧山、岱山之煎用松栗，东西各国皆用煤，各就其地之足者而用之，然亦当较价之高下，火力之王杀，出盐之多寡。今以吕余之草较煤，则煤价下而草高，煤力王而草杀，煤盐多而草寡，且民方欲得产草之地而垦之。而煎盐用煤之便，又胜于草。因时进退，一转移间，而农商两利矣。"② 张謇指出淮南煎盐用茅苇，浙江用松栗，而外国则多用煤。以草与煤相较，煤价低于草价，且火力旺盛，更利于制盐。如果把草改为煤，还可以把专用于蓄草的草荡地开垦为农田，有利于农业发展。鉴于以上益处，张謇在同仁泰盐业公司推行试点"以煤易草"。

然而，张謇"以煤易草"的方案并未取得成功。一者，煎丁未能掌握用煤煎盐的技巧。张謇指出："然用煤之灶，与用草之灶不同，煎丁知识不及用煤，惟有于聚煎之处，先行自试，以期推广。"③ 用煤煎盐与用草煎盐，其灶有所不同，煎丁一时难以适应。故张謇拟先于聚煎厂试行，再图推广。后来，因生产成本高昂，聚煎厂很快停产，故用煤煎盐的方式也没能得到推广。再者，煤炭价格在后来也大

① 张謇《整顿垣章禀场立案文》，《张謇全集》1，页 48。
② 张謇《变通通九场盐法议略》，《张謇全集》4，页 79。
③ 张謇《同仁泰盐业公司丙午年说略》，《张謇全集》5，页 633。

涨。张謇曾言："因草价昂贵，煤价骤涨，成本益重，漏私益多，凡所为取卤利煎增产计者，历时三年，诸法毕试，迄无良效。"[1] 几年后，张謇指出草价昂贵，煤炭价格也骤涨，导致生产成本加重，历时三年，所试验的方法都未能起到良效。因此，张謇"以煤易草"的方案也没有起到增产的效果。

（二）试验日本盐田法

张謇于 1903 年访问日本，重点考察了日本的制盐工艺，回国后，在同仁泰盐业公司试点日本盐田法。张謇指出："闻日本向有盐田，近有兼用美国造盐之法，故于二十九年四月，亲至日本各产盐处所，周咨博考。其法不恃天而恃人，实较中国为优。"[2] 煎盐需先制卤，淮南采用摊灰淋卤法，先将草灰摊于卤旺之地，利用毛细管作用使草灰汲足卤咸，然后收集草灰贯入灰池，灌水过滤流出，即为盐卤。摊灰淋卤法，需要选择天然的卤气较厚的场所。日本盐田法，则是在海边修筑像稻田一样的池子，纳入潮水，通过蒸发制卤。其场所由人选定而不恃天然，即所谓"不恃天而恃人"。1906 年，张謇上书军机大臣铁良，谏言："今即不能遽尽更革，何妨奏令南北洋仿日本盐田改良法，各设一区试办？办而有效，更议渐充。"[3] 张謇对盐田法抱有很大的信心，建议在全国范围试点推广。

张謇于 1903 年在同仁泰盐业公司试点盐田法。"是年（光绪二十九年），租定垦牧公司滨海地一百二十亩，三十年三月先行垫基筑堤，用日人觉田信男、德田乙五郎、石井千代吉三人监造……阅时七月，仅成盐田六排。自十月初四日开煎，历经试验参考，淀卤精制，色味日进，胜于旧制。其再制者尤精，色味皆与洋盐相埒。惟未碾制，末粒较粗。而推算成本，则加釜二只，加田十四排，价与旧制盐价相去

---

① 张謇《致两淮运司函》，《张謇全集》2，页 196。
② 张謇《为设立盐业公司并筹改良之法呈江督文》，《张謇全集》1，页 55。
③ 张謇《致铁良函》，《张謇全集》2，页 189。

数文。价不悬殊，而色味特胜，则销可望畅。"① 1903 年，张謇租赁通海垦牧公司滨海地一百二十亩，建成盐田六排。1904 年十月开煎，所产盐色味胜于旧法，可与洋盐媲美。不过，盐田法制盐生产成本较高。据张謇推算，如果再修筑盐田十四排，加釜两只，那么生产成本将与旧法盐相当。

然而，张謇并没有再扩增盐田，盐田法也最终失败。1906 年，张謇指出："甲辰年雇日本工师一人，工手二人，仿造盐田，用费逾两万。体察情形，用力劳而得效缓，故限于所租垦牧公司地百二十亩。然本年产盐较旧已增，即色味亦驾吕盐而上。日本之初创盐田，非三年不能熟。"② 两年后，张謇认为盐田法"用力劳而得效缓"，因此，并没有实行增产。盐田法的优点在于制盐品质好，但其生产成本一直居高不下。按照清代食盐运销体制，食盐须先交盐务总栈，再由运商销往全国。盐田法制盐成本高于盐务总栈的收盐价（牌价），故不能正常交付，致使销路受阻。据《同仁泰盐业公司仿日本法试验场帐略》，1906 年，售盐进款仅 431 两规银③，1907 年，售盐进款仅 3 两规银④。1908 年，张謇坦言："自开办至今，费银三万九千九百余两。计用东法，日久可得浓卤而多，然需本重，出盐虽多，而销路多阻。"⑤ 张謇试验日本盐田法，费银近 4 万两，但生产成本太高，无法融入清代食盐运销体系。1909 年，张謇指出："东法盐田，前既停办，则基本虚掷。"⑥ 可见，张謇试办日本盐田法，最终以"停办""虚掷"收场。

① 张謇《为盐制改良咨呈江督文》，《张謇全集》1，页 79—80。
② 张謇《同仁泰盐业公司丙午年说略》，《张謇全集》5，页 633。
③ 张謇《同仁泰盐业公司仿日本法试验场第二届帐略》，《张謇全集》5，页 641。
④ 张謇《同仁泰盐业公司仿日本法试验场第三届帐略》，《张謇全集》5，页 656。
⑤ 张謇《盐业整顿改良被扼记》，《张謇全集》6，页 341—342。
⑥ 张謇《同仁泰盐业公司第七届营业说略》，《张謇全集》5，页 674。

（三）试行滩晒法

清末中国制盐主要有煎盐和晒盐两种方式。淮南沿用传统方式，以煎盐为主。淮北、山东、福建、广东等地则采用滩晒法，在海边修筑储水池、蒸发池、结晶池等，由阳光、风力蒸发海水，结晶成盐。二者相较，煎盐法已有两千年的历史，而晒盐法为明清时出现的新工艺，生产效率高，生产成本低。张謇指出："淮北惟有晒盐，其工本轻于煎盐甚巨，大率一与五六、一与十一二之比例。"① 又言："制盐之成本，滩晒最轻。阳历五六月间，天气适宜，产数畅旺，则场上收盐价目，每斤不及一厘，至贵不过三厘。釜煎板晒，成本皆昂，自四五厘至一分不等。"② 煎盐成本为晒盐成本的五六倍至十一二倍之间，二者相差甚巨，因此，若能在淮南试行滩晒法，那么也将降低生产成本，利于食盐增产。

张謇曾在淮南试行滩晒，但没有取得成功。他说："日法觉其效缓；聚煎需草，草贵而艰，仍恐不能达增产完全之目的，故计及于晒。初仿造海州盐池，地土不宜，试而未效。"③ 又说："复仿海州及山东晒盐法，筑土池，土理疏渗，不任盛卤，改砖池仍漏，用水泥涂缝而止。会秋多雨，及晴而日薄，无良效亦止，费银七百六十四两一分。"④ 张謇指出日本盐田法效果太缓慢，聚煎法需要燃料，而草的价格昂贵，二者皆不能达到完全增产的目的。因此，他开始着手试验晒盐法。先仿照淮北和山东的滩晒法，但没有取得成效。同仁泰公司所处的吕四海滨，是由长江冲击泥沙而成。长江流量大，故冲击泥沙颗粒大，土质呈沙性，疏松易漏。在该处所建的土池渗漏严重，无法存卤。因此，张謇又改建砖池。砖池最初也漏卤，直到用水泥涂抹缝隙，才解决漏卤问题。在盐池建好后，又逢秋雨连绵，不利于晒盐。

---

① 张謇《改革全国盐法意见书》，《张謇全集》4，页 201。
② 张謇《改革全国盐政计画书》，《张謇全集》4，页 213。
③ 张謇《同仁泰盐业公司丙午年说略》，《张謇全集》5，页 634。
④ 张謇《盐业整顿改良被扼记》，《张謇全集》6，页 342。

雨停之后，已入秋冬之季，日照弱而蒸发慢，也不利于晒盐。在此情形下，张謇选择放弃滩晒法，耗费银两约七百六十四两。

由今观之，张謇试验滩晒法投入时间还太短，尚未验证淮南是否适合滩晒就终止了试验。张謇试验聚煎法和日本盐田法，皆投入几万两资本，坚持了数年时间，而试验滩晒仅投入七百余两，且于当年就放弃。在清末，北方之河北、山东、淮北，南方之福建、广东皆已推行滩晒法。在巨大的成本价差下，淮南由煎盐改滩晒可谓当时唯一正确的出路。事实上，在屡次试验后，张謇已基本解决盐池漏卤的重大难题，只是恰逢秋冬时节而不利于晒盐。若等来年春夏再试，其成效却未可知，可惜张謇并未再试。

（四）试行板晒法

晒盐有两种方法，一是滩晒法，二是板晒法。与滩晒法直接在海滩晒盐有所不同，板晒法则是在木板上晒盐。与滩晒法相较，板晒法成本较高，需要制作大量晒板。但与传统煎盐法相较，板晒法不需要燃料，具有一定的优势。板晒法出现于乾隆时期的浙江岱山盐场，随着柴草价格日涨，板晒法在宁波、松江一带迅速扩展，到了咸同之际，已基本取代传统的煎盐法。张謇在改革前考察了日本、淮北、山东、浙江等各地的制盐方法，对板晒法也有所了解。在试验滩晒法遇到挫折时，张謇就着手试行板晒法。他说："所谓晒盐则用海州法，不若用奉贤法。通属滨海地质多沙，盛水易漏，不及海土之坚确也。"[①] 张謇指出通海地区制盐采用海州晒盐法，不如用奉贤法（即板晒法），因为通海地区地质多沙，不如海州土质坚固，导致盛卤易漏。由此可见，在解决滩晒法的漏卤问题之前，张謇就已着手试行板晒法。

1906 年，张謇开始试行板晒法。他说："本年试用板晒，色味俱佳，成本亦较煤草为省……板晒虽亦利于天晴，究以不用煤草，需本

---

①　张謇《致运司函》，《张謇全集》2，页 169。

略轻。舍此亦别无补救改良之策。"① 张謇指出板晒法制盐色味俱佳，虽仰仗于天晴，但无需用煤草，故成本略轻。不过，在试行板晒法之后，张謇也遇到了挫折，因制板投入成本大，故板晒盐的成本并不比旧法轻。1908 年，张謇指出："按东法盐田之盐，统计一切成本，每斤需二十七文；板晒一切成本，每斤需十三文八毫；聚煎一切成本，每斤需二十二文四毫。制盐既有成效，即须求通销路，然牌价只十一文七毫，势不能赔本并入旧额。"② 张謇指出日本盐田法每斤成本为二十七文，板晒法每斤成本十三文八毫，聚煎法每斤成本二十二文四毫，而牌价（盐务总栈收盐价）仅十一文七毫。鉴于生产成本高于牌价，张謇拒绝亏本交盐。他说："按改良盐、板晒盐之成本给价，改良盐、板晒盐皆归正额可也。必欲以旧法盐十一文七毫之价，强攫十三文八毫及二十七文成本之盐，断断不可。"③ 张謇指出如果盐务总栈按成本价收盐，那么板晒盐、聚煎盐皆可交付，若以低于成本的牌价收盐，则断断不可。因盐价问题，张謇与两淮盐运使司相持不下，板晒盐没有销路，一度陷入困境。

在端方等人的协调下，板晒盐取得转机。1908 年初，张謇向两江总督、农工商部、度支部等控诉盐价之事。两江总督端方委派江宁知府许星璧前来调查。"许星璧所查与张謇反映情况相符，允盐价每斤涨 3.5 文，同时在通州、海门、如皋专销。"④ 在端方等人的支持下，吕四盐场的交盐价提高 3.5 文至 15.2 文，而板晒盐的成本为13.8 文，故有利润可言。不仅如此，端方还允许张謇在通州、海门、如皋地区自建销售渠道，这为张謇推行板晒盐提供了有力支持。此后，板晒法成为同仁泰盐业公司的常规制盐方式。随着时间推移，板晒法愈来愈重要，成为同仁泰盐业公司的主要生产方式。1911 年，

---

① 张謇《致两淮运司函》，《张謇全集》2，页 196。
② 张謇《盐业整顿改良被扼记》，《张謇全集》6，页 342。
③ 张謇《盐业整顿改良被扼记》，《张謇全集》6，页 343。
④ 庄安正《张謇先生年谱·晚清篇》，吉林人民出版社，2002 年，页 276。

同仁泰产盐三万余桶，其中板晒盐九千余桶，占比约 30%①。1913
年，同仁泰产盐五万六百余桶，其中板晒盐一万九千四百余桶，占比
约 38%②。1918 年，同仁泰产盐三万四千六百余桶，其中板晒盐两
万二千六百余桶，占比约 65%③。

综上，为提升淮南盐业产量，张謇试行了以煤易草、盐田法、滩
晒法、板晒法等一系列生产方式。除板晒法外，其他均宣告失败。板
晒法在促进淮南盐业增产方面取得了一定成效，但由于生产成本高
昂，该法也并非良策。若无端方等人从中协调，板晒法在淮南也难以
推行。在改革屡次失利之后，淮南是否应该继续发展盐业，已成为张
謇思考的新问题。

三、淮南产业结构调整

在控制私盐、改革生产方式均未取得明显成效后，张謇不再追求
淮南一隅的食盐增产，而是立足于全国盐政，致力于增产低价盐、淘
汰高价盐。他倡导淮南食盐减产与淮北食盐增产，并促成淮南沿海地
区的产业结构调整。

（一）淮南减产与淮北增产

清代两淮盐场分淮南与淮北，淮北晒盐，淮南煎盐。二者相较，
淮北生产成本远低于淮南。辛亥革命后，张謇出任两淮盐政总理，主
张淘汰淮南盐场。他说："有种煎盐及板晒之盐场散布各处，出产不
旺，成本甚重。如听其营业，则取缔甚难。彼将以制出之盐多数售之
于私贩，而少数售于国家。现在江苏之淮南、松江各场即深中此
病……故鄙人之意，场地若系商业，不如由官逐渐收买……官家收买

---

① 张謇《同仁泰盐业公司第九届说略》，《张謇全集》5，页 690。
② 张謇《同仁泰盐业公司第十一届说略》，《张謇全集》5，页 699。
③ 张謇《同仁泰盐业公司第十六届说略》，《张謇全集》5，页 720。

后设法开垦植棉，以消纳此数万户制盐人。"① 张謇认为煎盐及板晒盐出产不旺、成本较重，不能任其继续发展，并指出淮南深受此害，因此建议官方出资收购淮南盐场，然后兴办农垦，以解决盐民就业。又说："各场成本不等，成本轻者无论矣，成本重者，当然在淘汰之列。然使强迫取消，则场商与盐户皆有失业之虞，不如由官收回，成本重者可逐渐停止制造，而徐为盐户别筹生计；成本轻者可逐渐扩张，数年而后全国制盐成本之通计，可以逐年减轻，则专卖之价，亦可逐年与之俱轻。"② 张謇指出各盐场制盐成本不同，应当扩张成本轻者，淘汰成本重者。淮南制盐成本可谓全国最贵，自然在淘汰之列。张謇淘汰淮南盐场是为了降低全国制盐成本，进而调低全国食盐价格，"使人民负担平均，虽不产盐地方，亦得食贱价公平之盐也"③。

为填补淮南减产带来的食盐亏缺，张謇积极推进淮北食盐增产。早在 1907 年，在淮南产不敷销的情形下，两江总督端方就倡导在淮北增产以接济淮南盐额。端方上奏曰："查淮北中正场境内，五图河东滩地，方斥卤于滩，可以增铺新池。业经臣饬司委员查明，招商前往开筑……即以之暂济南销，藉补南额不足之数。"④ 端方指出淮北有斥卤之地可设新盐场，因此招商前往开筑。开设新盐场是为了接济淮南销盐之不足，故名"济南"盐场。张謇积极响应端方的号召，投入到济南盐场的建设之中。据载："其后海州县隶汪鲁门、淮南盐商叶瀚甫，呈请在淮北苇荡左营以东地方铺圩 21 条，计池滩 168 份，定名为同德昌制盐公司，后改名为大德公司。继有徐静仁受南通张季直委托集资创办济南大阜公司，铺圩 10 条，计池滩 80 份。再其后又有淮南的陆费颂、周扶九、萧云浦、毕儒臣等集资组建公济公司，到

---

① 张謇《复美使嘉乐恒书》，《张謇全集》2，页 354。
② 张謇《改革全国盐政计画书》，《张謇全集》4，页 217。
③ 张謇《改革全国盐政计画书》，《张謇全集》4，页 216。
④ 端方《顾岸销而保盐利折》，《端忠敏公奏稿》，沈云龙主编《近代中国史料丛刊》，页 1482。

淮北铺圩24条，计池滩192份。"①　清末，济南盐场成立三家公司，即同德昌、大阜、公济，其中大阜为张謇委托徐静仁创设，有学者指出同德昌也是由张謇发起②。在清末创办济南盐场的过程中，张謇发挥了重要作用。

辛亥革命后，张謇出任两淮盐政总理，加强对济南盐场的建设。他说："今就淮北论，计定增铺盐圩百条，已从事测量矣。淮北原有之圩，为同德昌、大阜、公济三家，共五十圩。近闻大源又在燕尾北港增十二圩，约计其地可增二十至二十五六圩。陈家港地大倍于燕尾北港，而唐港与陈港略等，是百圩之增裕加。目前莫如于测定圩基地点之后，择指某地若干，足铺若干圩，除令大源就燕尾北港尽力领地承铺外，如陈家港、唐港两处，亦悉招商承铺，以符官规民制之计画……如此则盐圩之成，计日可待。此速效之说也。"③　1912年，张謇指出淮北计划增铺盐圩一百条，而同德昌、大阜、公济三家公司仅有五十条。他提出淮北有大量可供开发的盐滩，如陈家港、唐港皆可铺百圩以上，因此，决议招商扩增。在张謇的推动下，大有晋、大源、裕通、庆日新等制盐公司相继在淮北投产。民国初年成立的这四家公司与清末成立的三家公司，即历史上著名的济南场七公司。

济南场七公司都实行股份制，有较为完善的公司章程，建立董事会、监事会等机构，其管理水平领先于两淮各盐场。凭着管理优势和滩晒技术优势，济南盐场在两淮盐场中迅速崛起。宣统三年(1911)，两淮共产盐122569.1吨，其中淮北产盐27197.85吨，占比仅为

---

①　江苏盐业史编写组编《江苏盐业史》，江苏人民出版社，1992年第2版，页46。

②　邹迎曦指出是张謇主动与汪鲁门联系，倡议创办济南盐场。参见邹迎曦《张謇盐垦事业与中国早期近代化》，《盐文化研究论丛》(第二辑)，巴蜀书社，2008年，页23。

③　张謇《改革盐场宜官规民办以期速效而用舒说》，《张謇全集》4，页238。

22%①。到了 20 世纪 20 年代中期，"淮南各场以地势变迁，逐渐减产，仅占百分之十八弱。淮北以添设济南一场，凡占百分之八十二强。若以场论，济南场为最，占两淮全额百分之四十六强"②。在济南盐场投产之前，淮北产盐约占 22%，淮南占比约 78%。在济南盐场投产十年后，淮北产盐占比超过 82%，淮南则不足 18%，其中济南场的产量占两淮产量的 46%。因此，济南场获得了巨大的成功。随着济南场的增产和淮南的减产，张謇"消灭成本较重、盐质不良之盐场，扩张成本较轻之盐场"③ 的主张有望得以实现。

（二）淮南"废灶兴垦"

淮南沿海地区原用于蓄草煎盐，故有放荒之令，不许发展农业。随着泥沙沉积、海岸线东移，荒滩面积日益扩大。甲午战争时，张謇筹办通海团练、规划沿海防务，发现海滨有大片荒滩，于是筹划在此兴办农业。张謇于 1901 年成立通海垦牧公司。然而，经营垦牧业与发展盐业充斥着矛盾。张謇指出："垦与盐之不能相容，如冰、炭之不能相入也。盐欲地之卤，垦欲地之淡；盐欲蓄草以供煎，垦欲去草以种植；盐欲潮之常至，垦则唯恐潮之至。"④ 煎盐需要土地含盐，垦植则需要土地变淡；煎盐需要蓄草作为燃料，垦植则需要除草以种植农作物；煎盐需要纳入潮水制作盐卤，垦植则需要修堤挡潮。通海垦牧公司成立后，适逢淮南食盐产不敷销，两淮盐运使以通海垦牧公司阻碍盐业为由，处处阻挠。在盐运使的刁难下，通海垦牧公司自成立以来，纠纷不断，苦力支撑。盐税事关国税命脉，为保障国家财赋，农业只能为盐业让路。在通海垦牧公司成立后的十多年里，淮南盐区再无一家农业公司成立。

① 江苏省地方志编纂委员会《江苏省志·盐业志》，江苏科学技术出版社，1997年，页 94—95。
② 林振翰编《淮盐纪要·场产》，商务印书馆，1928 年，页 1。
③ 张謇《改革全国盐政计画书》，《张謇全集》4，页 228。
④ 张謇《整理盐垦公司刍议》，《张謇全集》4，页 523。

　　民国初年，张謇促进了淮南地区"废灶兴垦"运动的发展。1914年，盐务署采纳张謇淘汰淮南盐场的建议。"盐务署民国三年二月，有通泰两属盐场产额，每年递减二成，限五年减除净尽之令。"[①] 北洋政府盐务署下令淮南食盐减产，每年减二成，五年全部减完。由于遭到多方阻挠，该计划最终未能如期实现。不过，该法令之颁布，使淮南农业在政策层面不再受盐业之羁绊，对于推动淮南农业发展具有重要作用。于此同时，张謇积极推动淮南地区废灶兴垦。据载："1914年，张謇担任北洋政府农林工商总长，为规划垦务，在淮南设立了淮南垦务局，并派了办理清丈、垦荒事务的专员，制定了放垦章程。"[②] 张謇利用职务之便，成立专门部门，制定放垦章程，为淮南地区废灶兴垦保驾护航。在此期间，张謇还与其兄张詧发起创办大有晋、大豫、大赉、大纲、大祐等多家盐垦公司，在淮南盐区掀起一场轰轰烈烈的兴垦运动。

　　在张謇的引领和推动下，加之通海垦牧公司已经开始盈利，社会各界人士纷纷响应号召，投身于淮南农垦事业。北自阜宁的陈家港，南至南通的吕四，东滨黄海，西界范公堤，绵延六百多里的冲积平原上，先后办起了几十家农业公司。据载："先后计成立大有晋，大豫，华丰，大赉，泰源，东兴，中孚，遂济，通遂，裕华，大丰，泰和，大祐，大纲，华成，合德，阜余，合顺，耦耕，新农，新通，新南，新垦会等二十四家大公司，此外尚有十余小公司，所投资本，总额达一千七百三十二万元，经营之地，达四百三十万亩。"[③] 这些公司大多成立于1914年至1920年，投资金额高达一千七百多万元，经营土地面积多达四百三十万亩。在张謇的引领下，淮南盐区废灶兴垦运动迎来发展高峰。

　　各公司最初多兼营盐业和农业，但皆以废除盐业、发展农业为根

　　① 林振翰编《淮盐纪要·沿革》，页13。
　　② 大生企业系统史编写组《大生企业史》，江苏古籍出版社，1990年，页166。
　　③ 胡焕庸《两淮水利盐垦实录》，中央大学出版组发行部，1934年，页185。

本宗旨。随着时间推移，农业逐渐取代盐业而成为淮南沿海地区的主要产业。在兴垦之初，土壤尚未完全改良，宜种棉而不宜种稻，各公司均将棉花作为主要种植作物。20世纪30年代，据中华棉业统计会的数据，"江北沿海七县，棉田统计十九年(1930)为四百六十万亩，二十一年(1932)为四百万亩，二十三年(1934)为五百二十万亩，俱占全省棉田之二分之一，苏省棉田约占全国棉田之四分之一，即垦区棉田约占全国棉田之八分之一，棉产之比例亦大略如此"[①]。至20世纪30年代初，垦区的棉花种植面积和产量约占江苏省的一半，占全国的八分之一。辽阔的土地面积，使淮南沿海地区迅速成为国内重要的棉花产区。前文提及，早在20年代中期，淮南盐业就已严重衰落，其产量在两淮的占比，由清末的78%降至不足18%。因此，废灶兴垦运动彻底改变了淮南沿海地区的产业结构，使该地区的主导产业实现了由盐业向农业的转变。

结　语

过去，学术界多认为张謇的盐业改革是失败的。从同仁泰盐业公司，或从淮南盐业发展的角度论，张謇在盐业改革方面确实没取得显著成就。同仁泰盐业公司自成立后，一直经营惨淡，没有取得辉煌的业绩。张謇在淮南试行的改革措施，多以失败告终，未能改变淮南盐区衰落的命运。然而，考察张謇的盐业改革，不能拘泥于同仁泰一家公司或淮南一隅。若从全国的视角论，张謇取得的成就是巨大的。他通过推行淮南减产和淮北增产等举措，降低了全国的制盐成本，从而降低了百姓的购盐支出，提升了民生福祉。他积极推动建设的济南盐场，此后发展良好。至20世纪30年代，"济南场盐年产四五百万担，产量之巨，为淮南北各场之冠"[②]。直至今天，淮北盐区仍然是全国

---

① 胡焕庸《两淮水利盐垦实录》，页259—260。

② 胡焕庸《两淮水利盐垦实录》，页156。

主要产盐区之一，这与济南盐场奠定的基础是分不开的。

张謇在推行盐业改革中开启的"废灶兴垦"运动，则影响更为深远。淮南沿海延续了两千余年的煎盐业就此落幕，轰轰烈烈的兴垦运动开启了新的篇章。在张謇的推动下，淮南沿海辽阔的土地得到了合理有效的开发，实现了"荒野变良田"的沧桑巨变。淮南沿海地带为冲积平原，地形平坦，气候温润，很适于发展农业。此后，淮南沿海农业迅速崛起。时至今日，该地区已成为我国重要的粮食基地，是"江苏大米"的主产区之一。在"废灶兴垦"过程中，张謇还组织了大规模的移民，促进了江苏沿海市镇体系的形成和发展。据 1937 年统计，淮南垦区"有垦民 4.9604 万户，30.498 万人，其中大丰县 6公司，已垦总面积 48 万余亩，有垦民 2.1606 万户，12.9543 万人"[1]。至 1937 年，垦区已有 30 余万移民，其中大丰县就有接近 13万移民。人口聚集带来了市镇的兴起。一个个农业公司逐渐发展为一个个市镇，如大丰盐垦公司发展为今大丰区，大有晋盐垦公司发展为今三余镇，大豫盐垦公司发展为今大豫镇，等等。因此，张謇在淮南从事盐业改革的影响是广泛而深远的。

（原刊于《盐业史研究》2022 年第 2 期）

作者单位：南通大学张謇研究院

---

① 顾毓章《江苏盐垦实况》，张謇研究中心刊印，2003 年，页 152。